刘佛丁先生

1986 June 15
at Pittsburgh Univ.

RECENT TRENDS IN RESEARCH ON CHINA'S
ECONOMIC HISTORY DURING THE QING PERIOD   1.

It's really a great opportunity and a great honour to me to be able to talk to you. My topic is the recent trend in research on Qing history in China. This is because I have a class on Qing history in the cul[sec]. I just finished my lectures last week. But here, I think I may take the liberty to prolong the time limit a little bit, saying something in the near-modern history.

I'm talking about China's studies in recent years. By recent years I mean the years after the Cultural Revolution. During that ten years of upheavals (1566-1576) you know all scholarly research works were at a standstill. But things are not absolute. Historians would not speak nor write at that time, but many of them went to another way of thinking, they turned to the field of historical materials. Therefor, after the Cultural Revolution, a lot of historical material were published. I would like mention some of them before I go on the trend of research. Some of them might be useful to you.

During that period, scholars collected historical material from three sources: the gov't code archives, the stone inscriptions, and data from the society.

Gov't archives mainly from the First Historical Archives in Beijing, that's the Ming & Qing archives, where Chinese scholars were especially interested in the archives of the Qing Punishment Department. A workshop of ten odd have examined 58,000 law case files in the Qianlong reign (1736-1795), from which they selected 3870 cases which worthwhile to study, then a series of material books are under editing. One of them titled Patterns of Land Rent Extraction in the Qing Dynasty in two volumes, including 389 cases, appeared in 1982. Law suit cases in the Jiaqing reign (1796-1820) were mainly collected by my institute. They are still kept in the form of copies & cards.

2.

It's interesting that, while Chinese historians are especially fond of the archives of the Punishment Department, the American scholars are ardently working on the archives of the Finance Department 户部. There are about 2 million pieces of price reports in the Financial Department archives. 王业键 of Kent University has examined half of them, and published excellent thesis on the history of grain prices. My institute kept a lot of such price copies since the 1950's, but no one make use of them. Another example, 汪[ ], who is now at Wisconsin made study on wages from the data of the Punishment Department, while James Lee will do the same but using data of the Construction Department 工部衙门.

The Minguo archives, however, are less used. This is because the Second Historical Archives in Nanking was taken over by the Public Security organs during the Cultural Revolution, & became a forbidden place. Only after 1980, some historians worked on its archives, mainly on archives of the Financial Ministry & the Commission of Resources. A material book on the Commission of Resources is in editing by 郑友揆 of the Shanghai Institute of Economics. However, the archives of 盐务, which is huge in volumes, kept in the Shanghai Library, have been sorted out, & some materials edited by 汪 of the Fudan University, have been published.

The stone inscriptions are valuable because, unlike the official documents, most of the stone tablets were erected by commercial or social organizations, even by common people, the gravestone, for instance. I found they are very useful. Three collections have been published. "Selections of stone inscription in Shanghai", edited by the Shanghai Museum, appeared in 1980; "Stone inscriptions of Merchant Houses in Beijing", edited by 李华 of the People's University, appeared in 1980; "Stone inscriptions of Industry & Commerce of the Ming & Qing Dynasties in Suzhou", edited by 洪焕椿 of the Nanking University, appeared in 1981.

刘佛丁手迹

20世纪70年代初,刘佛丁先生一行考察开滦煤矿(前排左二伏义琴、左四郭士浩、左六熊性美、左七阎光华,后排左三刘佛丁,其余为矿上工作人员)

接待澳大利亚默多克大学蒂姆·赖特(Tim Wright)教授来访,1986年5月摄于蓟县黄崖关长城(左为蒂姆·赖特教授,右为刘佛丁)

1987年春访问美国宾夕法尼亚州立大学,摄于校园中

1988年5月30日在经济研究所接待美国匹斯堡大学托马斯·罗斯基教授
(Thomas G. Rawski),左起第三至六人为:吴承明、罗斯基、刘佛丁、熊性美

《中国资本主义发展史》课题组会议，1989 年 8 月 21 日摄于北京国谊宾馆，最后一排左起第二人为刘佛丁

1992 年 12 月 5 日英国设菲尔德大学蒂姆·赖特（Tim Wright）教授与日本东京大学滨下武志教授访问南开，刘佛丁教授主持学术讲座。（左起：蒂姆·赖特、刘佛丁、滨下武志）

1994 年 10 月 15 日出席博士学位授予仪式后合影（前排坐者为刘佛丁,后排左起:雷鸣山、唐杰、王玉茹、郭万达）

1995 年 6 月 9 日百卷《中华文化通志》主编肖克将军访问南开与部分参编作者合影（第一排左起第四人为肖克,第五人刘泽华，第二排左起第四人为刘佛丁）

1996 年 5 月 10 日《近代中国的经济发展》作者合影(自左至右:于建玮、刘佛丁、王玉茹)

1996 年 11 月 24 日应日本一桥大学经济研究所日本文部省重大课题"亚洲历史统计"项目组邀请访问日本,拜访老朋友顾琳(第一排左起依次为:近藤秀实、刘佛丁、顾琳)

1997 年 5 月 12 日参加博士学位论文答辩后与学生合影(前排左起为:刘佛丁、吴承明)

1997 年秋,南开经济研究所经济史研究室合影(左起第三人为刘佛丁)

1998 年 5 月 28 日,博士论文答辩后与青年学子亲切交谈

1998 年 9 月 21 日在中国经济史学会第四届年会上与美国康纳尔大学教授高家龙合影 (左起 : 刘佛丁、高家龙、王玉茹)

1999 年 5 月 24 日应邀出席香港新亚研究所、香港联教中心合作主办的近代中国经济史研讨会,做"制度变迁与近代中国的工业化"主题报告

南开百年经济学名家文库

刘佛丁文集

刘佛丁　著

南开大学出版社

天　津

图书在版编目(CIP)数据

刘佛丁文集 / 刘佛丁著. —天津：南开大学出版
社，2020.12
（南开百年经济学名家文库）
ISBN 978-7-310-05974-4

Ⅰ.①刘… Ⅱ.①刘… Ⅲ.①中国经济史－近代－文
集 Ⅳ.①F129.5－53

中国版本图书馆 CIP 数据核字(2020)第 199914 号

刘佛丁文集
LIU FODING WENJI

南开大学出版社出版发行
出版人：陈　敬
地址：天津市南开区卫津路 94 号　　邮政编码：300071
营销部电话：(022)23508339　营销部传真：(022)23508542
http://www.nkup.com.cn

三河市天润建兴印务有限公司印刷　全国各地新华书店经销
2020 年 12 月第 1 版　　2020 年 12 月第 1 次印刷
240×170 毫米　16 开本　23.75 印张　8 插页　410 千字
定价：156.00 元

如遇图书印装质量问题,请与本社营销部联系调换,电话：(022)23508339

目　录

经济史理论、方法与述评

博士学位论文序言

书　评

人物介绍与述评

附　录

怀念老同学刘佛丁（代序）

　　1957 年我们考入南开大学历史系。佛丁比我小两岁，却先我而去，屈指已经十七年了，而我已过八旬，老天何其不公！每每忆起佛丁老同学，心里都有理不清的惋惜。正当他壮年，学术之路已经开拓，猝发了无可挽回的心脏病，眼看着一座学术高峰的升起，却戛然而止，能不令人悲痛！

　　入南开之始，学生干部都是临时指定，佛丁被指定为三班班长，我被指定为一班小头头。由于开年级学生干部会，我们很快就相识了。佛丁为人十分谦和、认真负责、人情味很浓、说话简要得体，很受同学们的欢迎，在大家熟悉之后选举时，又被选为班长。同学们整天混在一起，打打闹闹，也开始互相起绰号，我因为对甲骨文好奇，一段时间入迷，抱着几本书不离手，加上我老气，于是被称为"老夫子"。世界史课讲到印度佛教，大乘教派以菩萨为最高境界。佛丁因有"佛"字，加上他的"菩萨"之心，不知哪位同学奉他为"大乘"，于是这个雅号很快流行成他的称谓。说起来修炼成菩萨都要经过三灾八难，这里我只说他经历的两难吧。

　　佛丁十分聪慧，又非常用功，是我们年级的出类拔萃者。不幸于 1960 年染上肺结核，我在他之前也得过肺结核。当时虽然已经有了一些有效药品，但仍然是很麻烦的一种病。他不得不休学治疗，好在他家的经济条件比较富足，住进了"亚非学生疗养院"。我的恋人阎铁铮与他同班，佛丁是班长，铁铮是团支部书记，他们交往很多。铁铮的家在北京，当时的粮票十分珍贵，不敢邮寄，铁铮每次回北京都把粮票给他捎到他家，也去过疗养院看望他。佛丁很感激，从疗养院出来后曾设家宴款待铁铮和同去的同学，还有一次请她们到北海仿膳打牙祭。佛丁的病拖了一年，再回校时，只能跟从下一个年级。但我们一直把他视为同年。毕业后他被留校，任南开经济研究所教师。

　　真正的劫难是 1976 年的唐山大地震。他当时在开滦煤矿从事企业史的档案整理和发掘原始史料，死里获救后，告诉我地震中的经历。当时他住在三层楼的顶层，整个小楼坍塌了，他被坍塌的房顶压住，开始还有一点空隙，随着频繁的余震，身子被压得越来越紧，好像被铁箍紧紧缠住，呼吸也逐渐感到困难，虽然熬到了一丝晨光，但已没有求生的希望，脑子变成一片空白，生命已到临界线，突然听到有人呼喊：有人吗？有人吗？他顿时使出最后的力气回应：这里有人，请来救助！当被救出时，眼前看到的是望不尽的瓦砾，那时既无心情感恩，也没有眼泪，头上流血不止，人已木然……在我们朋友圈子中，有人说佛丁已经遇难，有的说下落不明。当我们听说佛丁回到南开园时，我与铁铮前去看望，当时他头上还有纱布缠绕，说起话来仍有些恍惚。事后我们总说佛丁"命大"。

"文革"乍起，由于我们不在一个单位，互相都不知情。稍后我知道佛丁是一位旁观者，逍遥派，但他基本上没有浪费自己，抓紧机会提高英文，能达到阅读、翻译自如的水平，很有远见。1970 年后，也想不起是什么缘由，我们往来多了起来，我们俩对"文革"的看法大体相同，有时我很苦闷，对老同学无所顾忌，多次打开心扉说了不少当时"出格"的话。佛丁比我沉稳，他耐心地听，但不插话也不反驳，不过最后总是劝我要注意"场合"，要管住自己的嘴，千万不要给阎铁铮和两个孩子带来麻烦。

南开的经济史是学界公认的重镇和开拓者。根据我的了解，作为行外人贸然说去，我认为到现在大致可分为四代：第一代以方显廷、傅筑夫为代表；第二代以郭士浩为代表；第三代以刘佛丁为代表；第四代有王玉茹等。每一代都有新的突破，这里只说佛丁。他一生追逐创新，有生之年致力于运用经济学的分析方法构建中国近代经济史研究的新框架。他的研究从典型企业、村镇、行业、部门到近代中国经济发展的宏观分析，运用经济学理论和方法解析中国的经济发展，形成一个新的认识体系，已是学界的共识，被誉为"南开学派"。

到了 90 年代，萧克老将军组织编著百卷本《中华文化通志》，分十典，每典十卷。我意外忝列其中，任"制度文化典"主编。这项工程是由民间组织、发起，资金来自社会捐赠。百卷作者实行招标筛选，但也不排除各典主编瞄准作者聘请。制度典中有一卷《工商制度志》。佛丁老同学并没有投标，不过在我看来，他与他带领的团队是最佳人选。我登门请他出山，但他很忙，颇为犹豫。过了一些天，我又去恳请，大概看在我这个老同学的份上，他应承下来。至于如何写，我无须多说，一切由他去安排。百卷本作者开过几次会，他都准时出席，予以积极的支持，并按时交稿。对他的认真负责的精神，我内心深深表示敬意。

玉茹教授是我这位老同学的知音，佛丁意外撒手而去，这对玉茹是莫大的打击。但玉茹是坚强的，她未及擦干眼泪，就投入收集佛丁的遗作中。由于多种原因，未能如愿出版。可是十六年来，玉茹一直视为自己的天责，现在终于能实现了。人生得一知音足矣，老同学佛丁在天之灵亦应足矣！

刘泽华

丙申年初春于美国西雅图

我的自述

刘**佛丁**　笔名何立、思毅，1937 年 12 月生于北京，祖籍福建省福州市，1963
年毕业于天津南开大学历史系。现任南开大学经济研究所教授、经济史研究室主
任、博士生导师，兼任《南开经济研究》主编、中国近代经济史专业委员会副主
任。主持编写《近代中国的经济发展》、《中国近代盐务史资料选辑》（共四卷）、
《旧中国开滦煤矿的工资制度和包工制度》等书。

　　上大学时，一位著名的经济学家来南开讲学，他说："对初作科学研究的青
年来说，最重要的是选好题目，因为课题的选择，往往决定今后的研究方向。教
师的学术水平高低，就看他兜里是否总有一些题目，可以随时拿出来供学生选
择。"大学毕业，我到研究所工作后，开头几年，常为科研选题苦恼。那时总想：
要是有一位导师给我一个现成的题目该多好！可实际上，古今中外得到名师指点
功成名就者固然不少，但多数人恐怕还是靠了自己在崎岖的道路上不断地总结经
验，从而寻找到一条既符合科学自身规律，又符合本人特点的研究途径。

　　三十多年间，我一直研究中国近代经济史，工作大体上循着由典型企业、村
镇到行业、部门，再到对旧中国经济作宏观分析的途径进行。

　　我参加的第一个科研项目是开滦煤矿企业史的调查。那时搞什么课题不是由
自己决定的，而是研究所领导分配的。初到开滦煤矿，面对浩如烟海的档案卷宗，
真如堕五里雾中一般，不知什么东西有用，什么东西无用。当时我想，为什么有
些名学者到了一个企业或村镇，只用了不长的时间，就收集到必要的资料，并取
得相应的科研成果，而我们有些研究人员陷入繁琐的资料堆中，经年累月难以自
拔？差别就在于我们的眼力不够。而所以眼力不够，是由于缺乏对某一研究领域
宏观的了解和理论准备。不把开滦煤矿放在旧中国经济发展的背景下去孤立地加
以考察，怎么能看出问题呢？于是我不再满足于仅仅按照调查提纲的项目，被动、
机械地收集资料，而是把注意力转移到那些通过微观的事例可以说明全局性规律
的问题上来。比如，通过包工制度的变化过程看半殖民地半封建旧中国帝国主义

与封建势力的相互关系，利用开滦丰富的劳工档案记录和统计数据，分析旧中国工人阶级的贫困化问题和劳动力市场的形成等，这些问题的研究后来都取得了有影响的研究成果。

70 年代中期，我有机会参加许涤新、吴承明先生主编的《中国资本主义发展史》一书的写作。协作的过程对我来说也是向老一辈经济史学家学习的过程。在讨论中，他们提出的一些研究课题，初看起来似乎很一般，没有什么意思，但后来的事实证明，一些年轻学者沿着他们的思路搞下去都取得了有价值的、成系列的研究成果。有些课题虽然中途遭遇困难，但峰回路转，最后还是达到柳暗花明的境界。

由于经验的积累和注意不断更新自己的知识结构，尤其是注意跟踪经济学和其他社会科学理论的进展，视野开阔了，观察事物的层次也提高了，不再感觉没有研究的题目可供选择，而是叹息时间和精力所不及，每到这时，我总是难以忘怀过去走过的路，所以在给研究生讲课和指导学位论文时，我总有一种为他们出题目，并根据每个人的素质和条件帮助他们选择好研究方向的义务感，毫不吝啬地把我的思路和未发表的见解提供给他们。

一般说来，我还是主张青年人作研究工作从比较具体的题目作起，这样脚踏实地，容易驾驭，待积累了一定的经验和成果后，再选择较宏观或抽象的课题，以期在更广泛的领域中有所贡献。我走这样一条科研的路线虽然是不自觉的，但回顾起来，总认为可能对多数人是适合的。

（本文摘自国务院学位委员会办公室编：《中国社会科学家自述》，上海教育出版社 1997 年版）

民族资本和企业史研究

试论我国民族资本企业的资本积累问题

在帝国主义和封建势力的双重压迫下,中国的民族资本主义经济虽然不能得到正常的发展,但是由于资本主义内在经济规律的作用,在一定的历史时期,仍然在其半殖民地经济的特有形式下,缓慢地进行着资本的积累,资本主义的生产关系也在逐步扩大。本文拟就抗战①前的情况,主要依据1919—1936年的材料,对我国民族资本企业的资本积累及其特点进行初步的分析和探讨。

一、民族资本企业资本积累的要求和客观条件

资本主义生产的目的是追求尽可能多的剩余价值,为达到这个目的,除不断加强对工人的剥削、提高剩余价值率外,主要是通过扩大再生产的手段,剥削更多的劳动力。因为在对劳动方的剥削程度一定时,剩余价值量的多少就取决于同时被榨取的劳动者的人数。而要做到这点,就必须不断进行资本的积累。马克思在《资本论》中指出:"积累就是资本的规模不断扩大的再生产","把剩余价值当作资本使用,或者说,把剩余价值再转化为资本,叫做资本积累"。②

从主观上说,中国的资本家也和所有西方的资产者一样,贪欲和致富的冲动作为绝对的情欲支配着他们,在这个时期我们仍然不难看到,一些行业(如机器制造业)的中小资本家和18世纪时英国的工厂主一样,参加生产劳动、省吃俭用,以求增加积累,发家致富。而在一些较具规模的大型企业中,当权的股东则极力主张少分红多积累,以图进一步扩大生产规模。

另一方面,进行资本积累、不断扩大生产规模,也是资本主义发展的客观要求,正如马克思所指出的:"资本主义生产的发展,使投入工业企业的资本有不断增长的必要,而竞争使资本主义生产方式的内在规律作为外在的强制规律支配着每一个资本家。竞争迫使资本家不断扩大自己的资本来维持自己的资本,而他

<hr>

① 文中"抗战"指1937年抗日战争全面爆发,后文出现的"抗战"不再一一进行说明。——编者注
② 《资本论》第1卷,人民出版社1975年版,第637页、635页。

扩大资本只能靠累进的积累。"①一个民族资本企业的资本家，为了在与外资企业、外国进口商品以及同行业的其他资本家的你死我活的竞争中站住脚，就必须进行资本积累，不断更新设备，并在扩大的规模上进行再生产。只有这样才能提高劳动生产率，从而使自己在竞争中处于有利地位。

民族资本企业有进行资本积累的主观愿望和客观需要，但能否进行积累还要看他们经营的情况如何，即需要有一定量的盈利，才可能从利润中提取一部分作为积累资金，或投资兴办新企业。

汪馥荪先生曾根据 92 家工厂 1930—1937 年的营业报告作过计算。这些工厂中，每年都有纯益的 74 家，发生亏损或损益相间的 12 家，情况不明的 6 家（不计算）。平均利润率为 13.7%②，这个计算由于是将利息计入利润，以与实际运用的资本相比，当较工业利润率稍高。我们查看了一些统计较全的民族资本主义企业，如永安纱厂 1922—1936 年的平均盈利率为 8.4%（盈利与自有资本比），南洋兄弟烟草公司 1920—1936 年平均盈利率为 8.5%（盈利与股本额比）。③有些部门的一些企业盈利率更低，如保晋煤矿 1919—1930 年期间，九年有盈利率统计，其中四年盈利，五年亏损，平均盈利率只有 0.7%④，当然这种情况在民族资本企业当中是少数。

考虑到民族资本各个行业的情况及这一时期不同阶段盈利水平的变化，把平均盈利率估计为 10% 左右是比较稳妥的。这个数字与同一时期资本主义国家盈利水平比较并不算低。所以如此，主要是民族资本家对本企业工人剥削十分残酷和通过产品销售、原料收购的不等价交换占有一部分农民和手工业者的剩余劳动所致。这个不算很少的利润，乃是民族资本企业进行积累的源泉。

二、民族资本典型企业资本积累情况

荣家资本集团：1903 年荣宗敬开办茂新面粉厂，资本为 5 万元，粉磨 4 部，1916 年创办申新纱厂，资本 30 万元，纱锭 12,960 枚，布机 350 台（1917 年）。经过近三十年的发展，到 1932 年时，荣家资本集团共有面粉厂 12 个，粉磨 347

---

① 《资本论》第 1 卷，第 649-650 页。

② 陈真、姚洛编：《中国近代工业史资料》第 1 辑，三联书店 1957 年版，第 649-655 页。

③ 根据上海市纺织工业局等编《永安纺织印染公司》（中华书局 1964 年版）及中国科学院上海经济研究所、上海社会科学院经济研究所编《南洋兄弟烟草公司史料》（上海人民出版社 1958 年版）书中数字计算。

④ 严中平等编：《中国近代经济史统计资料选辑》，科学出版社 1955 年版，第 166 页。

部,为创办时的 87 倍,股本 791 万元,为创办时的 158 倍;纱厂 9 个,纱锭 521,552 枚,为创办时的 40 倍,布机 5,357 台,为创办时的 15 倍,股本 1,137 万元,为创办时的 38 倍。纱厂和面粉厂固定资产总值共计达 5,438 万元。此外,荣家在其他纱厂和旁系事业中还有不少投资。

荣家企业为扩大积累,除发股息外,一般不发红利给股东,盈余不断滚存下去,用来扩大再生产。申新一厂原定资本 30 万元,1922 年时增加到 300 万元,新增加的 270 万元资本中,有 230 万元是未分配的盈余红利添作股本。福新一厂开办之初就议定:各股东分得的红利,三年内均不提取,用以扩充企业,各股东的股利也存厂生息,以厚资力,随后设立的其他各厂也照章办事。福新一厂最初资本 4 万元,1917 年增为 15 万元,同年开办福新三厂,资本 15 万元,两厂合并生产,共有资本 30 万元,其中 25 万元都是盈余作账面调整和转拨来的。据账册记载,该厂在 1913—1923 年间,陆续拨付福新二、三、七厂投资金额就达 390 万元。

荣宗敬等于 1903 年以 5 万元资本创办茂新面粉厂,到 1932 年时荣家企业的自有资本增加为 2,913 万元,资本积累的速度是比较快的。但我们也必须看到其生产规模迅速扩大的基础并不巩固,盈利大部分在扩充新厂和添置新机上耗尽,各厂资金并不充裕,甚至有些厂连机器设备也是靠借钱买下的,一面扩充,一面处在高利贷的拖累之下。1932 年后在经济危机的打击下,荣家企业的生产规模处于停滞状态,粉磨在 1932—1937 年间没有增加,纱锭虽略有增长,但整个企业负债猛增,自有资本迅速减少,大部分企业被抵押出去,甚至一度出现资负倒挂的局面。所以,1932 年后,荣家企业已经谈不上什么资本积累,而是为债权人生产利润了。[①]

永安纺织印染公司:1922 年华侨商人郭乐、郭顺兄弟集资兴办永安纱厂,资本 600 万元,纱锭 30,720 枚,布机 510 台(1924 年)。到抗战前的十多年间,永安由一厂发展为五厂(其中两个包括织布厂),此外还有一个印染厂、一个发电厂、一个大仓库、一个兴建中的机器厂,郑州还有一个打包厂,成为一个纺织印染的全能企业。到 1936 年时永安公司共有纱锭 256,264 枚,为 1922 年的 8 倍多,布机 1,542 台,为创办时的 3 倍,资本 2,977 万元,为 1922 年资本的近 5 倍。

永安纱厂 1922—1936 年期间总共盈利达 1,639 万元,通过盈利分配转化为资本的 704 万元,资本积累约占盈利的 43%。如包括未分派的盈利部分,到 1936

---

① 所有数字根据上海社会科学院经济研究所编:《荣家企业史料》上册,上海人民出版社 1980 年版。

年时实际作资本运用的比例还要高得多。①

大生资本集团：张謇于 1899 年创办大生纱厂，资本 445,100 两，纱锭 20,400 枚，1907 年建立大生二厂，大战期间大生两个厂获利甚丰，1914—1921 年间总计盈利在 1,000 万两以上。1921 年建成大生三厂，1924 年建成大生八厂（后改为一厂副厂）。大生四个厂共有资本 770 余万两，纱锭 155,984 枚，布机 1,582 台。二十多年间大生厂虽然盈利近 1,400 万两，但用于本业投资的不过百余万两，用于业外投资的 200 余万两，其余都被资本家分配掉，所以其资本积累的速度是缓慢的。该集团资本扩张的其余部分都是靠信用膨胀取得的，战后纱市逆转，大生集团陷入困境，被金融资本所控制。②

裕大华资本集团：1913 年以徐荣庭为首的资本家租办湖北纱布丝麻四局，经营楚兴公司，当时他们的股本只有 35,000 两，以此起家，在大战期间获得巨额利润。1918 年由楚兴公司积累中抽出 210 万两，个人另集资 120 万两，在武昌开办裕华纱厂，1920 年在石家庄设立大兴纱厂，1936 年大兴西安分厂建成（后改为大华纺织公司西安纺织厂）。1922 年裕华、大兴厂开工时有纱锭 54,768 枚，布机 792 台（1924 年），股本总额 330 万两，折合银元 4,714,300 元，连同原楚兴公司转来的一部分积累，自有资本共计不过 5,298,311 元，由于裕大华资本家经营得法，厂址选择较好，企业得到稳步发展。到 1936 年时有纱锭 85,560 枚，较 1922 年增加 56%，布机 1,324 台，较开办时增加 67%，自有资本达 17,315,331 元，较 1922 年增加 227%。相对说来生产能力的增长速度较慢，而资本积累的速度是比较快的。

裕华、大兴厂股本 330 万两中，除 210 万两是由楚兴公司积累中抽出外，徐荣庭等资本家个人集资的 120 万两，也是由楚兴公司分得的酬劳费中提取的，因而这两个厂的创业资本全部是剩余价值转化来的。在 1922—1937 年间裕大华共计盈利 1,901 万元，资本家通过自办保险、公积，折旧生息以及隐藏利润、减少给配等手段尽量扩大积累，十余年间企业积累达 332 万元，占盈利的 17.4%。另外，公司还通过"特别公积"和发公司债等办法，把 261 万两未分派的红利保存下来扩充资本，实际上是一种附股的性质。③

丝绸业中最有代表性的民族资本企业美亚织绸公司，1920 年由莫觞清创办，开始时是独资经营，规模很小，仅有织机 12 台，1922 年改组为合伙公司，由留

① 数字根据《永安纺织印染公司》。
② 材料根据中国社会科学院经济研究所所存：《大生资本集团史料》。
③ 材料根据中国社会科学院经济研究所所存：《旧中国裕大华集团资本积累的探讨》。

美学生蔡声白任总经理，乃添置新机，大事扩充，仿造欧美新式丝织品，营业蒸蒸日上，1924 年建立二分厂，1925 年设天纶美记分厂，1926 年开设美孚厂和美成厂，1928 年建成美艺染炼厂和美章纹制社。发展最快的是 1929 年，在这一年中莫氏就建立了美利、美生、南新三个厂。1930 年设立久纶厂，1931 年设立美经经纬厂。此外，还曾先后开办了三个绸庄和美亚铁工厂。1933 年美亚改组为股份公司，重定资本为 280 万元，并将上述连枝各厂一律改为美亚分厂，织机增加到 1,200 余台，为初创时的 100 倍。[①]

天津仁立毛纺厂：1930 年成立时资本为 30 万元，1935 年资本增加为 50 万元，1937 年更增加为 150 万元。仁立厂自成立后，每年凡有盈余都提 10%作为公积，为了增加积累，还设立"特别公积金""红利平衡准备金""改善设备基金"等名目，据有关人士回忆，1937 年的增资中起码有 25 万元是由滚存公积中拨作红股的。[②]

面粉业中除荣家的茂新、福新公司外，阜丰面粉公司的资本积累也是比较显著的。阜丰厂为孙多森于 1898 年建立，创办时资本只有 30 万两，粉磨 16 部。大战期间连年盈利，业务日益发展。大战结束后，在面粉业遭受外粉打击、同业不堪支持之际，阜丰公司依靠其资力雄厚、设备精良和官僚买办的权势渡过了难关，并在其后的抵制外货运动中扩大了生产。到抗战前阜丰系统共有面粉厂 6 家，资本 525 万元，粉磨 172 部，较创办时规模增加十余倍。[③]

我国最大的民族资本卷烟厂南洋兄弟烟草公司 1905 年在香港创办，当时只有卷烟机 4 台，资本 10 万元港币。1915 年在上海建厂，大战期间营业迅速扩大，1916—1919 年间每年盈利都在 100 万元以上。1918 年改组为有限公司，额定资本为 500 万元，实收 270 万元。1919 年再次改组，向社会招股，扩大资本额为1,500 万元港币。改组后发展很快，首先对上海和香港厂进行扩建，机器设备价值 1921 年比 1920 年增加了 116.6%，1922 年比 1921 年增加 35.7%。这一时期获利仍然很多，1920 年盈利率高达 32.39%，1921 年为 29.97%，1922 年为 27.23%。1925 年在上海浦东设立分厂，同年又在汉口设分厂，这一时期还先后在山东坊子、河南许昌、安徽刘府等地设立收烟厂，在上海建立宝兴锡纸厂，并投资中美烟叶公司、香港永发印务公司，1927 年时自有资本达 2,000 余万元，资产总值在

---

① 陈真、姚洛编：《中国近代工业史资料》第 1 辑，第 469-471 页。

② 朱继圣、凌其峻：《仁立公司的曲折道路》，见《工商史料》第 1 辑。

③ 材料根据中国科学院经济研究所、中央工商行政管理局资本主义经济改造研究室编：《旧中国机制面粉工业统计资料》，中华书局 1966 年版；陈真、姚洛编：《中国近代工业史资料》第 1 辑，第 474-476 页。

3,000 万元以上。但该公司在 1928 年后连续三年大量亏损，不但没有积累，而且受到很大销蚀，陷入官僚资本的控制之下。[①]

刘鸿生资本集团：刘鸿生在充当开滦矿务局买办期间积累起了巨额资本，1920 年刘氏在苏州创办鸿生火柴厂，资本 20 万元（一说为 12 万元）。1930 年鸿生厂与中华、荧昌两厂合并为大中华火柴公司。到 1934 年时，大中华共有 7 个火柴厂，1 个梗片厂，资本增至 365 万元，资产总值则达 560 余万元。此外刘鸿生还投资水泥、毛纺、搪瓷、煤炭等业。据估计，1931 年时刘鸿生个人的企业投资即达 740 万元。[②]

大中华橡胶厂：1928 年建立，资本为 8 万元，在抵制日货运动中，大中华发展很快。1931 年资本增至 110 万元。1932 年在橡胶行业陷入危机后，大中华依靠其资本雄厚仍有较大发展，到 1933 年时，大中华已由一个厂发展为四个厂，并有四个原料厂和一个机修车间，资产总值达 373.9 万元。[③]

1914 年范旭东在大沽口建立久大盐业公司，资本只有 5 万元，依靠其股东与北洋政府的特殊关系，企业得到迅速发展，资本增至 250 万元，1923 年久大投资青岛永裕公司，并取得"青盐输日"的专利，获得巨额利润。1931 年"九一八"事变后，久大在江苏大浦设立分厂。另一方面范旭东在 1917 年集资 550 万元建立永利化学公司，不久获得北京政府批准制碱的原盐免税，经过十余年的努力，永利制纯碱成功，成本比英商卜内门公司还要低，从获利中积累了资金，1934 年范氏在南京建立硫酸铵厂，从而在化工两翼的酸碱方面都奠定了基础。[④]

此外，机器行业中的大隆机器厂、制药业中的五洲大药房、印刷业中的世界书局和商务印书馆等，这一时期都有比较显著的资本积累。

值得注意的是这一时期建立的规模较大的机械制造厂中，有几个是本行业或外行业的工业资本家再投资建立的。如 1919 年设立的明锠机器厂是由汉阳、上海一些机器厂厂主投资。1921 年成立的中国铁工厂，资本 35 万元，股东中几乎包括了全国较著名的纱厂资本家。前述的美亚铁工厂则是 1927 年由美亚织绸厂投资兴办的。同年设立的华通机器厂是由卷烟业资本家建立的。这些厂的资本来源基本都是剩余价值转化来的。

---

① 材料根据《南洋兄弟烟草公司史料》。

② 材料根据青岛市工商行政管理局史料组编：《中国民族火柴工业》，中华书局 1963 年版，马伯煌：《刘鸿生的企业投资与经营》，《社会科学》1980 年第 5 期。

③ 上海市工商行政管理局、上海市橡胶工业公司史料工作组编：《上海民族橡胶工业》，中华书局 1979 年版，第 22-30 页。

④ 陈真、姚洛编：《中国近代工业史资料》第 1 辑，第 513-518 页。

我国民族资本航运事业中最有代表性的企业民生轮船公司，是 1926 年由卢作孚发起组织的，资本定为 5 万元，但实收只有 8,000 元，在上海造了一艘民生轮，吨位只有 500 吨。该公司在川江航运上与帝国主义势力展开激烈的竞争，由于得到民众爱国热情的支持，并凭借与四川军阀和国民党官僚资本的密切关系，以及经营得法等因素，十余年间公司迅速膨胀，1937 年时有轮船 46 艘，货运吨位达 10 万吨，股本增加为 350 万元，资产总值达 12,156,852 元。此外民生还有大量的业外投资，估计在 1,400 万元以上。[①]

从上述事实可以看出，我国民族资本的一些企业，在这一时期的不同阶段，曾经有过程度不等的资本积累，生产规模有所扩大。其原因主要在于这些企业资金比较充裕，设备技术先进，经营得法。同时也还应注意到，其中相当一部分企业是靠了它们的资本家与当权的军阀官僚，或与外国资本有比较密切的关系，借助于这些人的政治势力和经济上的支持而膨胀起来；反之，当他们的后台一旦在政治上失势，这些企业也就衰落下去。这恰是由于半殖民地半封建旧中国的民族资产阶级上层与帝国主义、封建势力有较多联系这一特性所造成的。

当然我们也必须看到，在一些企业有积累的同时，另外一些企业则没有积累，甚至亏损、销蚀，以致关闭或为他人（主要是外国资本）所吞并。

三、民族资本工矿交通事业资本积累量的估计

在介绍了民族资本典型企业资本积累的情况以后，我们试图对这一时期民族资本工矿交通业的资本积累作出一个数量的分析。为此，首先需要估算一下民族工矿交通业投资增长的情况（见表 1）。

表 1　民族资本工矿交通业投资的增长（1919—1935 年）（单位：万元）

	1919	1922	1927	1931	1935
制造业及公共事业	19,142.4	30,022.6	36,781.0	63,431.4	69,738.3
矿业	2,532.7	3,321.7	4,914.9	8,105.2	11,182.3
交通运输业	6,261.2	7,982.0	8,080.0	10,879.0	12,308.3
合计	27,936.3	41,326.3	49,775.9	82,415.6	93,228.9

注：各年投资数的计算：

1919 年：制造业及公用事业：1919 年北洋政府农商部注册工厂 475 家，资本 14,742.4 万

---

① 材料根据陈真、姚洛编：《中国近代工业史资料》第 1 辑，第 430-443 页；中国社会科学院经济研究所存：《民生轮船公司史料》。

元，中小厂约 22,000 家，平均每家资本估计为 2,000 元，共有资本 4,400 万元。二者合计为 19,142.4 万元（中小厂数北洋政府农商部统计 1916 年以后的省份不全，现就 1912—1915 年数字估计 1919 年为 22,000 家左右。这些中小厂半数以上为织物、酿酒、造纸、陶瓷、榨油、金属制品等业的手工工场，其中资本在万元以上者只是个别的，多数资本在 500～3,000 元之间，因而估计其平均资本为 2,000 元左右）。

矿业：据丁文江：《五十年来之中国矿业》重要民矿一览表，剔除汉冶萍资本 2,000 万元，另根据其他书刊补入六河沟、中原、五湖咀、五丰、华丰等矿资本 969 万元，共计为 2,532.7 万元。

交通运输业：航运业资本据《中国近代经济史统计资料选辑》中国轮船公司设立情况表，剔除官办、官商合办、中外合资者，到 1919 年为止共有商办轮船公司资本 3,385.4 万元。民营铁路计有粤汉路南段投资 2,000 万元（《铁道年鉴》第一卷）、新宁路 250 万元、潮汕路 200 万元（《中国近代铁路史资料》），其他窄轨铁路资本约 425,8 万元，共计 2,875.8 万元。航运与铁路合计为 6,261.2 万元。

1922 年：制造业及公用事业：据钱亦石：《近代中国经济史》载 1924 年注册工厂 565 家，资本 22,414.4 万元，减除 1923、1924 两年注册工厂 25 家的资本 991.8 万元，则 1922 年注册工厂的资本额为 21,422.6 万元。另估计到 1922 年中小厂增至 25,000 家，资本为 5,000 万元，合计得 26,422.6 万元。惟钱书注册工厂中无公用事业，1919 年时公用事业投资为 2,170 万元，如与制造业按相同比例增长，1922 年时公用事业投资约为 3,600 万元。制造业与公用事业总计为 30,022.6 万元。

矿业：在 1919 年矿业投资数上加入长兴、同宝、中和、怡立等矿及天源矿增资，共计为 3,321.7 万元。

交通运输业：航运业与 1919 年所据材料相同，铁路据《中国年鉴》第一回，新宁、潮汕路资本共增加 352 万元。航运与铁路的投资分别为 4,754.2 万元和 3,227.8 万元，合计为 7,982 万元。

1927 年：制造业及公用事业：据龚骏：《中国新工业发展史大纲》，钱亦石：《近代中国经济史》，吴承洛：《今世中国实业通志》《旧中国机制面粉工业统计资料》《中国民族火柴工业》等书，计算出 1927 年民族纺织业资本 15,051 万元，食品工业资本 8,299 万元，化学工业资本 3,428 万元，土石制造业资本 1,783 万元，铁工业资本 2,320 万元，水电业资本 5,000 万元，其他各业资本（印刷业等）900 万元，共计为 36,781 万元。

矿业：据《中国近代经济史统计资料选辑》，1926 年中国煤矿业投资为 9,822.6 万元，是年民族资本煤矿产量约占中国资本煤矿总产量的 48%，由此推算出民族资本的煤矿业投资约为 4,714.9 万元，加入非煤矿业投资约 200 万元，共计为 4,914.9 万元。

交通运输业：系在 1922 年投资数上加入 1923—1926 年新增加的航运业投资 98 万元，共计为 8,080 万元。

1931 年：制造业及公用事业、矿业、交通运输业均系在 1927 年（或 1926 年）资本数上加入 1928—1931 年注册的工业、矿业、交通运输业公司的资本额（据 1936 年《申报年鉴》载国民党政府实业部的统计）。制造业及公用事业项下再加入四年间新设的中小企业 4,000 家，资本 1,200 万元（中小厂家平均资本数按 3,000 元计算，是考虑到这一时期新设的中小厂比大战期间存在的手工工场资本额有所增加。据刘大钧：《中国工业调查报告》，1933 年调查 17 省 146 个县市，共有工厂 18,708 家，资本 48,150.5 万元，从中减除 2,435 家合于工厂法的大厂资本 40,687.3 万元，下余中小厂 16,273 家，资本 7,463.2 万元，平均每厂资本 4,586 元，由于这些厂是工业比较发展的省、市、县的中小厂，所以资本较多，从全国出发，只估计 1927—1931 年间新设中小厂平均资本额由大战期间的 2,000 元增加为 3,000 元左右）。另外，交通运输业投资项下减除了粤汉路南段投资 2,000 万元（1930 年收归国有）。

1935 年：制造业及公用事业：据 1936 年《申报年鉴》、《现代中国实业志》、《中国经济年鉴》第三编、《中国近代工业史资料》第一辑等书计算出民族资本纺织业资本 22,682.8 万元，食品工业资本 17,510.4 万元，化学工业资本 9,191.9 万元，金属及机器制造业资本 3,377.1 万元，土石制造业资本 3,720.6 万元，水电业资本 10,805.5 万元，其他各业（印刷业等）2,450 万元，共计为 69,738.3 万元。

矿业：1935 年地质调查所统计中国煤矿业资本为 10,759.3 万元，另据其他书刊计算非煤矿业投资约为 423 万元，二者合计为 11,182.3 万元。

交通运输业：

铁路：江南路 600 万元，新宁路 935 万元，个碧石路 1,000 万元，潮汕路 360 万元，漳厦路 220 万元，川北民业铁路 66 万元，龙溪水、汕樟轻便铁路约 81 万元，东北商办铁路开丰等三线 480 万元，民营专用铁路估计为 748 万元（据《铁道年鉴》、1936 年《申报年鉴》等书），共计为 4,490 万元。

航运：据《中国年鉴》（1936—1937 年英文版）载，抗战前我国轮船公司有资本额记载者 26 家，共有资本 2,568.4 万元，吨位为 225,320 吨，1935 年时，我国民族资本轮船业共有轮船 604,056 吨（《中国近代经济史统计资料选辑》），从而推算出 1935 年民族资本航运业投资约为 6,883.3 万元。

公路：据《铁道年鉴》第一卷载铁路沿线公路表中有资本额记载的商办运输公司资本共计为 935 万元。

以上三项总计为 12,308.3 万元。39

从 1919 年到 1935 年的 16 年间，民族资本工矿交通业的投资由 27,936.3 万元增加为 93,228.9 万元，共计增加了 65,292.6 万元，平均每年增加 4,080.8 万元，年平均递增率为 7.82%。但从上表可以看出，在这个时期的不同阶段，民族资本投资增长的速度是不同的，我们将它划分成四段。第一阶段是从 1919 年到 1922 年，三年中增加 13,390 万元，每年递增 13.94%，是增长最快的阶段；第二阶段是从 1922 年到 1927 年，五年中投资增 8,449.6 万元，年递增 3.79%；第三阶段为 1927 年到 1931 年，四年中投资增加 32,639.7 万元，是这一时期中增加幅度最大的阶段，年增长率为 13.43%；第四阶段是从 1931 年到 1935 年，四年中投资增加 10,813.3 万元，年增长率为 3.13%，是这一时期中增长率最低的阶段。

民族资本各个部门和行业投资增长的情况是不尽相同的。制造业及公用事业中的一些行业与上述总的发展趋势是一致的，如面粉业和火柴业就属于这种情况；有些行业大战期间就有明显增长，战后除在个别年份外，仍持续地有比较明显的发展，如最重要的行业棉纺织业就是如此；还有一些行业在大战时期投资还很少，而在这一时期则有长足的进步，如毛纺织业、制糖业、化学工业、造纸、橡胶、水泥、电力等，说明资本主义的生产关系在扩大；也有一些行业没有什么发展，或发展极慢，或中经一度发展又趋于衰落，如钢铁、机器、缫丝等业。交通运输业中民办铁路可说没有什么发展，航运业在这 16 年中无论从吨位上还是从投资额上都有缓慢的增长，而公路交通运输则是这一时期的新兴事业。

马克思指出："规模扩大的再生产或积累再生产出规模扩大的资本关系：一极是更多的或更大的资本家，另一极是更多的雇佣工人。……所以，劳动力的再生产实际上是资本本身再生产的一个因素。因此，资本的积累就是无产阶级的增加。"[①]在这一时期，随着民族资本厂矿规模的扩大和新设厂矿的增加，在其中工作的工人数也有所增加。1919 年时在合于工厂法的大型工厂和新式矿山中劳动的工人约计有 20 万人，到 1933 年时大约增加为 60 万人；在中小工厂和土法开采矿山中劳动的工人 1919 年时约计为 95 万人，1933 年增加为 110 万人左右。[②]前者在 14 年中增加了 40 万人，为原来的 3 倍；后者只增加了 15 万人，为原来的 116%。造成这种情况的原因将留待讨论资本集中的问题时再作分析。

民族资本工矿交通运输业的投资在 1919—1935 年的 16 年间增加了 65,292.6 万元，这虽然就一般意义上说，也可以称作民族产业资本的积累，但由于旧中国是一个半殖民地半封建社会，不是单一的资本主义经济，而是封建经济占优势，所以在研究资本积累的问题时，必须对资本的来源进行分析。由前述一些典型企

---

① 《资本论》第 1 卷，第 673-674 页。

② 据陈真、姚洛编：《中国近代工业史资料》第 1 辑，1919 年中国工厂工人数为 557,622 人，按照当年民族资本与官僚资本的资本额比例推算，民族资本大型工厂的工人约为 164,000 人，机械开采的民族资本矿业工人估计为 36,000 人，合计为 20 万人。据《中国近代经济史统计资料选辑》，1933 年合于工厂法的工厂及新式煤矿业工人数为 64 万余人，减除官僚资本企业工人 6 万余人，加入非煤矿业工人约 2 万人，则为 60 万人。

1919 年中小企业工人数及土法开采的矿工人数系根据北洋政府农商部 1912—1916 年的统计，分别估计为 55 万人和 40 万人，共计为 95 万人。据刘大钧：《中国工业调查报告》，1933 年调查的 17 省 146 个县市 16,000 余家中小厂，工人近 29 万人，由于统计不全，估计这时全国中小厂数在 3 万家以上（1933 年实业部劳工司调查 23 省 22 个行业，就有工厂 29,000 余家，这个统计仍然是不全的）。未统计的中小厂多处在不发达的省份和县份，其资本额虽少，但使用的工人当较列入统计的厂为多，因而估计该年中小厂的工人数约为 60 万人。据巫宝三：《中国国民所得（一九三三年）》，1933 年中国矿业工人为 73 万余人，减除外资和华资新式矿场工人 23 万余人，下余 50 万人。中小厂矿合计工人数 1933 年为 110 万人。

业的情况看，无疑在两次大战之间的十多年间，起码是在 1919—1931 年期间的多数年份，民族资本的许多行业中的大部分企业都有盈利，并有程度不等的积累，这些剩余价值转化为资本的数量，我们估计到 1931 年时约为 14,233.4 万元[1]，占新增加投资 54,479.3 万元的 26%略多一些。其余 74%则主要是由商业资本转化而来，同时军阀、官僚、士绅、买办的投资仍占有相当的比重，不可忽视。这种情况可以从棉纱业主要投资人出身的统计中得到佐证。第一次世界大战以前开设的纱厂绝大多数为官僚、士绅所投资，商人投资的很少，工业资本家再投资则根本没有。1915—1922 年期间新设的纱厂中，商人投资的占 55.2%，居第一位，官僚、士绅投资的占 19.9%，退居第二位，工业资本家再投资占 10.4%，其余则为华侨、职员等投资。1923—1936 年期间商人投资虽仍居第一位，但比重已下降为 32.8%，工业资本家的再投资则上升为第二位，占 29.7%，官僚、士绅投资落至第三位。[2]

由于投资新式工业的商人中，很多是与帝国主义或封建势力有联系的花纱布、鸦片、颜料商人，同时军阀、官僚、士绅、买办的投资仍占有相当的比重，而通过信用集中起来的资本中有很大一部分是封建地租、高利贷收入流入城市，所以直到这一时期，民族资本的积累仍在很大程度上带有原始积累的性质。

另一方面，在那些大量分散的中小企业仍占统治地位的行业中，独立的手工业者和工资劳动者积累起一定量的资本、转化为资本家的则占有很大比重，以机器制造业为例，1924 年上海机器厂资本家 245 人中，72.2%出身于头脑、领班、老轨、手工作坊主，1931 年这部分人更占到 411 名资本家中的 75.7%。[3]他们在设

---

① 1919—1931 年期间剩余价值转化为资本数是这样估算的：资本数按各阶段的递增率求出，盈利率为 10%，积累率为盈利的 30%，但 1923 和 1924 两年因经营情况不好，按无积累计算，因而只计入 1919—1922 年和 1925—1930 年共十年的积累数。

利润中有多大部分用于本企业内部积累，各厂情况不尽相同，我们查看了大量企业的零星记载，这一时期民族资本企业一般在盈利年份均提 10%作为法定公积，多则 15%，少则 5%，再加上特别公积、未分派利润等因素，我们估计用于企业内部积累的部分约占盈利的 15%。

至于资本家分得的股息、红利，酬劳中有多少再用于投资则更难估计。申新一厂 1916—1922 年间先后将应分红未分红利 230 万元作为增资加入股本，只分配了盈利 39.5 万元。福新一、三厂资本的增加和福新其他各厂的建立，只有极少量外来资本抟入，绝大多数是福新股东股利和红利转化的。裕大华前身楚兴公司时期，资本家徐荣庭等人分得的酬劳约 145 万两，除少部分用来购买楚兴股票外，绝大部分都用来投资兴办裕华和大兴纱厂。1928 年裕大华将未分配红利 261 万两以公司债的形式保存下来，实际是一种附股的性质。当然申新、福新、裕大华的情况在旧中国只是少数，不能以偏概全。我们采访了一些民族资本家，根据他们所谈，估计分得的股息、红利、酬劳等当中约 17.6%，亦即相当于盈利的 15%用于再投资。这样，民族资本企业在正常年份的积累率大约为 30%。由于这方面的资料十分缺乏，这个数据还有待于今后通过大量调查研究加以验证。

② 中国社会科学院经济研究所存：《中国资本主义经济问题参考资料》第 7 期。

③ 上海市工商行政管理局、上海市第一机电工业局机器工业史料组编：《上海民族机器工业》上册，中华书局 1966 年版，第 456 页。

厂以前所必需的资本积累也是原始性质的资本积累。

四、民族工业资本积累缓慢的原因及其不平衡性

上述事实说明，直到这一时期，中国民族工业资本的积累仍在很大程度上带有原始积累的性质，剩余价值转化为资本的数量是有限的，造成这种情况的原因首先是由于民族资本主义工矿交通事业的生产力还处在它发展的幼年时期，虽然有些行业采用了机器生产，并在技术和设备上有所改进，但相当多的行业还刚刚开始由手工操作过渡为机器生产，因而资本有机构成的提高是有限的，生产力的这种水平就决定了民族工业不可能有迅速的积累。而更重要的原因则在于，当民族工业还处在它发展的幼年时期时，就面临着强大的帝国主义资本及其扶植下的封建势力的双重压迫。这种压迫除部分地通过军事、政治、财政等暴力手段外，主要表现在市场问题上。直到这一时期，我国农村自然经济的解体仍不充分，农业中的资本主义生产关系十分微弱，消费品的市场有限，农民的购买力很低。如我国的火柴工业刚刚有所发展，就出现生产过剩，这说明广大农民十分贫困，就连廉价的火柴也买不起，仍然使用落后的旧式取火方法。至于生产资料的市场就更为狭小。而这个十分有限的国内市场又主要被外国进口商品和在华外资企业的产品所占据，因而民族资本企业在其产品实现上常常受到阻碍，不能正常地通过流通过程。至于国外市场，更早已被帝国主义所攫取。第一次世界大战后，世界市场进入相对稳定时期，资本主义的生产能力却大为增长，企业开工不足成为帝国主义各国的普遍现象，市场问题日趋尖锐，因而民族工业想要在海外打开销路更是十分困难。外国资本技术水平高，生产费用低，而且在税收、运输等方面享有特权，在市场竞争中处于优势地位，这就造成民族资本企业的盈利水平与在华外资企业比较起来要低得多（1919—1927 年 31 家外资企业平均利润率为 26.5%，1928—1937 年 55 家外资企业的平均利润率为 29.2%[①]），不仅要低于其产品价值，往往还要低于其生产价格出售，以致经常不能取得平均利润，而且盈亏很不稳定，从而也就不可能有持续的较多的积累。

影响工业利润的另一个因素是借贷资本的高利贷性质，使民族资本企业榨取的剩余价值中较大的部分被借贷资本所分割。旧中国由于信用的不发达，民

---

① 据陈真、姚洛编《中国近代工业史资料》第 2 辑中资料推算。

族资本企业要想取得银行贷款是困难的，而且条件苛刻。它们不能以票据向银行贴现，往往需以厂基向银行抵押，借款利息少则八九厘，通常在一分以上，一些企业不堪重利负担，以致归于失败。如裕元纱厂1923—1935年1月，共付出利息965万元，平均每年付利息80万元之巨①，最后只有破产清算。民族资本企业为取得融资，往往不得不仰赖私人借款或存款，其利息也与银行借款相若，甚至更高。如卫辉华新纱厂1923—1937年间私人借款额平均每年达137万元，月息在9厘～1分2厘之间②，由于利息负担过重，积累很少，十余年间没有添置新机。

影响民族工业盈利的又一因素是沉重的税收。如永安纱厂所缴纳的统税1932年占剩余价值量的16.82%，1935年更占到33.69%。③1932年上海五家华商纱厂平均每包20支纱的剩余价值是41元，其中分割为税款和利息的为23元，占56.1%，与上海的日本纱厂比较多出5倍半④。1936年南洋兄弟烟草公司的总收入中，以捐税形式分给官僚资本的竟达881万元，分给商业利润和金融利息的180万元，公司纯利则只有13万元⑤。

由于民族资本企业榨取的剩余价值被外国资本、借贷资本和反动政府大量分割，这就造成了工业利润的相对偏低和不稳定，使之不可能有迅速持续的积累，同时也使社会上的游资不是大量地投入民族工业，而是流入能获取更多财富的封建土地经营、商业投机、高利贷放款、存入银行或投入外资企业。甚至工业利润本身也有相当一部分转入上述途径，如大隆机器厂的盈利中就曾有一度大量用于房地产投机。苏纶纱厂1928—1931年平均每年纯利40万两中，用于积累的每年不过5万两，其余大多转入经营房地产⑥。统益纱厂自创办后不断减资，资本家却以巨额资金在纱布交易所大搞投机，动辄二三万包⑦。

民族工业的积累总的说来是缓慢而有限的，其内部各部门间又是不平衡的。一般说来由于轻纺、日用品工业利润相对较高，积累也较快，而重工业中的机器、

---

① 陈真、姚洛编：《中国近代工业史资料》第1辑，第770页。

② 中国社会科学院经济研究所存：《卫辉华新纱厂史料》。

③ 《永安纺织印染公司》，第222-223页。

④ 《中国资本主义工商业的社会主义改造》，人民出版社1962年版，第28页。

⑤ 《中国资本主义工商业的社会主义改造》，第28页。

⑥ 上海社会科学院经济研究所：《大隆机器厂的发生发展与改盖》，上海人民出版社1958年版，第37页。

⑦ 中国社会科学院经济研究所存：《统造集团史料》。

钢铁工业甚至在景气时期利润也较低，所以积累更慢，这就造成了两大部类之间的比重越来越失调（见表2）。

表2 民族工业的部门结构（资本：万元）

	生产资料生产				消费资料生产			
	资本数	%	工人数	%	资本数	%	工人数	%
1919 年	5,474.7	28.6	173,000	24.2	13,667.7	71.4	541,000	75.8
1935 年	16,421.3	23.5	248,000	22.9	53,317.0	76.5	833,000	77.1

注：1919 年资本数是根据北洋政府农商部注册工厂的资本额分类计算，对中小厂的资本也按同样比例分配。工人数是按北洋政府农商部 1916 年统计的比例将 1919 年的工人数加以分配。1935 年的资本数是对表 1 的计算加以分类，工人数是 1933 年的统计，比例是根据《中国近代经济史统计资料选辑》中国工业的部门结构表（但剔除了煤炭工人一项）。

1919—1935 年期间民族工业生产资料部门的投资由 5,474.7 万元增加为 16,421.3 万元，增加了近两倍，其在全部投资中的比重则由28.6%下降为23.5%，消费资料生产的投资则由 13,667.7 万元增加为53,317.0 万元，增加了2.9 倍，其在全部投资中的比重则由 71.4%上升为 76.5%。列宁指出："资本主义生产的扩大，因而也就是国内市场的扩大，与其说是靠消费品，不如说是靠生产资料，换句话说，生产资料的增长超过消费品的增长。"[①]我国民族工业的发展却不是这样，虽然许多民族资本家也曾力图向重工业方面发展（如机器制造业），但最后都无成绩，甚至归于失败。这种轻重倒置情况的发展，特别是钢铁、机器工业的停滞不前，不得不更加依赖于进口。这说明民族工业越来越落后于世界资本主义工业发展的水平，反映了其殖民地性的加深。

民族资本积累的不平衡性不仅反映在产业资本内部，更突出的还是反映在产业资本与商业、金融业资本增长的差异上。由于商业、金融业的利润丰厚、风险较小，所以资本积累的速度要比产业资本快（特别是商业资本）。至于农业，由于封建地租率高，所以资本主义经营在这一时期几乎没有什么进展（见表3）。

---

① 列宁：《俄国资本主义的发展》，人民出版社 1960 年版，第 33 页。

表 3　民族资本工业、商业和金融业投资的增长（资本：万元）

	1919 年	1935 年（或 1936 年）
工矿交通业	27,936.3	93,228.9
商业	44,000.0	200,000.0
金融业	9,169.5	32,000.0

注：据农商部统计的 1912—1918 年商会会员数，估计 1919 年私营商店为 20 万家左右。商店平均资本数因缺乏当时的材料，系根据巫宝三：《中国国民所得（一九三三年）》中的计算，约为 2,200 元。这 20 万家商店绝大部分是小型店铺，其中新式商业公司不过 200 家，资本约 2,400 万元。1919 年金融业资本数系北洋政府农商部的统计。1936 年商业和金融业资本数系根据吴承明同志的计算（见《中国民族资本的特点》，《经济研究》1956 年第 6 期）。

　　1919—1935 年间民族资本工矿交通业的投资增加了 2.34 倍，而商业资本在 1919—1936 年间却增加了 3.55 倍，金融业增加了 2.49 倍。1919 年时工业与商业、金融业资本的比重是 1:1.9，抗战前则为 1:2.5。此外我们还应当注意到工业资本中经常有相当一部分用于商品流通和商业投机，由于市场的不景气，这部分的比重越来越大，据 1936 年左右 89 家较大私营工厂的材料，他们外放的资金达 6,600 余万元，占自有资本的 30% 以上。这部分资金主要被商人占用，作为商业资本使用。①

　　这一时期商业资本虽然就一般意义上说，可以归入民族资本的范畴，但是它与工业资本比较，则与外国资本主义经济和本国的封建经济有更密切的联系，具有更多的殖民地性和封建性。因而商业资本的迅速增加，以及工业资本被商业占用的扩大，并不能反映民族资本主义经济的发展，恰恰相反，民族工业资本的相对缩小，以及其在农业中几乎没有什么地位，只能说明民族资本主义经济更加丧失了其独立发展的可能性。

　　[附记] 本文是在参加编写《中国资本主义发展史》第三卷过程中所作的初步专题研究，得到吴承明同志的指导，并使用了中国社会科学院经济研究所保存的、原中央工商行政管理局组织编写的大量行业和企业史资料，在此一并致谢。但文中观点和资料如有不妥或错误之处，概由笔者负责。

（原载《南开学报》1982 年第 2 期）

---

① 吴承明：《中国民族资本的特点》，《经济研究》1956 年第 6 期。

我国民族资本企业榨取剩余价值的手段和特点

资本主义生产的本质就是剩余价值的生产,目的就是尽可能多地榨取工人的剩余劳动。在这一方面,中国的资产阶级也不例外,而且由于一定的历史和社会条件所决定,有其自己的特点。下面我们主要根据 20 世纪二三十年代的材料分析一下中国民族资本企业是采取哪些办法来加强其对劳动力的剥削的。

按照马克思《资本论》中所指出的,剩余价值率由以下三个因素所决定:(1)劳动日的长短;(2)劳动强度;(3)劳动生产率。这里假定:(1)商品按照它的价值出售;(2)劳动力按照它的价值或高于它的价值买进。关于这两个假定的前提条件在民族资本企业中是否成立及其对剥削率的影响问题,我们将在本文最后讨论。

一

绝对剩余价值的生产,亦即劳动日在必要劳动以外的延长,是资本主义体系的基础和前提。资本家为了榨取更多的剩余价值,以满足其贪欲,要尽可能地延长工资劳动者的劳动日。第一次世界大战以前我国工厂工人的劳动日均为 12 小时,较短的也在 10~12 个小时之间,资本家根本不考虑工人在精神和社会生活方面的需要,甚至也不考虑劳动者必需的睡眠、休息、吃饭和洗澡等起码的生理需求。

1921 年中国共产党成立后,在党和各级工会组织领导下,工人运动蓬勃展开,争取八小时工作日和劳动日立法的斗争一天比一天高涨。1925 年,在中国南部各地不少民族企业中,工人争得了八小时工作制、中午有吃饭时间、星期日休息、工作日外不得随意加班加点等经济利益。但 1927 年大革命失败后,民族资产阶级与国民党反动派勾结一道,向工人反攻倒算,这些胜利成果几乎化为乌有。事实正如马克思所指出的,在这里资本家主张他买者的权利,要尽可能地把劳动日延长,劳动者则主张他卖者的权利,要限制劳动日,使其不超过一定的标准量，这些权利与权利的相争决定的是力量。大革命失败后，民族资产阶级虽然由于附和国民党的反动，并借助其力量，在这种权利的斗争中取得暂时的优势，但各企业中工人要求限制劳动日的罢工此起彼伏，始终没有停息。所以到了 30 年代，资本家已不可能把劳动日再延长至第一次国内革命战争时期以前的状况。据国际劳工局的统计，1930—1937 年上海各业工人的平均每日实际工作时间：面粉、棉纺、榨油业大约为 11.5 小时，缫丝、造纸业为 11 小时，机器行业为 9～9.5 小时，卷烟业为 8～10 小时。可见直到抗战前我国工厂工人的工作日虽比前一时期略为缩短，但和那些在 19 世纪就已有劳动日立法的西方资本主义国家比较仍然要长得多，特别是在内地的中小城市和一些中小企业中更是如此。

二

增加绝对剩余价值的生产，亦即通过延长劳动日来榨取更多剩余价值，毕竟是有一定限度的，扩大相对剩余价值的生产才是资本主义机器大工业时期资本家剥夺工人的主要手段。从第一次世界大战后期开始，经历 20 世纪二三十年代，我国民族资本主义较为充裕的企业，在战后萧条时期，特别是在 30 年代前期的危机时期，竞相进行技术和生产管理的改革，更新设备。这些劳动的技术过程和社会组织所发生的变革，提高了工人的劳动生产率和劳动强度，缩短了劳动日中必要劳动的部分，从而延长了无偿为资本家劳动的部分，扩大了剩余价值的榨取。

第一次世界大战以前，民族资本主义工业中比较落后的部门大多还是以人力为主，停留在工场手工业阶段，比较发展的部门才以蒸汽动力为主。20 年代到 30 年代初期，前者陆续用蒸汽或电力代替人力，如织绸业，大战以前均为手工业木机生产，大战以后，电力织绸机普遍采用，到 1929 年时仅上海和江浙地区就有电力织绸机 17,000 台余。①织布业中也有一些工场在这一时期用铁机代替木机，并采用动力。后者如纺纱，在 20 世纪 20 年代相继用电力马达代替了蒸汽引擎，有些过去用人力加工的工序也全改为电力。1923 年至 1936 年的 14 年间，中国的电力装机容量由 277,967 千瓦增加为 1,149,890 千瓦，增加了三倍多，发电量由 610,623 度增加为 3,074,805 度，增长了四倍还要多。工厂的使用动力数由 1916 年的 111,851 马力增加为 1933 年的 367,230 马力②，增加了两倍多。

---

① 陈真、姚洛编：《中国近代工业史资料》，三联书店 1957 年版，第 4 辑，第 103 页。

② 陈真、姚洛编：前引书第 1 辑，第 17 页；第 2 辑，第 971 页；第 4 辑，第 21 页。1933 年系蒸汽与动力合计数。

工具机的改进，以棉纺织业最为显著，材料较多，这里作为重点介绍。

20 年代后期到 30 年代前期，英、美等国纺织机械有很大改进，我国各民族纱厂中资本比较宽裕者亦步其后，更新设备，陆续采用单程清花机、并卷机、单程粗纱机、大牵伸与超大牵伸细纱机、自动穿扣机以及自动织机等新机器，以图提高质量，降低成本。据 1933 年的统计，我国民族纱厂有 12% 的弹棉机和井条机，13% 的梳棉机，9% 的粗纱机以及 14% 的细纱机都是新购进的，使用年龄在 5 年以内。①对原有旧机亦力谋改进，如清花废弃三道，梳棉添装免除抄钢丝器，粗纱不用三道，亦有仅经单程粗纱机者，细纱改用皮圈式或罗拉式大牵伸等。此外，如摇纱机采用 50 锭（也有先经并筒再用双式摇纱机的），织机添装断经自停装置，筒管加长、梭子增大等等，更为普遍。厂房和车间内的布局设计比以前经济合理，运输设备也有改革。

由于更新设备，资本有机构成提高。如申新一厂和八厂按每一工人平均计算的固定资产价值，1931 年为 1,113.6 元，1936 年增为 2,182.5 元，不变资本和可变资本的比例由 9.2:1 增为 16:1。②永安纱厂每个工人平均使用的固定资产价值 1928 年为 1,126 元，1936 年增为 2,532 元，每个工人平均使用的锭数由 19.94 锭增加为 29.14 锭，不变资本和可变资本的比例则由 9.8:1 增加为 14.8:1。③

设备和技术的改进，使各厂的用工人数普遍减少，劳动生产率提高，全行业情况见表 1、表 2。

表 1　全国华商纱厂每万纱锭和每百台布机雇用工人数

年份	每万纱锭雇工数		每百台布机雇工数	
	人数	指数	人数	指数
1911 年左右	650	100.0	280	100.0
1922 年	600	92.3	236	84.3
1925 年	550	84.6	185	66.1
1928 年	400	61.5	—	—
1937 年	170（摇纱打包在外）	26.2	165	58.9

资料来源：据朱仙舫：《三十年来中国之纺织工业》中资料编辑。

① 王子健：《七省华商纱厂调查报告》，商务印书馆 1935 年版，第 70、150 页。
② 《荣家企业史料》上册，上海人民出版社 1962 年版，第 542 页。
③ 《永安纱织印染公司》，中华书局 1964 年版，第 208-209 页。

表2　全国华商纱厂平均每一工人每年棉纱产量

年份	件数	指数	年份	件数	指数
1921	6.7	100.00	1930	9.0	134.33
1922	8.3	123.88	1931	8.2	122.39
1924	7.9	117.91	1932	9.2	137.31
1925	8.7	129.85	1933	10.4	155.22
1927	8.9	132.84	1934	11.1	165.67
1928	8.6	128.36	1935	11.1	165.67
1929	9.0	134.33	1936	10.0	149.25

资料来源：依据中国社会科学院经济研究所存：《关于民族棉纺织业的劳动生产力和劳动强度的一些资料》。

　　织布业工人劳动生产率缺乏20年代的全国性统计资料。30年代初按每一工人每年平均出布计算，1931—1932年度为46.6匹，1932—1933年度为52.8匹，1933—1934年度为57.8匹，可见这时劳动生产率有比较显著的提高。[①]

　　劳动生产率的提高，使资本家节约了工资开支，降低了成本，从而获取更多的利润。以申新纱厂为例，见表3。

表3　申新纱厂单位产品中工资比重的下降（单位：元）

		1933		1934		1935		1936	
		工资金额	占成本%	工资金额	占成本%	工资金额	占成本%	工资金额	占成本%
申新一、八厂	20支纱（件）	12.65	6.0	11.37	5.6	9.95	5.0	8.15	4.0
	10磅棉布（匹）	0.42	7.5	0.37	7.1	0.27	5.4	0.23	4.3
申新九厂	20支纱（件）	15.49	8.0	21.15	6.4	10.43	5.6	9.60	4.7
	10磅棉布（匹）	0.33	5.2	0.28	5.2	0.27	4.6	0.22	3.5

资料来源：《荣家企业史料》上册，第543—544页。

　　但必须看到，上述机器设备的更新和技术的改进只是在某些行业中的大厂比较显著，另外一些行业，特别是大量的中小厂家仍以手工生产为主，设备和技术都还很原始。其原因主要是中国劳动力的价格十分低廉，妨碍了机器的采用和更新。在资本主义制度下，机器的采用和技术改进只是生产更多剩余价值的手段，从而为它所代替的劳动力的价值的差额所限制。工资跌到劳动力的价值以下，就使机器的采用在一些部门成为不必要乃至不可能，形成人力排斥机器的结果，因为资本的利润本来不是由于所用劳动的减少，而是由于要付报酬的劳动的减少。

　　① 陈真、姚洛编：《中国近代工业史资料》第4辑，第314页。

我国手工织布之所以长期存在，井下采煤多依靠笨重的体力劳动，以及其他一些部门长期停留在工场手工业的落后状态，都是由这种原因造成的。

三

实际上民族资本企业扩大相对剩余价值榨取的主要手段是采取种种办法迫使工人单纯增加劳动强度。

马克思指出："劳动生产力的提高和劳动强度的增加，从一方面来说，起着同样的作用。它们都会增加任何一段时间内所生产的产品总额。因此，它们都能缩短工人生产自己的生活资料或其他等价物所必需的工作日部分。"①在采用机器代替手工劳动和机器的不断改进过程中，伴随着劳动生产率的提高，工人劳动强度也不断加强。因为无论是机器转速的加快，还是工人看机台数的增加，以及劳动范围的扩大，都是以更大的压榨力加在劳动者身上。如永安纱厂改为大牵伸后，每工看锭数由 133 锭增加为 200 锭。据测算，因看锭数增加，每个女工 12 小时接纱头次数从 756 次增加为 1,140 次。1930 年永安一厂购置自动布机 228 台，每一工人看机台数从原来的三四台增加为 24 台。看普通布机时，每个工人 12 小时巡回所走路程约二三十里，看自动布机要走六十里。②上述我国民族资本纺织业在 1919—1936 年期间，提高了每个工人看机和看锭数，节省了人工，降低了成本，扩大了相对剩余的结果。而且我国民族资本企业扩大相对剩余价值生产的特点在于它往往是通过单纯增加劳动强度的手段，而不是通过机器设备的更新和技术的改进。以棉纺织业为例，一般说来日本纱厂的设备比华厂好，1934 年时在华日厂的 250 万纱锭中有一半是新机器，每万锭雇工仅 180 人，但就每一工人出纱量说，1931 年前是日厂超过华厂，平均超过 15%，而 1932 年后是华厂超过日厂，平均超过 21%。③其所以如此，固然和民族资本在 30 年代的技术改造有关，更因为实际上技术改进后的华厂仍远远落后于日厂。申新资本家荣宗敬曾说过："中国纱厂为要与日资竞争，机械既如上述的窳败，唯一的救济，只有加强劳动工人的强度，生产技术低于日资，而平均每一工人的生产率却逐年地提高，平均出纱线量竟超过日厂工人，……1933—1934 年华厂工人出纱生产率较

---

① 《资本论》第 1 卷，人民出版社 1975 年版，第 578 页。
② 材料根据中国社会科学院经济研究所存：《关于民族棉纺织工业的劳动生产力和劳动强度的一些材料》。1 里＝500 米。——编者注
③ 材料根据中国社会科学院经济研究所存：《关于民族棉纺织工业的劳动生产力和劳动强度的一些材料》。

1931—1932 年增加 11%，……这是华厂落后于日厂唯一的补偿。"①

二三十年代民族纺纱业虽添置新机，但如前所述，比例不大。改装大牵伸的面达 70%，但这种改进，从技术性能计算来说每万锭用工人数却减少了 200 人左右，每个工人的出纱量增加了 23%，这主要是由于资本家强迫工人增加看锭数，提高劳动强度的结果。自动布机的采用只限于永安纺纱公司的 200 余台（该公司尚有普通布机 1,000 多台），所以影响不大，而半自动布机并不能显著提高劳动生产率。但在二十余年间，每百台布机雇用工人数却几乎减少了 40%。1937年的《上海市年鉴》中说："向日须二人方能胜任之工作，今则硬挪一人负担。……细纱接头女工，以前每人最多只派 50～60 木杆，现竟增至 80～90 木杆，粗纱值车女工，从前每人值车一台，尚须用助手一名，今则一人值二台，反将助手裁去，前纱女工，从前每排须用 10～15 人，现只用 5～6 人，摇车从前每车 40 根头，现在改为 50 根头，保全擦车，从前 7 人为一组，每组每日擦车 8 台，今则 5 人为一组，每组每日擦车 12 台……" 申新一厂 1927 年开锭数为 38,880 锭，有工人 4,604 名；1931 年开锭数猛增为 70,328 锭，工人只增 4,705 名。②裕华纱厂在 1933 年裁减工人 1,000 多名，1935 年细纱全部改为大牵伸后又陆续裁减工人几百名，1936 年与 1930 年比较，工人数减少了 18%，平均每万锭用工人数减少 38.18%，平均每百台布机用工人数减少 32.15%，而棉纱产量增加 25.2%，工缴成本降低 37.8%。这期间粗纱由 2 人看一台改为 1 人看一台，细纱由 3 人看一台改为 1 人看一台，钢丝由 1 人看 7 台改为 14 台。织布由 1 人看 1 台改为 1 人看 2～3 台。工人看机台数增加本应表现为技术水平的提高，实际上不完全如此，有些工人看不了那么多机器，只好请帮手、带弟妹子女来协助工作。③1932 年全国共有纺织工人 180,731 人，1935 年只有 129,216 人，减少了 5 万余人，④其原因固然与设备技术改进有关，但更主要的还是硬行增加劳动强度的结果，应该说这里面还带有额外剥削的性质。

劳动强度的增大是增加了在同一时间内劳动的支出，资本家并不因此而多付给工人报酬，工人却提供了比在劳动强度较小的一个劳动日内更多的生产物，使资本扩大了剩余价值的榨取。前述裕华纱厂工人不得不请别人协助看机，但工资并未增加，却要分一部分所得给帮手，也就是说榨取面超出工人本身所能承担的

---

① 1934 年《中国经济年报》，上海生活书店 1935 年版，第 1 辑，第 109-110 页。

② 《荣家企业史料》上册，第 339 页。

③ 中国社会科学院经济研究所存武汉工商局、纺织局编：《旧中国裕大华集团资本积累的探讨》。

④ 中国社会科学院经济研究所存武汉工商局、纺织局编：《旧中国裕大华集团资本积累的探讨》。

程度。这种现象在别的纱厂也有，例如大兴纱厂 1934 年以后陆续把 3 人看 5 台钢丝改为 7 人看 15 台，20 支细纱原来每人看 24 条毛辊，改为 36 条，看台机数增加了，工资并未增加。1934 年该厂厂务工缴开支为 664,726 元，1936 年减少为 479,154 元，降低 27.92%，其中大部分是缩减工人工资支出的结果。①

<h2 style="text-align:center">四</h2>

为了给采用新设备、新技术扫清道路，提高劳动生产率，扩大剩余价值的生产，许多民族资本企业从 20 世纪 20 年代开始就对旧的生产管理体制和方法陆续进行改革。

第一次世界大战以前，民族资本企业的生产管理十分落后，且具有浓厚的封建性。以棉纺织业为例，纱厂管理一为总管，其下设双领班、领班、记账等，专司工资、产品、物料之记载和计算，并监督工人操作，统称为文场。一为总工头，其下有各部工头、帮修、加油等，专司机器安装、修配、加油等，统称为武场。这时我国几无纺织方面的专门人才，这些管理人员多数不懂技术，管理不善，生产秩序混乱，动力、原材料及人工浪费十分严重。1916 年曾去美国学习纺织工程的穆藕初翻译出版了美国人泰勒的管理学著作《科学管理原理》，并在他经营的纱厂中力图推行这些方法，从而开创了中国民族资本企业生产管理改革的先声，并取得一定成效。20 年代，一些较大的民族资本企业陆续雇用懂得生产技术的工程师、工务员代替工头，在劳动管理上实行计件、奖惩的方法，对工人实行训练和考核，以适应技术和设备的改革，提高劳动强度和劳动生产率，扩大相对剩余价值生产的需要。

例如申新纱厂 1924 年调进一批工程师和专科毕业生管理车间，取消了工头制。新职员进厂后，实行日本纱厂的办法，管理严酷，提高劳动强度，部分工人被迫停歇。他们要求工人必须做足 12 小时工作，偷懒的被发现就打，星期日停发工资，减少维修工人，五个人的工作改由四个人做。工人稍有过错就罚款、开除。

无锡申新三厂原在工头管理下前后工序脱节，有时二三万锭停掉。擦车时间停机，地上花衣积成地毯。1923 年该厂进行人事调整，1924 年对管理方法进行改革，到 1926 年每锭产量由 1923 年的 0.75 件增加为 0.86 件。②1927 年后把老工头全部辞退或调动，生产效率进一步提高，车速前罗拉从过去 110 余转提高为

---

① 中国社会科学院经济研究所存武汉工商局、纺织局编：《旧中国裕大华集团资本积累的探讨》。
② 中国社会科学院经济研究所存武汉工商局、纺织局编：《旧中国裕大华集团资本积累的探讨》。

220 转，加油、生产机工从十余人减少为只用几人，用料也比以前节省，每件纱的工缴成本显著下降。30 年代申新一些厂制定了整套的工务规则，违者罚款。据申新四厂老工人的回忆，有一时期，光细纱车间的罚款就达十八九元，相当于一个工人的全月工资。同时资本家也制定了一套奖励制度，如凡全年停工不超过 10 天者，年赏 7 天工，红利 38 天。其他如节省原料、超过定额等也都给以奖励。①

青岛华新纱厂原有 300 多名职员，绝大部分是资本家安插的亲属及高级职员子弟，挂名拿薪，不务实事，还有警卫多达 200 余名。1924 年实行改革，职员、警卫各辞去 100 多人。1925 年后调进一批懂技术的人员加强生产管理，并用定期增加职员工资、福利、奖金等办法，使之加强对工人的管理。规定每个部门的产量标准，完成任务或超额者可得相当于一个月工资的奖金（每年发放三次）。②

上海章华毛纺织厂 1931 年后采用"泰勒制度"，资本家精密计算工作效率高的工人劳动作业时间，经过"科学分析"，除去一些人为不必要和多余的动作，从而计算和规定在一定时间内必须完成的作业定额，对完成这个定额的以较高的计件工资标准付给工资，不能完成的依低工资标准付给。

有些工厂为了提高劳动生产率，也搞一些福利、职工教育等。如申新三厂在 30 年代兴办"劳工自治区"，添设女工宿舍等。为了培养熟练的劳动力，青岛华新纱厂 1929 年开办劳工学校，用提职、提薪的办法刺激工人学习的积极性，到 1936 年为止用业余时间共训练了一千多名工人。有些民族资本家还注意到对工人的思想控制，如康元制罐厂资本家项康元每天早晨要召集职工训话，厂内并定有"厂训"和"训练通则"，要求职工做工时不偷懒，只说老实话，自己有过失和提倡所谓做工与读书结合，等等。

但如同设备和技术的改进一样，在生产管理改革上取得比较显著成绩的也只限于少数大厂，中、小厂家大多因袭旧制，工程技术和管理人才十分缺乏。像永安、申新那种主要管理人员多为外国留学生，既懂技术，又懂管理，在经营上比较科学和现代化的工厂，只不过是凤毛麟角而已。

这里应该指出，对民族资本主义企业的技术改造和生产管理改革应采取两点论的态度。一方面，它加重了对工人的剥削，使这些企业工人的劳动状况恶化了；另一方面，它增强了民族工业与外国商品和外资企业的竞争能力，促进了生产力的发展，为社会主义革命准备了物质条件，因而是有进步性的。

---

① 《荣家企业史料》上册，第 165-166 页，第 564-565 页。
② 中国社会科学院经济研究所存：《青岛华新纱厂史料》。

五

在考察了影响剩余价值率的三个因素在这一时期民族资本企业中变化情况后,我们还需要进一步讨论一下作为前提条件的商品和劳动力按照其价值出售和买进的问题。这两个前提条件,虽然不是生产过程中剩余价值榨取的问题,但却影响着民族资本企业的剥削率和剥削量,因而有加以说明的必要。

由于国内外市场的一大部分被外资企业产品占有,民族资本企业的产品在价值实现上,从而也就在其剩余价值实现上经常受阻,在其榨取的剩余价值总量中,有一部分转化为超额利润被帝国主义分割,还有一部分被反动政府的苛捐杂税和高利贷性质的借贷资本的重利盘剥所瓜分,此外在某些部门中还要分润一部分给封建把头,因而民族资本家往往不能取得平均利润。这些损失虽然在某些行业(如纺织、面粉、卷烟、缫丝等)中能够部分地从原料收购、产品销售的不等价交换中通过占有农民、手工业者的一部分剩余劳动得到补偿,但主要的还是通过加强对工人剩余价值的榨取,以取得尽可能多的利润。

马克思指出:劳动力的价值是由平均劳动者习惯上必要的生活资料的价值所决定。这些必要生活资料在一定的时期具有一定的形态和一个大体不变的量,变化的只是其价值。关于其价值变化的问题,我们已在前面相对剩余价值的榨取中讨论过,但除此以外,劳动力价值的决定还有其他两个因素加进来,一是劳动力的自然差别,看使用的是男工还是女工,成年工人还是未成年工人,二是劳动力的发展费用。这两者都是随着生产方式的改变而改变的。

如同西方资本主义国家一样,20 世纪二三十年代民族资本企业中的一些部门由于采用了机器,或设备有所改进,雇用女工和童工的比重越来越大,技术的进步把劳动者的家族驱入劳动市场,处于资本的直接支配之下,从而把成年劳动力的价值压低,资本家扩大了剥削。

1934 年 10 月 23 日《无锡人报》载:旧时无锡纱厂中男工占 46%,女工占 54%,现在女工占 80%,男工仅占 20%。申新九厂 1932 年时女工占全厂的比例数为 76.2%,1936 年上升为 82.2%。[①]实际上,旧中国民族资本企业用女工代替男工往往并不是机器的采用和改进的结果,而是为了节省工资,硬要女工干男工的活,人为地增加劳动强度,以取得更多的剩余价值。如上海统益纱厂,在没有

---

① 《荣家企业史料》上册,第 557-558 页。

什么技术改进的情况下，1927 年把钢丝车、头道粗纱、二道粗纱的男工逐步改用女工，挡车工也逐步改用女工。30 年代济南仁丰纱厂中 85%的工人为女工，许多笨重的体力劳动，如运输、清花等都用女工。①

民族资本企业中童工的使用有学徒工、养成工等形式。

学徒工的使用以机器行业最为普遍、最为典型。1927 年以前，上海民族机器工业中学徒占 80%。学徒工除吃饭外几乎是无偿劳动，为资本家创造了大量的剩余价值。1927 年后到抗战前，由于学徒满师的人数逐年增加以及其他原因，学徒工的比例缩小为 40%～50%。

学徒入厂一般要交 20～30 元的保证金，学徒过程中如被开除，保证金则被没收。学徒期限一般为三年至三年半，但资本家往往采取种种手段延长学徒期限，使学徒要四年，甚至五六年才能出师。在学徒期间学徒通常要做夜工或半夜工，并为资本家做各种家务劳动，工作时间多达 18 个小时。1919—1921 年时上海明精机械厂每月只发给学徒 12 枚铜元的月规钱，这些钱只够洗一次澡。1925 年中华铁工厂的徒工月规钱为 22 枚铜元，只够买一块肥皂，理一次发。②当学徒工大批满师后，资本家就将其中一部分解雇，以便另招一些学徒，减少工资支出。

在纺织业中则比较普遍地使用养成工，如申新四厂 1934 年就有养成工一千多人。毛纺织业中所占比重更大。养成工在训练期间工厂只管饭食，不给工资或只给很少的津贴，训练期满后工资也较其他工人低，有些工厂还规定独立操作后三年不得跳厂，否则就要追回保证金和训练期间的食宿费。这样资本家既节省了工资开支，又培养了熟练的劳动力。

据统计，在第一次世界大战期间，我国工人（包括手工业工人）中，男工约占 65%，女工约占 35%。到 1933 年，据刘大钧对 2,435 家工厂的调查，男工只占 41.1%，童工占 9.5%。③女工的工资约比男工低 1/3，童工的工资不到成人工资的一半。

旧中国的资本家根本不考虑劳动力的再生产和发展，他们"可以破坏就业方面的任何规则性，完全按照自己的方便、意愿和眼前利益，使最惊人的过度劳动同相对的或完全的失业相互交替"④。当生意兴隆时大量雇进，提高劳动强度，尽量榨取，取得尽可能多的剩余价值，生意清淡时则一脚踢开，工人失业后能否

---

① 全国政协文史资料编委会存，马镜轩：《我所知道的济南仁丰纱厂》。

② 《上海民族机器工业》下册，中华书局 1966 年版，第 810-824 页。

③ 陈真、姚洛编：《中国近代工业史料》，第 1 辑，第 21-22 页；第 4 辑，第 21 页。

④ 《资本论》第 1 卷，第 597 页。

活下去全然不顾。因为到了二三十年代有大量过剩的劳动力，不愁没人补充。

上海的民族机器工业一般以雇用临时工为主，有业务时添人，业务完成辞歇，生意忙时要工人日夜加班，并实行计件工资刺激工人多生产，市场萧条则大量解雇，如"一·二八"战争前后，上海四百余家机器厂近万名工人中，就有 1/3 的人失业。据 1936 年统计，申新四厂有工人 2,460 人，而每天雇用的临时工却有 319 人（11 月 1 日数字），占工人数的 13%，临时工的工资，男工比正式工低 1/4 以上，女工低 1/3 以上。[①]30 年代初期上海华商烟厂有工人约 16,000 名，其中长工 4,000 名，占 1/4；散工及件工 12,000 人，占 3/4。销路旺时多雇散工，反之则随意停歇。[②]蛋品加工业由于季节性强，其中的一些工序全部雇用临时工，给以日薪，只有少数长工为月薪。驼绒的销售有季节性，资本家为了节约资金，减少利息负担，一年只开六七个月工。在开工期间内延长工时，增加劳动强度，停机后就把工人全部解散。面粉业中也有类似的情况。上海的许多纱厂在市销不畅时则减少班次，有的一周只开三天。由于工人每周休息几天（无工资），在工作日内就得支出较连续的工作时更多的劳动。正如马克思所说的：开工的时间越是短，要从这个时间取得的剩余劳动时间就越是多。

资本家连劳动力及其家庭生命的延续尚且不顾，劳动力再生产中的文化和技术教育问题自然也无从谈起，特别是在一些技术落后的工业部门更是如此，如煤炭业，据 1933 年对 13 个矿山的调查，92.3%的工人是文盲。[③]

此外，在与外国资本和本部门其他资本家争夺市场的激烈竞争中，为求商品便宜起见，资本家还千方百计地强力压低工资，把它压到本来就十分低下的劳动力的价值以下。这虽然会使劳动力的再生产遭到破坏，也破坏了前述的讨论剩余价值率的前提假定，但马克思同时也指出：这种情况在工资的实际运动中是有重要作用的。如南洋兄弟烟草公司在 1929 年 1 月和 1930 年 1 月分别强行使香港厂、浦东厂和上海总厂停工，不顾工人的死活予以解雇。不久又在复工时以较低的工资重新雇进，强迫老工人接受新工人的待遇。1932—1935 年民族机器工业衰退时期上海各厂也采取类似的做法。民族纱厂中用解雇的办法强迫熟练工接受非熟练工工资的情况则更为普遍。

综上所述可以看出，我国民族资本企业的劳动强度极大，广大工人群众的血汗为资本家创造了大量的剩余价值；另一方面，中国劳动力的价值十分低下，而

---

① 《荣家企业史料》上册，第 558 页。
② 陈真、姚洛编：前引书，第 4 辑，第 450 页。
③ 《我国钢铁、电力、煤炭、机械、纺织、造纸工业的今昔》，统计出版社 1958 年版，第 85 页。

劳动力的价格更低,这就使工业资本家垫付的资本中,可变资本部分比例极小,因而民族资本企业的剩余价值率是相当高的。由于旧中国统计资料的缺乏,我们无法就 1919—1936 年期间剩余价值率的增长趋势作出分析,比较全面的调查只有 1933 年一次,根据这个调查数字推算出的该年我国工厂的剩余价值率为236%。[①]这个比例数可以给我们一个 30 年代民族工业中资本剥削率的大致的量的概念。

[附记] 本文是在参加编写《中国资本主义发展史》第三卷过程中所作的初步专题研究,得到吴承明同志的指导,并使用了中国社会科学院经济研究所保存的、原中央工商行政管理局组织编写的一些资料,在此一并致谢。但文中如有错误之处,概由笔者负责。

(原载《南开经济研究所季刊》1983 年第 1 期)

---

① 据刘大钧《中国工业调查报告》2,435 家工厂的成本统计,1933 年已售产品总值为 1,113,974,413 元,费用总数为 930,726,874 元,剩余价值为 183,247,539 元,该年的工资支出为 77,619,970 元,因而推算出剩余价值率236%。这个计算结果与其他一些经济史学者的估计大体一致,如吴承明同志计算1933 年的剩余价值率为260%(见《中国工业资本的估计和分析》第 1 辑,《新华月报》创刊号)。陈真同志统计抗战前民族工业的剥削率为250%~300%(《中国近代工业史资料》第 1 辑,第 648 页)。

各行业的剥削率不同。如严中平先生的推算,棉纺织业 1932 年的剥削率为221.80%(《中国近代经济史统计资料选辑》,第 170 页),略低于全国平均值;面粉、水泥等行业的剩余价值率较高,有些年份有些企业甚至在1000%以上,除了计算上的问题外,这是因为这些行业的剩余价值率较高。如据 1933 年调查,上海面粉厂每一工人使用 4.86 匹马力,机械化程度最高,而棉纺织业每一工人平均使用只有 1.02 匹马力(《中国近代工业史资料》第 4 辑,第 29 页)。有些行业的剩余价值率是由于商品的特殊性质,如卷烟厂是因为对消费者的高额税收计算在剩余价值内,结果就使剥削率提高了。

此外,沿海城市于内地中小城市工厂的剥削率也不一样,一般说来内地工厂的剥削率较高,如河南卫辉华新纱厂、石家庄的大兴纱厂、陕西的大华纱厂许多年份的剥削率都在300%以上,比申新、永安、青岛华新等厂高,这是因为内地的劳动力比沿海大城市更为便宜的结果。

我国民族资本企业资本集中问题初探

中国的民族资本主义工业在其得到进一步的发展时，出现了资本集中的现象。本文拟根据马克思主义的原理，对这一现象在半殖民地条件下实现的条件、原因和特点作初步的探讨。

一、民族资本企业集中的趋势和一些资本集团的出现

第一次世界大战期间，中国的民族资本企业得到进一步发展。由于资本主义内在法则的作用，伴随着个别资本的积聚，从大战后期开始，出现了资本集中的现象。在民族资本比较发达的行业中，一些资本家被另一些资本家剥夺，少数实力雄厚，经营得法，与帝国主义或封建军阀政府联系较多的资本家在竞争中处于有利地位，膨胀着自己的财富，出现了几个大资本家集团，并形成了各自的投资系统。

荣家（荣宗敬、荣德生）资本集团的形成是靠资本的积聚和集中同时进行的。1903 年荣宗敬开办茂新面粉厂，大战期间连年获利，企业规模得到迅速发展，到 20 年代初茂新已有四个厂。另外还发展了福新八个厂，这十二个面粉厂中九个是自建的，三个是收买的。从 1903 年到 1921 年的 18 年间，荣家面粉厂拥有的粉磨由 4 部增加为 361 部，为原来的 75 倍，其中收买的粉磨，1921 年为 42 部，占全部粉磨的 14%。①

1916 年荣宗敬创办申新纱厂，由于开工后正值纺织业繁荣时期，获利极高，在扩建新厂的同时，大量兼并旧厂，1917 年收买恒昌源纱厂为第二厂。1922 年后中国棉纺织业进入相对萧条时期，申新利用其资本较为雄厚，不断改进技术的生产管理，降低成本，维持在市场竞争中较为有利的条件，迅速扩张自己的规模，1925 年买进德大纱厂改为申五，同年租入常州纱厂改为申六。1928 年后申新在

① 《荣家企业史料》上册，上海人民出版社 1962 年版，第 106 页。

抵制外货的影响下，盈利增加，1929 年收买英商东方纱厂建立申七，1931 年常州纱厂退租，另购入厚生纱厂替补申六，同年又以低价购入三新纱厂改名为申九。到 1931 年时，荣家共有九个纱厂，其中五个是通过兼并旧厂的方式取得的。在其全部 46 万纱锭中有 49.6%是自置的，其余 50.4%是收买或租用的。[①]

从上述可以看出，茂新和福新面粉厂的发展主要是靠自置；纱锭的增长到1931 年时自置和收买部分大体相等，即有一半是靠集中的方式取得的。特别是在其企业规模发展迅速时期更是以兼并为主，1931 年与 1922 年比较，新增纱锭325,093 枚中，有 68.4%，亦即 2/3 以上是收买的。[②]

永安纺织公司的建立是借助信用方式实行资本集中的一个典型，该公司在1922 年创办时，额定资本为 600 万元，股东达 5,302 户，其中除郭氏嫡系家族22 户，永安联号 6 户外，其余 5,274 户都是零散小户。郭氏家族投资 153,500 元，仅占全部资本的 2.56%，永安联号的投资为 1,167,000 元，占全部资本的 19.45%。此外的 4,679,500 元资本，即约 78%的股权则分散在 5,274 家小股东手中，郭氏兄弟只以少量投资就控制了整个企业，永安纱厂建立后的发展也是资本的积聚和资本的集中同时进行的。1924 年在市场萧条中，以低价收买大众化纺织公司改为永安二厂，1928 年吞并鸿裕纱厂改为永安三厂。1931—1933 年期间兼并纬通合记纺织公司改为五厂。可见永安的五个纱厂有三个是通过兼并的方式取得的。1933 年时，在其拥有的全部 256,264 枚纱锭中，收买部分占 43.53%。[③]

通孚丰财团：1898 年孙多森建立阜丰面粉厂，大战期间盈利甚多，业务日益发展，1916 年投资山东济宁面粉厂，1919 年收买河南新乡通丰面粉厂。大战结束后，在面粉业遭受外粉打击、同业不堪支持之际，阜丰公司依靠其资力雄厚、设备精良和官僚买办的权势渡过难关，并在其后抑制外货运动中发展了业务。1923 年租进常丰面粉厂，1926 年租进裕通面粉厂，改为信大阜记，到抗战前阜丰系共有面粉厂六家，除阜丰厂本身外，其余五个厂都是吞并旧厂而来的。阜丰扩展的方式是在集中力量扩建本厂的同时租进小厂，然后加以收买、兼并。1937 年阜丰系还陆续开办了通惠实业公司、中孚银行、山东烟台通益精盐公司，号称通孚丰财团，是旧中国第一家控股公司。

山东苗家（苗杏村、苗星垣等）靠经营粮栈起家，通过商业高利贷进行原始积累。他们于 1918 年和 1921 年投资建立惠丰、成丰两个面粉厂，商业资本开始

① 《荣家企业史料》上册，第 209 页。

② 同上引书，第 209 页。

③ 《永安纺织印染公司》，中华书局 1964 年版，第 139 页。

向工业资本转化。经过一段时间的资本积累，于 1931 年租进民安面粉厂，改名为成记面粉厂，进而将其买进。1935 年苗星垣又建立成丰西安分厂。在纺织业方面，苗家继 1932 年建立成通纱厂后，1936 年苗杏村又租进鲁丰纱厂，1937 年将鲁丰纱厂购进。此外苗家还投资通惠银行和多家典当业。①

南洋兄弟烟草公司是借助于信用方式进行社会资本集中的又一种典型。1919 年该公司为了与英美烟草公司抗衡再次改组时，向社会招股，资本扩大为 1,500 万元，其中半数是旧公司股份转移的，新增加的股本 750 万元中，原有资本家的投资不过 180 万元，其余约 570 万元是借助于股份公司的形式，把分散的资本集中起来，从而迅速扩大了生产规模。

火柴大王刘鸿生企业的发展主要是采取兼并办法。1920 年鸿生火柴厂建立后，用高价聘请化学工程师改进技术，提高质量，压低价格与进口火柴和国内其他民族火柴厂展开激烈竞争，在不到十年的时间内就通过投资和买进兼并了江西裕生、上海和苏州燮昌等三个厂；1930 年刘鸿生又迫使中华、荧昌两个大厂与之合并，成立大中华火柴公司，实力更加雄厚。一些小厂竞争不过，有的被挤垮，有的被收买。1931—1934 年期间刘鸿生又先后兼并了汉口燮昌、芜湖大昌、扬州耀扬、杭州光华等四个火柴厂。此外，刘鸿生还在 1926 年收买日晖织呢厂的设备，后来扩建为章华毛绒纺织公司。

其他如大中华橡胶厂在 1928—1929 年期间先后并进交通橡胶厂、日商泰山橡胶厂和春华橡胶厂，由一个厂发展为四个厂。五洲大药房在 20 年代初期先后收买了太和药店、固本皂厂、亚木臭水厂、中华兴记香皂厂、南洋木塞厂，企业规模迅速膨胀。

民生轮船公司在 30 年代的发展主要是靠四川军阀的势力，采用大鱼吃小鱼的办法。1931 年它合并了七个轮船公司，接收了十一只船，航线延长至宜昌；1932 年合并了四家中国轮船公司，一家英国轮船公司，接收了七只船，航线延长至上海；1933 年民生又合并了三家中国轮船公司，接收了三只轮船，并购入了一只太古船、一只美孚船；1935 年接收了美商捷江公司的轮船五只。五年中民生总共兼并了十五家轮船公司，资本增至 350 万元。民生公司在川江航线上利用地方政治势力垄断大宗货源，压低运价，以与同业竞争，使之经营无着，至于倒闭。随后又以替债权债务人解决问题的伪善面目出现，乘机以少数现金与大部分股票达到收购的目的。②

---

① 全国政协文史资料编辑委员会存，苗兰亭：《五十年来的恒台苗家财团》。
② 中国社会科学院经济研究所存：《民生轮船公司史料》。

二、民族资本的集中是竞争和信用制度的产物

　　马克思分析资本集中现象出现的原因时指出，竞争和信用是两个重要的杠杆，中国的民族资本主义经济虽然发展不充分，却过早地产生了资本集中的现象，这主要是外国资本的竞争所推动，信用制度的初步发展也起了一定的促进作用。

　　资本的集中是竞争的需要，也是竞争的结果。在这一时期中国经济中的资本集中，主要的还是外国资本的相互集中，以及外国资本兼并中国民族资本。民族资本内部的集中是在与外国资本的抗争中催生出来的。在同行激烈竞争中失利的企业，既为外国资本提供了弱肉强食的对象，也为一些资本较为雄厚的民族资本家创造了大鱼吃小鱼的机会。马克思在《资本论》中指出："积累的增进又使可以集中的材料即单个资本增加，而资本主义生产的扩大，又替那些要有资本的预先集中才能建立起来的强大工业企业，一方面创造了社会需要，另一方面创造了技术手段。因为现在单个资本的互相吸引力和集中的趋势比以往任何时候都更加强烈。虽然集中运动的相对广度和强度在一定程度上由资本主义财富已经达到的数量和经济机构的优越性来决定，但是集中的进展绝不取决于社会资本的实际增长量。"①严格说来，中国民族资本的集中，还缺乏这样生产技术发展的充足条件，并受到资本主义积累起来的社会财富量的物质基础的限制。从前此所述事实可以看出，一些大资本集团的形成，主要是在市场不景气时期通过兼并其他企业实现的，它们自身生产和资本的积累，以及整个民族资本的生产发展和资本的积累虽有一定的进步，但基础并不巩固，在社会财富没有长足增长的情况下，只不过是变更了既有资本的分配，使资本从一些人手中取走，而在另一些人手中增加成为较大的量。但是我们也应当承认民族资本的集中虽然是个早产儿，但仍不失它的积极意义。因为这些资本比较充裕的大厂如不兼并别人，就会逐步失去竞争的能力，小厂不被兼并就只有灭亡，从这种意义上说，民族资本内部的集中有着防御外国资本侵袭的作用。集中使产业资本家能够扩大他们经营的规模，是对资本积聚的补充。"工业企业规模的扩大，对于更广泛地组织许多人的总体劳动，对于更广泛地发展这种劳动的物质动力，也就是说，对于分散的、按习惯进行的许多生产过程不断地变成社会

---

　　① 《资本论》第 1 卷，人民出版社 1975 年版，第 687 页。

结合的、用科学方法处理的生产过程来说，到处都成为起点。"①申新、永安、大中华火柴公司等企业，在他们兼并了其他企业后，生产设备更新，技术水平确实有所进步，劳动生产率提高，成本下降，加强了竞争能力。类似企业在一个时期，与同行业的其他民族资本企业比较起来，可称佼佼者。但其中也有不少由于内在和外在因素的作用，往往好景不长，在另一个时期难免又成为他人吞食的对象。像申新、永安等那样较长时期保持稳定发展的究属少数。

民族资本的集中，一方面是与外国资本、官僚资本及同行业其他资本互相竞争的结果。另一方面，如同西方资本主义国家一样，信用制度的发展也是其重要的杠杆。马克思说："一种崭新的力量——信用事业，随同资本主义的生产而形成起来。起初，它作为积累的小小的助手不声不响地挤了进来，通过一根根无形的线把那些分散在社会表面上的大大小小的货币资金吸引到单个的或联合的资本家手中，但是它很快就成为了竞争斗争的一个新的可怕的武器，最后，它变成了一个实现资本集中的庞大的社会机构。"②前述南洋兄弟烟草公司1919年的改组及永安纱厂的建立都说明了信用制度对资本集中的作用。这一时期我国的信用虽仍不发达，但确有长足的进展，注册公司的迅速发展就是一例。据统计，1921年注册的各类公司共296家，资本339,554,414元，到1935年6月止增加为2,682家，资本1,023,522,175元。③注册公司是包括农业、矿业、制造业、商业、运输、金融等各业的数字。单就制造业而言，据刘大钧调查，1933年在2,435家工厂中独资的561家，占23.04%，合伙的994家，占40.82%，公司形式的682家，占28.01%，此外还有政府经营的等198家，占8.13%。④这里公司形式所占比重不是很大，但不能据此断定公司不占重要地位，因为公司的规模一般较大，资本较多。例如，据对我国最重要的工业城市上海1931年秋的调查，在1,883家工厂中，公司330家，只占工厂数的17.53%，但却占全部资本数的71.48%，其中股份有限公司281家，只占工厂数的14.92%，其资本却占全部资本的63.11%。⑤这说明通过信用建立起来的新式资本组织已开始在民族资本主义企业中占主导地位。

---

① 《资本论》第1卷，第688页。

② 《资本论》第1卷，第687页。

③ 1921年数来自1934年《申报年鉴》，其系按实业部注册情况编制，公司数较当时实存数为低，资本数是后来添报的数字，较当时的数字为高，因此与北洋政府农商部注册有出入。1935年数是根据陈真、姚洛编《中国近代工业史资料》第4辑，三联书店1961年版，第59页。

④ 据刘大钧《中国工业调查报告》中册。

⑤ 陈真、姚洛编：《中国近代工业史资料》第4辑，第68页。

三、民族资本家企图对一些行业的生产实行垄断的努力及其失败

资本集中的发展，必然导致垄断的出现。在两次世界大战之间的旧中国，由于外国资本在经济中处于统治地位，所以多数行业中有能力进行垄断的主要是外资企业，重工业部门更是如此。在民族资本比较发展的一些轻工业部门中，由于资本的积聚和集中，使相当一大部分生产日益掌握在少数几个资本家集团手中，为了自卫和竞争的需要。这些资本家集团之间有可能达成协议，划分市场，商定销售条件，保持一定的价格水平，因而也出现了某些垄断的迹象。

（一）棉纺织业是旧中国最发达的轻工业部门之一，中外旗鼓相当，竞争十分激烈。20 年代，申新、永安、大生等厂在华东地区有举足轻重的地位，华新四厂在华北地区亦有垄断之势。1928 年由恒丰纱厂聂潞生任经理，成立复兴公司，参加的有申新的荣宗敬、永安的郭顺等纺织业巨头。成立这个组织的目的原为维持纱价并与日商竞争，但受到内外压力和攻击，只搞了半年就告停顿。到 30 年代，民族棉纺织业受日商压力更大。但申新、永安等几家大企业仍占重要地位，详见表 1。

表 1　申新、永安、裕大华在民族纺织业中的比重（1936 年）

项目	全国民族棉纺厂	申新		永安		裕大华		三家合计	
		数量	占全国%	数量	占全国%	数量	占全国%	数量	占全国%
资本（千元）	163,210,733	10,120	6.2	12,000	7.4	9,500	5.8	31,620	19.4
纱锭	2,746,392	570,000	20.8	256,264	9.3	85,560	3.1	911,824	33.2
线锭	173,316	40,040	23.1	31,904	18.4	1,000	0.6	72,944	42.1
布机	25,503	5,304	20.8	1,542	6.0	1,324	5.2	8,170	32.0
全年用棉量（担）	5,231,878	1,143,491	21.9	374,261	7.2	388,862	7.4	1,906,614	36.4
棉纱产量	1,446,287	319,653	22.1	108,249	7.5	81,390	5.6	509,292	35.2
棉布产量	10,856,198	2,884,272	26.6	839,771	7.7	633,115	5.8	4,357,158	40.1
工人数	145,176	27,933	19.2	11,019	7.6	8,060	5.6	47,012	32.4

资料来源：全国、申新、永安数字据《永安纺织印染公司》，裕大华数字据 1936 年《申报年鉴》及中国社会科学院经济研究所存：《旧中国裕大华集团资本积累的探讨》。

从上表可见，1936 年时申新、永安、裕大华三个资本家集团的资本占全国民族纱厂的近 20%，设备和工人数占 1/3 左右，棉纱和棉布则超过 1/3。

（二）面粉业中这一时期的外资很少，民族面粉厂占绝大比重。在民族面粉

厂中，荣家所属面粉厂及阜丰系统的面粉厂居统治地位。1936 年，他们共有面粉厂 18 个，其资本占关内民族面粉厂资本总额的一半以上，钢磨占 40%以上，产粉能力将及一半，雇佣工人超过三分之一（详见表 2）。

表 2　茂新、福新和阜丰在全国面粉厂中的比重（1936 年）

项目	全国民族面粉厂（关内）	茂新、福新		阜丰		合计	
		数量	占全国%	数量	占全国%	数量	占全国%
资本（千元）	29,474	9,601	32.6	5,250	17.8	14,851	50.4
钢磨	1,264	347	27.5	172	13.6	519	41.1
月产粉能力（袋）	295,024	96,500	32.7	47,800	16.2	144,300	48.9
工人	8,234	1,699	20.6	1,165	14.1	2,864	34.8

数据来源：全国数及茂新、福新数据《荣家企业史料》，其中全国工人数根据 1936 年《申报年鉴》，阜丰数据《中国近代工业史资料》第 1 辑。

就地区而言，上海是我国民族面粉业的中心，1937 年福新和阜丰公司所属的面粉厂就占了全市产粉能力的 93.28%，且长期处于垄断地位，其余面粉厂无力与之竞争。

（三）火柴业早在 20 年代初就出现中日在东北激烈竞争的局面，1925 年双方协商成立南北满火柴联合会，订立销货公约，划分销货区域，使东北火柴市场一度出现稳定局面。1926 年后，瑞典火柴公司以投资合作或收买的方式控制了东北的日清、吉林、大连三家日本火柴厂。他们不顾南北满联合会关于销区与售价的规定，在各地削价倾销，国产火柴即使不顾成本，亦不是对手。后来由于日本厂商与瑞典公司也发生矛盾，1931 年 4 月中日火柴厂勾结地方军阀政府实行火柴专卖，才排斥了瑞典火柴，同时也排斥了关内火柴。

在这同时，也由于瑞典火柴的倾销，广州 21 家火柴厂有 13 家被迫停工。为减少同业间竞争抵制瑞典火柴，1930 年广州各火柴厂成立了联营组织"维业堂"。"维业堂"按比例规定各厂产额，在广州成立统一的推销处，将各厂产品搭配出售。但即使这样仍竞争不过瑞典火柴。各火柴厂乃投靠地方政府，由省政府征收火柴消费税，但给本省火柴厂以纳税时扣回原料税和其他杂税的优惠，使其在竞争中处于有利地位。受此打击，瑞典火柴才在广东市场上逐步减少。

为抵制瑞典火柴的倾销，火柴大王刘鸿生曾展开多次斗争，他先于 1928 年和江苏最大的荧昌厂老板朱子谦联合发起成立江苏火柴同业联合会，共同议价，并要求政府减税。但收效不大。1930 年他创办大中华火柴公司，生产不断发展，但因全国火柴生产过剩，价格不断下跌，民族火柴业仍很困难。1933 年 12 月他请求政府设立火柴统制委员会，企图借此一方面抵制外货倾销，一方面乘火柴业困难实现垄断，但因宋子文怕得罪帝国主义，他的请求未被采纳。

1935 年 7 月，刘鸿生又策动成立"国产火柴制造同业联合办事处"，限制产销，共同议价，参加的有苏、浙、皖、鄂、赣等省的 15 家火柴厂。以此为基础，经中、日火柴厂商谈判，又成立了"中华火柴产销联营社"，实行统一联合营业，各厂按比例生产，产品统一发卖，给各厂二成利益。他们呈请政府下令，全国限期加入联营，不许设立新厂，并不准歇业的厂复工。但由于当时中国的半割据状态，广东、山西、四川等地没有加入联营。

按联营社章程的规定，各厂生产比例的确定以纳税记录为准。但在联营社成立的前几年，大多数中小厂陷入停工或半停工状态，少数大厂虽受生产过程影响，却一直开工生产。因此按规定分配生产比例，小厂所得份额太小，大厂所得份额却很大，日本厂家尤受优待，大中华、丹华、振业等厂也占优势。结果大厂依靠火柴价格提高而扭转亏损转为赢利。1936 年大中华就盈利 838,062 元，小厂如苏州民生厂、上海中南厂因所分得的生产份额只有其正常年产量的 40%，最后宣告停工。

火柴加工的联营是民族工业由竞争走向垄断的一个反映。但也看到，这时大厂虽实力比较雄厚（如大中华的年产量约占华中地区的 50%，约占全国的 15%），若仅依靠自身经济力量仍不足以实现垄断，还要依靠政府支持。但当时全国政治仍不统一，这种垄断只能在局部地区发生作用。[①]

（四）水泥业原只有启新洋灰公司是生产大户。1923 年华商、中国两家水泥公司相继投产成功，立即和启新洋灰公司展开削价竞争。1925 年华商与启新签订联营合同，双方商定产销额、销售地区和售价，一方面抵制日货，一方面排挤当时规模较小的中国水泥厂。1927 年中国水泥厂收购太湖水泥厂全部设备，产量由 500 桶一跃增为 2,500 桶，超过华商水泥厂。三厂双方竞争激烈，彼此受损，乃于 1931 年 6 月签订联合营业草约，为期一年。1932 年 7 月草约期满，又开始激烈竞争，且由两方变成三方。1936 年 2 月三方又签订共同营业合同，直到抗战全面爆发。

（五）造纸业方面，民丰造纸厂资本家金润庠曾在 1930 年准备拉拢国内六家企业。组织托拉斯性质的联合营业所，集中掌握定价和销货权，避免互相杀价竞争。但由于力量薄弱没有成功。后来民丰陆续吞并杭州武林、苏州大华二厂。资

---

① 材料根据：《中国民族火柴工业》，中华书局 1964 年版；马伯煌：《刘鸿生的企业投资与经营》，《社会科学》1980 年第 5 期。

力雄厚了，便采取降价办法对其他三家纸厂施加压力，同时倚仗青帮头子杜月笙的势力迫使他们就范，终于组成联合营业所，并且很快就把价格抬高一倍左右。此后，他们又依靠杜月笙的势力从国民党政府取得国内独家制造卷烟纸的特权。

（六）搪瓷业于五卅运动后迅速发展，竞争随之加剧。1927 年末益丰、铸丰、中华、兆丰四家规模较大的搪瓷厂成立同业公会，统一价格，规定回佣。它们的统一价格定得较低，小厂无法竞争，形成对市场的垄断之势。1930 年正式成立国产搪瓷营业所，划分营业额，大权更为少数大厂所操纵，使一些小厂沦为营业所的加工厂。

（七）制碱业在 20 年代以前，纯碱市场为外商，尤其是英商卜内门公司所垄断。永利碱厂成立后，想请卜内门公司帮忙设计，但英方提出的条件极为苛刻，遭到范旭东的拒绝。经过范旭东的数年努力，永利制造纯碱成功，成本每担约 9元，竟然低于卜内门公司。卜内门不甘失败，竟将产品削价到按每担 4.5 元抛售，并对与其发生关系的经销店施加压力，限定它们只能出售卜内门产品，否则就取消全部佣金，没收所交押金。永利幸有银行家支持，才能维持下去。后来英商见势不利，双方达成协议，规定中国配销比例为永利占 55%，卜内门占 45%。[①]

此外毛纺织业中如天津仁立毛纺厂与上海章华毛纺厂在 1936 年成立联合营业所，规定制服呢的销售额，章华为 2/3，仁立为 1/3，价格划一，不许降低。在西药业方面上海于 1934 年成立西药业同业公会，对药品议价出售，限制小厂入会及新厂建立，这些做法具有垄断性质。

从上述情况看，在旧中国民族资本发展过程中确实曾出现了一些垄断的苗头，但仍停留在低级阶段，一般只是短暂的售价协定，或只是卡特尔形式，商定销售条件，划分市场，分配商品产量，规定价格等。而且在经济力量达不到时还要借重政府势力支持，还不免要和外资企业妥协。民族资本家中的个别人也曾企图向垄断的更高级形式发展，但收效不大。如刘鸿生曾于 1926 年企图建立持股公司，未能实现；又于 1927 年与人合作建立大华保险公司，企图把所属企业的保险集中起来，也未奏效；后来又设立中国企业银行，因资力有限，不能靠它统一管理各企业。1931 年刘鸿生成立顾丽江彩办事务所，统一各企业购料业务，参加的有大中华火柴、章华毛纺、华丰搪瓷、中华煤球、华东煤矿、中华码头、上海水泥等企业，似有一点辛迪加的味道。1932 年刘鸿生又成立中国企业经营公司，企图利用它统一管理企业，但只搞了一年多，就搞不下去了。再如周学熙

---

① 材料根据全国政协文史资料编辑委员会存，余啸秋：《永利碱厂和英商卜内门公司的斗争前后纪略》。

曾于 1924 年建立实业总汇处，对滦州矿务公司、启新、华新四厂及普育公司实行统一管理，但仅仅搞了一年就宣告结束。此外如大生、裕大华等曾设有联合购料组织，华新、申新、永安曾自办银行，企图向托拉斯方向发展，均由于资力有限，在 30 年代初期经济危机的打击和迅速发展起来的四大家族资本的压迫下，都以失败告终。

四、银行资本对民族工业的控制及其性质

值得注意的是在这一时期，伴随着民族资本工业的集中和垄断的出现，也在半殖民地特有的形式下产生了银行资本与工业资本结合的某些征兆。我们知道，银行和钱庄与工业发生比较密切的关系是在第一次世界大战中及其以后。大战期间，由于民族工业得到空前发展，工业利润迅速增加，同时，民族工业资金不足，为了扩大再生产，也需要从银行和钱庄得到放款，而工业利润的优厚亦足以保证放款的如期偿还。这样就使银行与工业的关系由商品押款、商品押汇进而发展成为厂基押款。据 20 年代初期 78 个企业抽样调查的结果，这些企业自有资本占运营资本的比例是 64%，而借入资本（主要来自银行）占 36%。工业资本家对金融资本家的依赖日渐加深，银行家在大工厂企业中兼职的越来越多。如上海银行的总经理陈光甫，浙江实业银行的总经理李铭，浙江兴业银行董事长叶揆初、董事徐寄庼，新华银行总经理王志莘、副总经理孙瑞璜，中国实业银行董事长龚仙洲等都曾在多家民族资本企业中兼任董事长或董事。与此同时，少数大工矿主在银行中兼职的也有所增加，如范旭东任金城银行监察，荣宗敬任上海商业储蓄银行、中和银行董事，颜惠庆（江南水泥厂）任大陆银行的常务董事等。南北大金融资产阶级和大工商业资产阶级的各自互相结合，形成了江浙财团和北方财团。当时这两个财团不单是由民族资产阶级的上层所组成，其中还有一些实际上是买办。这些人在大革命后期，在经济上支持蒋介石镇压工农革命斗争，其中有的人后来还成为国民党反动派政权的显贵人物，为四大家族官僚资本的形成，由金融而及其他的垄断出谋划策，压迫和排斥异己（特别是中小民族资本），在经济上得到迅速的膨胀。

1931 年后民族工业陷入困境，为了维持生产更需仰赖银行贷款。以比较有代表性的上海银行和中国银行的情况看，它们在 30 年代的工业放款呈现逐渐增加的趋势（见表3）。

表 3　上海银行中国银行各年度末工业放款余额（单位：千元）

	1931	1932	1933	1934	1935	1936
上海银行	22,991	34,565	34,549	37,000	33,780	38,360
中国银行	—	36,840	49,477	54,441	—	—

资料来源：陈真、姚洛编，《中国近代工业史资料》第 1 辑，第 766 页。

但银行的工业放款数字的增加，并不是民族工业景气的表现，而是经济恐慌的结果，是订有厂基押款的工厂日益需要更多的资金维持的表现。在资本主义国家，工业资本与银行资本的融合，一半采用银行购买企业股票，工业家也握有银行股票的形式；而在旧中国，由于银行资本带有浓厚的商业资本和高利贷资本性质，它们对工业的放款一开始就多是以抵押放款的债权人身份出现，坐收利息，对企业的盈亏不负任何责任。结果当一些企业因经营困难，付不起利息不得不进行改组时，负债较少的则由银行出面监督或代为经营，但直到这时，还是由工业资本家负担企业亏损的责任；只有当企业资产倒挂，无法经营时，才由银行资本家被迫接管经营或直接投资。这种曲折的发展过程是旧中国金融资本与工业资本结合的特有形式。实质上，到 30 年代中期以后，由于贷款给民族工业的许多银行逐步为四大家族所控制，上述形式不过是官僚资本吞食民族工业的一种手段的反映。

（原载《南开经济研究所季刊》1983 年第 4 期）

旧中国工人阶级贫困化问题管见

——开滦煤矿工人的工资水平及其变动趋势

近几年来，我国经济学界对无产阶级贫困化问题进行了讨论，讨论的中心是如何理解经典作家的论述，联系的实际主要是战后美国、日本和西欧国家工人阶级的状况。至于旧中国的情况如何？怎样运用马克思主义的原理来分析殖民地、半殖民地国家工人的工资水平及其变动趋势？在讨论中很少涉及。可能有的同志认为这些问题不是争论的焦点所在。旧中国工人阶级无论在相对贫困和绝对贫困方面都是显而易见的；或者相反，认为旧中国工业不发达，真正意义上的，即在基本积累过程中，随着资本有机构成的提高，相对剩余人口的增加而造成的无产阶级贫困化问题，根本就不曾出现。

近来在整理旧中国开滦煤矿工人阶级状况资料的过程中，我们依据开滦煤矿档案中大量的原始数据计算了 1904—1948 年开滦煤矿工人的名义工资和实际工资，工资和煤炭产值的比较以及资本家利润和工资的比较，计算结果显示的变动趋势与我们过去在从事中国近代经济史研究工作中所看到的片段统计资料，并借以形成的对旧中国工人阶级贫困化问题的朦胧观念，颇有轩轾之处。这里我们编制了有关开滦煤矿工人工资水平的统计表数只，为从事政治经济学和中国近代经济史研究的同志提供一点素材，并就这些材料谈谈一管之见。

一、实际工资变动的趋势和规律

表 1　1904—1948 年开滦煤矿工人工资和生活费指数

年份	月名义工资总计（元）	月名义工资指数（1925—1926 年为 1）	生活费指数（1925—1926 年为 1）	实际工资指数（1925—1926 年为 1）
1904—1905	8.01	0.64	0.57	1.12
1913—1914	8.33	0.67	0.72	0.93

年份	月名义工资总计（元）	月名义工资指数（1925—1926年为1）	生活费指数（1925—1926年为1）	实际工资指数（1925—1926年为1）
1919—1920	8.33	0.67	0.75	0.89
1920—1921	9.24	0.74	0.86	0.86
1921—1922	9.24	0.74	0.87	0.85
1922—1923	10.17	0.81	0.86	0.94
1923—1924	11.11	0.89	0.91	0.98
1924—1925	12.02	0.96	0.96	1.00
1925—1926	12.48	1.00	1.00	1.00
1926—1927	12.42	1.00	1.04	0.96
1927—1928	12.68	1.02	1.11	0.92
1929—1929	12.51	1.00	1.13	0.88
1929—1930	14.70	1.18	1.18	1.00
1930—1931	14.68	1.18	1.20	0.98
1931—1932	17.20	1.38	1.15	1.20
1932—1933	16.91	1.35	1.02	1.32
1933—1934	13.69	1.10	0.90	1.22
1934—1935	17.96	1.44	0.97	1.48
1935—1936	18.15	1.45	1.10	1.32
1936—1937	18.11	1.45	1.21	1.20
1937—1938	17.64	1.41	1.42	0.99
1938—1939	23.37	1.87	1.80	1.04
1939—1940	39.25	3.15	3.61	0.87
1940—1941	56.33	4.51	4.43	1.02
1942.12	96.62	7.74	9.90	0.78
1943.12	357.50	28.65	37.02	0.77
1944.8	847.88	67.94	130.52	0.52
1945.10	11,351.27	909.56	870.20	1.05
1946.8	97,154.86	7,784.84	4,907.09	1.59
1947.12	2,952,781.20	236,601.05	161,445.09	1.47
1948.11	286.50	22.96	22.61	1.02

说明：1.月名义工资总计项中除包括基本货币工资外，还计入了从实际工资（廉价面粉和煤炭）中所享得的收益值，以及摊入每月的年终奖金额，数字全部依据开滦煤矿所存档案资料。2.1904—1919年开滦工人的月工资几乎没有变动，故只在其间填入1913—1914年度的一个点，其余均略。这一时期消费物价虽小有起落，实际工资水平也有微小的上下变动，但并不影响总的趋势。

从表1可以看出：

1. 开滦工人的实际工资指数1904—1905年度为1.12，1948年11月为1.02，首尾相比略有下降，但下降的幅度不大。

2. 以实际工资指数为 1 的年度（1924—1925，1925—1926，1929—1930）作一条水平线，四十多年间，开滦工人的实际工资是围绕着这个水平线上下波动。一般情况下，在实际工资逐步下降后，继之而来的是一个逐步上升，上升之后，往往又复下降；有时由于特殊原因造成大幅度下降或大幅度上升，但在其条件变化后，就迅速向其反方面转化。1904—1941 年基本属于前一种情况，1941—1948 年则属于后一种情况。

作为旧中国的一个典型企业，开滦工人实际工资的涨落，与一些发达资本主义国家相应时期工人的实际工资进行比较，除了少数年代由于中国特殊的经济条件而相径庭外，基本趋势是一致的。如第一次世界大战前后，除美国外，西欧各国工人的实际工资也是下降的趋势。两次大战之间的许多年则普遍有所上升。第二次世界大战期间，受到战争严重破坏的德法等国工人实际工资也大幅度下降。事实说明，马克思主义经典作家关于帝国主义战争造成工人生活的普遍贫困状态；工人阶级的组织程度的提高，他们不断增强的抵抗，会在可能的范围内给贫困的增长造成某些障碍；工资水平的上下取决于斗争双方力量的对比等论断是普遍的规律，半殖民地的旧中国也不例外。开滦工人实际工资的下降主要发生在第一次世界大战前后和第二次世界大战期间。前一个时期，中国工人阶级还没有组织起来，工人斗争尚处于自发的阶段，因而不能对资本家的榨取进行有力的抵抗；后一时期，在日本法西斯统治下，开滦工人未能组织大规模的、要求改善待遇的罢工斗争。而两次世界大战之间，尤其是第一次国内革命战争时期，在中国共产党的领导下，工人阶级显示了组织起来的威力，在工人运动不断高涨的形势下，资本家不得不提高工资，因而工人生活状况一度有所改善。

这里需要说明的是：

（1）30 年代前期，世界资本主义经济危机虽未波及中国，但开滦煤矿工人的实际工资却有比较显著的增加。除了上面说明的原因外，还必须指出的是，由于研究对象仅限于开滦在业工人的工资收入，而没能反映失业工人的状况。事实上，在这几年中，开滦工人的生活更加没有保障，矿方以缺勤超过五天、不服从传调等借口，大批解雇工人，并将生产成本较高、经常发生罢工斗争的马家沟矿关闭，造成四千余人失业。

（2）1946—1948 年开滦工人的实际工资大幅度起落，是国民党统治崩溃前夕中国特殊历史境况的产物，而且只有短短三年的时间，因此不宜与战后世界各国工人工资变动情况相比较。尤其是 1946 年开滦工人的实际工资上升到历史的最高水平，除了上述开滦煤矿独具的原因外，美国救济物资大量运进中国，使面粉价格一度急剧下跌，也是一个重要的因素。显然这些都是问题的特殊性。

二、工资水平的低下和生活的贫困化

上文曾以实际工资指数为 1 的年度作一条水平线，看出开滦工人的实际工资是围绕着这个水平线上下波动的。现在我们进而从分析这条水平线入手，来研究工资水平的低下和工人生活的贫困化问题。

实际工资指数是一个抽象的数字，为了形象化，我们将指数为 1 的 1924—1925、1925—1926、1929—1930 等年度的月平均名义工资，按照相应年度的面粉价格折算为面粉袋数，平均约为 3.15 袋面粉。据开滦矿方的调查，1936 年和 1941 年一个五口工人家庭的最低生活费分别为 19.90 元和 98.00 元，也按照相应年度的年份价格折算为面粉袋数，平均约为 4.45 袋。另据开滦矿方的估算，作为家庭主要工资劳动者的开滦矿工起码要负担家庭支出的 75%，亦即 4.45 袋×75%=3.41 袋面粉。作为水平线年份的实际工资 3.51 袋面粉，与代表劳动力价值最低限度的 3.41 袋面粉相比，只高出 0.1 袋，可以说基本上是相同的。因此，我们所作的这条工资指数为 1，亦即 3.5 袋面粉为标准的水平线，就是开滦矿工劳动力价值的最低界限，也大体上可以看作贫困的旧中国维持劳动力再生产所需价值的最低水平线。按照马克思主义的原理，工资作为劳动力的价格，是围绕其价值上下波动的，不可能长期停留在其价值以下，在一个长时期里，二者是相适应的。工资只是有时降到劳动力的价值以下，也就是列宁所说的工人阶级状况的绝对恶化，也是有时出现的现象，而不是持续不变的趋势。近半个世纪中，开滦工人实际工资的变动情况，证明了经典作家的论断是完全正确的。

当然，列宁在反对"绝对的日益穷苦和贫困"说法的同时，也强调"指出资本主义制度下'群众的穷苦和贫困'是十分必要的"。[①]资本主义雇佣劳动的性质本身，决定了工人贫困的阶级地位。旧中国的工人阶级绝大多数是极端贫穷的破产农民和手工业者转化来的，在其阶级形成时期，雇佣劳动仍未完全摆脱封建奴役。这就决定了劳动力的价值及其价格转化形成的工资，在一开始水平就是很低的。无论是早期创办开平煤矿的洋务派官僚，还是后来霸占开平煤矿的英国资本家，都认为矿工的工力十分便宜。这个历史的因素就造成了中国工人的工资水平比当时发达资本主义国家工人的工资水平更为低下，生活更加贫困，也就是经典

---

① 《列宁全集》第 6 卷，人民出版社 1959 年版，第 31 页。

作家所说的那样一种赤贫的状态。

如果根据表 1 把开滦工人月平均工资折合为面粉，在解放前的近半个世纪中，多数年份是在 3～4 袋之间，只有少数年份在 4 袋以上。据开滦矿方 1936 年和 1941 年的调查，工人家庭平均人口为五人左右，矿工每月相当 150 斤左右面粉的工资收入（每袋 44 斤），就是全部兑换成粗粮，在供全家糊口之后也所余无几。因而工人的实际工资水平总的来说是十分低下的。从第一次世界大战开始到 20 年代初，尤其是抗战后期，工人的工资收入折合为面粉，下降到 2～3 袋，连养活家口也成问题。特别是井上下的杂工，平均工资低于矿区工人，更是既不足以养父母，也不足以养妻子儿女。工人们只有把其家族成员在可能的情况下尽量投入劳动力市场。不少矿工的妻子伫立街头为穷苦的单身工人缝补破衣烂衫（唐山土语叫做"缝穷"），大批未成年的矿工子女拣煤核换几文钱帮补家计，就是这样一家人也难得温饱。

三、相对工资变动的趋势和特点

马克思说过："工资包含着各种对比关系。""工资首先是有它和资本家的盈利即利润的对比关系来决定的。这就是比较工资，相对工资。……相对工资所表示的则是直接劳动从劳动新创造出的价值中所获得的那个同积累起来的劳动即资本从这种价值中所取得的份额相比的份额。……工人所生产的商品的销售价格，对资本家来说可分为三部分：第一，机器及其他劳动资料的损耗；第二，补偿资本家所垫支的工资；第三，这些费用以外的余额，即资本家的利润。第一部分只是补偿原已存在的价值；很清楚，补偿工资的那一部分和构成资本家利润的余额完全是从工人劳动所创造出来的并附加到原料价值上去的新价值中得来的。而在这个意义上说，为了把工资和利润加以比较，我们可以把两者看成是工人生产的产品中的份额。"[①]从这一观点出发，我们编制了开滦工人工资和煤炭产值、利润的比较表（见表 2、表 3）

从表 2 中可知 1904—1948 年的四十余年间，开滦工人的平均工资约占产值的 23%，而资本家的利润则平均为工资的 2.5 倍。亦即开滦的全部煤炭产值中，20% 左右是旧价值的转移外，其余 80% 新创造的价值中，数万名工人的工资只占 29%，而一小撮资本家及其代理人所得及缴纳给各级反动政府的税款、报效等却占了 71%。

---

① 《马克思恩格斯选集》第 1 卷，人民出版社 1972 年版，第 368-369 页。

表2 1904—1948 年开滦矿区工人工资在煤炭产值中的比重

（一）1904—1941 年 单位：元

年份	年工资总额	年煤炭总产值	工资占产值比重（%）
1904—1905	859,601	4,331,022	19.85
1913—1914	1,142,343	8,887,903	12.85
1919—1920	2,228,608	18,374,856	12.13
1920—1921	2,670,323	19,807,737	13.48
1921—1922	2,871,681	16,378,809	17.53
1922—1923	3,184,146	17,863,634	17.82
1923—1924	4,106,789	20,935,512	19.62
1924—1925	4,135,938	21,500,748	19.24
1925—1926	3,307,300	16,597,671	19.93
1926—1927	3,946,728	19,720,382	20.01
1927—1928	4,729,741	27,687,526	17.08
1928—1929	4,407,373	22,011,155	20.02
1929—1930	5,456,934	24,746,995	22.05
1930—1931	5,915,629	30,258,238	19.55
1931—1932	6,985,402	28,563,824	24.46
1932—1933	7,580,482	24,216,714	31.30
1933—1934	5,574,678	18,539,066	30.07
1934—1935	7,200,523	19,904,964	36.17
1935—1936	5,772,571	17,381,182	33.21
1936—1937	5,509,931	23,835,870	23.12
1937—1938	7,316,296	28,820,384	25.39
1938—1939	10,558,846	64,096,203	19.52
1939—1940	19,562,985	74,823,756	26.15
1940—1941	29,767,250	95,208,211	31.27

（二）1942—1948 年 单位：元

年份	月工资总额	当月煤炭产值	工资占产值比重（%）
1942.12	4,170,796	11,367,557	36.69
1943.12	15,243,085	41,446,255	36.78
1944.8	42,243,077	155,441,850	27.18
1945.10	535,053,460	997,860,600	53.62
1946.8	4,896,507,700	9,712,361,000	50.42
1947.12	146,079,990,000	376,972,050,000	38.75
1948.11	12,883,905	28,466,560	45.25

说明：1.工资总额和煤炭产值均依据开滦档案资料计算而得。2.1945—1947 年的工资总额和煤炭产值从首位数起第八位数字为近似值。

表3　1904—1948年开滦矿区工人工资和煤炭利润的比较

（一）1904—1941年　单位：元

年份	年利润总额	年工资总额	利润为工资的倍数
1904—1905	2,226,882	859,601	2.59
1913—1914	4,730,086	1,142,343	4.14
1919—1920	11,529,980	2,228,608	5.17
1920—1921	11,036,300	2,670,323	4.13
1921—1922	6,614,441	2,871,681	2.30
1922—1923	4,343,847	3,182,146	1.36
1923—1924	8,831,402	4,106,789	2.15
1924—1925	11,833,059	4,135,938	2.86
1925—1926	7,915,592	3,307,300	2.39
1926—1927	9,760,742	3,946,728	2.47
1927—1928	15,569,275	4,729,747	3.29
1928—1929	10,065,269	4,407,373	2.28
1929—1930	10,299,216	5,456,934	1.89
1930—1931	13,688,250	5,915,629	2.31
1931—1932	10,419,375	6,985,402	1.49
1932—1933	7,653,028	7,580,482	1.01
1933—1934	4,560,864	5,574,678	0.82
1934—1935	4,605,020	7,200,523	0.64
1935—1936	4,482,700	5,772,571	0.78
1936—1937	10,557,000	5,509,931	1.92
1937—1938	13,602,800	7,316,296	1.86
1938—1939	27,720,560	10,558,846	2.63
1939—1940	36,469,160	19,562,985	1.86
1940—1941	42,072,790	29,767,250	1.41

（二）1944—1948年　单位：元

年份	月利润额	月工资额	利润为工资的倍数
1944.8	96,374,794	42,243,077	2.28
1945.10	349,251,000	535,053,460	0.65
1946.8	3,593,573,500	4,896,507,700	0.73
1947.12	180,946,580,000	146,079,990,000	1.24
1948.11	11,101,958	12,883,905	0.86

说明：1.各年（或月）利润额系根据开滦档案资料计算。2.本表中利润额只是开滦资本家从工人生产的煤炭中所获得的利润，炼焦、制砖等方面所获利润未包括在内。3. 1945—1947年的工资额、利润额，从首位数算起的第八位数字为近似值。

马克思早就指出，资本的利益和雇佣劳动的利益是截然对立的，利润和工资是成反比例的。从开滦的统计中可以看到，工资和利润在产值中的比重，如同一个天平上的两个秤盘，总是不时地按照一定的速率向相反的方向运动。当工资在产值中的比重增加时，利润在产值中的比重就下降，反之亦然。

从表2还可以看出，开滦工人的工资在产值中的比重总的变动趋势不是越来越小，而是越来越大。但这并不说明工人收入的增加，恰恰相反，前面已经说过，开滦工人的实际工资在1904—1948年的四十余年间不但没有增长，反而略有下降。工人工资额的涨落是影响其在产值中比重的一个重要因素，但它只是算式中的一个分子，分母的大小倒往往是更加关键的因素，这个分母则为效率、产量、价格等条件所制约的。要想对工资在产值中比重增长的趋势求得解释，必须透过这些数字考察整个旧中国社会的状况。根本的问题在于外国的入侵和各种反动势力的压迫，使经济遭到日益严重的破坏，生产条件恶化，劳动生产率下降，市场萎缩，运输中断，工矿企业资本流通的各个环节都不能正常进行。作为外资企业的开滦煤矿，依靠其在资本、技术设备、管理上的优越条件以及保持着的某些特权，比中国民族资本工矿企业的处境要好一些，但也在劫难逃，不可能独善其身。

余 论

马克思主义的科学分析阐明了无产阶级贫困化的根源在于资本主义制度。在这种制度下，资产者占有生产资料，无产者一无所有，必须出卖自己的劳动力。只要这种关系存在，工人所得到的只能是劳动力的价值。资本主义生产的根本目的是最大限度地榨取工人所创造的剩余价值，"所以资本主义生产的总趋势不是使平均工资水平提高，而是使它降低，也就是在或大或小的程度上使劳动力的价值降低到它的最低限度"[①]。作为一种历史的趋势，工人阶级的贫困化是不可避免的。从这种意义上说，不论是发达的资本主义国家，还是落后的半殖民地国家，只要资本主义生产关系存在的地方，都是相同的。

鸦片战争后，西风东渐，中国开始出现了近代工矿业，到了20世纪初和第一次世界大战期间，中国资本主义有了一定的发展。但是相当多的行业从手工过渡到机器生产还是从大战后期开始，在二三十年代逐步进行的。近代工业中那些地位重要、发展较早的行业，如棉纺织业的设备和技术改造以及管理上的改进，

---

① 《马克思恩格斯选集》第2卷，第203页。

也是在这一时期发生的，但也只限于少数资本雄厚的大企业。就是到了 30 年代前期，生产力水平不但没有提高，反而由于战争的破坏还有所下降。因此，马克思在论述资本积累一般规律时所分析的，随着资本有机构成的提高，相对过剩人口增加，大批失业工人的存在，资本家得以压低在业工人工资的现象，如果说在中国曾经出现过，也只是 20 世纪 20 年代和 30 年代前期，在一些工业发达城市中的某些行业有比较明显的表现。

人们常常以中国存在着大批廉价劳动力来说明各种各样的现象，我们觉得对这个问题，应按照不同的时间和地域作具体的分析。以开滦而论，在其建矿初期劳动力供应并不充分。1882 年英国领事商务报告《开平煤矿记》中就说："最初找矿工感到很大的困难。"1883 年担任开平煤矿总工程师的英国人金达也说，要想雇用足够的工人是不可能的。为了解决劳工的招募和稳定问题，公司不得不从国内其他地方雇来工人。1901 年英国资本家骗占开平后，招工仍很困难，不得不仰仗中国包工，谁能雇到工人就归谁管辖。也许有人会问：既然劳动力招募困难，为什么工价又那么低廉？问题的回答恐怕只能是：这种矛盾现象正好说明在 19 世纪后半期中国劳动力市场尚在形成之中，工资的高下并不取决于劳动力供应的充分与否。卡尔逊在他的《开平煤矿》一书中说："问题的关键在于，开平煤矿的劳工大多数不是从失业的人，而是从那些半职业的人当中雇来的。"

到了 20 世纪初年以后，由于帝国主义经济侵略的加深，中国农村的自然经济进一步瓦解，情况发生了一些变化。1906—1907 年度开滦总经理年报在分析劳动力供应情况时认为："中国沿海各省是受现代化的发展所影响的，劳力从帝国的辽远部分向沿海各省流入；……最后它应该逐渐被吸入劳动市场。……目前各矿可利用的劳力是比过去都来得众多。"也正是在这几年经开平公司之手把一万多名华工贩卖出国，其中八百多名输往沙俄的华工就是从开平工人中招募的。矿方在记述这一事件时说：所以如此，是因为当时"开滦工人超过了实际需要"。1920 年费斯克在《关于煤矿劳动情况的报告》中写道："近来劳工供应稍感充裕，如果精选干练工人而淘汰低劣者，供应就会感到不足。"直到这时开滦的外工中还有一半是从山东省招募来的。费斯克认为，在华北某些地区，存在着劳动力过剩的现象，只要付给公平的工资，"在今后十年内，矿务局所需的全部劳动力无疑地可以容易地弄到手"。

但是唐山地区的劳动力市场的真正形成，还是到了 30 年代。在经济危机波及中国的年代里，开滦一方面大批解雇工人，另一方面又以严格的条件、低廉的工资雇进一批所谓"精壮"的劳动力，从而劳动力的素质不断提高。1936—1937

年度劳工处年报在概述这一情况时说:"由于工人的来源就在矿区范围之内,招募工人问题可以不用担心。北票、抚顺等邻矿也经常前来招募。因此本局在年龄、体格检查、技术测验、保证人及试用期限等雇佣条件方面均可更加从严。"在该年度应募工人中经过严格挑选,并经过三个月的试用,只有 46% 的人被正式录用。也只是到了这一时期,开滦工人的来源才发生了根本性的变化,本地及河北省其他地区的工人占了工人总数的 93%,不再需要从外省招募工人了。数以千百计的失业工人和唐山四郊的破产农民徘徊在开滦煤矿的周围,觊觎得到出卖自己筋肉的机会,资本家已无须千里迢迢到遥远的地方用种种欺诈手段诱骗蒙昧者来下井采煤了。

由上述可以看出,20 世纪初年以后唐山地区的劳动力市场逐步形成,由于外地劳工的流入,劳动力供应日渐充裕,但这个劳动力后备大军大部分还不是从近代工矿业中游离出来的失业工人。只是到了 30 年代初期,开滦在市场不景气的情况下,为了降低成本、提高竞争能力,在减少开工日、限制打连班、保留经常出勤的工人(即比较熟练的工人)的同时,大批解雇出勤不经常的工人(即比较不熟练的工人),才形成了真正意义上的相对剩余人口。但这个相对剩余人口与发达资本主义国家仍有不同之处,即它主要是单纯增加劳动强度的结果,也可说是人排挤人的结果,而不是资本有机构成提高、劳动生产率相应提高、机器排斥人工的结果。这种情况在二三十年代中国工矿业其他一些部门中也程度不同地有所表现,篇幅所限,不及详述。

在资本主义制度下,劳动者分为现役军和后备军的比例是工人阶级贫困化程度的重要标志,同时又是影响工资水平的重要因素。马克思说:"就全般而论,工资的一般变动,是由产业后备军的伸缩来调节。"[①]因为本文研究对象限于一个企业,难以对旧中国这一时期产业后备军与在业工人的比例及其变动对工资涨落的影响作出全面的分析。我们所能做的仅限于概述唐山地区劳动力市场的形成过程及其背景和条件的特点,并指出劳动人口的日渐充足是影响开滦工人工资水平的一个因素。第一次世界大战前后尽管物价在上涨,工人的日工资却没有增加,原因之一就在于此。30 年代前期开滦资本家采取了种种措施,也与资本主义国家的危机和停滞时期的情况大同小异。但是统观半个世纪,影响开滦工人实际工资变动趋势的因素却是复杂的,其中有与一般资本主义国家相同的,也有半殖民地中国所特有的。

---

① 《资本论》第 1 卷,人民出版社 1975 年版,第 902 页。

经典作家关于工人阶级相对贫困的理论是立足于随着劳动生产力的提高，工人新创造的价值中为资本家占有的比例部分不断扩大，而用来补偿劳动力再生产部分的比例相对缩小。开滦煤矿的情况却迥然不同。这是由于近半个世纪中，开滦煤矿作为主要劳动过程的井下采掘一直是以手工操作为主，煤井愈深，开采愈困难，再加上战争破坏等其他原因，工人的劳动效率不但没有提高，反而大幅度下降。第一次世界大战前后，开滦矿区全体工人的平均采煤效率约为 0.6 吨，到了 40 年代只有 0.3 吨左右，下降了近一半。统计表中效率最高的 1913—1914 年度每个工人每天平均采煤 0.692 吨，效率最低的 1945 年只有 0.159 吨，下降了 77%还要多。这就造成了从 1920 年以后，工资在产值中比重变动的总趋向不是下降，而是逐步上升。表面看来，工资在产值中的比重在一段时间内呈现一种上升的趋势，似乎与经典作家阐述的经济规律不符，但深加寻味，就会看到这是半殖民地旧中国经济行将崩溃不可避免的先兆。

（与丁长清、阎光华合作，原载《南开经济研究所季刊》1984 年第 4 期）

开平矿务局经营得失辨析

　　开平煤矿是洋务派所办民用企业中较为成功的一个，也是 19 世纪末期中国煤炭业中率先引进西方的先进设备和技术并取得效益的少数几个企业之一。它对中国近代工矿交通事业的发展起到了示范和推动的积极作用。过去的经济史论著中，对此似嫌估计不足，而对其在财务管理、资金运用和盈利分配等方面弊端的分析，由于受资料的限制，又多未能深入。本文拟就此（特别是后一方面的问题），据所见档案记录，略作研讨，以期从历史经验的总结中汲取有益的启示。

一、矿山建设和生产、运输、销售

　　众所周知，一种新能源的普遍推广，在经济发展史上具有划时代的意义。以煤炭为能源的蒸汽动力的应用，大大加速了生产力的发展和资本主义的工业化，使工厂制度首先在英国确立，与之相联系的采煤业的技术革新和产量的大幅度提高，则是英国产业革命的主要内容之一。到 1835 年英国煤产量已达 3,000 万吨，成为欧洲最大的产煤国家。

　　19 世纪 70 年代以前，我国一些地区的手工业和家庭炊爨、取暖以煤为燃料虽有近两千年的历史，但一直是土法采煤，主要依靠人力，使用原始简陋的工具，从事繁重的手工劳动。由于没有近代的钻探、凿井、掘进、提升、抽水、通风、照明、运输等方面的机械设备和技术，只能开采靠近地表的浅层煤，由竖井横向伸展的范围也极有限。遇到断层和侧闪则迷失方向。特别是碰到大量泥水透出更无法解决，只好废弃，另辟新井。因此，生产规模小，劳动效率低，煤炭成本高，劳动条件极端恶劣，人身伤亡事故不断发生，使劳动者望而却步。光绪四年（1878）九月二十七日唐廷枢"禀陈开平矿务开办情形恳请核奏由"中说："查明该处前三十年，曾经乡人开井数十处，只能直开深至百尺，横采亦仅十有余丈，迨百尺下有水泛溢，无法提干，遂成废井。按验旧井部位，有煤三层。前届乡人所取，十无其一。诚以铺田之下，未经露面之煤尚伙，难以察知。"①地下宝藏虽然丰富，只因生产方法和设备落后，不能充分利用。

当时清政府所办的军事工业、输运业和兵船等面临着燃料供应的问题。土煤无济于事，依靠进口则成本高、不及时。一些洋务派官僚和买办商人首先看到引进西方设备和技术开采煤炭是有利可图的。唐廷枢在光绪三年（1877）八月三日"呈熔化煤铁成色译文并条陈开采事宜禀"中，论述了英国械器采矿业的发展，使之"富甲他国"的情况。"今我国地亩人民十倍于英，不但无此进款，反每年出支六七百万两，以购他人之煤铁，宁无彼盈我绌耶？"②他认为由于中国劳动力便宜，如用西法开采煤炭，在市场上是有竞争能力的。

出于所办工业的需要和追求财富的动机，在李鸿章的支持下，唐廷枢于1878年8月创办开平矿务局。10月在唐山开钻，次年春开井。由国外购进的蒸汽锅炉、升降机、抽水机、洗煤机、炼焦炉以及煤气厂等设备和厂房也陆续安装、施工。到1880年底矿务工程大部分完成。1881年开始出煤，1882年全年出煤，产量38,383吨③。工程只用了三年左右的时间即投入生产，建设速度是比较快的。1882年1月31日的《北华捷报》报道："唐山的煤井在设计、建筑和材料方面，可与英国以及其他地方的最好的煤坑媲美。"1884年产量达到179,225吨④，超过了预计的15万吨的生产能力。1888年李鸿章视察唐山矿时夸奖说：开平煤"生产既旺，销路亦畅"，矿山"规模宏阔，机器毕具，自中国有煤矿以来，殊未有此局势者"。⑤

为扩大生产，1889年在唐山东北开凿林西矿。1894年开唐山西北井矿。此间还在各矿井下巷道铺设窄轨铁路，初步解决了井下运输问题。1896年林西出煤，开平矿务局煤炭总产量超过60万吨⑥。1898年唐山矿新井建成。1899年煤产量增至778,240吨⑦。同时，为适应国内外市场的需要，炼焦也有很大的发展。

土法采煤遇到的另一个难题是运输问题。由于直到19世纪70年代以前，我国陆路交通尚无近代机具，煤炭运输主要依靠手推车、牛车和马车。自井口外运

---

① 《开平矿务创办章程案据汇编》，上海著易堂书局光绪丙申年版。

② 《开平矿务创办章程案据汇编》，上海著易堂书局光绪丙申年版。

③ 卡尔森：《开平煤矿》（南开大学经济研究所经济史研究室译，未刊稿）。

④ 胡华：《开平矿务局报告》，伦敦毕克威克-墨林公司1901年版（南开大学经济研究所经济史研究室译自开滦档案 M-0767/50）。

⑤ 《李文忠公全集》，海军奏稿。

⑥ 胡华：《开平矿务局报告》。

⑦ 胡华：《开平矿务局报告》。

数十里以至百里，售价即比矿价增加一倍乃至数倍。光绪二年（1876）九月二十九日唐廷枢《察勘开平煤铁矿务并呈条陈情形节略》中说：开平煤山价每吨合银二两七钱，用牛车运至芦台每吨需银二两二钱，再用小船运至天津每吨计银五钱，天津上力银二钱，共五两六钱。①在当时以土法采煤的各窑区中，开平尚属交道方便者，借助一段水运至天津的运费比矿价还要多。这就使煤的销售囿于狭窄的地方市场。"惟是土法采煤，只能售于近地。若从陆路车运出口，脚价太重，断不合算。况其所采浮面之煤，实不足供轮船制造之用。如直隶西山等处煤产，专济五城内外之需，并无转运来津者，是其明证。"②因此，不从根本上改进交通工具，运输成本过昂，煤炭生产就无法扩大，也就无法满足正在兴起的近代工业对能源的需求。

为解决开平煤外运的问题，矿务局在矿井施工的同时，从1881年初起，开挖胥各庄至芦台的运河，当年6月完成，全长约70里③。这条运河修建有铁石水闸和坚固的桥梁。在胥各庄安装了机械工具装卸货物。英国在18世纪60年代后，曾出现修筑运河的热潮。到19世纪30年代，形成了全国的水路网，以适应商品经济的迅速发展，特别是煤炭运输的需要。所以，芦胥煤河的开通，是中国近代工业早期发展的产物。它除了运输煤炭外，也经营其他货运和客运，便利了沿线地区石灰、陶瓷、砖瓦、粮食、蔬菜、瓜果、盐的运销，促进了商品生产的发展。

由胥各庄至矿区的一段路途，因地势险峻，不宜水运，矿局从1880年开始动工修建唐胥铁路，长15里，1881年完工。初以骡马拖载，1882年改用蒸汽机车，这是中国第一条自营的铁路。行车不久，遭到都中封建顽固派的弹劾，谓机车直驶，震动东陵，且喷出黑烟，有伤禾稼。奉旨查办，被勒令禁驶。经李鸿章、唐廷枢从中转圜，数月后得以恢复运行。

唐胥铁路和胥各庄至芦台运河的通行，初步解决了开平煤外运的问题，使其能以较低的运费，抵达主要销地——天津，并迅速占领了天津的煤炭市场，排斥了日本煤炭。1882年后天津进口外煤数量逐年下降：1881年为17,445吨，1882年为5,416吨，1883年为3,785吨，1884年为1,296吨，1885年为566吨，1886年为301吨。④

由于开平煤火力强，没有熔渣，适于工厂、机车、轮船烧用，受到用户欢迎，

---

① 《开平矿务创办章程案据汇编》。
② 李鸿章："请减出口煤税片"，《李毅肃伯奏议》，卷七。
③ 1里＝500米。——编者注
④ 《海关报告》，中国各通商口岸贸易统计，1881—1886年。

往往供不应求。除地方市场外，销往沿海其他城市的数量也日益增加。

随着生产的发展和市场的扩大，胥各庄至芦台的煤河逐渐不能适应运量的增长。运河水浅淤塞，需要较高的维持费用。在胥各庄卸车装船以及沿途运输中煤炭损失、偷漏不少。冬季运输尤为不便。1886年唐廷枢组建开平铁路公司，把唐胥铁路延长至芦台附近的阎庄，这条铁路长65公里，当年竣工，次年开车。1888年经清廷批准，将铁路延长至塘沽。1890年完成唐山至林西矿区的铺轨工程。这样，开平煤就可通过铁路直接运至塘沽，再由轮船运至中国沿海其他港口。

1889年开平矿务局购置轮船，开始建设自己的船队。到1900年时已有轮船六艘，载重量共8,300吨。在天津、塘沽、烟台、牛庄、上海、广州、香港设置了码头、堆栈，在胥各庄有一个规模颇大的煤栈。开平煤的销场虽仍以京津唐及其附近地区为主，但轮运至中国沿海其他港口的煤炭数量，到19世纪末，已占到全部销量的四分之一左右。

由于塘沽只能停靠较小的船舶，而且冬季有三个月的封冻期，限制了煤轮的往来。为了获取一个深水的不冻港，1899年开平矿务局动工兴修秦皇岛码头和防波堤，以及连接干线的铁路支线。据天津关册记载，1900年时运煤所需的秦皇岛停泊处工程已经取得很大进展，但其发挥效益则是在英国取得开平矿权之后的事了。

有清二百余年，朝廷对矿业时开时禁，由于封建迷信思想作祟和害怕矿工聚众谋反等原因，即使是土法开采的煤窑，亦屡遭封闭，几起几落。开平矿务局在距离帝都和东陵近在咫尺的地方，用西法采运，并站稳脚跟，对传统的腐朽陈规可谓一次有力的冲击。虽然在19世纪80年代初，一度受到封建顽固派的弹劾，但还是坚持下来了。本来清廷允准兴办开平矿务系试验性质，虽然矿山在设计、施工中，由于工程技术和管理人员缺乏足够的知识才能，造成相当严重的损失；但总的看来，还是比较成功地引进了国外的先进技术和设备，比较顺利地解决了产、运、销方面的问题。因而对中国近代工矿交通事业的早期发展起到了示范和推动的作用。怀疑和反对的声浪渐渐平息，禁区终被打开。1883年在开平顺利出煤的直接影响下，醇亲王议开斋堂煤矿，其后以迄甲午战争前的十余年间，我国共开办新式煤矿十余处。

唐胥铁路的建成通车、不断延伸和经营成功，开中国铁路事业之先声。其客货运输便捷和获利的事实，先是被清政府默认，进而得到公开的批准。以之为基础，扩展成华北帝国铁路（京榆路）。开平矿务局的船队不仅运出煤炭，也兼营客运和其他货运，当时中国自有轮船吨位尚少，这对发展沿海各口岸之间的交通亦有所裨益。

矿山和铁路都培训了一批我国自己的工程技术人员，逐步接替了外国雇员。

随着开平煤田的开发，唐山由一个偏僻乡村，演进为工业城市。在近二十年的时间里，开平共产煤 600 余万吨。以其相当一部分供应当地工业和民用，使附近一些由于能源不足而衰落下去的工业，如制瓷、砖瓦、石灰、酿酒等得以恢复和发展，并出现了一些新兴的工业部门，如水泥等。外运的煤炭，系作为铁路、轮船以及沿海城市工业的燃料。直到 19 世纪末，我国连续正常生产的大型煤矿还只有开平一家，其年产量几乎与进口煤的总和相埒，因而在中国资本主义的产生时期，开平煤矿所起的作用是重要的。可以说，开平煤生产的增长以及在其刺激下市场需求的不断扩大，是这一阶段中国工业化程度的一个标志。

二、盈利分配、资金运用和财务管理

中国近代工业在其创办时期大多遇到资金筹措困难的问题。开平矿务局初拟集资 80 万两，限光绪四年（1878）五月收清[①]。但截至光绪四年底，仅招得股银 220,400 两[②]，到 1881 年初，购买机器、延请洋匠、购置地亩、筑路挑河的经费，已经用了 70 万两。其间不得不靠官私借款以应开支。待矿山出煤，绅商各界悉开平煤苗甚旺，有利可图，始乐于附股，乃得续招股银 979,600 两，共成 120 万两[③]。1884 年矿局首次报告资本状况为：股本 1,200,000 两直隶省当局借款 243,000两，私人借款 452,000 两，共计 1,895,000 两[④]。

由于比较顺利地进行了矿山建设，解决了运输问题，并取得减少出口税额等优惠待遇，矿局在出煤后取得较为显著的效益：从 1883 年起提存公积，以销煤所得，陆续清偿所借官私各款，到 1888 年时基本还清，并首次发放股息[⑤]。这时开平资产净值估计已在 220 万两左右，即在七年间积累约 100 万两。

1889 年为兴办林西矿务工程，续招股本 256,400 两，至 1894 年共续招股本 344,973 两。1895 年时开平矿务局资产估计近 400 万两。故徐润有开平"以三四百万之底，实系一百五十余万下本"[⑥]之说。1900 年 12 月复招股银 38,860 两，

---

① 唐廷枢辑：《开平矿务招商章程》。

② 开滦档案，M-4425，第 1 册。

③ 开滦档案，M-4425，第 1 册。

④ 开滦档案，M-0767/39。

⑤ "光绪十三年垫款稍轻，光绪十四年始派股息"（开滦档案，M-4425，第 1 册）；另据记载，1887 年后，开平矿务局所借官款一度减少为 9,033 两（开滦档案，M-0767/39）。

⑥ 《徐愚斋自述年谱》。

新旧股本共计 1,583,833 两。而公积金到 1900 年底时则累计达 2,067,572 两①。

1889—1899 年开平矿务局盈利分配的情况如下（单位：万两，有效数字至百两）②：

年份	利润	官利	结余
光绪十五年（1889）	18.87	7.65	11.22
十六年（1890）	16.93	10.44	6.49
十七年（1891）	28.88	13.53	15.35
十八年（1892）	15.60	14.09	1.51
十九年（1893）	22.46	14.14	8.32
二十年（1894）	42.81	14.93	27.88
二十一年（1895）	27.73	15.02	12.71
二十二年（1896）	37.91	15.02	22.89
二十三年（1897）	61.34	18.19	43.05
二十四年（1898）	90.48	18.19	72.29
二十五年（1899）	37.21	18.19	19.02

从账面上看，1889—1899 的十一年当中，开平矿务局共计盈利 4,002,200 两，平均每年 363,836 两，利润率平均为 23.95%（与股本比）。

按照矿局章程规定，每年所得盈余，先提官利一分。表上所列的十一年间，1889 年和 1890 年系分别按 6% 和 7% 发息，其余各年均大体照 9%～12% 发息，十一年共发股息 1,593,900 两。

英国资本家的代理人，在取得开平矿权之前，曾根据不同需要，对矿务局的资产作各种压低的估计。但当其据有矿山之后，在资产账上却核定为 1,146,696 镑③，折合白银 7,933,666.5 两。1900 年 7 月 30 日德璀琳与胡华所订《卖约》中载矿务局债欠共 269 万两④。惟其中欠银钱所支应局款 50 万两至该年已归还一部分，减少为 385,565 两⑤，故负债共计 2,575,565 两。由此可以推算出，开平矿务局到 1900 年底时资产净值应为 5,358,101.5 两。此外，在借款项下的秦皇岛债券

---

① 《光绪十五年至二十五年开平矿务局账略报告》及《庚子账略》（开滦档案，M-0767/74）。关于开平矿务局股本额，以往论者均根据报刊资料，认为至 1881 年招足 100 万两，1889 年复招 50 万两，不确。1900 年底矿局股本应为 1,583,833 两，此说除见《庚子账略》外，还可证之以英人接管开平后更换旧股之记录（开滦档案：会计库房登记之老股票摘录卷）。德璀琳与胡华所订《卖约》第五条：旧股"每股百两之一万五千股"，当系指概数而言。

② 《光绪十五年至二十五年开平矿务局账略报告》。

③ 《开平公司 1902 年 2 月 28 日资户负债表》。

④ 魏子初：《帝国主义与开滦煤矿》，第 11 页。

⑤ 开滦档案，M-0767/73。

20 万镑中有 14 万镑（合银 968,620.6 两）尚未发行，如从负债中减除，则开平矿务局的借入资本只有 1,606,944.4 两。

从上述情况看，开平矿务局在其出煤后的十多年间，获利不少，到 1900 年底积累（包括公积金和未分配利润）达 3,774,268.5 两，借入资本仅占资产总值的 23%，企业的财务状况似乎是良好的，并无困难和危机。但这只是表面的现象，问题在于：

（一）从账面上看，1889—1899 的十一年间，矿务局盈利 400 余万两，已属可观。但如果我们根据这一时期开平煤的合理成本、市场价格和产煤量作一大略的计算，则不难看出，其盈利金额理应超出一倍，甚至更多。

矿务局建立后，机构不断膨胀。据英方接管后的调查，本来只需 60 人就能承担的工作，却用了 617 人①。这些人多是"吸血鬼"，营私舞弊、挥霍浪费、层层揩油。胡华 1901 年出任开平公司总工程师后发现，工薪单上竟虚报了 6,000 个名额，而掌管该事的职位是以 5 万元购得的②。后来几次抽查的结果表明，实际出工数往往只有给资名册上人数的 50%～70%③。负责出包验收采矿工作、采购原材料、售卖煤斤、航运、出租矿局所有土地的办事人员，由于接受贿赂（估计每人每年平均在 2 万两左右）④，只顾个人得利，不问矿局盈亏，致使开支剧增，收入锐减，造成巨大的经济损失。如矿山使用的砖，年需 700 万块。包出制造的价钱，比从天津购进的还要贵。在当地采办的木材，甚至比从国外进口的价格还要高⑤。此外，由于工程技术人员无权也从不过问财务，在设计和施工中不考虑经济效益，对花钱多少漠不关心，往往造成惊人的浪费。先为开平总办，后来升迁为督办的张翼，虽然在经营管理上缺乏才能，但在聚敛自肥方面却颇有解数。1900 年 7 月 18 日《北华捷报》的一篇报道中说他本来出身微贱，而 1900 年时竟成为天津一个最有钱的人了。由于上行下效，贪污盛行，肆无忌惮，财务混乱，不计成本，自然使账面盈利数字大为减少。1899 年德璀琳在他致墨林的一封信中说：如果"按照外国的经济与管理原则，（开平）经营费用即使不能减少一半，一定也能减少三分之一"⑥。据胡华的估计，如果避免了上述及其他进出的各项损失，矿务局在过去的十年中，发给股东的股息将可增加 900 万元（约合

---

① 《胡华致布鲁塞尔开平公司董事部的报告》（开滦档案，M-0767/52）。
② 《胡华回忆录，冒险的年代，1874—1920 年》，纽约麦克米伦 1951 年版，第 62 页。
③ 《胡华致布鲁塞尔开平公司董事部的报告》（开滦档案，M-0767/52）。
④ 《胡华致布鲁塞尔开平公司董事部的报告》（开滦档案，M-0767/52）。
⑤ 《胡华致布鲁塞尔开平公司董事部的报告》（开滦档案，M-0767/52）。
⑥ 《张燕谋控诉墨林案诉讼记录》。

600 万两）[①]。

英国资本控制开平后，其初煤炭年销售量亦不过七八十万吨[②]，但由于裁汰冗员，改善经营管理，建立西式会计和档案制度，对贪污行为实行"外科手术"，杜绝了漏卮，使企业循着资本主义商业公司的原则运转，开平公司的纯利竟猛增至每年 20 万镑左右[③]。1899 年开平矿务局煤产已近 80 万吨，但该年账面盈利只有 372,100 两（约合 54,000 余英镑），股息仅 181,900 两（尚不足 27,000 英镑）。1903 年 4 月 29 日《北华捷报》的一篇文章在评论这种状况时认为：除其他可能变化的因素不计外，这个差额就代表了管理上和官僚们的贪污。

（二）按照开平矿务局招商章程规定，应在出煤后一年分送股息，但矿方首次发息却迟至 1888 年。19 世纪 80 年代前期，开平煤产未旺，利润有限，所借官私各款本息需要偿还，少发甚至不发股息，将利润充作公积，以应各项支出，虽有违章程定例，但亦在情理之中，无可厚非。

但从 80 年代后期开始，开平煤产已超过预期数额，且逐年增加，利润颇巨，本应及时履行规定，但开平股东足一成取息却迟至 90 年代。而且就是根据账面数字，1889—1899 年的盈利中，也只有不足 40%付予股份持有人。另外还有 2,408,300 两的结余。按照矿章，应以二成作为花红分给办事人，其余八成仍按股分配。但矿局主持人不愿把结余作为红息分给股东，却将其中的 70%，亦 170 余万两，作为未分派利润，当作扩展个人实力的资本。他们不作调查研究，在毫无把握的情况下，以入股或借款的形式投资永平银矿、建平金矿、平度金矿、洋灰厂、峄县煤矿等多家企业，希图得到创业和长期的额外收入。但这些厂矿有的耗资数十万两白银，不能投产；有的经营状况不佳，中途倒闭。致使开平所购股票和债券中相当多的一部分，不但不能生息，甚至不能保本。据胡华接管开平财产时清理的结果，共有各类股票、证券、票据 1,911,625 元（约合银 1,274,289 两），占矿务局自有资本的 14%。其中被列入"有问题"项下的就有 1,137,360 元（合银 758,164 两），约胡华认为这些票证根本没有价值，不能列入资产[④]。与此同时，开平本身发展生产所需的资金，却以极高的利率（17%～25%）向当地

---

① 《胡华致布鲁塞尔开平公司董事部的报告》。另据胡华早些时候的计算，在经营管理和设备运用正常的情况下，开平煤每吨利润约 2.63 元（1.75 两）。1889—1899 年共产煤 4,945,548 吨，应得利润 8,654,709 两，扣除税金后，仍应有 8,160,154 两，亦为矿务局账面利润的一倍略多一点（1900 年 6 月 1 日《开平矿务局报告》，开滦档案 M-0767/50）。

② 开滦总经理年报。

③ 开滦总经理年报。

④ 《胡华致布鲁塞尔开平公司董事部的报告》。

和天津的银行借入①，或请外资银行透支，或通过外商发行债券。这就造成了矿务局虽然积累不少，而流动资金却不敷应用，借款本息到期无力偿还的矛盾局面。

开平矿务局在 1882—1899 年期间，煤产量由 38,383 吨，增加为 778,240 吨，17 年中增加了 20 倍。这说明它在引进西方先进设备和技术、解决产运销方面的问题是较为成功的。但在经营管理方面，尤其是在财务制度、资金运用上，却为种种陈规陋习所束缚，存在着致命的弱点。两位一体，看起来似乎矛盾，但客观事实如此。而且这种现象在洋务派所办企业中都程度不等地存在着。只不过有些比开平矿务局问题更严重罢了。在西学为用、中学为体的思想指导下，洋务派官吏和买办商人，虽然力主进口洋机，延聘洋匠负责国人尚无力承担的矿山建设和生产指导，但却不肯采纳西方先进的经营管理方式。矿务局有如封建衙门，先后入主的督办、总办接连引进私人。1887 年 6 月 24 日《北华捷报》在一篇报道中说："当开平矿山正在欣欣向荣、继续发展的时候，所有督办、总办和其他大员的三亲六戚都成群结队而来。而且完全不管他们能否胜任，都一律委以差使，把他们养得肥肥的。"这些人对经营企业和采煤技术一无所知，却把封建官场的种种恶习带进矿区。由于因人设事，机构重叠，往往互相牵制，效率极低。即使是严重失职和贪污者，由于裙带关系，碍于面子，上下左右均不愿开罪，为息事宁人，最多不过调换个当差位置。由于矿局实权掌握在这样一伙只顾个人发财的庸吏手中，大政方针均以当权者一己的意志为转移，就使经营企业的好处大部分落入办事人的私囊。股东被置于银行存款人的地位，对矿山的一切无权过问，而他们的股金却远不如存入银行或投放其他渠道能在较少风险的情况下，迅速得到补偿。资本的本能就是要取得最大限度的利润，当投资者不能得到应有的报酬时，就会对办企业失掉兴趣，采取旁观或规避的态度。

作为一个典型，上述对开平矿务局历史的分析，确乎可以作出以下的结论：中国近代工业在其早期发展缓慢和洋务派企业大多以失败告终的根本原因之一，就在于学习西方时所取的片面态度。事实证明，在企图原封不动地保存（或不彻底破除）传统的封建上层建筑和经营方式的前提下，单纯引进先进的生产力，只能是事倍而功半，落得一个画虎不成反类犬的不幸结果。

（原载《南开学报》1986 年第 2 期）

---

① 这些银行的主人也就是矿务局的当权者。滑稽的是，往往在与这些银行往来账上还有余额时，又向他们借款。

高阳织布业的历史和现状

高阳土布历史悠久,名扬中外,是中国近现代乡村工业发展的一个典型。了解它的过去和现状,研究它兴衰变化的原因,对充分认识发展农村商品生产的意义及如何采取正确的措施促其稳步前进等方面,将会得到有益的启示。

解放前高阳织布业发展概况

在解放前近半个世纪的时间里,高阳织布业经历了三起三落的曲折变化过程。

1908 年以前,高阳同我国其他许多地区的农村一样,农民在自己家里用土纱和老式木机织布。产品只供家庭自用,剩余方才拿到集市出售,停留在耕织结合的自然经济范围以内。

1909 年后由于洋纱和足踏机输入高阳,生产效率提高,较之从事农作收入多,大批剩余劳动力投入织布生产,放纱收布的商人雇主应运而生。在纱布庄的控制下,开始形成以高阳为中心的织布生产专业区域。

高阳布业的初次兴盛是在 1915—1920 年期间。由于第一次世界大战的爆发,外货输入减少。高阳布由于技术改进,质量提高,在市场上供不应求。1920 年时高阳的布机增至 4,300 台,产布达 100 万匹。

大战结束后,外货复来。国内机织物增加。山东潍县布业崛起,处处与高阳布竞争。20 年代前期,国内军阀战争迭起,经济衰退,高阳布的销路锐减。

高阳布业的第二次兴盛是在 1926—1929 年。由于国内经济渐趋好转,人民购买力增加,高阳布销量得以恢复和扩大,尤其是人造丝织物的产销量有显著的增长。1929 年高阳县有平面织机 8,465 台,提花机 2,219 台,达到历史上的最高水平。产布量估计为 130 万~140 万匹。

1930 年后由于世界经济危机波及中国,特别是"九一八"事变后东北市场的丧失,致使半数以上的布机停工,1932 年只产布 40 余万匹,到 1933 年 4 月时仅余布机（包括平面机和提花机）2,300 余台。

1934—1937 年是高阳织布业第三次兴盛时期。由于农业丰收和法币政策的实行，农产品价格上涨，农民购买力提高。又由于抵制日货运动的推动，高阳布特别是人造丝布供不应求。各布线庄扩大经营范围，开辟了新的市场。在生产上高阳织户注意扬长避短，根据市场需要，更新花色品种，产品质量也有比较明显的提高。

1937 年 7 月抗战全面爆发，高阳布业进入急剧衰落时期，由于日寇实行"三光政策"，生产无法进行。日伪对棉纱布的统治和对抗日根据地的经济封锁，造成大部分织机停产，布线庄、染织厂纷纷歇业。后来日本东洋棉花会社进入高阳撒机收布，但仅能支配织机几百台。1945 年 9 月高阳县解放，人民政府采取各种措施，大力扶植，高阳土布得以初步恢复。农民由于获得解放，积极搞好土布生产，对支援解放战争发挥了一定作用。

1949 年至 1978 年高阳织布业的兴衰

全国解放后，各地交通迅速恢复，大量机纱、染料源源运入高阳，为织布、印染业的进一步复兴提供了条件。当时高阳连年水灾，政府大力扶植织布业，生产自救。国营花纱布公司等尽力撒机收布，使高阳手织业迅速兴旺起来。1949 年时全县有织机 4,428 台，年产布 22.4 万匹；到 1952 年时，织机增至 8,973 台，为 1949 年数的两倍多，接近历史最高水平①，年产布增至 130.8 万匹，为 1949 年的 5.8 倍多。这一时期染布、印花等业也有较快的发展。1949 年高阳染布业有私营工厂 13 家，年产色布 4 万多匹；印花厂增至 83 家，年产印花布 1.1 万匹。1951 年时全县染布厂增至 23 家，年产色布 16.1 万匹；印花厂增至 83 家，年产印花布 21 万匹。有关部门在大力推动织布业发展的同时，还对产品进行了两次"整装"，统一了规格，提高了质量。

在 1949—1952 年期间，高阳织布业对国民经济的恢复和繁荣作出了贡献，弥补了大工业生产的不足，解决了一部分市场的需求。通过生产救灾，减轻了国家的负担，改善了群众生活，对农业生产的恢复和发展也起了一定的促进作用。

1953 年 10 月起国家对棉纱实行统一管理，1954 年 9 月公布对棉布统购统销，

---

① 有人认为高阳县织机数历史最高水平近 3 万台。这是把高阳县和高阳织布区两个不同的范围混淆了。高阳织布区以高阳县为中心，还包括蠡县、安新、清苑、任丘等县的一部分，最盛时织机近 3 万台，而高阳本县织机最多为 1929 年，共 10,684 台。

高阳开始对织布业中的私人资本主义进行改造，取消了棉布批发商。原来的自营织户，一部分参加了棉织社，另一部分转向为花纱布公司加工。到1954年9月，全县已有棉制生产合作社27个，共有织机4,110台。这两年高阳的布机和产布数与1952年的大致相同，私营染布、印花厂有所减少，产量已略有下降。

1955年公私合营后，棉纱布全由花纱布公司经营。织布业由县手工业联社管理，下属棉织社22个，共有织机5,500台，年产布约150万匹。其余农户的3,000多台织机，也分别成立了生产小组，由县手工业社管理。

1958年把一部分棉织社的机子集中起来，成立了红旗丝织厂等六个国营和集体厂，共有织机360台，其余8,000多台布机成为大队副业，为百货公司作加工。不久大炼钢铁开始，农村织布业停工，许多布机上的铸件被拆去炼钢，木架当柴烧掉，一时就损失5,000多台，产布量大幅度下降。随后三四年间大部分机子停机，至1963年才开始恢复。到"文化大革命"前，高阳织布业除城镇尚余三个厂外，农村共有织机2,400台，年产布1,000万米左右。

"十年动乱"期间，元气未复的高阳布业再遭浩劫。到1977年时仅余织机1,850台。城里的四个厂，1975—1976年亏损共达125万元。粉碎"四人帮"以后，城镇厂至1978年下半年都扭亏为盈。而农村在1977年后由于轴承、电料、塑料等工副业发展较快，收入比作棉布加工高，许多农民卖掉布机，转营他业。1978年底全县只剩下织机730台，全部由集体经营，年产布仅720万米，高阳农村织布业处于奄奄一息的困境。

1979年以来的高阳农村织布业的重新崛起

党的十一届三中全会以后，农村经济政策的逐步放宽，土地承包和生产责任制的实行，为剩余劳动力转向工副业从事较大规模的商品生产创造了条件。特别是近半年多以来，由于棉布市场的开放，使高阳农村的织布业再次振兴。1980年时全县农村有织机1,600台，年产量折成标准布约3,000万米，产值1,200万元，收入约300万元；1983年织机增至5,700台，年产各种布5,000多万米，产值2,000多万元，收入500余万元①，从业人员近4万人②。虽然从织机数量看距历史最高水平相差尚远，但由于生产能力的提高，产布量已达到历史最高水平。

高阳布目前的主要品种有：褥面床单布、卫生材料布、蚊帐布、包皮布、雨

---

① 这里所说的产值均为织户出售产品的价值，收入亦指织户的收益，不包括运销户的收入。
② 从业人数既包括了从事织布生产的全部整半辅助劳动力人数，也包括了原料采购和产品运销人员数。

网布和塑料窗纱等，多数是批量小、利润低，大工厂不愿生产或不宜生产，而社会上急需的低档产品。

农村织布设备由于过去毁坏严重，现有的机台大部分是新置的。其中一部分为县五金工具厂制造的铁架轴承织布机，每台连同配套的电机等共需 300 元左右。这家工厂还生产一种较精密的织机，每套约 600 元。不过大部分织机还是农村里的能工巧匠用废角铁、木料等自己制作的，成本更低，每台只要 120 元左右，加上配套设备总共不到 200 元，就可进行生产了。高阳现在绝大部分织机都已使用电力，据 1983 年 9 月份的统计，全县农村 4,790 台织机中，电力机 4,632 台，人力机仅 158 台。电力织布使劳动强度大为减轻，一家男女老少均可长时间操作。

因添置设备所需投资不多，一台织机只要整半三四个劳力，即可足供连续生产各道工序的需要，所以现今高阳农村织布业是以农户家庭为主要形式，户联营的很少。据 1983 年 9 月的统计，4,790 台农村织机中，个体经营的 4,207 台，户联营的 583 台。织布一般是利用农闲和空余时间进行的，这种生产方式可以充分发挥整半辅助各种劳力的作用。

就经营方式而言，1983 年 9 月以前近三分之二的织机是为县纺织站加工，其余三分之一系自营。1983 年 10 月以后情况发生了变化，特别是今年上半年以来，为国家加工的任务大幅度减少，多数织户转为自营。农村集体织布厂 1982 年时尚有 32 个，现在剩下不到 10 个，这些厂在经营方式上已改为承包或分成。

目前高阳织布业的棉纱供应主要有三条渠道：一是县有关单位如国营纺织站等采购；二是外地纱厂直接来高阳销售超产纱、残次纱；三是专业运销户或织户去外地采购。去年全县农村用纱 2,500 吨，其中县里采购供应的 900 吨，外地纱厂供应的 1,000 吨，农民自购约 600 吨。现在棉纱来源充裕，主要是品种规格问题，大工厂产细纱多，农村所需低质粗纱较缺。织塑料窗纱的阿胶丝来源也很多，有外地来本县推销的，也有农户去外地采购的。

1983 年高阳农村所产 5,000 万米布中有五分之二是为国家加工的，其余五分之三是农民自销的，主要销往华北、东北和西北地区。1984 年国家加工任务减少，农民自销部分的比重急剧增加。自销渠道主要是靠本县运销专业户到外地推销，也有不少外省市客商来这里采购。产销直接见面，节省了流通费用，增加了产品的竞争能力。为进一步疏通产销渠道，1983 年 9 月织布业最为发达的李果庄村建立了纱布专业市场。半年多来，这个市场上市摊点已增至 1,500 个左右，上市棉布约在 15,000 匹，日成交额一般在 10 万元上下。除本县本省的运销专业户来这里采购外，全国已有十几个省市的客商来这里洽谈业务，收购外运。专业市场的建立，使商品需求信息较为灵通，促进了以李果庄村为中心的专业织布区生产的进一步扩大。

织布业振兴使高阳农村面貌开始发生变化。以李果庄村为例。这个村北靠白洋淀，地势低洼、土质盐碱。党的十一届三中全会以前的二十余年间受"左"的思想影响，只搞单一的种植栽培经济，农民生活长期得不到改善。1977 年人均口粮 190 斤①，人均收入不到 40 元，是有名的穷大村。但这几年来由于织布业的发展，1983 年全村织布纯收益 115 万元，与之相关的商业、服务业收益 40 万元。农民手里有了钱，增加了对农业的投资，促进了种植业的发展，1983 年农业收入 58 万元，人均口粮达 540 多斤，人均收入达到 610 元。

高阳织布业兴衰的启示与前景展望

织布是高阳地区传统的家庭工业。在其发展时期，很多村落中从事织布和与其相关的商业活动成为大部分农户的主要经济来源，其兴衰对高阳经济有决定性的影响。②

从上述高阳织布业发展变化的历史看，国内政局的稳定与否是决定的因素。其在解放前一次比一次严重的三次衰退，是分别受了军阀战争、"九一八"事变和日本全面侵华的打击。解放后，从 1958—1978 年长期持续衰落，是由于连接不断的政治运动，特别是十年内乱的影响。中外各国的经济发展史证明，要想使经济迅猛发展，总要有 50—100 年，起码也要有 30 年国内和平和安定的环境。否则，要想把经济搞上去是根本不可能的。党的十一届三中全会以来在党中央有关农村工作的文件当中，一再强调保持党的政策的稳定性和连续性，是非常正确的。

1984 年春天，胡耀邦同志在河北省唐县视察时指示："高阳土布可以放手让农民搞。"根据这一精神，今后要力求按照经济自身发展的客观要求办事，促使高阳棉织布业稳步健康地成长。决不可再头脑发热，横加干预，"左"右摇摆，大起大落。

高阳织布业虽然是一种家庭工业，但其生产目的不是为了自己消费，而是为了出卖，它是一种商品社会化的生产。在旧中国，高阳织布业之所以引起经济学者的重视，是由于它代表了由自给自足的农业经济向商品经济高度发展的近代工厂制度演化进程中的一个历史阶段。众所周知，我国农村长期以来是自然经济占

---

① 1 斤 = 0.5 千克。——编者注
② 1983 年织布和运销收益估计约占高阳农村总收入的 30%，今年（1984）这个比重还会有较大幅度的增长。

统治地位。由于外国资本主义的入侵和城市机器大工业的兴起，农村自然经济开始瓦解。但直到解放前，农村中的商品经济仍很不发达。农村产品的商品率只有30%左右。不发达的商品经济与落后的农业生产力互为因果，使广大农民长期陷于贫困。解放后经过土改，农村的生产关系发生了根本变革，但自然经济占统治地位的局面一直未变。直至1981年我国农业产品（包括农、林、牧、渔和大队、生产队工副业的产品）商品率只有40%略多一些。①长期以来，农民从事商品生产被视为必然导致资本主义泛滥。殊不知商品经济古已有之，它在资本主义制度下高度发达，在社会主义制度下仍将长期存在。社会主义经济是在商品经济发展基础上的计划经济，而不是在自然经济基础上的计划经济。不发展商品生产就不可能最后冲破自然经济的束缚，也就谈不上农业的社会主义现代化。

苏联在建国初期一度取消了商品生产。内战结束后，列宁及时发现由于这一政策的实行和延续挫伤了农民的生产积极性。他在1921年10月14日的报告中说："这次失败表现在：我们上层制定的经济政策是同下层脱离的，这一政策没有造成生产力的提高，而这一点在我们党的纲领里却被认为是刻不容缓的基本任务。"②不仅苏联的历史经验如此，我国解放后三十余年农村经济工作的经验，同样说明了想逾越发展商品生产这个历史阶段的各种做法都是行不通的。今天高阳织布业再次振兴与历史上高阳织布业萌芽时代的条件已大不相同，它不会重蹈被商人雇工控制的老路，从而也就可避免由于这种控制所产生的种种弊病。个体经营在经过一段必要时间的发展以后，只要顺乎自然的正确引导，将会走上新型合作经营的道路。

城市大工业在其发展过程中总要留下一些空当，资本主义国家是这样，社会主义国家也不可避免。虽然空缺的产品品种不是固定不变的，但在工业发展的各个阶段上，由于设备、技术、工艺、劳动力等方面的因素所决定，亦从经济效益的考虑出发，一些现代化大工厂不宜生产的产品要由城乡中小企业或家庭手工业为其拾遗补缺，以满足生产和人民生活的需要。从这一事实出发，我们认为高阳织布业是有生命力的。尽管今后国内市场上纺织产品的竞争会更加激烈，但高阳织布业仍有其存在的条件。只要坚持不与大工业、大批量、大路货产品竞争的原则，根据瞬息万变的市场需求，发挥灵活多变、易于迅速转产的长处，不断推出新的花色品种，今后无论是在生产规模，还是在织户的收益方面，仍会有一定程度的扩大。

几十年来高阳农村的织布设备虽然在不断改革，但工具机的变化不大，与大

---

① 《中国统计年鉴》1981年，第134、341页。
② 《新经济政策和政治教育局的任务》，《列宁全集》第33卷，第44页。

工厂的自动化织机比较起来无疑是落后的。由其落后的生产力性质所决定，其生产方式以家庭经营最为合算。不顾及此，硬将他们集中起来，徒然增添了许多管理上的问题，也增加了成本。二十多年来一些社队集体织布厂经营的教训充分说明了这个问题。但是随着大工业产品的更新换代必然会造成一些新的空当。其所更替下来的设备（或已经制造出来但已相对落后的同种设备）将有一部分转移到农村。由于购置这些机器和配套设备需要较多的资金，进行生产也非一家一户的劳动力所能应付，必然要有一些农户自动联合起来合股经营。这种情况在高阳西部的化学纤维织区已经出现，并迅速扩大。高阳织布业不会永远停留在现有的落后技术水平和家庭的生产方式也是可以预见的。

高阳布虽然可以避开与大工业的竞争，但却不能避开其他地区社队企业或手工织户的竞争。20世纪20年代，高阳布由于与山东潍县布在市场竞争中处劣势而一度衰落。近年来高阳与江苏南通一些社队企业产品相同，因此在长江两岸及其以南地区，高阳布难以打开销路。今后的竞争还会更加尖锐。为求生存和发展，关键在于汲取历史经验教训，不断改革工艺，提高产品质量。决不可粗制滥造，不顾信誉，盲目生产低档低质的产品。所谓空当并不完全等于低档，更不完全等于降低产品的质量，某些小批量的高档产品也是空当。高阳织户中颇具能工巧匠，只要培养和适当引进一些具有经营眼光的企业管理人员和有真才实学的专业技术人员，在这方面将会大有作为。旧中国的民族毛纺织业，就是避开外国进口和外厂在华生产的大路货，既搞一些低档产品（如毛毡），也搞一些高档产品（如精纺呢绒）而发展起来的。高阳织布业今后发展的关键在于搞好产前产中和产后的服务。历史上高阳土布生产的组织者是设在高阳城镇的几十个布线庄的商人雇主，他们在全国很多的重要市县乃至东南亚一些国家的城市设置外庄，经营原料的采购和产品的推销。目前李果庄虽有了专业市场，有些村也开始筹设了一些服务性机构，但在外地设点很少，市场信息的取得仍较被动，产品的生产和运销也有很大的盲目性。运销专业户绝大多数是单干，虽然有些手中已经积累了相当数量的资金，但还绝少有联合起来从事较大规模的商业经营者。利用银行贷款和通过信用制度来集聚资金，还受到种种条件的限制，而且为一般人所不了解和不习惯。旧有的流通环节和渠道受到冲击，不能适应新的需要，必须进行彻底的改革。尽快解决这些问题，减少流通过程中的种种虚耗，使货畅其流，加速资金的周转，是农村织户的迫切愿望。这一点，有必要引起足够的重视，以适应生产发展的要求。

（与陈争平合作，原载《河北学刊》1984年第6期）

高阳农村联户办企业的发展

　　1984 年初夏，在河北省高阳县农村家庭织布业再次振兴的消息见于报端的时候，笔者等四人曾赴实地做了为期 10 天的考察，写了题为《高阳织布业的历史和现状》的调查报告。[①]

　　从 20 世纪初开始，以迄 80 年代，高阳织布业的发展经历了几次大起大落。当这个行业在党的十一届三中全会又一次复兴时，全县上下，从县政府的领导到乡、村干部，从地方国营企业的经理、厂长到农村家庭织户和运销专业户中的有识之士，最关心的问题是其前途究竟如何？这种在设备、技术和工艺水平上相对落后于大城市工业的经营形式是否能生存下去？如果要求得发展应选择一条什么样的道路？所到之处，当交谈者得知我们来自经济研究部门时，上述问题就成了质疑的中心内容。

　　讨论中有两种不同的意见：一种意见认为随着商品经济的发展、市场机制的完善和进一步发挥作用，第三次技术革命冲击的结果将使现代工业所留下的空当越来越少，这种落后的个体经营，由于与大工业争原料、效率低、质量差，不可避免地要趋于衰落，最终将会被消灭。另一种意见则认为：城市大工业在其发展过程中总要留下一些空当，总有一些现代化大工业不宜生产的产品要由城乡中小企业或家庭手工业为其拾遗补缺，以满足生产和人民生活的需要。尽管今后国内外市场上纺织产品的竞争会更加激烈，但只要坚持不与大工业、大批量、大路货产品竞争的原则，根据不断变化的市场需求，发挥灵活多变、宜于迅速转产的长处，不断推出新的花色品种，今后无论是在生产规模，还是在织户的收益方面仍会有一定程度的扩大。笔者持后一种观点，认为随着大工业产品的更新换代，必然会造成一些新的空当，其所更替下来的设备（或已经制造出来但已相对落后的同种设备）将有一部分转移到农村。由于购置这些机器和配套设备需要较多的资金，进行生产也非一家一户的劳动力所能应付，必然要有一些农户自动联合起来合股经营。高阳织

① 刘佛丁、陈争平：《高阳织布业的历史和现状》，《河北学刊》1984 年第 6 期，第 56-60 页。

布业不会永远停留在现有的落后技术水平和家庭的生产方式上。

时隔四年，高阳的农村织布业情况如何？笔者借美籍的日本学者林达·格罗夫访问的机会，于1988年9月赴高阳再次作了短期的考察。

一、以织布业为主导的工副业的发展，带动了高阳产业结构的变化和经济的发展

近四年来的经济增长情况表明，高阳城乡的织布业是有生命力的，对于其前途的种种疑虑已经消除。虽然在前进的过程中也曾遭遇到棉纱供应紧张和乡、村集体企业管理体制改革等各种各样的困难。但现在全县上下大都充满信心，认为只要坚持改革开放的方针，以棉织业为主导的高阳经济将会稳步地发展。

我们的考察仍从最富典型性的高阳乡镇企业入手。所谓乡镇企业，包括以下四种形式：①乡办集体企业；②村办集体企业；③联产办企业；④私人办企业。1984年以来其发展情况如下。

表1　高阳县乡镇企业的发展（1985—1987年）

年份	企业数（个）	从业人员（人）	总收入（万元）	总产值（万元）	纯利润（万元）
1984	12,379	31,358	7,808	7,020	2,863
1985	11,906	31,652	9,709	9,297	3,429
1986	13,226	34,260	11,463	10,520	2,603
1987	13,704	38,923	15,792	14,138	3,407

说明：1. 总收入、总产值、纯利润均系当年币值。2. 总收入和总产值的区别在于，前者包括第三产业的收入。3. 1985年企业数减少，是由于一些家庭工业组成了联合体。

资料来源：根据高阳县乡镇企业局提供的数字，唯其中1985年总产值数字原统计有误，本表经过修正。

至1988年6月底，高阳乡镇企业共计14,123个，从业人员达到40,766人，总收入8,270万元，总产值6,291万元，纯利润1,623万元。

高阳县的乡镇工业是以纺织业为主体的。1987年纺织业的产值为9,750万元，占全部乡镇工业产值的14,138万元的69%，从业人数共计24,320人[①]，占

---

① 在1984年所写调查报告中曾记录当时农村织布业从业人员达4万人，那是指包括半劳力、辅助劳力在内的全部农村家庭从业人数，与上述统计口径不同。

乡镇企业全部从业人数 38,923 人的近 63%。据 1987 年底的统计，农村纺织业共有固定资产 8,800 余万元，占用流动资金 8,000 万元。1984 年以来农村织布机每年以近千台的数目增长，1987 年时全县 15 个乡镇共有织机仅 8,000 台。纯棉织品产量 9,500 万平方米，较 1983 年增加近 1 倍，产值 7,000 万元，较 1983 年增加 2.5 倍。

1984 年笔者除重点调查了高阳的乡镇工业外，也曾访问了几家县办的织布厂和染厂。由于家庭织户的蓬勃兴起，这些厂赖以生存的原材料供应和产品销售的流通渠道受到猛烈的冲击，管理不善所导致的低生产效率使这些地方国营企业大多陷入不景气的困境之中。但这次重访，情况已经发生了可喜的变化。由于普遍实行了招标承包和计件工资制度，这些企业在经营管理方面的弱点有了程度不同的克服。产品质量和档次提高，花色品种增加，加强了其在国内市场，特别是出口国外市场的竞争能力，扭转了亏损，生产能力扩大，职工收入也有了明显的提高，其中一些厂正在扩建，由国外引进更为先进的设备和生产线。

1987 年高阳全县工农业总产值共计 3 亿 7,000 余万元，其中县办国营企业产值 1 亿 5,000 万元，乡镇企业产值 1 亿 4,000 万元，共计 2 亿 9,000 万元，占工农业总产值的 78%，农业产值 8,000 万元，占工农业总产值的 22%。上述事实说明，由于以纺织业为主导的工副业的迅速发展，在党的十一届三中全会以来不到十年的时间里，高阳县的产业结构已经发生了具有根本性的变化。农村工副业的发展提高了人民的生活水平，农村人口人均收入由 1980 年的 52 元，增加为 1987 年的 492 元，短短 7 年间，增加为原来的 9.5 倍。

由于城乡工业的长足发展，大量的农村剩余劳动力有了出路，他们可以从织布及其他工副业，如汽车配件、景泰蓝等的经营中得到较高和稳定的收入。一些农民开始放弃对责任田的耕种，特别是一些离村落较远、产量不高的耕地被撂荒，这就使农村种植业，乃至林牧业的规模经营有了可能和必要。到目前为止，高阳县已经出现了三处由个人或合伙承包千亩以上土地、实行多种经营的农场。其中两处为本县人经营，一处为外省人承包。本县人经营的两个农场尤其值得注意。由于是从最近一二年才开始投入资本，规模经营的效益尚有待于发挥，但从所了解的情况看，笔者对其前途是颇为乐观的，它将为我国农业的现代化提供一种可供选择的模式。由于农民对土地的依赖已普遍不像过去那么严重，高阳正在一些村落试验对责任田的地块重新划分，改变过去一家的田场分散数处的情况，集中起来以扩大每户经营的田场面积，为今后的规模经营创造条件。由于这一问题已在本文讨论范围以外，故不详述。

二、联户办企业的迅速发展

1984 年联户办的企业还只是星星点点地出现在高阳西部的化学纤维织区。近四年来，这种经营形式有了迅速的增加，逐步成为高阳乡镇企业的核心力量和发展的方向。

根据 1988 年 6 月底的统计：高阳 14,123 家乡镇企业中，乡办企业 44 个，村办集体企业 76 个，联户办企业 1,408 个，私人办企业 12,595 个。[①]从家数上看，私人办企业占 89%，居于绝对优势，联户办企业占的比例不足 10%。但从收入分类统计上看则不然，请参阅下表。

表 2　高阳各种经营形式乡镇企业的收入（万元）

年份	乡办	%	村办	%	联户办	%	私人办	%	合计	%
1986	1,066	9.3	1,481	12.9	3,526	30.8	5,390	47.0	11,463	100
1987	1,172	7.4	1,691	10.7	6,819	43.2	6,110	38.7	15,792	100
1988 上半年	509	6.2	856	10.4	3,833	46.3	3,072	37.1	8,270	100

从表 2 可以看出，1987 年与 1986 年相比，乡办、村办、私人办企业的收入都略有增长（分别增加 9.9%、14.2%、13.4%），但其增长的幅度都远远低于联户办企业（增加 93.4%）。联户办企业收入在全部乡镇企业收入中占的比重则由 30.8%上升为 43.2%。今年上半年这种趋势又有进一步的发展，前三种经营方式的收入和去年持平，而联户办企业的收入又有较大的增长，其在全部乡镇企业的收入中比例已上升到 46.3%，成为乡镇企业的骨干和主体。

联户办企业均为合股经营，合股的方式多种多样。有村办联户、乡办联户、乡村户联办，乃至国营或集体企业与农户联办等。所谓村户联办，多为村委会向联办企业提供建厂的场地，以土地入股（今年以来一些企业经过协商，已将土地股取消，改为每年向村里支付一定数额的租金），也有乡、村两级的原有集体办企业的厂房、设备入股的，企业与农户联办则由企业提供一部分资金并在产品推销等方面提供方便。联办各农户一般均出数额相等的股金，每股 1 万～2 万元不等。股东多为本村或邻村的亲朋好友，外地人来入股的尚属少见。股金来源据了解多为 1983 年以来家庭织布收入[②]或从事运销所积累的资本；有些乡、村集体工

---

① 所谓私人办企业，绝大多数是以农民家庭劳动为限的个体织户，但近一二年来由农民独资兴办雇用十数人，乃至数十人的小型工厂已在一些村落中出现，但在县有关部门上述的统计分类中尚未加以区分。

② 一户一张织机经营得好，一年就可有近万元的纯收入。

副业基础好，经改组转化为联户办企业；城西产棉区则多为农业收入的积累。邢南乡赵官佐村 70%～80%的农户在联户办企业中持有股份。

联户办企业均实行股东会（或董事会）领导下的厂长负责制。较之乡村和村办的集体企业，他们受行政部门的干预较少，生产经营和收入分配可以自行做主。管理机构精干，很少人浮于事的现象存在。管理人员熟悉业务，不脱离生产，而且其中一些人本身就是股份持有人，企业经营的好坏与他们有着直接的利害关系，所以具有强烈的事业心。集体企业虽已改行承包聘任，但管理人员的升降去留仍以乡、村两级领导的意志为转移，其心态自然两样。

联户办企业较之个体经营的优越性是显而易见的。由于积聚了较多的自有资本，并利用了一定数量的贷入资本，其能更新、购入较为先进的设备，如从事织布业的联合体均不再使用旧式的铁木机或铁机，而采用 1511 或 1515 型国家定点厂生产的织机和其他配套设备；发挥了分工协作的优越性，其产品的档次、质量和生产效率都明显高于从事同行业生产的个体农户（有些行业，如毛纺，则为一家一户所无法经营）。故较分散经营时，合伙人均能得到更多的收益。笔者所到的几个厂，从了解的情况加以分析推算，其所获利润均在 1～2 年内即可收回全部投资。

联户办企业雇佣工人平均工资一般高于乡办、村办集体企业及县办国营企业的工资水平。这是造成集体企业经营不景气的另一个原因，而且出现了县城里工人流向周围农村的趋势。一些乡村由于联户办企业的迅速发展，出现了劳动力短缺，不得不从外县（主要是河北省西部山区），甚至外省招募工人（多数来自四川、河南等省），有些厂外地工人已占到全部工人数的 50%以上。

联户办企业最多只有三四年的历史，一般只有一二年的历史。由于获利甚丰，为了扩大再生产，多数企业都不分或少分红利，而将大部分利润转化为资本。所以这些企业在创办时虽然规模不大，但发展较快。到 1988 年 6 月底，在 1,408家联户办企业中，固定资产在 50 万元以上的 69 家（其中少数达 100 万～300 万元），30 万～50 万元的 56 家，10 万～30 万元的 63 家，10 万元以下的 1,120 家。规模较大的厂雇佣工人均在百人以上，已超过乡、村两级办的集体企业。

联户办企业的发展加速了农村产业结构的调整，前文曾经提到的邢南乡赵官佐村，无论从资本、劳动的投入方面，还是从产值和收入方面计算，工业都已从副业转化为主业。

联户办企业的股东大多兼为管理人员，他们的心态不尽相同。就笔者所接触，他们中的多数克勤克俭，省吃节用，除分担的业务工作外，亲自参加生产劳动，与马克思在《资本论》中所描绘的英国资本原始积累时期的小业主颇有几分相似（农民独资兴办的小工厂亦然），他们将盈利全部留在企业中，寄希望于其滚雪球般地不断膨胀。但也有一些人在盈利后，不再看重企业的扩大，而以利润中相当大的一部分资助地方的公益事业，他们受到上上下下、左邻右舍的称赞，有的还得到各种各样的荣誉称号。当然还有另外一些人在企业获利后，不惜重金翻盖新房、添置各种高档耐用消费品，甚至将大把的金钱任意挥霍。

联户办企业之所以获得迅速的发展，主要固然是由于存在前述的种种优势。但也必须看到事物的另外一方面，即它在合同契约的签订和管理方面还有很多不完善的地方。更需引起注意的是，相当一部分企业存在着隐瞒利润、偷税、漏税等违法行为。在采购紧俏原料（如棉纱、羊毛等）和推销产品方面，给以回扣，甚至采用行贿等手段。对于这些问题，县办国营企业反应强烈，认为是处于一种不公平竞争的环境之下，要求在整顿经济秩序中得到解决。

（与王玉茹合作，原载《南开经济研究所季刊》1988 年第 4 期）

盐业史研究

中国近代食盐运销制度的变化*

我国制盐业虽然较早地出现了资本主义的萌芽，但直至清朝末年流通领域却始终为官府和专商所垄断，在重重黑幕掩盖下，构成封建势力的顽固堡垒。民国以降这种状况开始变化，一些地区逐步开放自由贸易，近代民族制盐工业兴起。但在资本主义经营尚未得到充分发展时，及由战争环境所使，盐的产运销相继为日本垄断资本和国民党国家资本以及四大家族的私人资本所控制。揭示这一曲折变化的历史过程，将有助于了解旧中国各种经济力量之间的相互关系，从一个侧面说明中国经济是如何半殖民地化的，及其在现代化的道路上所遭遇的障碍。

一

我国产盐区主要有两淮、两浙、奉天、长芦、河东、山东、四川、福建、广东和云南等地。直至清朝末年，各区所产之盐的运售范围均有定章，称为销岸。①盐的运销除一些地区系由官府直接收买后官运官销外，一般则由在政府注册的殷实商人承担，这些专商握有多寡不等的特许证——引票，每年包运包销一定份额的盐斤到指定的地区，并需完纳相应的固定税额，有时还需向有关方面报效相当数量的金钱。他们持有的引票可以世代相传，成为特权。很多盐商自己并不直接经营，而将引权租给他人办理，坐享厚利，成为寄食者。

由于销盐有岸，行盐有引，他人染指盐的运销，即被政府和专商视为犯私，因而形成了一种封建垄断的引岸专商制度。盐商利用特权，在向灶户收购时任意压价，以大秤收买，运输到岸后，掺砂掺土，减秤以高价出售，少数盐商发财暴富，封建官吏坐收贿赂，广大人民虽出高价，也只能吃到质量低劣的苦恶之盐。

---

* 本文是根据《中国近代盐务史资料选辑》一书中辑采资料所作的专题研究，系在该书各编前言（分别由刘佛丁、汤仁、丁长清、李宝珠、朱秀琴撰写）基础上补充改写而成。

① 清代销岸和各岸销盐数量（引数）不断变迁，情况极为错综复杂，详见《清盐法志》。

有些边远地区由于交通困难，运输成本高，风险大，在盐价不能高于定额的情况下，商人利少，遂成废岸，百姓有时甚至被迫淡食。但食盐毕竟为生活所不可缺，因而土盐私制、私销日炽，势不能禁。

1911 年清王朝灭亡，袁世凯上台后，为了从五国银行团得到 2,500 万镑的善后借款，不惜以全部盐税收入作为担保，出卖中国的盐政主权，成立盐务稽核所作为全国最高盐务领导机关，使列强各国得以通过在其中握有实权的外籍人员控制我国的盐务。

盐务稽核所第一任会办，英国人丁恩上台后，依据他在印度管理盐政的经验，从增加盐税收入，以保证债款如期偿还的目的出发，极力主张取消官卖和专商制度，就场征税，任人运销，实行自由贸易，开展竞争。他认为如行此策，"则盐价必低，盐价既低，则购之者、用之者必众，而国家税款自必增加矣"①，"如能将全国引岸一概化除，而实行提倡自由贸易之宗旨，则不特政府每年收入可达一万万元之数，且一切开支之经费，亦当大为减少"②。但鉴于旧制沿袭日久，积重难返，阻力甚大，故而改革应逐步进行，以免激成事变。

在丁恩等稽核所洋员的坚持下，从 1914 年 3 月至 12 月，河南正阳关榷运局，河东督销局，热河、口北及直隶永平七府官运局相继撤销，并从同年 7 月 1 日起将河南官运引地 15 县，直隶官运引地 35 县，口北官运引地 13 县（共 63 县，后来又增至 74 县）开放自由贸易。③1917 年 12 月又开放晋北平定等 9 县，准商人运芦盐自由入境。1920 年 12 月宣布取消皖北滁县、来安、全椒 3 县官运，招商承办。淮北地区，在给世袭专商一定数量的恤金后，将引权取消。此外，四川、广东、湖北、福建、浙江等省的一些地区也陆续开放，允许商人自由贩运。其中有些地方改革取得一定成果。如四川自 1915 年起实行开放政策，盐的运销量不断增加，"税收由年额 700 万元，不数年竟增至 1,300 万元"④。

北洋政府主管盐务的各级官吏，有的过去在官卖食盐的任上营私资费；有的出身盐商，或得盐商之厚赠，故对食盐运销制度的改革多持反对的态度。但迫于

---

① 1913 年 12 月 9 日丁会办致张总办（张弧）函，录自中国科学院历史第三所南京史料整理处所存档案（以下简称历史所档）：盐务稽核所收发文件（参见南开大学经济研究所经济史研究室编：《中国近代盐务史资料选辑》，南开大学出版社 1985 年版，以下所引均出自该书，不再一一注明）。

② 1916 年 11 月 10 日丁会办致李总办（李思浩）函，录自同前档。

③ 丁恩：《改革中国盐务报告书》。

④ 长芦稽核分所：《关于新研发施行办法意见书》，录自盐务总局所存国民党政府财政部盐务署档，运销科，长芦卷，第 23 号。

借款合同中有整顿盐政的规定和稽核所洋员的压力，不得不以阳奉阴违之术，表面敷衍，声言拥护，但却暗中作梗，以图保存旧章。他们附和专商的要求，认为引权的取得系以对清廷大量金钱为代价，故而不偿付公允的损失，不应废除。由于这些人的阻挠，在稽核所成立后的近十年当中，改革进行是缓慢的，成绩有限。在全国范围内，北洋政府一直以调查研究、审慎从事为名，采取拖延的态度。直到1922年1月拟具《整顿盐务大纲》中才确定，在偿付盐商恤金的前提下，"除必要时间，仍需专商行引外，此后进行计划，要以自由贸易为归"①。但就是这样一个很不彻底的改革方案，一经宣布，立即遭到各地盐商的群起围攻。2月27日长芦盐商致函盐务署，以不合国情为理由，要求将《大纲》取消。3月24日湘鄂西皖四岸运商总会呈财政部，要求对《大纲》予以更正，声言不得盐商同意，不得贸然行事。此后，由于各地军阀纷纷截留盐税，北洋政府政令不出都门，稽核总所亦难以号令全国。各地的盐务机关虽有洋员任协理、稽核员，但也无法行使职权。《整顿盐务大纲》被抛入故纸堆中，改革陷入停顿状态。

二

1927年南京政府建立以后，国内一些有识之士又不断提出彻底废除引岸专商制度的问题。据1931年盐务稽核所的分类统计，这时各地行盐之制大抵可以分为六种：（1）票商制：湘、鄂、赣、皖四省的167县属之，约占全国的8%；（2）专商制：冀、鲁、豫、苏、浙、皖、赣等省中的367县属之，约占全国的18%；（3）包商制：冀、晋、陕、粤、桂等省中的373县属之，约占全国的20%；（4）官运民销制：吉、黑两省的92县属之，约占全国的4%；（5）官专卖制：只闽省的漳浦、东山两县；（6）自由商制：辽、鲁、豫、晋、陕、甘、新疆、苏、浙、湘、鄂、赣、皖、川、滇、黔、闽、粤、桂及察哈尔、热河、绥远、宁夏、青海、西康等省的971县属之，约占全国的50%。②上述情况表明，就全国范围而言，有半数地区，特别是边远省份，由于旧盐商的势力趋向衰落，盐的运销已经打破往昔的陈规，新的资本主义经营方式代替传统的封建行盐制度毕竟是不可以阻挡的历史发展必然趋势；同时也需看到，世袭的票商、专商，以及继之而起在性质上颇类之的包商，仍有相当的力量，并垄断着我国许多重要省区的食盐贸易。

在各方面舆论的压力下，国民党二中全会于1931年3月议决成立盐政改革

① 录自盐务总局所存盐务署档：运销厅，通令卷，第49号。
② 民国20年《盐务稽核所年报》。

委员会，通过了新盐法，其第一条规定："盐就场征税，任人民自由买卖，无论任何人不得垄断。"①新盐法虽只是一纸空文，但并未颁布实施日期，却如同北洋政府 1922 年拟定的《整顿盐务大纲》一样，遭到旧盐商的坚决反对。尤其以湘鄂西皖四岸淮商最为激烈。他们为维护引岸制度不仅舞文弄墨，函电盈尺，而且暗中活动，使盐政改革委员会迟迟不能成立，新盐法无法彻底实行。

　　实际上国民党政府并不准备认真实行新盐法中有关废除引岸专商制度的条款。为了从旧盐商手中取得急需的款项，1929 年首先查验湘鄂西皖四岸、两浙（温台处三属除外）和苏五属引票，凡履行手续、缴纳验费者，即承认其世袭之特权，发给新照，准其垄断一定区域内食盐的运销。新盐法制定后，仍然实行同样的办法。于 1933 年初复查长芦盐票，使其旧有的特权合法化。而每查验一个地区的引票，国民党政府都可从中得到数百万元的收入。此外，国民党政府还多次谕令有关地方盐务当局，维持旧有的引岸划分，不得随意打破和冲销。只是将一部分地区开放自由贸易。对革命根据地则实行封锁禁运，在江西、陕西、甘肃等省，采取由各级反动政权控制的公卖制度。官督商办，发给居民购买凭单，定时定量配给（每人每日以 4～5 钱为度）。严禁商人自由贩卖。

　　旧有的引岸专商和在开放自由贸易政策下出现的包商，和各级官吏勾结在一起，垄断一些地区盐的运销，抬高盐价，掺杂短秤，重利盘剥，甚于往昔。有的还自立武装，以缉私为名，敲诈勒索，无恶不作，给人民生活带来严重危害，如河南方城一带，由于专商把持，盐价每斤竟高达 1 角 6 分，可换小麦 8 斤，高粱 10 多斤。②泰利合记公司勾结湘岸榷运局，独家承包粤盐销湘，排斥异己，每年利润竟达 360 余万元。③

　　在国民党统治时期，轮船和帆船之间的纠纷不断发生。轮运盐斤比帆运有许多优势之处，因此，以轮运代替帆运乃自然之趋势。财政部和两淮盐务当局虽然主张发展轮运，但由于遭到专商的反对，并遇到帆工失业问题，不得不采取妥协的过渡办法。

三

　　1914 年中国第一家新式制盐企业——久大精盐公司建立，为了开拓市场，

---

① 录自国民党财政部盐务总局档案。
② 1934 年 12 月周启刚等在国民党五中全会上的提案，录自松江运付公署档案。
③ 1932 年 6 月湘南二十四县驻衡代表呈国民政府文，录自国民党行政档案（二），10724 号。

民族资本家与封建盐商展开了激烈的竞争。在引岸制度下，一些重要销区为专商所把持，精盐不得插足。

经久大公司呈请盐务署批准，允在各通商口岸外国人居住地区由当地专商代销，只有在无人代销的情况下，方准久大自行设店销售。即使如此，亦为各地盐商组织所不容，始则拒绝代售，继则声言将自制精盐厂以为抵制，复则以精盐浸灌引界，屡屡上告，要求保护。甚至买通地方军阀，对国务院施加压力。

继丁恩之后担任稽核总所会办的甘溥等人，以精盐优质，应不加限制，允其与粗盐自由竞争。北洋政府中主管盐务的官吏却认为精盐固应提倡，但对旧盐商亦需照顾。财政部盐务署乃按照各地专商的请求，严令久大所销精盐不得越出通商口岸以外，并规定其每年销额不得超过定数。其后由于精盐公司接踵而起，又有乐群、通益等厂建立，1924 年盐务署召集专门会议，规定全国精盐最高限额每年不得超过 300 万担，并对各公司之销额也分别加以厘定。

随着生产的发展，到了 30 年代初期，近代制盐业的最高产额已超过 220 万担，而 1930—1932 年平均年销额只有 74 万余担，尚不及产额的 1/3。1932—1934 年平均销额虽有增加，亦只不过 124 万余担。其销区主要在湘鄂西皖四岸及苏五属各地，占其全部销额的 90% 以上。[①]精盐商人为开拓市场，不理睬旧章的约束，越出通商口岸向内地推销，影响了票盐的销路，成为淮商的心腹之患。他们上告国府，要求维持北洋政府平政院所定运销各通商口岸的精盐数量。南京政府在 1931 年颁布的《精盐通则》中，亦遂其所请，仍规定精盐行销范围不得越出通商口岸，而各精盐公司、商号则以所制精盐色质纯净，合于卫生，且与粗盐同样纳税，又先税后盐，不给卤耗，既行销于一部分之内地，则更拟进一步普及全国，一再呈请开放。

在这种情况下，稽核总所虽然认为取消精盐行销范围的限制乃终不可免，但此一举必致毁废引岸划分，影响政府税收，故其主张彻底解决办法，非经缜密之考虑，在短期内不能贸然规定。由于《精盐通则》中限制一节已成具文，精盐早已冲销内地，与其掩耳盗铃，反觉掣肘，不如直截了当，在旧章程未修改之前，先制定一个暂行办法，其内容包括：全国通商口岸及商埠行销精盐总额以各精盐公司所缴登记费担数为限，所有各岸埠分销额即照各该岸埠近三年平均销数分别摊定；湘鄂西皖及苏五属各区准其在额定限度内行销各地。其他各区则仍按旧例，

---

① "各精盐公司原定最高产额及民国 19 年至 21 年每年平均销数暨拟定销数表"，录自盐务总局所存财政部盐务署档，场户股，精盐卷第 76 号；1934 年 12 月 7 日 "稽核总所呈财政部文"，录自同前档，重字第 104 号。

行销范围只限通商口岸。精盐总销额限定为 130 万担。①这一建议得到财政部批准，于 1935 年初付诸实行。

四

1937 年抗日战争全面爆发后，我国东区沿海的重要产盐区相继被日军占领。日本虽然是一个岛国，但本国盐产量有限，由于近代化学工业和纤维工业的发展，对盐的需求量急剧增加，以致本国盐产量与消费量相差数倍之多。因此，中国沿海丰富的盐业资源就成为日本帝国主义的觊觎对象。

还在占领华北初期，日本有关方面就制定了全面、长远掠夺华北盐产的计划。准备以长芦、青岛为重点，大规模开发华北的制盐事业，将增产的绝大部分输往日本。国内行盐，则拟"废除引岸制度，取消盐商专利制度，成立运销统一组织"②，实行在日伪直接统制下的专卖。

按照既定的方针，事变后日本兴亚院华北联络部即利用以前日本在华投资设立的兴中公司和山东盐业公司，分别控制了长芦盐区和山东盐区的生产、移出和批发业务。而对中国内地的运销则仍利用旧有的盐商组织。1939 年又改头换面，假中日合办的名义，将兴中公司改组为华北盐业公司，作为"中国普通法人"申请立案，并由伪临时政府出资 1/4，然而实际上乃隶属于日资华北开发会社之下，由该会社出资 3/4，大权操诸日方之手，产销利润亦大部分为其占有。

无论是兴中公司、山东盐业公司，还是华北盐业公司，其垄断华北盐业产销的目的，首先是保证对日输出。1937 年长芦盐输日 227,357 吨，占其全部销量的 45.6%，到 1942 年就增加为 633,278 吨，在其全部销量中的比重则上升为 64.2%；青岛盐 1937 年输出日本 72,687 吨，1942 年增加为 272,234 吨。1942 年长芦、青岛两区共对日出口盐斤 90 余万吨，占日本进口盐总数的 95%，几占该年日本消费盐总数的一半。③

日本帝国主义不仅将盐斤大批输往其国内，还强令长芦等区供给侵略华北的日本军队以"军用盐"和"军用优抚盐"。"军用盐"是供给日军人员及马匹的食

---

① 1934 年 12 月 7 日"稽核总所呈财政部文"，录自盐务总局所存财政部盐务署档案，重字第 104 号。

② 1938 年 10 月 11 日日本政府所拟"关于中国盐务行政制度之方案"，录自中国科学院经济研究所（以下简称经济所）所存"盐务关系"档案：支那盐务关系杂纂（二），494/1323。

③ "日本历年输入盐统计"及"日本产盐及消费统计"，录自 1949 年 1 月日本军部发表的《日本经济统计》；"各收复区抗战期间历年销盐数量报告表"，录自历史所存财政部盐务总局档，青岛因无销量，故无法计算输日部分所占百分比。

盐，"军用优抚盐"则是日军用来向我沦陷区人民抵换粮食等物资的盐。这部分盐斤是不纳税的，而且给价极低，有时还拖欠不付价款。

进入40年代以后，华北地区通货恶性膨胀，日方对盐价采取控制政策，以避免造成出口盐价的上涨。同时也是为了通过食盐这种生活必需品价格的稳定，达到尽量稳定其他物价的目的，以挽救占领区经济的全面崩溃。但抗战后期，华北食盐官价虽低，人民却难以购到，只得以数倍，乃至十余倍官价的价格，购买黑市的私盐。

从1941年开始，日寇继续在占领的中小城镇和农村地区实行食盐定量配给制度，以防止流入我根据地和游击区。他们派遣宪兵检查食盐的运输和销售情况，稍有怀疑，即行扣留、封店。有的合作社还强制购盐者缴纳入股金，有的则规定需以低价交售粮食、棉花，然后才允许购买食盐。无力入股或无粮可纳者，被迫遭受淡食之苦。这种统制政策的结果，是给一些当权者造成投机的条件，官销名存实亡，黑市和私盐盛行。

日本帝国主义在华北的经济势力强大，伪政权完全是日本的驯服工具；而华中地区日寇的经济势力较弱，伪政权在盐务行政方面虽然也事事仰承日人鼻息，但在双方利益发生冲突时，则常常发生暗斗和明争。两淮盐商和汉奸资本在伪政权中有自己的代表，如伪盐务署长阮毓麒、中华盐务公司董事长李阆菲都是大盐商出身。日资控制的垄断盐业公司排斥了他们既有的特权，就引起了一连串狗咬狗的激烈倾轧。

在日军占领江、浙一部分地区以后，日本河西专卖局于1938年3月18日提出："在华中证券区域内，盐务采用专卖制度。在该区域内贩卖之食盐，由政府指定之官署按一定之价格，统购本区域内之盐产，其由外地移入之盐斤，亦由政府以一定之价格收购之。"在这个方案中虽有对旧盐商总批发人及分销人的营业原则上不加变动的条款，但又强调，"上述所拟之盐专卖制，并非旧政府盐务之因袭，实为新创之制度，凡与盐务制度有关者，一切概不继承"，"在专卖供给地之海州延长，另外设立日本公司，该公司……管理盐斤在华北地区之运输及对日本之输出各种业务"。[①]根据这一原则，在日本华中联络部的直接掌握之下，成立华中盐业公司专司海州（及淮北）产盐，转售于由日商和几个汉奸投资组办的通源盐业公司，并由该公司实行专卖，在苏、浙、皖三省设立分公司批发经理之。日方在各地查封之存盐、缉获之私盐及已税未售的盐斤，亦统归其发售。三省境内一切旧有经营食盐之商店，

---

① 录自经济所所存档案：支那盐务关系杂纂（二），494/1323。

均需到通源公司分号登记，经其批准，发给执照者，始得营业。

华中伪政权认为日方的这些措置侵犯了它的职权范围，十分不满，乃另拟调整盐务方案，并多次致函日本有关方面，主张沿袭事变前的旧制，以保证政府的税收和盐商的利益。由于伪政权的阻挠，通源公司的业务难于开展。日方遂于1939年5月将通源公司改组为中日合办的德源公司（隐名），吸收政府官股和旧盐商参加投资。但伪政权仍坚持通源（德源）不得独占苏、浙、皖三省食盐的销售权。相持之下，日方不得不同意登记旧盐商复业。1941年10月由旧盐商出资建立裕华盐业公司，接替通源公司的销盐业务，通源则于1942年1月宣告停业。裕华公司名义上为中国人所办，然而必须聘请日本人为顾问和联络员，并且所经销的食盐，以向华中盐业公司购买为限。其经营方式则大多恢复专商旧制。华中盐业公司则于1943年7月由日方转让给伪政府经营，改名为中华盐业公司。但改组后得不到日方的积极支持，运输困难，造成场产大量积压，抗战前夕宣布停业。

与华北的情况不尽相同的是，华中伪政权从盐商的利益出发，40年代以后，不断按照物价的变动，多次提高食盐的价格，日方虽有时亦主张予以限制，但多数情况下还是采取纵容的态度。与此同时，伪政权对输日盐斤及军用盐价却不敢变动。还有相当数量的军用盐根本不付款，这些盐中的很大部分并非日军人畜食用，而是用来交换其他物资，日本军方从中获取巨额收益。

由于把完成对日输出盐的任务放在第一位，把华中地区民食放在次要地位，在盐产量不足和交通工具缺乏时，即以牺牲后者来保证前者。为限制消费，日方在华中占领区实行食盐统制和配给政策，各地配额由兴亚华中联络部掌握，往往不能满足实际需要。1941年规定每人每年定量12市斤，1942年减少为10市斤，还不能保证供应。由于车船等运输工具掌握在日寇手中，后来成立的中华盐业公司无力承运整个华中地区的食盐，但又企图垄断，不准场商自运，这就给民食供应造成极大困难。有些地区每人每月定量由一斤减为半斤，复由每人半斤改为每户一斤，最后甚至完全停售。在食盐荒中，盐商勾结敌伪各级盐务管理乘机大发国难财。他们垄断居奇，哄抬盐价，造成黑市，中饱私囊。官价盐无货应市，私盐泛滥，售价为官价的好几倍。日寇对此不仅不设法制止，反而出谋划策，要伪政权设法将黑市利润收归己有。

五

由于日军的深入，国民党统治区过去的引岸销区无法维持，旧有的运道亦多阻断，专商不能保证一些地区的食盐供销。为了掌握盐业资源，使盐税收入不致全部丧失，并将运销利润掌握在自己手中，国民党政府利用其所控制的交通工具，凭借雄厚的金融力量，大规模地举行官运。首先从抢运淮北、山东存盐开始，接着浙、闽、赣、陕、豫等省也实行官运，随着战线的推移，1938 年后又扩大到湘、粤、川、滇、黔和西北各省。这样，整个国统区就普遍实行了官运。

1940 年 1 月初，盐务总局拟具食盐筹办官专卖办法，在运盐方面，要"以官运为原则，……逐渐增加官运，减少商运，以期成为完全官运"；在销盐方面则"以官销为原则"。①盐务总局会办勒克（美国人）以这一办法必然导致机构膨胀、耗资过多、得不偿失、损害商人利益为理由表示反对。但国民党政府自有打算，决定从 1942 年 1 月 1 日实行盐专卖，宣布废除引岸专商制度。同年 5 月制定了《盐专卖暂行条例》，后经修改于 1944 年 10 月 18 日正式颁布《盐专卖条例》。条例规定："盐之运输，由盐专卖机关办理，必要时得招商代运，或委托商运。""盐专卖机关应于各集散处设立盐仓，就仓发售。"盐专卖机关发售之售价，由财政部核定。"盐之销售，得由盐专卖机关自办。"②从这些规定不难看出，盐的运输、销售和定价全部处在国民党政府盐务机关的控制之下，过去引岸专商和其他运商所享有的特权和利益，都落入国民党政府手中了。1944 年 4 月盐务总局总办廖秋杰向蒋介石汇报盐专卖实行情况时，以重庆为例，说专卖利润约占售价的 40%，全年国库收入计达 245 亿元。虽然专卖条例上载有"必要时得招商代运，或委托商运"的词句，那只是官样文章，这个"商"字，实质上就是官僚资本商式独占的简称，一般商人是不能插足的。抗战期间，四大家族官僚资本和地方官僚资本以运商形式操纵盐业，常常是以银行信托部、贸易局、实业公司等名义来进行的，目的在于囤积投机，操纵黑市，牟取暴利。如广东省银行和广东企业公司，据 1942 年下半年的调查，以本身名义囤存盐斤 3.8 万担，加上以其他商号名义囤存者共达 13 万担。这些囤盐，十分之八是 1939 年以前所购，收购时价格低廉，能以一本而得十倍以上之利润。

由于盐专卖机构臃肿，办理不善，官商勾结，营私舞弊，盐质恶劣，其在国民党政权内部也遭到一部分人的攻讦。1945 年 1 月财政部决定停办，改行民制官收官运商销的政策，但仍继续实行管制。

抗日战争胜利后，国民党政府重申"所有专商引岸及其他关于私人独占盐业

---

① 录自盐务总局所存档案：通令卷第 51 号，"关于实施食盐官专卖制卷"，第一宗。
② 录自《财政公报》，第 5 卷，盐政第 68-73 页。

之特殊待遇权益，无论在后方各区域或收复地区，概予永远废除"①，并在盐政纲领中规定，"当前盐政以民制民运民销为原则"②。但食盐配运区域应按供需及交通情况，统筹安排，以资调节。并在一些地区明令招商承办。但事实上获准承运者大多是官僚资本所控制盐业公司和盐号，1947 年的资本额即达法币 1,072.2 亿元，并用其他名称另立商号 27 个，分支机构遍及全国销盐数的四分之一。③由此可见，战后官僚资本的商式独占已经变成最大的引岸专商了。此外，国民党式独占组织——盐务总局，以常平盐为名，继续操纵着相当一部分食盐的运销。

官僚资本控制的盐业垄断组织投机倒把，走私漏税，取得巨额利润。如中国盐业公司仅 1947 年 1 月至 11 月期间，即获利 537.23 亿元，达额定资本 700 亿元的 76.75%。按照升值以后的资本额计算，利润率仍在 12% 以上。④

进入 40 年代以后，通货恶性膨胀。国民党政府为了稳定市场，曾采取限价政策，并以粮、盐两项为重点。从 1943 年 1 月 15 日起，重庆、成都、衡阳、昆明、贵阳、西安、兰州等 38 处重要市场实行食盐限价。在限价期间，食盐价格仍然继续上涨。抗战胜利后，取消限价，盐价更是直线上涨。以重庆为例，根据已经缩小了的官方统计，1942 年的食盐零售价每担约 354 元，实行限制后的第二年，即 1944 年已涨到每担 3,371 元，到 1946 年更涨至每担 32,878 元。西安、成都等其他一些城市盐价上涨的程度，比重庆更为严重。以上所说的还只是官价，黑市价格通常为官价的 1～4 倍。

（原载《南开经济研究所季刊》1985 年第 2 期）

---

① 1945 年 9 月 2 日"财政部重申废除专商引岸布告"，录自盐务总局所存档案，场产处，通令卷。
② 录自历史所所存国民党行政院档案（二）1524，盐业生产卷。
③ 根据盐务总局和上海盐业公司所存档案中的数字计算。
④ 根据盐务总局和上海盐业公司所存档案中的数字计算。

帝国主义控制中国盐政权始末*

1913 年，袁世凯政府与六国银行团签订的善后借款合同，使我国丧失了盐政主权，列强各国通过盐务稽核所，逐步控制了中国盐政。其后三十余年间，稽核所的职权几经变化，洋员的国籍和地位亦有变动，关于这一历史过程虽然在有关著作中已有记载，但近来在整理中国近代盐务史档案资料中发现这些论述尚有不完整和不准确之处，乃据所见，陈其梗概，以飨读者。

一

盐税是近代中国国家岁入的重要来源之一。清政府末期，为了解决财政上的困难，开始以之作为担保举借外债。但盐政操诸政府，主权尚未丧失。帝国主义列强不甘于此，他们必欲控制中国的盐税收入，在财政上进一步扼住我国的咽喉，1913 年善后大借款的成立，使国际金融资本的这一企图得以实现。

辛亥革命后，袁世凯为了巩固其反动统治，镇压孙中山先生领导的民主革命运动，急需取得一笔大借款作为资本。帝国主义者认为袁世凯是他们理想的代理人，也乐得给予支持，以便通过他来继续奴役中国人民。但在开始，列强对这一政权能否稳定仍存有疑虑，于是先以小额垫款为饵，诱其上钩，进而迫其就范，准备通过缔结一笔大借款合同，来达到其全面控制我国盐政的目的。

为了对借款实行垄断，帝国主义列强组织了六国银行团（原为英、法、德、美四国。1912 年 5 月增加了日本和俄国，成为六国银行团，后来因美国退出，又变成了五国银行团），并提出了极为苛刻的条件：借款将以全部盐税收入作为担保，为使本息能如期偿付，需任用外国人直接监督、管理盐税的稽征和用项，并在外国人的帮助下对盐务行政实行改革。

当时我国的主要税收——关税，已在英帝国主义者的掌握之中，用作各种外

* 本文系在南开大学经济研究所经济史研究室编：《中国近代盐务史资料选辑》（南开大学出版社 1985 年版）一书的前言基础上补充改写而成，文中所用资料均见该书，不再一一注明出处。

债和庚子赔款的担保。仅次于关税的则为盐税，帝国主义各国看到该项收入比较可靠，而且经过整顿以后还会成倍增加，在掌握了中国的关税权以后，如果再能控制盐税，那么通过其所指派的海关总税务司和盐务稽核所会办，就能有效地操纵我国的财政命脉，恣意左右当权的统治者，从而最大限度地确保国际金融资本在中国的各项特权和利益。

以袁世凯为首的北京政府虽然甘心投靠帝国主义，但是由于出卖盐务管理权、允许外人监理财政严重损害中国的主权和独立，遭到全国人民和革命党人的一致反对，所以不敢贸然签字。为了应付急如星火的军政开支，乃转而向其他外国银行商借。经过秘密谈判，于 1912 年 8 月 30 日与英国克利斯浦财团签订了一项 1,000 万英镑的借款合同，该项借款虽亦以盐税为担保，但并无六国银行团提出的监理中国盐政的条款。

克利斯浦借款的成立，使列强控制中国盐政的计划受到威胁，自然引起六国银行团及有关各国政府的极大不满。英国政府一方面通过外交部表示对克利斯浦的借款活动拒绝予以支持，另一方面则命令在北京的英国公使对袁世凯政府施加压力，迫使其将借款合同取消。双管齐下，最后以中国赔偿 15 万英镑作为代价，取消了克利斯浦第二期债券的发行。六国政府和银行团如愿以偿，达到了垄断对中国借款权的目的，克利斯浦财团得到了经济上的利益，倒霉的只有中国百姓，他们既要担负赔偿的损失，还在其后签订的善后借款合同中被套上更沉重的枷锁。

由于克利斯浦借款终止，北京政府从国外取得借款的来源断绝。六国银行团奇货可居，索价愈高，提出不仅在中央盐务稽征需由外人监理，各产盐地方也要设立稽核分所，由洋人会同管理；并要求增加任用外国籍职员的名额。六国团节节进逼，袁政府步步退让，为了取得足够的金钱，以武力铲平南方革命党人的反抗，袁世凯竟置全国人民反对于度外，利用众议院尚未选出之际，不通过国会批准，于 1913 年 4 月 22 日匆忙命令赵秉钧等与银行团签订了严重出卖中国主权的善后借款合同，全面满足了国际金融资本控制中国财政的各项要求。

就善后大借款合同本身而论，损害我国盐政主权和独立的条款主要有以下几个方面：（1）承认要在外人襄助下，对中国盐税征收办法实行整顿改良；（2）在北京设立盐务稽核总所，以中国人为总办，外国人为会办，所有发给引票、款项收支非得洋会办签字不生效力；（3）在产盐各地设立盐务稽核分所，以中国人为经理，外国人为协理，所有秤放盐斤和盐税征收存储事宜需得洋协理同意；（4）征收之盐款应存入银行团之银行或其认可之存款处，非有洋会办会同签字不能提用；（5）稽核分所经协理及总分所其他员司之任免由总会办共同定夺。从以上五条可以明显看出，我国的盐务行政管理实权，已完全落入外人之手，与海关情形大同小异。如此丧权辱国的条件一经宣布，自然立即遭到革命党人和社会舆论的一致声讨。

二

在善后借款谈判过程中，北京政府为了取悦于银行团和列强，1913 年初决定成立盐务稽核造报所，并制定了该所的章程和办事细则。其后，有关各方就稽核总分所洋员的分配问题反复驳议，讨价还价，展开了激烈的明争暗斗。借款合同签字后，根据有关各国间达成的协议，确定由当时在中国势力最大的英国推荐的丁恩担任稽核所会办，德国人担任副会办，法、俄两国各一人担任审计处顾问。日本人在总所未能占得一席，乃以在分所中多用日籍人员作协理为补偿条件。银行团与各有关国家公使要求北京政府与稽核所各有关洋员签署聘用合同时，对每一职位的职责范围不作详细规定，以使他们可以不受限制地在各自的岗位上，根据债权人的利益为所欲为。

丁恩等人进入稽核所后，持借款合同为尚方宝剑，以列强各国政府为靠山，首先就稽核所的地位和职权等问题，向袁世凯政府施加压力，提出在财政部下设立盐务署，而将稽核所置于盐务署领导之下，且称之为稽核造报所，系违反借款合同。按照合同规定，稽核所应为全国最高盐务管理机构，总会办应为管理全国盐政的最高长官，只受命于财政总长。洋会办与华总办处于平等地位，稽核所的职权不仅仅是监督、审计盐税的稽征，还膺负领导盐务改革的一切事宜。丁恩认为 1913 年初颁布的稽核造报所章程和办事细则束缚了洋会办的手脚，应当取消，并且动辄以辞职相威胁。

经五国公使出面交涉，北京政府总理熊希龄答应将稽核造报所改称为盐务稽核所，对原颁布的章程加以修改，重新厘定。盐务署长兼稽核所总办，洋会办兼任盐务署顾问。实际上盐务署长兼总办不过挂名坐食而已，一切大权都操在洋会办也就是洋顾问手中。

其后，北京政府按善后借款有关各条的规定，秉承丁恩的意向，重新制定了盐务稽核总分所、盐务署及顾问聘任章程，特别值得注意的是在新制定的稽核分所章程中，明确规定华经理与洋协理等级、职权均相平等（善后借款合同英文本中并无此词句），稽核所洋员的权力因以扩大。进而由丁恩一手操纵，在聘用直、鲁、晋、浙、闽等省洋协理所订合同中，大大越出善后借款合同范围，除许外人管理盐税外，凡管辖盐官、盐场及缉私掣验一切盐务行政主权悉予外人；同时，将前次订立之奉天、两淮等处稽核分所洋员合同废止，按照上述原则重新订定，以扩充其职权，并在各销盐地方设立稽核支所或稽核员，从而使我国盐的生产、运销管理权亦落入外人掌中。

按照借款合同规定，盐款必须存放在银行团各国在华设立的银行，或其认可的存款处；从而使国际垄断资本得以凭借这笔资金进一步操纵我国的金融市场，拿中国人民的血汗作为外国在华的投资，攫取巨额利润。1913 年底，银行团又拟具了"存储及汇寄盐款暂行章程"，要求稽核所照章办理。在该项章程中规定，交付的盐款必须为外国银行所能接受者，否则就需按照最有利之折合率折算成规定的货币。

第一次世界大战期间德华银行被清理，十月革命后道胜银行倒闭，北京政府本来可以将该两行存款收回，而且 1917 年 7 月以后善后借款本息已改由关税支付，盐税收入可谓与银行团无任何关系，但北京政府却先后把德华、道胜两行原有的存款份额分与其他几家外国银行，将应当收回的主权，平白无故地拱手让与外人。

存放于银行团各银行的盐款，只在上海才付给利息，但也仅按活期存款的利率计算，其他均为无息存放。而债款必须在到期前 14 天拨付，其间的利息也被一笔抹煞。

银行团方面除利用存储盐款的权利进行层层剥削之外，还以拒付盐余的方法控制我国财政。1913 年以后由于盐款收入增加，备付各项债款本息后尚有剩余，按照借款合同规定，该项剩余盐款理应无条件地如数拨还中国政府，但银行团方面却千方百计以各种理由拒绝按期拨付，企图干涉中国对这笔款项的用途，北京政府往往需要经过数次乞讨才能领还。本来是中国自己的钱，却不得不听任外国主子的施舍。

三

大革命时期，孙中山先生在广东发动并领导了反对北洋军阀政府的革命斗争，将盐税征收权收回，并驱逐了盐务稽核分所的洋员。"四一二"政变以后，国民党反动当局并未立即恢复稽核所。1927 年 6 月 28 日，国民党中央执行委员会政治会议议决"将各盐务稽核所一律停止职权"，国民党当局之所以实行这种政策主要是由于从事反共反人民的活动需要大批经费，但当他们提出以盐税为担保向银行借款时却遭到稽核所的反对。如 1927 年 4 月 8 日，蒋介石拟以松江盐税为担保向金城银行借款 100 万元，因遭到松江稽核分所的反对而归于失败。4 月 28 日，蒋介石委派的盐运副使再次提出以盐税为担保从盐商借款 50 万元，又遭到稽核所的拒绝。由于国民党当局"纵然用不断压迫的手段也得不到军队所需要的资金"，蒋介石对稽核所依然受命于北京政府的态度很不满意，认为这些举动严重损害了他在列强面前的"尊严"。

把持着中国盐务机构的帝国主义分子看到北京政府已处在风雨飘摇之中，为了维护债权者的利益，1927 年 3 月，英籍会办斐立克为恢复稽核所而奔赴长江一带进行幕后活动。当时担任武汉政府财政部长的宋子文已向斐立克作出了"恢复稽核所和承认外债的诺言"。其后稽核总所又派出专人通过各种关系与南京和武汉政府的要员频繁接触、秘密谈判，南方稽核分所中的一些洋员也在各该国驻华领事、公使和银行团的主使下暗中活动，并逐步取得了宋子文、胡汉民、孙科、伍朝枢等当权人物的支持，认为稽核所在征收盐款保证外债按期偿还方面颇具效力，从而促使国民党当局很快地实现了恢复稽核所职权的诺言。1928 年 1 月 30 日，国民党政府财政部发出了恢复盐务稽核机关的命令，并聘请斐立克南下充任新组建的盐务稽核总所会办，地方的稽核机关则被原封不动地保持下来。

国民党政府在恢复稽核所的过程中及其以后，对稽核所进行了一系列的调整。稽核所的职权随之也发生过几次变动。

按照善后借款合同的规定，各地稽核所征收的盐税应存放于外国银行，以保证借款得以如期偿还。由于该项借款早已改由关税支付，1928 年 11 月 16 日，宋子文发表宣言："嗣后稽核总所按照新规章，虽然继续征收一切盐税，但除由财政部长拨付偿还借款应需之款外，不再负保管任何款项之责任。"从此，盐款改存中国银行，稽核所不再处理外债偿付事项。1929 年 1 月颁布了新定的稽核总分所章程，强调稽核所是中国行政机关的一个组成部分；又命令北平稽核总所南迁改组，同时将盐务署所设之稽核处撤销，以集中事权。1929 年上半年，财政部命令各运使运付、榷运局长将收税职权限于 8 月 1 日移交给各该区稽核机关接收。除有特殊情况者外，各地稽核所均于 1929 年内先后恢复。除正税外，中央附税亦统一由其负责征收。其后稽核所的职权不断扩张，大大越出了 1929 年 1 月章程所规定的范围，把查缉私盐等原属盐务行政方面的职权也都划归稽核所的名下。

1932 年，国民党政府以节省经费和增进办事效率的名义，对盐务机构又一次进行了调整。任命盐务稽核所总办朱庭祺兼任盐务署署长，并将盐务行政机关裁并，原有运使运付、榷运局长、督销局长等职缺改派华籍稽核人员兼任。各区之洋员则仍专任稽核职务。1935 年，财政部又通令各区将盐务行政机关裁撤或并入盐务稽核机关。盐务稽核所的职权进一步扩大，囊括了全部盐务管理权。

从 1937 年 4 月开始，财政部将所属盐务机关再次加以改组，盐务稽核总所改为盐务总局，直隶于财政部，综理全国盐务，于产盐区域设立盐务局，于销盐重要区域设立盐务办事处，仍是稽核所的原班人马。同时将盐务署取消，于财政部内设盐政司，专司指导与审查事宜。

稽核所在其继续任用洋员这一点上和北洋政府时期虽无什么实质性的不同，但在形式上却有一定变化。盐务稽核所中的洋员在北洋政府时代系为银行团保荐，居于债权者代表地位，南迁以后改为自由聘用，为雇员性质。稽核所中洋员的国籍也有明显的变化。过去历任总所会办均由英国人担任。国民党政府在开始时也继续任用英国人斐立克为稽核总所会办，任法国人罗尔瑜为会计科长。但1929 年 9 月国民党财政部下令将罗尔瑜解职，1931 年又调斐立克任财政部顾问，撤销其总所会办之职，以会计科长美国人葛佛伦接替之。这两起事件显示出了国民党政府投靠美国，逐步以美国人以代替其他国籍人员的倾向。关于抗战前稽核所任用洋员国籍的变动情况及其原因，1937 年 6 月 22 日，日本驻闽总领事内田五郎致外务大臣广田弘毅函中说：根据厦门盐务管理支局视察员日吉朔郎的报告，盐务稽核所"自'九一八'事变以来，日人逐渐减少，但美人反有逐渐增加的趋势。这是因为中国财政部系统中接近美国的人士居多的缘故"。

四

1931 年"九一八"事变后，日本侵略者不顾其他国家和国民党政府的反对，劫夺了东北各地盐务机关保管的盐款，进而将东北三省的盐务管理权掌握在自己手中。

1937 年后，随着日军对华北的占领，伪政权对华北的盐务机构进行了改组，由熟悉我国情况的日本人出任各地伪盐务管理机关负责人，如长芦局副局长郑梅雄即为事变前我国盐务稽核机关中的日籍雇员。同时，日本有关方面利用其操纵的国策会社——兴中公司和山东盐业公司以军管理的名义直接经营华北主要盐区的生产和运销，不断扩大对日输出，以达到尽力掠夺这些地区盐业资源的目的。

1939 年日方利用伪政权改换门面，假借"中日合办"的名义将兴中公司改组为华北盐业公司，以"中国普通法人"的名义申请立案，但实际上大权仍完全操诸日本华北开发会社之手。

在日本侵略军占领江浙一部分地区后,华中伪政权即着手恢复各地的盐务管理机构。与华北地区不尽相同的是,日寇在华中的经济实力较弱,盐务机关中虽都有日本人担任顾问,但两淮盐商和汉奸资本在伪政权中有很强的代表势力,如伪盐务署长阮毓麒、中华盐业公司董事长李闳菲均系大盐商出身。由于日资控制的垄断盐业公司排斥了他们的既有特权和利益,就不时触发狗咬狗的激烈倾轧。起初,得到日本军方支持的通源盐业公司垄断了华中地区食盐的批发销售。后由于华中伪政府一再反对,1942 年 1 月终于停业,改由旧盐商合组的裕华盐业公司接管其业务,但仍须聘任日本人为顾问和联络员。华中主要产盐区——淮北盐场被日军占领后,一开始系由华中盐业公司独家经营,但伪立法院不予立案。最后日方作出让步,于 1943 年 7 月将该公司转让给伪政权经营,改组为中华盐业公司。中华盐业公司成立后由于得不到日寇的积极支持,资金困难,从此一蹶不振,抗战胜利前夕,宣告解散。

日本帝国主义对中国占领区盐务行政的控制及日本军方支持的垄断公司对华北华中盐业的独占,严重损害了英、美、德、法等国在华的债权利益,这些国家纷纷提出抗议。日方对这些抗议开始还表面敷衍一番,继则置之不理,英、美等国无可奈何,乃任其为所欲为。

由于东北、华北、华中的大片国土被日军占领,国民党统治区日趋缩小,原来设在各地的盐务机关无法立足。抗战爆发后,国民党对食盐实行官收官运政策,使过去以保证税收为主要目的的“中外合办制”的组织形式难以适应。盐务机关中洋员的人数不断减少,作用亦日趋削弱。1941 年底和 1942 年初,美籍会办罗哈脱和一度代行其职权的西文秘书华勒克先后辞职,在经过了一年多的空缺之后,国民党政府在 1943 年 7 月任命华人为盐务总局会办,以后亦未再聘请外籍人员任此职务。

（与汤仁合作,原载《南开经济研究》1985 年第 1 期）

清末列强各国侵犯我国盐政主权的活动

在列强各国政府的支持下，国际金融资本控制中国盐政权的活动，是从民国元年（1912）开始的，以民国二年（1913）善后借款合同的签订和盐务稽核所的成立而遂其所愿。其实，列强各国侵犯中国盐政主权的活动，早在 19 世纪后期就已不断增加，对于这一问题，过去的中国盐务史著述中，尚少见论及，现就经眼的资料，概述如下。

一、外盐进口问题的交涉

清政府长期以来实行闭关政策，对商品进出口的品种和数量严加限制。食盐属专卖品，向由引岸专商和政府把持，为维持这种封建垄断的特权，中国商民尚且不能自由经营，当然更不会允许外国人轻易插手我国国内食盐的运销，并严格禁止盐的进出口，尤其是禁止盐的进口。清政府认为：如果此禁一开，必致毁废整个引岸制度，以之为业的商民和国家税收将受到严重的影响。

基于上述原因，在清政府与各国所订商约中，均申明严禁食盐输出和进口，如咸丰八年（1858）所订《中英通商章程》之第三款中规定："凡有违禁货物，如火药、大小弹子炮位、大小鸟枪、并一切军需等类及内地食盐，以上各物概属违禁，不准贩运进出口。"[①]同治五年（1866）六月，英国驻华公使阿礼国，秉承本国政府的指示，照会总理各国事务衙门，要求解除对食盐进口的限制，允许英国商人贩盐入境。照会称：如果允许洋商缴纳公平税款，按货值每百两抽银若干，准其到内地贩卖，则中国的关税收入可以显著增加，国课亦可因之获益，不至于有亏累之处。英商出产的优质食盐，如果被允准贩运进口，不但英国商人可以获利，就是英国政府方面也十分感谢。倘若不能全面开禁，是否可以选择几个通商口岸，在限定的某沿海地区试办三年。清政府在给英国公使的复照中说：中国食盐的运销向例均有引

[①] 《清盐法志》卷 9《杂记门·条约》。

岸的划分，不得彼此侵灌。倘若准许外商像其他货物一样自由贩运，则引岸销区势将无法维持，这种办法与中国政府历来实行的政令不符，因此，仍应按照以前条约的规定，不得贩运食盐进口。

英国官方对清政府的答复当然不能满意。这一年的九月再次照会中国政府，称江苏、浙江两省已有允准外轮从海道私贩盐斤纳税入境的变通章程。地方政府既然有此先例，不如公开全面解禁。按照中国政府所发的盐票，允许外商到指定地点销售，并允许外国轮船参与中国内地的食盐运销活动。这样不但可以增加政府的岁入，也可以使消费者买到质优价廉的食盐。总理各国事务衙门在复照中回答说：如果允许洋船参加国内的食盐运销，必将造成大批以此业为生的商民失业。因为洋船便捷，华商无力与他们竞争，对英国政府的要求再次予以拒绝。

同治六年（1867），因为与各国修订商约的期限临近，乃谕令军机处以及滨海沿江各通商口岸将军、督抚大臣就是否应允许洋盐进口等一系列问题各抒己见，进行讨论。以总理船政沈葆桢为代表的少数人主张：既然洋盐走私势不能禁，不如因势利导，实行开放，课以重税。有从国外私运入口者，议以重罪。这样中国方面反而可以化害为利。而多数派以两江总督曾国藩、湖广总督李鸿章、兵部侍郎崇厚等为代表，则认为祖宗成法不可变，若在条约中规定准许洋盐进口，必然会毁坏醝纲，影响国课和民生。食盐向例中国人都不能自由运售，怎么能让外国商人随意插手？

根据多数派的意见，同治七年（1868）五月总理各国事务衙门在答复英国公使的修约要求时称："查盐斤一项，系中国国家官事。朝廷设官管理，非它项货物可比。虽至贵官员，不能随意贩运，商人何能侵此大权？此条应毋庸议。"①

虽然屡次遭到拒绝，英国政府并不甘心。同治八年（1869）九月，英国方面又一次要求准许英商贩盐入口售卖，每月只来船一只，运盐至上海，一年之内，以洋船十二只为限，试办三年。进口税项由海关税务司管理。对此，清政府仍然以中国盐有定额、引有定数，外国额外之盐即行，则中国额定之引必然滞销，收税之利实不敌亏课之害等原因为理由，加以拒绝。

光绪十二年（1886）以后，在我国与英、法、美、日等国续订的各项通商条约中，虽然取消了对食盐出口的限制，但实际上清政府仍极力维护这一传统政策。如光绪末年日本原盐供应短缺，而我国青岛附近的盐田积盐达数千万担。如果以合理的价格出口盐斤，既可以增加国家的关税收入，平衡进出口贸易，也可以使我国商人和盐民得利，刺激山东省盐业生产的发展。胶海关税务司于光绪三十三

---

① 《筹办夷务始末》卷63。

年（1907）提出青盐输往日本的报告，并指出即使不正式开禁，私运出口也早已存在，难于禁止。但清政府以向章不宜违背为理由，遂不果行。

至于食盐进口，清政府则在与各国签订的条约中一直坚持禁止，如光绪二十年（1894）《中英续议滇缅条约》第十一条就规定："食盐不准由缅甸进入中国。"①光绪二十九年（1903）签订的《中美续议通商行船条约》第四款中，美方承认："盐斤系中国政府专办之事。"②

二、外轮私贩盐斤和列强侵略我国盐政权的其他活动

以英国为首的列强各国关于食盐进口和参与中国国内食盐运销经营的要求，遭到清政府的一再拒绝。外商乃置条约规定于不顾，在各国政府的支持下进行走私和其他种种非法活动。

1. 外轮在长江流域以及其他地区贩运私盐

咸丰十一年（1861）八月，英国商船衣的马时多号由浙江温州私买盐斤运至上海，为江海关查获。温州当时并非通商口岸，依据条约外商亦不得经营我国食盐的贩运，总理各国事务衙门为此与英方进行交涉。英国公使、领事却多方庇护英商，并强词夺理，反要我方赔偿英国船主的损失。

同治元年（1862）八月，洋商波尔生伙同广东商人黄略兴等贩运食盐 276包到江西省吴城镇售卖。又有洋商费尔盖宾的洋船一艘，装运食盐 800 包到该镇出售。当地盐行在得知这些盐斤系属洋商贩私以后，将所受之盐退回，费尔盖宾竟将行伙二人扣押在船，并于当晚带水手多人，各持洋枪、洋刀，闯入盐行，强索银 70 余两而去。同月又有美国商船埃米号由九江运盐四五百包前往南昌，被发现后逃之夭夭。

同治二年（1863），九江海关拿获美国商人白来，将其船只及所装盐斤一并入官充公。同治九年（1870），九江海关又查获美商维林斯顿贩卖私盐，船名美坤号，系在吴淞口购入盐 1,147 包，沿江在龙潭、德化等地洒卖，到九江后始被发现。船只、货物一并入官，并不准其今后在长江上下继续从事贸易活动。

同治十一年（1872）五月，江海关查获美船江发号夹带私盐被没收。在此之前，仅三月份一个月内就发现美船三艘有夹带盐斤的行为。

---

① 《清季外交史料》卷 89。
② 《清盐法志》卷 9《杂记门·条约》。

同治时，常有宁波渔船装载浙江省岱山盐场所产盐斤逆长江而上，到湖北省沿江各偏僻县份任意洒卖。因船上插有洋旗，并携带洋枪等军械，以洋人为护身符，沿途中国官宪多不敢查询。遇中国兵丁缉拿时，竟有以洋枪抗拒者。此外，更有越来越多的中国盐船由外轮拖带，沿长江而上，凭借外国人的庇护，逃避沿途厘卡的查验，肆意进行逃税走私活动。为解决这一问题，在海关总税务司赫德的主持下，曾经制定长江航运收税章程，规定需在纳税后取得海关监督批准的牌照，方可拖带中国内地运盐船只，否则即将该盐船入官，轮船亦不得再参与长江贸易往来。

外轮私贩盐斤活动以长江流域为主，其他沿海地区亦有发现。同治元年（1862）三月，英国商船白里一号在福建省金门附近贩运私盐，被闽海关发现。

同治八年（1869），天津税务司查获悬挂英国旗号的奥地利夹板船伊来撒各利亚号载有外国盐包，共重 22,000 余斤，予以没收。

宣统时，因越南盐价便宜，法国商人往往以借道为名，私贩食盐到我国广西省龙州一带售卖。

广东沿海各盐场则时常有私枭贩运盐斤至香港，从香港英国当局取得放行单，然后运往东南亚一些地区销售，或再转运回内地其他地方销售。

2. 日本、德国商人在租界地内外的制盐和贩私活动

19 世纪末年和 20 世纪初年，越来越多的日本商人非法在我奉天（辽宁省）沿海各地私买盐滩制盐，并拒绝向当地政府纳税，而将所产之盐运往内地销售。

自光绪二十四年（1898）俄国租借旅大后，全州境内各盐滩均被划入租界。光绪三十一年（1905）日本接管后，在这一地区组织公司，开滩制盐，运往奉省各地销售。此后又派人强占租界地外复州所属交流、鲁佗两岛盐滩，强行收税。

光绪末年，日本商人到奉天沿海各场私买盐斤的事件不断发生，甚至借口军用，把盐坨掘开强买，不纳税而通过中东铁路私运至内地销售，虽然屡次被中国方面查获，但这些商人由于得到日本政府和军方的支持，有恃无恐，活动反而日甚一日，为此多次引起中日双方的交涉。

据有关资料记载，奉天省仅沙河镇一地就有日本人开设的盐行 13 家，他们串通华商，逃避纳税，对奉天省的盐务管理影响很大。光绪三十二年（1906）四月，日本商人伊藤俊三以船 17 只，私运食盐 458 石，在鸭绿江上被我国缉私机关扣留。日方却百般袒护，反无理要求中国方面每船每日赔偿损失 50 元。还有些日本商人在朝鲜境内设店，偷渡过江私行贩卖。

宣统时，德国人在青岛以南租界地沿海地方开辟盐场数十处，招募华工制盐，

暗销内地。德国占领当局还公布制盐销盐章程，其中规定：①凡在租界地内制盐者，按所占地亩，每付斗子缴纳税款大洋 4 元；②盐斤运出，每斤缴费大洋 3 分；③偷运盐斤出境者，处以罚款或监押。由于租界地内各场所制之盐质优价廉，附近居民多趋往购买食用。德国当局对缴税运输出境者发给执照，并予以保护，从而给我国山东省盐务机关的管理工作造成很大干扰。

3. 霸占盐佗，撞沉我国盐船

庚子之役，天津沦陷，长芦盐区各地盐佗多为俄、法两国军队占领。我国商人前往索要，俄国军方竟提出每包缴银一两八钱五分，方准赎出；法国军队所占盐佗则每包要缴三两一钱，才能提取。实际付出的赎金尚不止此数，据统计，议赎俄、法两国军队所据有的盐斤共 464,000 余包，用银竟达 190 余万两。"论盐数尚不及一年实领之引目，论钱数实已逾三年包销之课帑。"①

长江中下游是淮盐运输的主要渠道，19 世纪后期，在列强各国取得我国内河航行权以后，外轮撞沉我国盐船的事件不断发生。如同治四年（1865），美国旗昌洋行的轮船撞沉我湖北盐船，溺毙三人。当我方向美国驻上海总领事馆提出质询时，美方强词夺理，以为应各负一半责任，仅允责成旗昌洋行赔偿盐价及船价的一半，毙死三人，每人仅付给抚恤金一百两白银。再如光绪三年（1877），英商太古洋行的轮船撞沉江西盐船，淹死水手两名，损失达白银 21,500 余两。

三、外债、赔款以盐税收入作抵押

清朝末年，列强各国通过对中国发动一系列武装侵略，迫使清政府偿付一笔又一笔的大宗赔款。为了解决财政上的困难，清政府只得举借外款，以应燃眉之急。在关税收入不敷抵押后，国际金融资本进而要求以中国的盐税收入作为债、赔各款的担保。情况如下表（见表 1）。

从 1895 年开始，到 1911 年为止，以盐税收入作担保的债、赔各款虽已有十笔之多，但各项合同中尚无外国监督我国盐税收支的条款，盐政主权仍操诸政府手中。列强各国对此并不甘心，清王朝灭亡后，利用袁世凯上台的机会，通过善后借款达到了他们进一步控制中国财政的目的，这一段历史已为大家所熟知，亦非本文讨论的范围，故不再赘述。

---

① 《清盐法志》卷 23。

表1　清政府以盐税收入作抵押的外债与赔款（1895—1911年）

债名	借债日期	债权者	债额	年息	期限（年）
克萨洋行借款	1895年	英国克萨洋行	1,000,000镑	6厘	20
瑞记洋行借款	1895年	德国瑞记洋行	1,000,000镑	6厘	20
英德续借款	1898年	汇丰银行、德华银行	160,000,000镑	4.5厘	45
庚子赔款	1901年	英、俄、法、德、日、美等十一国	450,000,000两	4厘	40
湖广总督借款	1907年	日本横滨正金银行	2,000,000两	8厘	10
英法借款	1908年	汇丰银行、东方汇理银行	5,000,000镑	4.5厘	30
湖北汇丰银行借款	1909年	汇丰银行	500,000两	7厘	6
两江总督借款	1910年	汇丰银行、东方汇理银行、德华银行	3,000,000两	7厘	6
湖广铁路借款	1911年	汇丰、德华、东方汇理银行及美国银行团	6,000,000镑	5厘	40
湖北省银元借款	1911年	汇丰银行	2,000,000两	7厘	10

　　资料来源：本表系根据1912年六国银行团善后借款合同英文草案附件"盐税负债表"及《盐政杂志》第10期所刊"调查外省盐税担保之确数"一文内数字编制。

（原载《盐业史研究》1986年第1期）

论中国盐务管理的近代化

盐业的近代化包括生产关系、生产方法、运输手段、商业销售、消费结构、管理系统、税务稽征等方面。本文讨论的重点是清朝末年和民国初年在盐务管理方面由传统方式向近代方式的转变，因为在这个领域中有比较显著的进步；同时也兼及生产、运输、消费等其他方面，以图概括全貌。

一、19 世纪末期中国盐务管理的结构和特征

食盐作为一种工业产品，为人生存所必不可少，尽管每日需求不多，却具有不可替代的性质，不像其他饮食和衣着，有众多的品种可以相互替代。中国食盐资源的分布较广，但对绝大多数居民来说，均需经过路途长短不等的运输并通过交换才能取得。而在耕织结合的中国古代社会，大多数农民家庭的衣食乃至住室的构筑，基本上可以就地取材、自给自足。因此直至鸦片战争前，在进入长途贸易的工农业产品中，食盐始终居于首位，其价值不仅高于丝、茶和煤、铁，也多于粮食和棉布。在国家岁入中，盐税的地位则仅次于土地税。利之所在，必然引起社会各方面的角逐，而保证民食又是社会安定的重要因素，为当政者所关注。经过长期反复的调整，逐步形成一套以产销布局为基础的、与我国传统政治和财产权力结构相一致的、官商结合以控制和垄断运销为中心环节的管理体制。

1. 生产方式的落后及其原因

西方国家早在 15 世纪就开始生产精盐，到 19 世纪后半期食用盐已以精制盐为主。而我国直至 20 世纪初所产食盐全系粗盐，所含杂质较多，不合卫生要求，为提高纯净度，生产方法亟需改良。

从 19 世纪 70 年代开始，中国工矿业生产的近代化在众多行业中相继起步，而盐业中虽然早已出现了资本主义生产关系的萌芽，工场手工业在某些地区相当发达，盐商手中积聚了大量的资本，而近代制盐业却迟于其他产业部门，直到第

一次世界大战期间方才产生。造成近代制盐业滞后发展的原因是多方面的，主要有：（1）它是一种古老的传统工业，而不是一种新兴的工业部门，在中国开始谋求工业化时，为了满足社会不同方面更为迫切的需求，一些新兴工业的设备和技术往往被率先引进；（2）有些传统工业部门引进国外技术和设备可以大幅度降低成本、提高劳动生产率（如纺纱），因而迅速出现并扩大，而制盐则不然，其传统生产方式成本低廉，在非熟练劳动可以生存工资无限供给的条件下，机器生产的采用存在着极大的障碍，在这方面制盐与井下采煤乃至农业生产颇为类似；（3）中国食盐消费中一个相当大的比例是用于腌制蔬菜和鱼肉，其数量虽无全面的统计，但可以从不同地区食盐销额在一年中明显地上下波动中得到证实，这种消费习惯使粗盐生产的广大市场得以保持；（4）盐业是封建势力的顽固堡垒，其中官商的垄断和控制能力远胜于其他行业，使近代生产难于插足，盐的进出口向被严格禁止，1895 年后，外国虽然取得在中国设厂制造的权利，但制盐业则始终为禁区。

2. 官商结合、垄断运销的引岸制度

清代根据各大盐区的产量，地域远近、路途便利以及传统习惯等方面因素划定各盐区的行销范围称为销引岸。各区设场若干，销往何处，销量多少（引数）均有定章。中国地域广阔，各区自然地理和社会经济状况十分错综复杂，以中央立法的形式硬行规定场址、产量、销岸，本难合理。各地食盐数量主要由人口数目决定。由于人口自然增长率不同和经济发展的不平衡，自然灾害对农民收成和农村收入的影响，人口流动的加速，使分配引额、计划销区的僵化模式无法适应上述种种变动的因素，更难以符合商品流转的经济原则。

清末，我国大部分地区盐的运销系由在政府注册的殷实商人承担。这些专商握有多寡不等的、由户部印发的特许证——引票（盐票），他们在向政府包缴相应的固定税额之后，每年可向指定的盐场购入一定份额的盐斤，运输到指定的口岸囤过给当地商贩，或直接开设子店零售于食户。这些商人持有的引票世代相传，成为一种封建特权，可借以取得大量的垄断利润。在中国古代社会中盐商的地位远胜于欧洲盐商在社会中的地位，其对盐运销的垄断程度也高于西方。

由于销盐有岸、行盐有引，他人染指盐的运销即被政府和商人视为贩私，因而形成了一种封建垄断的引岸专商制度。引商由于享有独占地位，无他人竞销之虞，食盐运输到岸后，掺砂掺土，减秤抬价出售，发财暴富。盐务官吏视之为利数，索取规费，坐收贿赂。广大人民虽出高价，也只能吃到质量低劣的苦恶之盐。

有些边远地区由于交通不便、运输成本高、风险大、运商利少,遂成废岸,百姓有时甚至被迫淡食,致使清末有许多地区官盐销量日减,国家课税受到严重影响。

3. 腐败的盐务管理机构

直至光绪末年,清政府对盐务的管理始终是以地方为主、中央为辅,并无独立的系统。

中央政府及盐务的管理由户部负责,其名义上是全国最高盐务政令机关,但实际上其所司仅为奏销考成,亦稽核监督方面的事务,每年由其所属的山东清吏司,按照地方上报的清册将销盐引数、征税数目与各地应完成的定额加以比较,对各省负责催征的官吏进行考核。但各省所征收的盐税向分内销和外销:内销者为报部的款项,不过占全部盐税收入的30%;外销部分为地方所掌管,约占70%,这一大部分盐税收入并不解运中央政府。户部每年对全国盐税收入的统计只凭各省盐政的册报,因此仅就监督的职能而言也往往是有其名而无其实。

清代自道光朝以后,各省的总督、巡抚皆带管理盐政的头衔,机构设置、官员任免的权力在地方首脑,而不在中央负责盐务的职能机关。各级盐务官吏,自运司、盐道以下均受命于督抚,以地方利益为转移,与户部、户司无直接领导与被领导的关系。

年深日久,地方盐务管理人员的数目越来越膨胀,机构重叠,层层只顾索取规费,对引额滞销、盐税亏欠很少过问,办事效率极为低下。各级盐务官吏不是靠该机构预算内经费和工资,而是靠勒索、贪污、佣金发财致富。在产盐地区,很多场大使长年不驻盐场,合家居于省城,对所负责盐场的产销情况一无所知、尸位素餐。各级官吏大多对生产技术、管理、会计、法律一窍不通,他们在盐务机关任职不过是宦途中的一个台阶而已。

4. 混乱的税制和不合理的盐税负担

清嘉庆以前,盐税的税种本已相当繁复。咸丰、同治年间为镇压太平天国运动,在盐课之外又增加了盐厘,光绪中叶以后,因军需浩繁,各种名目的盐斤加价层出不穷。到清朝末年,盐斤加价已成为盐税的主要组成部分。再加上清末各省对食盐运销所课的团练、路捐、商捐、学捐、盐务行政经费等各种附加税不断增加,使盐税种类更加混乱,据不完全统计有700余种之多,甚至主管盐税稽征的地方官员也说不清辖区内的税种和税率。

由于各地税种多寡不同,每种税的税率亦高下不一,造成各销区人民的盐税负担相差悬殊。从 1910 年时的情况看，每百斤征银数由数钱至四五两不等。大抵离产地较远，官商易于垄断和控制运途（特别是长江水路）的地区税率较重，靠近产盐区的地方，由于运途难于控制，如果课税太重则难以敌私，所以一般税率较轻。税率不一致是造成各地盐价高下不等的重要因素，其结果是使食户的盐税负担极不合理，淮南四岸广大农村的贫苦农民负担极重的盐税，而近海许多富庶地区却盐税极轻。

据张謇的统算，清末我国食盐税率平均约为每百斤 1.8 两，合银元 2.7 元，为平均测算的制盐成本每百斤 5 角的 5 倍还要多（见《改革全国盐务计划书》）。当时西欧各国食盐税率，据有人考察，折合为我国货币为每百斤 1 元 2 角～1 元 3 角，日本则为 1 元 4 角 3 分（见王桢干：《中国盐政改革规划意见书》）。相较之下，我国税率大体高出世界其他国家一倍左右。但还需指出的是，这个估算的平均税率中尚未包括以下两项：（1）规费：如前所述，这笔钱并非中央或地方的收入，而是入了私人的腰包，所以难于统算，据有人对淮南四岸的估计，规费与正杂各盐课的比例约为 1∶3；（2）报效：每年均以一定数目随盐课带征，但非法定税项。

清末我国各地区不仅食盐税率与税目各异，而且包装不一，无法定之衡量，所用货币单位也各异。盐税征收手续十分繁难，征税过程和方法更是千差万别，充分表现了传统中国经济的不统一性。

二、20 世纪初的盐政改革及其失败

光绪末年由于盐税和盐价不断增加，报效无几、规费日繁，私盐泛滥、官销不畅，复加以低税区的食盐大量向高税区侵灌，防不胜防，旧有的引岸划分难于维持，盐法更趋紊乱。旧时富埒王公的运商，不少人由于资金缺乏无力办运，欠课愈来愈多，破产者接二连三。在这种情况下，各省均有一些府县改由官办，以图保存旧有的引岸藩篱，其中除个别地区较有成效外，一般说来改归官府经营后，其腐败更甚于专商。办运者不悉业务，唯以中饱私囊为目的，他们随意挪用公款，所领成本很快消磨一空。对到岸盐斤垄断居奇，官盐私卖，抬高盐价，然后将非法所得利润朋比私分。当群众被迫从其他各种渠道购食私盐时，这些人则利用政权机关硬行向下分配食盐，强迫人民高价购买，以图完课。西方学者认为这一时期官运份额的扩大是一种食盐运销近代化的反映，因为在这前后日本和欧洲一些国家（如意大利）在近代化的过程中都实行官运而取得改革的成功。笔者认为这

种通过机械的对比得出的结论未能反映实质。因为这一时期在中国一些地区改行官运，与历史上长期存在的官专卖并无区别，不能因在个别地区改行官运后税收增加，就与其他国家的改革相提并论。

由于传统盐务管理制度中的众多弊端越来越严重，国课民食两受其害，所以从 20 世纪初年开始，朝野有识之士呼吁废除旧有的引岸划分和专商制度、改革盐务管理和税收的呼声日益高涨。由于西方经济学说开始在中国传播和欧洲、日本实行盐政改革经验的宣传，这一时期提出的各种革新计划和建议方案与传统社会中的诸多改革主张有所不同，而带上程度不同的近代化色彩。1936 年，中国政府曾派使团去印度考察盐务管理的情况，这对清室下决心改革也有一定的促进作用。

宣统元年，由于各地盐务管理更趋紊乱，非统一事权，无以收改革之效，始于中央设立督办盐政处，派度支部尚书载泽兼任督办盐政大臣，总理全国盐务事宜。各省督抚因原本就有管理盐政的责任，现在均委以会办盐政大臣的头衔，协助督办大臣工作。载泽上任后，为将盐务管理的基本权力集中于盐政处，并划分中央和地方的权力和责任，草拟了督办盐政章程 35 条，其主要内容为：凡各省盐务行政用人事宜均归盐政处负责，运司、盐道、各局总办等均由督办盐政大臣遴选，或由督抚推荐，征得督办大臣同意，予行保荐，然后请旨简放。运司、盐道和各局属员的任用，则需由督办和会办大臣共同核准。疏销、缉私继续由各省督抚负责办理。各省税收无论新旧正杂一切款项不得擅自动用。地方如果需要支用盐税收入，需报督办大臣核准，始得拨解。督办盐政处的设立和章程的颁布应当说是向盐政管理集中化和近代化转变的一次努力和尝试。清政府企图通过这些规定统一全国盐务管理，去除地方分权的某些弊病，但也仅仅是削减了各省督抚的一部分权力，并非建立在中央政府管辖下的独立盐务系统，乃是一种以中央管理为主、地方管理为辅、上下共同负责的混合型管理制度。至如各省下属盐务机关办事机构重叠、事权不一、人浮于事、勒索规费、贪污腐败等种种问题，则没有触动。

但就是这样一个不彻底的改革方案，也遭到各省督抚的一致反对。关键的问题在于这一规定剥夺了他们任用私人和随意支用盐税收入的权力。各省督抚联名上奏，要求与督办大臣重新议定章程，在遭到批驳以后，则采取处处作梗或推卸责任的办法进行抵制。复加以章程制定的目的虽然在于明确划分中央和地方的责权，而按照条文的规定，许多问题的处理却需由督办大臣与会办大臣协同决定方可实施，结果形成互相牵制，中央和地方的矛盾不但没有解决反而更形尖锐化，各省自立盐税名目的问题没有解决，盐政处拟将正杂课款、厘捐、加价等项目归并的命令也未能贯彻执行。

宣统三年，为进一步解决中央和地方分权所造成的种种矛盾，建立独立的上下一贯的盐政管理系统，清政府决定将盐政处改为盐政院，设盐政大臣一人，管理全国盐政，统辖全国盐务官吏，在产盐区设正监督，于销盐区设副监督，并规定正、副监督不得由其他道员兼任，以求能专门从事盐务管理工作。正副监督以下各级官员的工作，由盐政院统一进行考核，盐税收入随时解缴国库，听候度支部大臣指拨。各省总督、巡抚原来所领会办盐政大臣的头衔一律撤销，但缉私等项工作仍由其担当。这是一个比较彻底的将盐务管理权集中于中央的方案，也是改变过去盐务管理机构长期处于附属地位、独立自成系统的改革方案。但盐政院成立不久，各种规章制度尚未完备，地方官制改革还没有来得及实行，适值辛亥革命爆发，旋即将盐政院裁撤，仍把盐政事务归并度支部办理。

虽然 20 世纪初年清政府盐务管理改革的努力由于受到地方官绅的阻挠而未能取得实质性的成效，但在盐业近代化方面仍有某些值得注意的进步。一是盐税收入用于国家近代化方面的数量有所增加，特别是用于修建铁路的作用不可忽视；二是由于铁路的建设和输运的扩大，食盐的运输工具和运途开始发生重大变化，对旧有的引岸划分和专商垄断给以有力的冲击；三是某些地方在食盐运销制度方面开始了具有近代色彩的改革，就场征税、自由贩运制度取得成绩，如从 1903 年起岑春煊在广东推行这一改革，使盐税收入增加，而且简化了过去复杂的税收手续和税种。

三、盐务稽核所的建立与中国盐务管理的近代化

1911 年爆发的辛亥革命对传统的盐务管理体系和运销制度是一次有力的冲击，很多地方机关陷于瘫痪，引盐运销额大减，盐税收入一度完全不能上缴中央政府。

在辛亥革命过程中，盐务改革运动兴起，改革者的思想开始突破中国历史改革派的旧框框，主张盐务管理应集中统一，盐税征收要根据西方国家公共财政的一般原则，即：公平性、普遍性与合理性，本着易于管理的精神，实行新的制度，达到每个纳税人的负担减轻而国家可以多收的目标。其代表人物景本白宣称：引岸制度是封建主义的一种表现，在结束了二千年的封建专制后，盐商的世袭领地必须与君主制度一并摧毁。1912 年底，中国历史上第一个盐政改革的民间团体——

盐政讨论会在张謇、景本白的倡议下成立,有会员数千人,使过去分散的改革活动组织起来。这个讨论会虽然没有明确的共同纲领,但出版了刊物——《盐政杂志》。在该刊第 1 期上发表了张謇和景本白对改革中国盐政的意见和计划,这个刊物在其后的一段时间内对推动中国盐务的近代化发挥了重要的舆论推动作用。

1913 年 4 月北洋政府与五国银行团签订了善后借款合同,借款以全部盐税收入作为担保。列强各国通过盐务稽核所控制了中国的盐政权。在稽核所建立后的一段时间内,中国盐政管理的近代化取得了显著的进展。

1. 建立从中央到地方独立的有权威性的管理系统

根据善后借款合同的规定,在北京设立的盐务稽核总所成为全国最高盐务机关。所有发给引票、款项收支均需由总会办签字,这样总会办成为全国盐政的最高长官。稽核所的职权不仅仅是监督、审计盐税的稽征,还应负领导盐务改革的一切事宜。稽核所在全国建立了一套自上而下的独立的管理系统。在产盐区设立稽核分所,所有盐斤秤放和盐税征收存储事宜均由其负责,后来其职权又扩大为管辖盐场及缉私掣验等一切盐务行政。为控制运销,在销盐区域设立稽核支所或稽核员。总所其他员司及分所经、协理等的任免均由总会办共同决定。与直至清末历代的情况不同,稽核制度的建立在中国第一次出现了近代中央集权的盐政管理系统。

稽核所与传统的以地方管理为主的旧体制不同,稽核所的工作人员与当地官员和地方政治几乎没有联系。稽核分所和支所的布局与过去的盐政使署不同,大多由所在地方的政治中心迁到生产中心或商业中心,产区的稽核员则驻于场内,形成总所—分所—盐场三级管理体系。稽核所的雇员领有很高的薪金收入,又受到严格的纪律约束,从而创造了一种必要的条件,使这些职员能够拒绝各种贿赂、佣金,不容易被腐蚀。从中央到地方的稽核所职员,均按照西方文官制度的要求,经过严格的考核方被录用,因而具有较好的素质和专业知识。他们一般只在稽核所系统内纵向或横向调动工作,终生在稽核所机构任职,绝少与政府其他部门之间进行调动,从而实现了人员的专业化。

由于外国人参与管理以及上述种种原因,这一机构如同海关一样,较之中国其他行政部门具有一种不同寻常的权威性。甚至在中、外政府之间的某些纷争中,这一机构也力图保持一种中立的地位。比如当某些外国政府指示其在华银行以种种借口拒绝把应拨还中国政府的盐余扣压时,丁恩坚持按照借款合同有关条款的规定办事,迫使他们将这部分款项放还。

1913—1914 年间，在丁恩的主持下制定了有关稽核总所、分所职权，办事章程，盐税税率和计量，盐的产制，盐款的存放和转拨，缉私和盐警等一系列法令，并要求其下属严格按法令办事，实行依法治事、科学管理。稽核所一律采用近代会计制度，统一了盐税计量的货币单位，简化了税收手续，盐务部门的工作效率较清末显著提高。1913 年盐务部门的管理成本占全部盐税收入的比重高达20.43%，1914 年降至 8.9%，1915 年又降至 8.5%。[①]

2. 推行就场征税制度，开放自由贸易

经营的近代化意味着废除封建特权，公民个人或经济实体能平等、自由地参与各种经济活动。

丁恩根据他在印度管理盐政的经验和西方 19 世纪盛行的自由资本主义经营原则，极力主张取消官卖、专商制度和销区、销额、销价的限制，实行就场征税、任人运销、自由贸易、开展竞争。他认为如行此策，"则盐价必低，盐价既低，则购之者、用之者必众，而国家税款自必增加"[②]。

就场征税的主张在中国古代早就有人提出，但一直未能付诸实施，这是因为无法对漫长的海岸线和内地分散的井区进行控制和管理。丁恩上任后采取了一系列措施加强对食盐生产的监控：（1）将稽核分所尽量迁至产区，如在四川省将川南稽核分所由泸州迁至自流井，1915 年在三台设立川北稽核分所，以加强对那里分散的井盐生产的管理。（2）在盐产区修建盐仓，把生产出来的盐立即存储其中并置于稽核官员的监督之下。在长芦，稽核所投资 80 万元于汉沽、塘沽、邓沽建立三个大型仓库。在四川，先是于官方的监督下由当地商人集资兴建盐仓，要求所产之盐必须于两日之内存入；后来，自流井区又由官方出资兴建大型仓库。（3）在奉天、长芦、山东、淮北、福建等区关闭了一些分散的、不易控制的小盐场，为此稽核所共付出补偿费达 10 余万元，促进了生产的集中。由于采取了以上一系列措施，在一些地区基本上控制了生产。如山东省在 1915 年以前沿海各地无论是出海还是流入内地的私盐数量是十分惊人的，而在此以后已基本上没有未缴税的盐斤从这里运出。

对生产和仓储的控制只是第一步，更重要的还是要对盐斤的秤放进行严格管理，因为盐税的征收是在这一环节上进行。1913 年 12 月 24 日，稽核所颁定以

---

① 南开大学经济研究所经济史研究室编：《中国近代盐务史资料选辑》第 1 卷，南开大学出版社 1985 年版，第 199 页。
② 南开大学经济研究所经济史研究室主编：《中国近代盐务史资料选辑》第 1 卷。

司马秤作为全国盐斤秤放的统一标准。从 1914 年 2 月开始废除了长期沿袭下来的、以弥补路途损失的名义允许商人可以在不纳税的情况下每担多放盐斤若干的规定，从而堵塞了这一官商勾结、从中舞弊的漏洞。

此外，稽核所还加强了对运途的检查，特别是对长期以来那些难于控制的运道如艰险的陆路、短途和隐蔽的水路等实行稽查，从而使私盐数量减少，纳税盐斤数量明显增加，保证了就场征税制的贯彻执行。

在推行就场征税办法的同时，丁恩努力实施他开放自由贸易的主张。从 1914 年开始，河北、河南、热河、山西、安徽、江苏、四川和广东、湖北、福建、浙江等省的全境或部分地区陆续开放，允许商人自由贩运。其中有些地方改革取得显著成绩，如四川自 1915 年实行开放政策后，盐的销售量不断增加，盐税由每年 700 万元，竟增至 1,300 万元①。这一改革是符合经济发展方向的，它使低成本的生产者在竞争中处于优势，也使消费者得到好处。1918 年由于甘肃开放自由贸易，兰州市的盐价由每斤 112 文降至 78 文。

开放自由贸易是较之其他改革更为激进的对传统盐业管理的挑战，因此只在一些地区取得进展。据稽核所的统计，到 1931 年时全国约有半数的县实行自由商制，特别是边远省份由于旧盐商势力本来有限，所以大多破除了往昔的陈规。这说明新的经营方式代替传统的行盐制度毕竟是不可阻挡的历史发展趋势。但也必须看到，在中国近代社会中，世袭的票商、专商，以及继之而起在性质上与之颇为类似的包商仍有相当的力量，他们顽强地抵挡着中国盐政的改革，使全国性的自由贸易体制始终未能建立起来。

3. 盐税收入的增加并集中于中央政府

按照近代公共财政的原则，盐税作为一种消费税理应由国家明定统一的税率，从而使消费者平等、普遍、合理地负担。

盐务稽核所建立后，财政部于 1913 年 12 月颁布了盐税条例，实行均税，司马秤每百斤为 2 元 5 角，其他名目的盐税一概废止。但从实际执行情况看，行销湘、鄂、赣、皖四岸的淮盐，以及云南、广西一些地区的正税负担，已经超过这个标准，条例公布后并未降低。另一方面，过去盐税较轻的地区，如东北三省，由于税率提高，与全国标准趋向一致。从全国总的情况看，过去税负畸轻畸重的状况有所改变，如四川的票岸、计岸过去税率极低，而边岸和济楚的盐斤税收极

---

① 参见《中国近代盐务史资料选辑》第 1 卷第 3 章。

重，到 1918 年后差别明显减少。长江三角洲地区过去食盐基本上是不纳税的或只负担极轻的税率，实行统一税率后绝大部分食户都纳入负税的行列。另外就是有些近场地区过去实行的随地丁缴纳盐税的办法一概废止，改行按实际消费纳税。上述这些改革，虽然主要是通过增加不纳税或低税区的盐税负担达到全国税率的接近和统一，但从客观上看则符合盐税负担普遍化、合理化的近代财政原则。

在传统的盐务管理制度下，由于主要是通过垄断运销来保证盐税收入，所以漏洞百出，大量的盐斤流动在当局的控制以外。稽核所成立后，由于推行就场征税制度，私盐数量减少，纳税盐斤数量因此增加。其次是由于开放自由贸易，打破了以往一些地区引岸、销额、销价的限制，这些地区被压抑的需求得到满足，扩大了食盐的销量。另外就是前述一些无税或低税地区食盐税率的提高，也增加了国家的盐税收入。由于以上种种因素，在稽核所成立后纳税食盐的数量较以前有明显的增加，1910 年时为 2,200 余万担，1925 年时增至 3,300 多万担，15 年中增加 22%，超过由于人口自然增长所扩大的需求。全部盐税收入则由 6,800 万元增加为近 9,800 万元（1924 年数），增长 44%。

20 世纪初年，清政府的盐税收入只有 2,000 万元左右，稽核所成立后的第一年即 1914 年增加为 6,000 万元，1915 年又增至 6,900 多万元。其后由于军阀战争加剧，各省截留盐税的问题日趋严重，与此同时各省军阀征收食盐附加税的情况也猖獗起来。这说明丁恩统一盐税税率并使盐税收入集中于中央政府的努力在一度取得成功后又受到挫折，中国传统的习惯势力对改革的阻力是根深蒂固的，盐政的近代化只有经过反复的较量和曲折才能推向前进。

一般说来，在由封建领主制向近代资本主义转化的过程中，国家财政的扩大和统一具有重要意义，它在国民收入的剩余向资本转化的机制中发挥虹吸管的作用，促进公共事业的发展和国家的工业化。但这一时期中国盐税收入的增加和集中于中央政府的价值，却不宜与西方工业化时期相提并论。因为这笔收入中只有一小部分用于国家的经济建设（如投资于河北省海河水系工程等），绝大部分被用来支付外债和内战经费。而所借外债用于国家近代化者亦微乎其微，这种情况可从以盐税收入为担保的善后借款的实际用项中看出①。

4. 生产技术、运输方式和消费结构的缓慢进步

食盐生产近代化的主要标志是精盐代替粗盐。稽核所成立后，虽然在盐政改革方面取得较为明显的成绩，但在盐业生产方面的进步却是非常缓慢的。善后借

---

① 关于善后借款的用项，笔者在《南开经济研究所季刊》1988 年第 3 期有专论。

款的偿付是以中国盐税收入的全数作为第一担保,但在合同中订定用作整顿盐务的经费只有 200 万镑,约合 2,000 万元,仅占借款总额的 8%。借款合同的附件曾对这 2,000 万元的用途作了明确的规定,其中 300 万元用于设机器制盐厂。但稽核所着手盐务改革后,丁恩认为中国北方沿海一带最宜晒盐,实行自由贸易后盐质自然会提高,设立机器厂必要不大。他尤其不赞成政府直接卷入盐的生产。丁恩的意见得到北京政府和银行团方面的赞同,双方认可将合同己号附件废除。当权者对盐业生产改进的漠不关心,是造成制盐技术和生产方式落后的主要原因。

1914 年,中国第一家新式制盐企业——久大精盐公司建立,为了开拓市场,民族资本家与封建盐商展开激烈的竞争,一些重要销区仍为专商所把持,精盐难于插足,经久大公司呈请盐务署批准,只准在各通商口岸外国人居住地区出售。但精盐质优,很快就越出通商口岸向内地推销。继久大之后又有乐群、通益等厂建立。到 30 年代初近代制盐业的最高年产额已达 220 万担,而 1930—1932 年平均年销额只有 74 万担,只及产额的 1/3。总之,由于专商及其在政府中代言人的反对,直至抗战前对精盐行销范围的限制没有取消,因而阻挠了近代民族制盐工业的发展。

这一时期食盐运输方式比生产方式有更大的进步。由于近代交通运输业在20 世纪初年的迅速发展,越来越多的食盐改用铁路和轮船运输,尤其是过去相对困难的不连贯的南北方向运输,由于铁路的修通而便捷,解决了以前一些河道由于缺水和冬季封冻而不能使用的困难,在传统社会中,盐的周转速度很慢,用人力和畜力每天只能走 40 里左右,而且随时有遭盗窃和抢劫的危险,改用火车后,十天半月的路程只要几小时就可达到,从而加速了食盐的周转速度,减少了损失,降低了运输成本;而且可以有规律地按时起运和到达,简化了运输过程中的复杂的验证手续。

铁路的铺设使旧有的食盐供销布局发生重大变化,如河南的食盐原由长芦、淮北、山东、河东四个产盐区供应,但到 1920 年时长芦取代了淮北盐,并与河东盐展开激烈的竞争,1913 年时汉口还很少有长芦盐面市,但到 1917 年时芦盐已占有 70%的市场。长芦、奉天、山东各盐场由于铁路的修建享受到较多的利益。其销量增加,在全国食盐供应中所占的份额扩大,而东南各盐场所占的份额则相对减少,尤其是淮南盐的衰落最为明显,内陆产盐区所占份额也有所减少。这除了运输上的原因外,还由于晒盐成本低廉的缘故。在开放自由贸易后,他们在竞争中占有优势。这种以低成本(包括生产和运输两个方面)为基础的地方专业化是经济近代化早期的特征之一。

　　盐消费结构的变化,亦工业用盐的比例,一般说来反映了国家工业化的程度。在工业发达国家,工业用盐往往数倍于食用盐。盐是制碱、制酸、玻璃、染料、造纸等工业的重要原料,现代制碱业早在 8 世纪末就已经在欧洲产生,而中国则迟至 20 世纪 20 年代初才出现。1921 年全国所销食用盐约为 3,200 万担,而工业用盐只有 6.1 万担。在其后一段时间中,由于中国工业化的加速,化学工业有了长足的发展,到 1933 年时工业用盐量达到 200 万担。

　　综上所述不难看出,中国盐务管理的近代化,在 1913 年稽核所成立后,一度取得较为显著的进展。但这些变革是在有损于中国主权的被动形式下进行的。它还受到整个国家政治和社会近代化进程的制约。盐业系统内部保守势力异常顽固也使改革面对着比其他行业更大的阻力。在内部和外部条件没有根本变化以前,中国盐业的近代化是不可能彻底实现的。

（原载《南开经济研究》1991 年第 4 期）

关于善后借款用项和偿付金额的考订

1913 年 4 月 26 日，北京政府与英、法、德、日、俄五国银行签订了英金 2,500 万镑的善后借款合同。对于这项借款给我国造成的经济损失，在过去有关外债史的著述中虽有说明，但一般均系按照合同条文进行计算（其间亦有错误和不确之处）。后来实施情况，与原约不尽相同，本文拟从经济史研究的范畴，依据所见档案资料，着重考察借款的实际用项、偿付金额和有关列强各国利用合同中的各项条款或未曾订明之处，采取种种手段，获得最大限度投资收益的情况，借以从一个方面，说明我国国民收入中剩余的流向和工业建设资金困难的原因，从而对旧中国经济为什么发展缓慢，并日趋落后于世界先进水平的问题，作出进一步的分析。

一、借款合同用途的规定和实际的支配情况

辛亥革命后，袁世凯为了巩固其反动统治，镇压孙中山先生领导的民主革命运动，急需取得一笔大借款作为资本。帝国主义者认为袁世凯是他们较为理想的代理人，也乐得给予支持，以便通过他来继续奴役中国人民，保证清政府末期各项赔款、借款得以继续如期偿还，维持并扩大其在华的经济特权和利益。为达到这些目的，在善后借款合同的第二款及附件中，对借款的用途作了十分具体的规定，依据附件甲至己号，分类如下：[①]

甲号　偿付中国政府到期

借款　4,317,778 镑 9 先令 7 便士

乙号　偿付各省借款　2,870,000 镑

丙号　偿付中国政府不久

到期债款（其中包括预备赔款外人因革命所受损失）

3,592,263 镑 10 先令 3 便士

---

① 黄月波、于能模、鲍厘人编：《中外条约汇编·国际条约》，商务印书馆 1935 年版，第 572-578 页。

（以上三项小计）〔10,780,041 镑 19 先令 10 便士〕

丁号　裁遣军队费用　3,000,000 镑

戊号　行政费　　　　5,500,000 镑

己号　整顿盐务费用　2,000,000 镑

共计　21,280,041 镑 19 先令 10 便士

善后借款总额名为 2,500 万镑，但因债票系九折发行，八四净收（银行发行经理费用为 6%），中国方面实得 2,100 万镑，扣除首期利息及汇费，仅余 20,381,000 镑，其实际用途的分配情况如下：[①]

用途	金额	百分比
1. 偿付各期债赔各款（包括赔偿革命中外人损失）	10,170,000	49.9
2. 裁遣军队费用	1,875,000	9.2
3. 行政费	7,086,000	34.8
4. 整顿盐务经费（包括为收回粤币移用之 100 万镑）	1,250,000	6.1
（2～4 项小计）	（10,211,000）	（50.1）
共计	20,381,000	100.0

从上表可以看出，第一项开支较原约估计费用略低，但却几乎占了全部借款实收数的一半。这一千余万镑，转瞬之间又回到有关列强各国手中。中国政府真正拿到的钱只有 10,211,000 镑，亦借款总额的 40%略多一些。

第二项开支：裁遣军队费用，原估计用数为 300 万镑，实支只有 1,875,000 镑，减少 1,125,000 镑。这笔钱是用来铲除异己的，自然是得省且省，只要能达到目的，袁世凯是不肯多花一文钱的。

第三项开支的行政费，原定为 550 万镑，实支却达 7,086,000 镑，超支 1,586,000 镑。实际上，第一项开支一千余万镑中，大约有 3,079,000 镑是用来清偿袁世凯上台一年多来，银行团各银行及比利时银行给政府军政费用的垫款和借款本息的。因此，善后借款总额中，用于所谓行政费用者竟高达 10,165,000 镑。值得注意的是，这一千多万镑中，除一部分用于政府各部门的行政开支外，用于工、商、农林、交通建设和教育经费者，总共不过 40 多万镑，可谓微乎其微。下余绝大部分是充作军费。1913 年 4 月 26 日善后借款合同签字，6 月份袁世凯就发动"宁赣之役"，对南方革命党人诉诸内战。

善后借款的偿付是以中国盐税收入的全数作为第一担保的。但在合同中订定

---

① 中国科学院历史第三所南京史料整理处所存档案（以下简称历史所所存档案）："众议院议员邹鲁等提出关于决算帝制用款内外债用款等十大质问有关文件卷"。

用作整顿盐务的经费只有 200 万镑，仅占借款总额的 8%。由前述可知，这笔借款中国政府实得 2,100 万镑，而列入开支项下的估计数字已达 21,280,041 镑 19 先令 10 便士，如再扣除首期利息和汇费，显然入不敷出。计及于此，签约时在附件中就注明："倘本借款净交全数不敷甲至己号附件各项用途，即于己号第四项内减拨。"[①]附件己号整顿盐务用款概算有四项：[②]

1. 收盐运盐基本金	700 万元
2. 设机器制盐厂	300 万元
3. 整顿场产	500 万元
4. 为按照将来与银行商允之银行办法备垫资本与盐商	500 万元
共计	2,000 万元（约合 200 万镑）

盐务稽核所成立后，英国人丁恩担任会办，掌握实权。他主张废止一些地区食盐官收、官运、官销的旧制，所以上述概算中第一项下收盐运盐基本金 700 万元无需支出。盐斤实际就场征税，任人民自由贩卖，即使不给垫款，也会有众多商人趋之若鹜，故而第四项之开支 500 万元亦可节省。时值广东省由于使用贬值货币，给盐税收入造成很大损失（详情见本文第二部分），他建议从整顿盐务经费项下提拨 100 万镑给北京政府，作为收回广东纸币的基金。他还认为，中国北方沿海一带最宜晒盐，实行自由贸易后，盐质自然会提高，设立机器制盐厂必要不大。至于整顿盐场产，其所需资金为数不赀，短时间内难于奏效。[③]

丁恩的意见得到北京政府和银行团方面的赞同，双方认可己号附件废除。整顿盐务项下原定经费 200 万镑，除以 100 万镑交给广州中国银行作为收回粤币的准备金外，纯属整顿盐务经费实支只有 25 万镑，这笔钱主要是后来在废除一部分地区的引权时，作为恤金流进了盐商的腰包。[④]

二、偿付善后借款我国人民付出的代价

善后借款合同的签订，严重损害了中国的盐政主权，使帝国主义进一步扼住

---

① 《中外条约汇编·国际条约》，第 577-578 页。
② 《中外条约汇编·国际条约》，第 577-578 页。
③ 丁恩：《改革中国盐务报告书》。
④ 引权系旧盐商世袭的垄断一定区域内食盐运销的特权。1913 年盐务稽核所成立后，曾以付给一定数量恤金为代价的办法，废除了部分地区的专商制度。详细情况请参见拙作：《中国近代食盐运销制度的变化》（载《南开经济研究所季刊》1985 年第 2 期）。

了我国财政的咽喉，有关这方面的问题，笔者与汤仁同志曾有专文阐述。①现专就借款的取得、本息的支付及合同有关条款给我国带来的经济损失，说明如下。

1. 利息：借款年息 5 厘，分 47 年摊还，前 10 年只付息，后 37 年本息兼付。到还清之时，仅利息一项即需 42,893,597 镑，为实际借款额的两倍还多。本利合计则达 67,893,597 镑②，但由于抗日战争爆发，我国东南沿海相继沦丧，海关税收无着③，国民党政府于 1939 年 1 月 15 日宣布暂停以关税为担保的各项债款本息的支付。故善后借款的还本付息，中止于 1939 年 2 月。二十余年间，共计支付息金 30,765,713 镑，已经超出实际借款额 9,765,713 镑。偿还本金 5,308,120 镑。本利共计付出 36,073,833 镑，为实际借款额的 1.7 倍还多。④抗战胜利后，国民党政府曾宣布，自 1946 年 7 月 1 日起继续支付包括善后借款在内的各项外债本息，但因档案资料不全，是否实施，金额多少，均无从臆断。

2. 经手费：按照借款合同第十条的规定，还本付息需按数付给经收银行 0.25% 的经理费，至 1939 年 2 月为止，此项开支共计 90,185 镑。1928 年国民党政府整理外债，还本付息改由海关办理，不再通过银行团分配。1930 年 2 月 1 日海关实行进口税用金单位计征，改征关金后，即以其还本付息，不足部分，则以规平银购买英金抵充。由于银行团方面的反对，国民党政府为应付起见，将银行手续费加给 0.125%⑤，以资补偿，自 1931 年 6 月起付给，到 1939 年 2 月，累计付给 14,514 镑。

3. 借款本息汇出费用：到 1939 年 2 月为止，共付出 45,455 镑。⑥

4. 金银比价变动造成的汇兑损失：当时列强各国的货币制度大都采用金本位，而中国实行的是银本位。白银在我国是货币，在世界市场上却是一种商品，其价格随时在变化，这就引起我国对外汇价的波动。善后借款系以金镑计算，每次还本付息，我方需以白银购买英镑。中国作为一个用银国，当借款时，银价愈便宜愈有利，因为银价低，则用英镑换算来华的因之就多；还本付息时，则银价

---

①　详见《帝国主义控制中国盐政权始末》（载《南开经济研究》1985 年第 1 期）。

②　《中外条约汇编》，善后借款还本付息表。

③　善后借款从 1917 年 7 月份起，改由关税项下支付，详细情况参见《中国近代盐务史资料选辑》第 1 卷第 2 章，南开大学出版社 1985 年版。

④　《财政年鉴》第三编下册，国债附表（1948 年 10 月）；国民党政府财政部盐务总局所存档案：（三）4940，"盐税项下担保各项外债表卷"及上海海关所存档案"财务科账"。

⑤　《关税纪实》，第 300-301 页，316-317 页。

⑥　根据左树珍：《现今中国盐务概要》第 1 编第 1 章中有关数字计算。

愈高愈好，因为银价贵，同样数量的白银可以兑换较多的英镑。但事实却恰恰相反，在借款合同签订时，白银 1 元合英金 24 便士，其后二十余年间，银价总的变动趋势是下跌，到 1935 年南京国民党政府实行币制改革前，银元 1 元只当 14 至 15 个便士。其间，虽然在 1920 年前后银价一度高涨，这本来就对中国偿债是有利的，但由于受到借款合同条文的约束，我方却不得于市场上直接购买外汇，而必须以还本付息之日收款银行开牌的行市，用规平银购金偿付。这就使银行团方面得以在一定程度上抑低银价，从而使中国方面不能充分享受由于银价上涨所带来的好处。

过去一些有关外债史的著作中，将由于金贵银贱所造成的偿债损失称之为"镑亏"，这是不对的，下面我们来说明所谓镑亏的问题。

5. 镑亏：借款合同第八条规定，该借款之息票，将兑取英金或价格相等之马克、佛郎（法郎）、卢布或日金等。其折合率按照合同第一条规定为：英金 1 镑，合德币 20.45 马克，法币 25.25 法郎，俄币 9.47 卢布，日币 9.796 元。这就酿成债券持有人得以利用上述诸种货币之间比价的变动，在原发行国以外兑取债票本息的问题。在善后借款合同签字之日，五国银行就拟定了一份关于债券息票在原发行国以外兑款的详细办法，迫使财政总长周学熙签了字。该办法规定，这种汇兑上的损失，应由中国政府负责。这就是所谓镑亏的由来。20 年代初，日金对英镑的汇价异常高涨（即每元日金汇换先令数目较他年为多），遂使众多债票持有人，纷纷前往日本兑款。这就造成 1920 年和 1921 两年中国方面的镑亏数额颇巨，分别为 191 万余元和 248 万余元。

根据现有的记录，并辅之以计算，1916—1927 年间，中国政府付出的镑价亏损如下：

年份	金额（元）
1916	987,982.70
1917	387,806.55
1918	1,443,740.54
1919	1,443,740.54
1920	1,916,145.55
1921	2,483,027.37
1922	798,512.72
1923	106,411.04

年份	金额（元）
1924	130,932.28
1925	118,087.44
1926	—
1927	44,233.98
共计	9,880,620.71

说明：1916—1917 年的数字系根据历史所档：盐务稽核所收发文件；1920—1927 年数字系根据《关税纪实》第 310-313 页；1918—1919 年数字缺，上表所列是根据前后各两年的数字平均计算的。

从上表可以看出，仅在 1916—1927 的 12 年间，中国政府镑亏损失达 9,880,620.71 元折合英金约 988,062 镑（1916 年以前和 1927 年以后，因未见到统计数字，故无法计算）。这种损失完全是由于列强各国之间汇价变动所引起的，却硬要中国人民负担，可谓欺人太甚！袁世凯一伙只图军费早日到手，置国人长远重大牺牲于脑后，亦足见其反动腐败极矣！

6. 克扣存放盐款利息：按照借款合同第五条的规定，所有征收的盐税收入，需存入银行团各银行，或银行团以后所认可之存款处。1913 年 11 月 20 日，银行团进一步拟定了"存储及汇寄盐款暂行章程"，通知盐务稽核所照章办事。稽核所总办张弧被迫同意，宣布自 1914 年 7 月 1 日起实行。章程规定：中国银行在各地的分支行为盐税之收款银行，"在有银行团之地点，中国银行应将盐税净收入逐日解交于银行团，……每日解款应由中国银行按照稽核总所对各地征收盐税所规定之货币缴解；此一货币应为当地银行团予以接受之货币。在付税之货币系属当地流行而非以上规定之货币时，收税银行应按市场最有利之折合率，折成规定之货币"①。银行团各银行以此为依据，在规定货币和流行地方货币的折合率上大做文章，任意折扣，尤以广东和东北为最甚。如广东到 1914 年 2 月 20 日为止仅半年左右的时间，以粤币所收盐税兑成港币即亏折 150 余万元。②再加上由各收税地点汇解盐款至上海五国银行团的汇费，使我国财政收入遭受双重损失。但由于具体数目随地方不同，逐日各异，故无法确计。

存储及汇寄盐款章程还规定：存放于银行团各银行的盐款，只有在上海才付给利息，但也仅按活期存款利率——年息 2 厘计算，其他各地银行所存盐款不付

① 译自中国科学院经济研究所所存档案：政治借款杂件，改革借款，第 40 函（16）。
② 丁恩：《改革中国盐务报告书》。

予任何利息。就连稽核所会办丁恩也认为这种做法有失公允，乃于 1915 年 7 月 17 日致函银行团驻北京的代表锡丽尔（英国人），要求稍加利息，但却遭到严词拒绝。直到 1919 年 11 月 15 日，盐务稽核所总会办再次致函锡丽尔，指出："……现时各处金融甚为吃紧，银行所放短期借款，利息极重，而各银行对于各项存款所给之息金，亦已锐增。有此种种情形，鄙人等以为现上海银行团对于逐日结存之盐款，应将前定周年二厘之息率，酌为增加，以昭公允。缘上海银行团逐日结存之盐款，以事实而论，确属一项长期存款也。"①经银行团方面研究，同意将年息提高为 4 厘，但仅以 400 万元为限（约合规元 300 万两），超过部分仍按过去办法给息 2 厘。中国方面为备付以盐税收入为担保的债赔各款，在 1914 年以后的数年间，作为准备金存放于银行团各银行之款项，恒在规元 900 万两～1,100 万两之间②，有时还超出此数甚巨，利息损失从低估算亦在 20 万镑以上。

7. 垫款：在善后借款谈判过程中，由于北京政府需款孔急，银行团方面洞悉这种情况，认为有机可乘，在 1912 年 2 月至 6 月期间，曾先后分作五次，拨付垫款共计上海规银 1,210 万两。规定从以后成立的善后借款中偿还。垫款虽系短期性质，年息却达 7.5%，净交只有九十二分半。善后借款合同签约之日，由于袁世凯甚至不能等到债券发行后再分批提用款项，又与五国银行团签订一项 200 万镑的垫款合同，年息亦高达 7 厘。③

8. 赔偿克里斯浦财团损失：在善后借款谈判过程中，北京政府一度企图摆脱银行团的控制，于 1912 年 8 月与克里斯浦财团订立了一项 1,000 万镑的借款合同。但在有关列强各国和银行团反复施加压力的情况下，这笔借款第二批债券的发行被迫中止，以中国方面赔偿克里斯浦财团 15 万镑了结。其后银行团方面才同意恢复谈判，并最后达成协议。④该项借款虽非善后借款本身之内容，但却与之有直接的关系。

从上述情况可以看出，善后借款除偿付到期的债赔各款外，主要是用于：（1）军费开支：袁世凯以之作为资本，发动对孙中山领导的革命党人的进攻，从而肇

---

① 历史所所存档案：盐务稽核所收发文件。

② 关于提存保债基金，善后借款合同中并无此规定，而是根据丁恩的建议，经与银行团磋商后建立的。目的在于保障债权人的利益，预防中国各地发生动乱，盐税收入不能如期上缴时，用这笔钱按时偿付到期债款。超时准备金数额以外的盐税收入，方可作为盐余拨还中国政府。这一不成文的约定为银行团所利用，后来数度丁恩签字提用保债准备金，亦遭银行团方面拒绝。

③ 中国科学院经济研究所所存档案：政治借款杂件，改革借款，第 48 函（13）。

④ 关于克里斯浦借款的详细经过，可参见潘源来、汤仁：《国际金融资本控制中国财政的一桩公案》（载《南开经济研究所季刊》1984 年第 1 期）。

民国以来连绵不断内战之端，使我国陷入长期的社会动乱之中，这不但于工农业建设无益，而且危害极大。（2）行政费用：通过这一渠道，使大量金钱流入官僚、军阀的手中，任意挥霍浪费。用于经济建设和教育经费的款项只有 40 余万镑，尚不足借款总额的 2%，而为偿付这笔借款，中国人民在二十余年间付出的代价，即使从低估计，也在 4,000 万镑以上。按照借款时银价尚高的兑换率计算，亦在银元 4 亿元以上。到 1939 年 2 月，借款本息还远未还清，但银行团方面起码已得到近 2 亿元的利益。

（原载《南开经济研究所季刊》1988 年第 3 期）

中国经济发展与制度变迁研究

有关清代农业生产力发展水平的几个问题

近几年来，在讨论中国封建社会经济结构和资本主义萌芽的论著中，有一种观点认为：清代，尤其是乾嘉两朝，人口迅速膨胀，耕地在当时生产力水平下难于扩大，人地比例严重失调；由于生产技术落后，农业生产力发展极为缓慢，以致不能满足人口增长的需要，从而严重阻碍了资本主义萌芽的生长。

诚然，18 世纪中叶到太平天国运动爆发前的一百余年间，中国人口增加较多，耕地面积没有相应扩大，农业生产技术在清代没有质的变化，这些都是事实。但不能夸大，否则就会陷入自相矛盾的困境。如有人认为：17 世纪中叶我国每人平均占有耕地十余亩①，到鸦片战争前下降到不足二亩，农业生产力既无大的进步，单位面积产量增加有限，那么人民何以为生？持这种观点的人又都承认，18 世纪中叶以后我国的商品经济和资本主义萌芽有所恢复和发展，那么这些新的经济关系成长的条件是什么？如果把这一时期农业生产的水平说得过低，似有源流不济之虞。笔者觉得，对于社会经济发展史上互相制约的两个方面，应有恰如其分的估计，避免列举一些历史记载，将任何一方，乃至矛盾对立着的双方分别强调到不适当的程度，以致本是存在于一个社会有机体内的事物，却成为两张皮，无法谋其统一，使人不得全豹。

从这样一种思虑出发，本文拟就有关清代农业发展水平的几个问题作一大略的估计。

一、人口

根据国内外经济史学者多方考证和计算，16 世纪末我国人口已近 1.5 亿。明末由于战乱和自然灾害，人口下降，17 世纪中叶约有 1.2 亿～1.3 亿。清初，由于流民未复，户籍废弛，人口统计不实，有人据以计算 1650 年前后我国人口只

---

① 1 亩≈666.67 平方米。——编者注

有 5,000 多万，固属疏漏，自不待言。

经过半个多世纪的休养生息，特别是康熙五十年（1711）后，滋生人丁永不加赋政策的实行，以及雍正时多数地区将已固定的丁税摊入地亩，我国人口从 18 世纪 30 年代起增长速度加快，到了 18 世纪 50 年代前后全国人口约有 2.2 亿～2.3 亿。由于从 1740 年废止了人丁编审制度，劳动力流动自由多了，所以其后的二十余年间清政府人口统计的记录只有 1 亿多，大大低于实际数字。按照中国封建社会的传统观念，人丁兴旺是太平盛世的重要标志。随着乾隆皇帝的统治进入鼎盛时期，18 世纪 60 年代后，中央政府和地方督抚多次谕令所属加强人口呈报，以至人口数在十余年内暴增倍余，其实人口增长的加速早在该世纪的上半叶就已经开始。

18 世纪中叶到 19 世纪中叶，由于社会安定，人口繁衍较快，到 1850 年前后我国人口已突破 4 亿。其后的 60 年，因清政府对太平天国运动和西南、西北少数民族起义的残酷镇压，以及水利失修，自然灾害频仍，人口数字一度下降，到 1911 年前后约为 4.3 亿。

二、耕地

明代曾三次进行全国性的土地登记，最后一次是在 16 世纪末的万历朝。当时全国耕地近 7.4 亿亩，其后二十余年间略有扩大。明末由于围剿农民革命和满族入侵，土地荒弃约 1.5 亿亩，17 世纪中叶全国仅有耕地 6 亿亩左右。清初各地呈报民赋田不足 4 亿亩，加上皇室、贵族庄田及屯田等其他官田，亦不足 5 亿亩。为了避免破坏政治上的安定，清政府并未要求各地认真清查地亩，以致州县所报明显低于实际数字。

17 世纪后半期，清政府从财政开支的角度出发，要求各地方官吏所辖地区的耕地恢复到明万历间的水平，以使作为国家岁入主要来源的土地税回复到相应的数额，这一目标到 18 世纪初已基本实现，并在 18 世纪 30 年代接近 9 亿亩。其后州县官吏为减少上缴田赋的压力，多不据实呈报垦田数目，中央政府也采取了纵容的态度。全国登记的民赋田到 18 世纪中叶下降到 7 亿～8 亿亩，实际上这时全国耕地面积当在 10 亿亩上下。

清初数十年间耕地面积的增加，主要是一度放荒的土地又得到重新垦殖。18 世纪后则主要是东南沿海人口稠密地区大批向两湖，特别是向四川移民，四川省 1753 年时人口只有 130 余万，1851 年时增至 4,400 余万，成为全国人口最多的省份，约占全国人口总数的 10.36%。1661 年时四川田地不过 110 余万亩，只占全国耕地的 0.22%，1685 年时也还只有 170 余万亩，但到 1851 年时竟增至 4,600 余万亩，占全国耕地的 6.13%。[①]其他如广西、云南、贵州等省在 18 世纪和 19 世纪前半期，人口、耕地也有程度不同的增加。到了 1850 年前后，全国耕地当在 12 亿亩左右。

19 世纪后半期到 20 世纪初，我国耕地续有扩大，主要是关内农民大批移向东北和内蒙古。到 1911 年前后，全国耕地面积约达 13 亿亩。

三、生产技术

17 世纪中叶到 19 世纪中叶的二百年间，农作在器具和牵引两方面均无重大改进。但随着投入更为密集的劳动和耕地面积的扩大，农具和畜力的总量也相应地成倍增长。熟铁制造、生铁淋口的锄、镰、镢等农具进一步推广，并向新垦区普及。这两方面说明农业生产力不仅在量上空前增加，在质上也有提高。

据统计，18 世纪的我国见于记载的水利工程就达到 800 余项，特别是西南、西北地区有较大进展。南方水车灌田、北方凿井溉田都有扩大，估计 19 世纪中叶我国农田的灌溉面积已近 2 亿亩。水利建设除了需要投入大量劳力外，还需要一定数量的资金和设备。

清代农业生产发展最重要的方面还是先进耕作方法和新品种、新作物种植的扩大。

由于农业劳动力的繁衍和水利条件的改善，南方种植双季稻，长江两岸实行麦田冬播、稻麦间作，或与其他粮食品种间作的县区增加了。如湖南省的大部分地区，17 世纪前期还只种一季水稻，17 世纪后期开始又加种一季粗粮。播种面积在这些地区的成倍增长，大大提高了单位面积的产量。清代水稻的种植进一步北移，过去一些种旱田的地区改种水田，产量亦增长近一倍。

新的粮食品种，特别是江南水稻的品种，清代有显著增加。有些可以提高单产，有些增强了抗灾能力，有些早熟，在水旱灾害到来前就可收成。早熟的品种是重要的，因为它可以导致两季收获，稻麦都是如此。

大约在 16 世纪，番薯、玉米、烟叶、花生等新作物经东南沿海省份传入我国，17 和 18 世纪是其向内陆传播和推广的时期。玉米可以在贫瘠的山区种植，产量高于小米或高粱 5%～15%，番薯可以在干旱的砂土地生长，特别是甜薯的

---

① 见梁方仲《中国历代户口、田地、田赋统计》，上海人民出版社 1980 年版，第 261-263 页、第 380-382 页。由于前述原因，1753 年的人口数和各年的耕地数都低于实际数字。

种植，使单产增加一倍以上。这两种作物的推广，使北方的旱地、南方水源不足的山地以及沿海的砂地得到利用，有效地增加了耕地面积。

清代经济作物种植续有扩大，形成了一些专业作物区。这本身就是农业生产力提高的结果。反过来，地域性的分工又有助于劳动生产率的提高。这方面的情况论证者甚多，本文不再重复。

四、清代各时期农业生产发展水平的粗略估计

根据上述对人口、耕地、生产技术的分析，可以大体上把清代农业生产的演化过程划分为三个时期：（1）1650—1750 年的一百年是恢复时期；（2）1750—1850年的又一百年为发展时期；（3）1850—1911 年的 60 余年是停滞时期。

表 1　清代人口的增长

时期	人口增长实数（百万）	人口增长倍数	年增长率
1650—1750 年	125→225	1.80	0.6%
1650—1850 年	125→410	3.28	0.6%
1650—1911 年	125→430	3.44	0.6%
1750—1850 年	225→410	1.82	0.6%
1850—1911 年	410→430	1.05	0.1%

从表 1 可以看到，1650—1750 年期间中国人口增加 80%，1750—1850 年期间增加了 82%，年平均人口递增率均为 0.6%。而清末六十余年则增加甚微，自然增长率不过 0.1%。乾嘉时期人口绝对数字虽然增长较多，但其增长率与清初一百年是大体相同的。总的来看，在中国封建社会经济史上 1650—1850 年的两个世纪间，人口增长是比较迅速的，但也并非像有的人形容的那么严重。我国解放后二三十年间，人口年自然增长平均为 2%。一些发展中国家在第二次世界大战后的人口增长率超过 3%，因之，所谓增长迅速，也只是就前资本主义形态下中西各国比较而言。

表 2　清代耕地面积的扩大

时期	耕地增加实数（百万亩）	耕地增加倍数
1650—1750 年	600→1,000	1.67
1650—1850 年	600→1,200	2.00
1650—1911 年	600→1,300	2.17
1750—1850 年	1000→1,200	1.20
1850—1911 年	1200→1,300	1.08

表3　清代按人口平均占有耕地数的下降

时间	耕地（百万亩）	人口（百万）	每人平均占有耕地数	
			亩	指数
1650 年	600	125	4.80	100
1750 年	1,000	225	4.44	93
1850 年	1,200	410	2.93	61
1911 年	1,300	430	3.02	63

　　1650—1850 的二百年间，在人口增加的压力下，中国耕地面积扩大了一倍，并非如有些人所说，在当时的生产条件下，耕地无法扩大。每人平均占有耕地由 4.8 亩减少至不足 3 亩，下降了近 40%，出现了人地比例失调的现象。但应当指出的是：二百年间由于社会分工的发展，在全部人口中，非农业人口的比重有所增加，农业劳动力的比重下降。所以按农业劳动力计算的平均占有耕地数，下降的比例应低于 40%，只是由于缺乏可靠的数据，无法就此作出量的估算。而且由于双季稻的种植，稻麦间作的推广，水田面积和经济作物栽培的扩大，以及生产更加普遍地趋向精耕细作等因素，单位面积耕地较以前需要投入更多的劳动。因此，每个农业劳动力所能耕种的田地数也相对下降。在整个封建经济史中，人地比例不是一成不变的，不可能用一个常数作为衡量各个历史时期人地比例是否合宜的标准。

表4　清代各时期的粮食总产量和单位面积产量

时间	人口（百万）	每人平均占有粮食产量（斤）	粮食总产量		种植粮食的耕地数（百万亩）	亩产量	
			亿斤	指数		斤	指数
1650 年	125	500	625.0	100	510	123.5	100
1750 年	225	550	1,237.5	198	800	154.6	126
1850 年	410	500	2,050.0	328	960	214.5	174
1911 年	430	500	2,150.0	344	1,040	207.7	169

　　说明：种植粮食的耕地数，1650 年时按全部耕地数×85%计算，其余年份均按全部耕地数×80%计算。

　　从清初到 19 世纪中叶的二百年间，我国的粮食总产量增加了 2.28 倍，年递增率为 0.6%，单位面积产量增加了 74%。在生产关系和生产工具没有质变的情况下，生产能有这样的发展，完全依靠自己的力量，使成亿的人口生存下来，是很可称道的。我国在长期的封建社会中，有素称发达的农业，其发展的高峰当在清代中期。这时，不仅土地所有、租佃、剥削、赋税等制度方面经过了反复调整和变革趋向成熟，具有较之西方中世纪更大的灵活性和适应性，而且在生产发展水平上，就传统农业（意指未引进现代技术）而言，也达到了相当完善的境界，形成了我国农业独具特色的生产模式。太平天国运动前夕，江南一些省份的水稻单产已高于日本19世纪末期的水平，也高于20世纪中叶东南亚一些种植稻米国家的水平。在封建小农生产的经济结构下达到这样高的单位面积产量，是采用资本主义经营不易达到的。越是精耕细作的地区，资本主义大农业越是难于与之竞争，倒是一些新垦区，雇工经营较为有利。直到20世纪初年以后，兴办起来的少数农场仍然难于立足，可见这种模式结构的坚韧。其影响贯穿整个中国近代经济，乃至新中国建立以后。

清王朝覆灭之前的六十余年，我国的粮食总产量略有增加，那主要是由于东北、内蒙古等边远地区的开发，全国平均的单位面积产量反而有所下降。所以，这一时期就农业生产发展而言，是处于停滞状态。

近几年来，诸多著述论证了徭役和丁税摊入地亩是土地产量提高的一种反映，也是农民所能提供剩余劳动增加的结果。清代中期，社会分工、商品经济、对外贸易、手工业中资本主义萌芽都有所发展，与之相伴随的是城市人口、非农业乡村人口也在增加，这些都是以农业生产的发展为前提的。正如马克思所指出的，"超过劳动者个人需要的农业劳动生产率，是一切社会的基础"，"一切剩余价值的生产，从而一切资本的发展，按自然基础来说，实际上都是建立在农业劳动生产率的基础上的"。①因此，对于清代农业，无论是从生产力方面，还是从生产关系方面，都既要看到它阻碍资本主义生产发展的一面（这是主要的），也要看到它给资本主义萌芽一定程度的生长提供条件的另一面。到了近代，中国的资本主义经济有所发展，但又不能充分发展，除了受外国资本主义经济的制约外，封建经济尤其是农村封建经济的影响仍然是一个重要的因素。

（原载《南开经济研究所季刊》1984年第3期）

---

① 《资本论》第3卷，人民出版社1975年版，第885页。

论外国资本主义影响与中国传统经济的关系

本文拟对外国资本主义的影响与中国发展为资本主义社会的关系、帝国主义对中国封建剥削制度的态度两方面的通行看法提出不同的意见，以期引起讨论，使研究得以深入。

一、外国资本主义的影响与中国发展为资本主义社会的关系

对于中国封建经济的解体和资本主义萌芽的研究一般都采纳这样的结论，即：如果没有外国资本主义的影响，中国也将缓慢地发展到资本主义社会。笔者认为这一观点无论是其假定的前提，还是作出的判断，均不符合历史发展的客观规律，与马克思、恩格斯、列宁对中国相应时期的观察和所作出的分析亦相矛盾，因此不能成立。

作上述的假定和推断，显系认为在变化历史机遇的情况下，这种前提条件可能出现，作为一种因果关系，后者也将必然成为事实。否则，在历史的研究中，即无需有此画蛇添足之举。那么这种反事实的推测应当是指：（1）19世纪中叶及其以后相当长的一段时间内，外国资本主义不以军事、政治、经济、文化等文化手段入侵中国，不对中国施以影响；（2）清政府不但能成功地抵御外国资本主义各种形式的入侵，而且能杜绝西风东渐，彻底封闭起来，完全与外部世界隔绝。在上述或一的情况下中国封建社会内部商品经济进一步发展，自然经济解体，资本主义萌芽生长壮大，经过相当长的时间以后，近代生产在国民经济中占据优势，资本主义生产关系在全国确立。这幅蓝图虽然美妙，但毕竟不过是一种不切实际的幻想。

对于世界各个国家和地区资本主义工业化的进程，马克思、恩格斯早有明确的阐述：

"资产阶级社会的真正任务就在创造世界市场，……并创造以世界市场为基

础的生产。"①

"随着资产阶级的发展，随着贸易自由和世界市场的确立，随着工业生产以及与之相适应的生活条件的一致化，各国人民之间的民族孤立性和对立性日益消逝下去。"②

"由于机器不断降低工业品的价格，以前以手工劳动为基础的手工工场制度或工业制度到处都遭到破坏。那些一向或多或少落后于历史发展进程的、一向是以手工工场为工业基础的半野蛮国家，现在已经被迫脱离了它们的闭关自守状态。这些国家开始购买比较便宜的英国商品，使本国的手工工场工人陷于灭亡的绝境。……甚至中国现在也正走向革命。事情已经发展到这样的地步，今天英国发明的新机器，一年以后就会夺取中国千百万工人的饭碗。这样，大工业便把全世界各国人民相互联系起来，把所有地方性的小市场联合成为一个世界市场，把文明和进步传播到各个地方去。使各文明国家里发生的一切必然影响到所有其余的国家。"③

对这一问题，列宁作了进一步的论述：

"……需要寻求国外市场，决不像民粹派经济学家所描述的那样，是证明资本主义无力维持下去。完全相反，这种需要明显地表明了资本主义进步的历史作用，资本主义破坏了孤立和闭关自守的旧时经济体系（因而也破坏了狭隘的精神生活和政治生活），把世界上所有的国家连接成统一的经济整体。"④

"重要的是：资本主义如果不经常扩大其统治范围，如果不开发新的地方并把非资本主义的古老国家卷入世界经济漩涡之中，它就不能存在与发展。"⑤

从上述引文中可以看出，马克思主义经典作家认为：资本主义是以整个世界作为其活动舞台的，随着它的成长，必然要冲击并最后突破我们生存的这个星球上由自然地理条件决定的各个相对封闭经济区域的壁垒，改变其独立发展的历史进程，使之纳入统一的整体，建立起一个密切联系、相互依存的新秩序，物质生活如此，精神文明也是如此。任何民族企图长期地保持与外界隔绝的状态都是徒劳的，中国也不例外。一浪高过一浪的狂潮拍击着东南海岸，堤防接连不断地出现缺口，但在节节后退中步步为营，进行着世界上最顽强的抗争，形成了一种十分复

---

① 《马克思恩格斯论中国》，第143页。
② 《马克思恩格斯全集》第4卷，第487-488页。
③ 《马克思恩格斯论中国》，第142页。
④ 《列宁全集》第3卷，第45页。
⑤ 《列宁全集》第3卷，第545页。

杂的、犬牙交错的局面。这就是 18 世纪中叶以来近二百年的中外关系史。这幅图景虽然并不美妙，但却是历史的真实写照，尽管其中某些线条由于偶然性或许可有细微的变动，但基本轮廓则反映了一种不以人们主观愿望为转移的必然趋势。

中国在它的前资本主义传统经济发展过程中，较早地出现了西方封建制解体时期的许多征兆，如商品货币经济一定程度的发展、土地自由买卖、人身依附关系的松弛、地租形态的变化等等。北宋以来，这些因素又有比较明显的扩大。到清代中期，封建地主经济在土地所有、租佃、剥削、赋税等制度方面，经过反复的调整和变革，趋向成熟，较之西方中世纪僵化的封建领主制，显示出极大的应变能力和韧性。在生产发展水平上，就传统农业（意指未引进现代技术）而言，也达到了相当完善的境界，形成了我国农业独具特色的模式。但作为其基础的农业与家庭手工业的统一，并未动摇和分解，所以在国民经济的某些部门虽然早就出现了资本主义生产关系的萌芽，但并无生长壮大的条件，以致长期不能形成突破传统经济结构的力量。封建的生产关系仍能容纳传统生产力一定程度的发展，并无危机。确要作一种反事实的假定和推断，那结论也只能是：如果没有外国资本主义的影响，中国将在原有的经济轨道上继续运行下去，在相当长的历史时期内，不可能发生社会革命，也不可能发展到资本主义社会。

19 世纪 40 年代以后，中国的境遇已经不仅仅是一般意义上的外国资本主义的影响，而是列强各国的武装入侵，但就是凭借着强大的军事力量和取得的种种特权，在鸦片战争后的近三十年间，英国工业品对华输出增长有限。尤其是作为国民消费主要内容之一的棉纺织品，由于长期以来是农民家庭副业的产物，省掉了生产管理和流通过程中的一切虚费，人工不计价值，成本极低，舶来品无力与之竞争。直至 60 年代后期，英国在经济危机的迫使之下，更新设备，改进技术，进一步降低了生产成本，特别是其后海上航路的缩短、海底电缆的铺设修通，大大增强了英国棉纺织品的竞争能力。70 年代以后，世界资本主义发展到了高峰时期，才逐步打开了中国市场，农村自然经济开始分解，从而为中国近代资本主义工业的产生创造了客观条件。但是由于封建的政治势力和意识形态仍掌握着很大的权力和根深蒂固的影响，它根据自身的需要，在"中学为体，西学为用"的原则指导下，对资产阶级物质和精神文明的传入，分别不同情况，采取阻挠、同化、吸收等手段，在新形势下，再一次进行自我调整。极为坚韧的传统经济结构，则对中外资本主义经济进行殊死的抵抗，从而严重地阻碍了近代生产力的迅速成长和资本主义生产关系的扩大，以致新兴的资本主义经过了一个世纪的努力，不但封建剥削制度依然保存，农村自然经济亦未完全破坏。直至全国解放以前，农民衣食两大生活必需品仍然主要靠手织和土磨，洋货能够下乡的品种不多，数量有限，国货自不待言。近代工业生产在工农业生产总值中的比例很小，资本主义生产始终没有成为国民经济的主要成分。这些事实说明，即使是在外国资本主义武装入侵和商品、资本重炮的攻击下，中国尚且不能发展为资本主义社会，如果没有这种影响，结果如何也就可想而知了。历史经验告诉我们：（1）要想彻底分解中国传统的经济结构，必须有相当发展了的近代工业生产力；（2）要想使中国经济现代化，必须经过相当长时间的反复斗争，彻底推翻封建的上层建筑，特别是肃清封建意识形态及其形形色色变种的影响。

马克思把鸦片战争以前的中国社会比喻为一个小心谨慎地保藏在密封的棺材内的木乃伊，并说：完全的隔绝曾经是保存旧中国的首要条件。这无疑是说，没有外国资本主义的影响，中国的社会经济结构不会发生变化。他又指出：中国历史上无数次的政治风暴，其结果不过是走马灯似的改朝换代。只是在19世纪中叶以后，中国旧有的经济结构才逐步解体，传统的经济平衡遭到破坏，真正的社会变动开始发生。就这种意义上说，西方资产阶级起了革命的推动作用，因为只有打破小农业与家庭手工业的结合，才能用社会的分工代替家庭内部的分工，才能把劳动作为社会劳动来发展，才能迅速地提高社会的劳动生产率。马克思甚至认为，鸦片的输入也有从一个方面加剧中国封建统治危机的作用，他说："看来历史似乎是必须首先麻醉这整个民族，然后才能把他们从世代相承的愚昧状态中唤醒过来。"①鸦片战争尽管充满了无耻和罪恶，但却不曾发生催眠的作用，而到发生了惊醒的作用，因此也属外国资本主义影响的一种手段。

19世纪70年代以后中国社会性质的变化，外国资本主义的入侵起了决定性的作用，并非中国封建社会内部生产关系与生产力不相适应的直接结果。这种看法或有人会指为"传统经济平衡论""外铄论"，但历史事实如此，经典作家亦有言在先。笔者倒是觉得，让上述那种对历史发展进程的错误判断长期流传下去，并一遇时机就成为某种宣传或政策的理论根据，是十分有害的。

从英国的产业革命到西欧的工业化，从宗主国资本主义的迅速发展到附属国或早或迟的资本主义化，都是各国家和民族之间不断加强的互相影响和互相依存的结果。在世界经济的发展史上，没有任何一个国家是封闭起来缓慢发展为资本主义社会的。

---

① 《马克思恩格斯论中国》，第24页。

二、帝国主义对封建剥削制度的态度

对本文第一部分持异议的同志或者会认为,笔者把外国资本主义经济与中国封建经济对立起来,错误地描述了二者之间的关系。因为通行的观点是认为:"帝国主义到处致力于保持资本主义前期的一切剥削形式（特别是在农村）,并使之永久化。"①帝国主义与中国封建势力的关系,既有互相矛盾的一面,也有互相妥协勾结的一面,它反映于军事、政治、经济、文化等各个领域,是一个十分复杂的问题,需要通过大量的历史材料来加以考察和论证。但作为两种不同的经济制度,从本质上看,二者在长远利益上是互相对立的,前者的发展必将逐步取代后者,这是不以任何人意志为转移的客观规律,在资本主义的母国是这样,在其附属国也是这样。

马克思指出:"资产阶级既然把一切生产工具迅速改进,并且使交通工具极其便利,于是就把一切民族甚至最野蛮的都卷入文明的漩涡里了。它那商品的低廉价格,就是它用来摧毁一切万里长城、征服野蛮人最顽强的仇外心理的重炮。它迫使一切民族都在唯恐灭亡的忧惧之下采用资产阶级的生产方式,在自己那里推行所谓文明制度,就是说变成资产者。简短地说,它按照自己的形象为自己创造出一个世界。"②列宁也指出:"资本输出总要影响到输入资本的国家的资本主义的发展,大大加速那里的资本主义发展。"③放眼世界,诸多殖民地、半殖民地国家形形色色的前资本主义剥削关系尽被宗主国的商品、资本重炮所扫荡,逐步实现了资本主义化。中国亦不例外,外国资本主义力图按照自己的形象改造中国的社会经济结构,加速其资本主义的发展。那种把中国近代史简单地归结为帝国主义反对中国资本主义发展的历史的看法是不全面的。中国在 1949 年以前的近一个世纪中之所以未能全面确立资本主义的生产方式,主要是封建势力特别强大顽固所致,很多帝国主义在华的代理人深感其鞭长莫及,叹为观止。非不欲取而代之,实乃力不从心尔。外国资本主义确有压迫阻碍中国民族资本主义经济发展的一面,但也有促进其生长扩大的另一面。外国资本的输入,不仅使中国近代生产方式从总体上看有了较为迅速的成长,即就中国所有的资本主义经济而言,也有缓慢的进步。

① 《毛泽东选集》,人民出版社 1967 年版,第 623 页。
② 《马克思恩格斯全集》第 4 卷,第 470 页。
③ 《帝国主义是资本主义的最高阶段》,人民出版社 1959 年版,第 58 页。

外国的商品输入和资本输入，使中国农村的自然经济逐步分解，商品市场和劳动力市场扩大，从而起到了破坏封建经济基础的积极作用。对此并无争议，问题只是在于其分解程度的估计，拟当另议。本文这一部分所要讨论的是帝国主义对封建剥削制度的态度。笔者认为帝国主义并非到处致力于保持中国旧有的封建剥削方式，更不欲使之永久化。而是能消灭者，则尽快消灭之；一时不能消灭者，则待条件具备后消灭之。试就研究所及，举例说明如下。

旧中国煤矿业中许多外资企业采用包工制度。井下采煤等非技术工人由包工招募、管理，工资由包工支付。这种制度具有浓厚的超经济强制性质，工人除受外国资本家的剥削外，还遭受各级包工头的封建剥削。20 世纪初，这种中间剥削十分严重，后来情况逐渐变化。以英国资本控制的开滦煤矿为例。30 年代以前，外工（即包工工人）工资额由包工头决定，不但各矿之间高低不等，就是同一个矿内各包工公司之间也不一致。1931 年后，矿方加强了对包工及其所管辖工人的控制，外工改由矿方招募，在矿局登记后，拨付包工使用；并通过劳资协议的形式，规定最低工资额，由工厂监察员随时检查包工的工资支付情况。抗日战争爆发后，逐步成为工人工资主要内容的实物工资（廉价煤和廉价面），以及一部分补充工资，乃至新增加的部分货币工资，都由矿方直接发给工人，包工头中间剥削的范围受到严格的限制。

包工头承包一定份额的采煤工程或其他工作的权利世代相传，也可以出卖转让，系属一种带有垄断性质的封建特权。外国资本家之所以要利用包工头及其下属的各级人员来管理工人，是由于这些人与当地传统的黑社会势力有着密切的关系，他们当中很多人本身就是封建帮会组织的大小头目或骨干成员，并与地方政府勾结，倚仗权势，可以用野蛮的棍棒纪律强迫工人在十分恶劣和危险的劳动条件下，为资本家卖命。但是包工的中间剥削瓜分了工人创造的剩余价值中相当大的一部分，这种管理制度阻碍了生产设备的更新和技术的改进，使劳动生产率无法提高，限制了产量和利润的增长。因而外国资本家从其自身的经济利益考虑，多次试图废除包工制度。可是由于不能募得足够合用的中级和初级劳动管理人员，试行小组包工和计件工资制，遭到包工头及其蒙蔽下工人或明或暗的激烈反对，效果并不理想。在矿方的直接管理下，工人的劳动效率反较在包工头强制下有所下降，以致直到解放前夕，包工制度始终未能彻底废除。不过包工的权限与 20 世纪初期相比，已大为缩小，其所分得的利润亦被严格地限制在一定的范围之内。

从上述事实不难看出，这种外资在华企业中残存的封建剥削制度，由于在根本和长期利益上为资本家所不容，因而处在逐步消亡的过程中。

我国食盐运销以迄清朝末年，一直为官府和专商所垄断。各区所产之盐的运售范围均有定章，称为销岸。除少数地区实行官运官销外，一般则由政府注册的殷实商人承担。这些商人握有多寡不等的特许证——引票，每年包运包销一定份额的盐斤到指定的地区。他们持有的引票可以世代相传，成为特权。很多盐商自己并不直接经营，而将引权租给他人办理，坐享厚利，成为寄食者。

由于销盐有岸，行盐有引，他人染指盐的运销，即被政府和专商视为犯私，因而形成了一种封建的阴暗专商制度。盐商利用特权，在向灶户收购时任意压价，以大秤强买；运输到岸后，掺砂掺土，减秤以高价出售。少数盐商发财暴富，各级官吏坐收贿赂，封建剥削十分严重。

清王朝灭亡后，袁世凯为了从五国银行团得到 2,500 万英镑的善后借款，不惜以全部盐税收入作为担保，出卖中国的盐政主权，成立盐务稽核所作为全国最高的盐务领导机关，使列强各国得以通过在其中握有实权的外籍人员控制我国的盐务。

盐务稽核所第一任会办、英国人丁恩上台后，从增加盐税收入，以保证借款如期偿还的目的出发，极力主张取消官卖和专商制度，就场征税，任人运销，实行自由贸易，开展竞争。从 1914 年开始，一些地方的官运官销管理机构被撤销。淮北及四川、广东、湖北、福建、浙江等省的一些地区将引权废除，准许商人自由贩卖。但由于受到北洋政府中主管盐务管理和引岸专商的阻挠，改革进行是缓慢的。到 1931 年时，据盐务稽核所的调查，世袭的票商、专商以及继之而起在性质上颇类之的包商，仍垄断着全国近半数地区，特别是一些重要省份（如淮南四岸）食盐的运销；其余 50%，特别是一些边远省区，则已改行自由贸易之制。①这说明在外来影响的催逼下，资本主义经营方式代替传统的封建行盐制度，毕竟是不可阻挡的历史趋势。

1914 年中国第一家新式制盐企业——久大精盐公司建立，为了开拓市场，民族资本家与封建盐商展开了激烈的竞争。经久大公司呈请，盐务署只准其在各通商口岸外国人居住区内销售。盐务稽核所会办丁恩及其继任甘溥等人则认为，精盐质优，应不加限制，允其与粗盐自由竞销。随着精盐生产的扩大，精盐商人不理睬旧章的约束，越出通商口岸向内地推销。盐务稽核所虽认为取消精盐行销范围乃终不可免，但此一举必致毁废引岸划分，所以主张慎重行事。首先在淮南四岸和苏五属地区批准精盐在额定限度内行销内地，这一意见得到财政部同意，

---

① 《民国 20 年盐务稽核所年报》，南开大学经济研究所经济史研究室编《中国近代盐务史资料选辑》第 2 卷。

于 1935 年初付诸实行。

抗日战争爆发后，食盐运销分别为日本军方和国民党政府所独占，实行官专卖。但其性质已与封建垄断不尽相同。旧有的引岸销区划分被打破，无法维持；专商制度亦被明令取消。抗战胜利后，国民党政府重申："所有专商引岸及其他关系私人独占盐业之特殊待遇权益，无论在后方各区域或收复地区，概予永远废除。"①但事实上获准承运者大多是四大家族私人资本所操纵的盐业组织。大后方时国民党政府的官式独占为四大家族的商式独占所代替，昔日引岸专商的封建垄断利润，这时则变为四大家族私人资本的垄断利润。

上述事实说明，国际金融资本及其在中国的代理人，对我国国计民生至关重要的食盐运销，是主张以资本主义自由经营代替传统的封建垄断剥削方式的。抗日战争时期，当国民党政府决计实行官专卖制度时，盐务总局美籍会办华勒克也曾极力反对，他认为这一办法必将损害一般商人的利益，主张继续允许私人资本自由经营。但他的意见未被采纳。

关于帝国主义在中国农村到处致力于保持封建的剥削关系，并使之永久化的问题，过去的中国近代经济史教科书中虽然都引用这一论断，但均无任何令人信服的材料予以说明。笔者编写教材时见及于此，亦曾竭力寻觅例证，希图对这一通行的看法加以论证，但数年以来始终未能获得满意的结果。据笔者经眼的文献、档案记录，并无充分的事实和言论，证明帝国主义曾直接支持农村的封建剥削制度，并企图使之永久化。

帝国主义在中国农村购买、抢夺土地，从事种植业经营的数量有限。只是从20 世纪初年以后，日本等国向我国东北、山东等地移民经营了一些农场。这些农场一般均采用资本主义经营方式，雇工耕种，付给工薪，并程度不同地使用了某些新式农机具。只有少数外国教堂占有的土地袭用中国旧有的剥削方式，把土地分散租给当地贫苦农民耕种，收取地租。

从本质上看，帝国主义要扩大对华的商品输出和资本输出，以获取更多的利润，就必须进一步打开农村这个最广泛的市场，这就要求农民由自给自足的小生产者，变成受雇佣的工资劳动者，而不是使之长期被束缚在封建剥削的关系之下。

（原载《南开经济研究所季刊》1986 年第 2 期）

---

① 《1945 年 9 月 20 日财政部重申废除专商引岸布告》，盐务总局所存档案，场产处，通令卷。见《中国近代盐务史资料选辑》第 4 卷。

中国近代化过程中国民收入分配问题考略

在近代化的过程中，经济增长、收入分配以及二者之间的相互关系，百余年来一直是经济学和经济史研究的重要课题。在马克思主义和非马克思主义经济、历史学家之间，马克思主义者内部各派别及西方经济学各流派之间，存在着不尽相同甚至针锋相对的见解。第二次世界大战后，尤其是 60 年代以来，一些学者依据发达国家和某些发展中国家的资料，作了大量的统计分析，另一些人则运用计量经济学的方法，对这些国家经济发展某一时期中各种因素的相互关系进行反事实度量，从而使研究别开生面，对近代经济史上这一处于核心地位问题的认识步入一个新的境界。其在方法论上的升值可能更应予以注意，因为正是通过这些以及其他一些问题（产业结构、消费构成的变化等）的计量考察，使上述国家经济史乃至相关经济学理论问题的研究，越出了以短期局部经验和静止的个态分析为依据作出质的规定性判断的旧程式。长期以来人们所祈盼的从宏观上较为准确地描述经济近代化过程中一系列基本规律和趋势，因而成为可能。

从 20 世纪 20 年代后期开始，虽然也曾有人对我国国民收入分配的变动趋势加以说明，但多系从理论和政治斗争需要出发，根据一些现象和片断的材料进行推断。就笔者所见，其观点大体可以概括为：中国长期以来是一个农业社会，财富和收入分配本已不平等。而这种不平等工业化国家比农业国家更甚，城市比农村更甚。资本主义越发展，财富和收入分配越不均。由于外国资本主义入侵和中国近代工业的发展，帝国主义、封建势力和资产阶级对中国广大人民群众的掠夺和剥削不断增强，从而加剧了城乡收入分配的不平等。随着殖民地化程度的加深，中国社会各阶层收入的差距将进一步扩大。①到了 1939 年，毛泽东在《中国革命和中国共产党》一文中论及半封建半殖民地中国的特点时，则有"中国的广大人

---

① 这些观点散见于参加 20 年代末至 30 年代前期关于中国社会史和农村社会性质问题论战的文章。专门讨论财富和收入分配者，可举丁洪范《中国的财富与收益及其个人分配》为代表。该文载《大公报》1937 年 1 月 12 日。

民，尤其是农民，日益贫困化"①的论断。按照传统的马克思主义政治经济学的原理，上述结论的含义为：（1）鸦片战争后的一百年间，中国大多数居民的实际收入日益下降。（2）其在国民收入分配中所占份额日趋缩小，与少数买办资产阶级和封建地主阶级的收入比较，差距不断扩大。近半个世纪以来，这种观点广为流传，现今各种近代史、革命史、经济史，乃至政治经济学教科书中仍普遍沿用，被视作不容置疑的定理。

革命战争时期，由于条件的限制和斗争形势的需要，对某些理论问题未经系统研究，匆匆作出判断，自属难免。遗憾的是新中国成立以后，当一些国家在这方面的研究取得重大突破的时候，关于近代化过程中，中国国民收入分配趋势问题的研究却在我国学术界空白了20余年。如果说在这一领域中有值得注意的研究成果的话，那倒是在美国出版的张仲礼先生的《中国绅士的收入》和刘大中、叶孔嘉合著的《中国大陆经济：国民收入和经济发展，1933—1959》②，以及其他一些有关的论文。

资料的缺乏与不合用固然是研究中国近代经济增长、收入分配等问题客观存在的困难，但关键还在于我们是否按照解决这些问题的要求，对档案、书刊中记录的有关资料加以整理和综合，并进而运用多种间接指标对某些必不可少但又无直接记载的数字加以推算。近年来关于旧中国各时期经济增长速度的比较，已经引起国内外经济史学者的重视，虽然还只是以几个有代表性年份的数字为基础，但已勾画出轮廓。关于收入分配问题则尚未见有论者发表。本文写作的动机，是由于据笔者所见的有限资料加以计算，所得出的结果与传统的意见相悖，故不揣简陋献于读者，以期研究的深入。

一、1887—1933 年期间我国国民收入分配的变动趋势

鸦片战争以后，以英国为首的各国列强虽然用武力打开了中国的大门，但传统的社会经济结构起码是到了 19 世纪 70 年代才开始发生变化。这是由于 1840 年以后的 30 年间，外来的机制品并未能真正打开中国市场。只是随着英国国内

---

① 《毛泽东选集》，人民出版社 1967 年版，第 626 页。

② The Income of Chinese Gentry, University of Washington press, 1962. The Economy of The Chinese Mainland: National Income and Economic Development, 1933—1959, Princeton University Press, 1965.

后者在国民收入分配问题上着重讨论消费和积累的比例关系，与本文研究的侧重点不同。该书中数字虽被国外学者更多地采用，但本文分析 1933 年情况时仍依据巫宝三《中国国民所得（一九三三年）》一书中的估算。

劳动生产率进一步显著增长，苏伊士运河开凿后商路大为缩短，海底电缆的修通加速了信息的传递，以及从中国取得更多的特权和便利，大大增强了英国工业品在市场上的竞争能力，才使中国传统经济的基础——农业和家庭手工业结合的自然经济开始分解。以此为条件，中国近代工业——先是官办的，而后是民办的——开始产生。因而严格说来，中国经济的近代化应当是从19世纪70年代起步。在此之前，国民收入的性质没有变化。从这一基本事实出发，并考虑数据取得的可能，本文的分析以80年代中期作为起点。

根据张仲礼先生的估算，19世纪80年代中期（以1887年为代表年份）中国国民生产总值共计为白银2,781,272,000两，人口数为377,500,000人。最为富有的绅士阶层收入为675,225,000两，人口数为75,000,000人。其余370,000,000普通人的收入共计为2,106,047,000两。[①]

旧中国经济的近代化过程，在抗日战争全面爆发前夕达到高峰，因为没有1936年的统计数字，我们需以1933年作为代表年份。

巫宝三先生等人关于1933年中国国民所得的调查，并没有把收入分配问题列入分类，但有各类人口消费额的分组统计，因为该年投资为少量负值，故大体可以用后者代表前者。

《中国国民所得（一九三三年）》一书中关于消费额的估算分为农业区与非农业区两大部分，每部分中又分为上户、中户、下户三种。1933年全国人口共计为427,819,889人，消费总额为20,440,572,000元。其中非农业区的上户是全国少数最富有的阶层，其人口计为4,293,310人，消费额为953,971,955元。如果把非农业区的中户（其年均消费额远远高于农业区的上户）包括进来，共计为27,759,000人，其消费额为4,821,681,000元。其余广大农村、边远地区城市和东南沿海地区城市中的下户三者合计共4亿多一点的人口，其消费额为15,619,891,000元。[②]

我们将上述1887年与1933年的数字加以比较，在中国近代经济发展这最有代表性的近50年时间里，国民收入分配的变动趋势确乎给人以下列几个印象。

1. 富有阶层的收入在全国国民收入中所占的份额明显缩小，普通居民的收

---

① 见《中国绅士的收入》附录1和2。本文所用1887年数字均引自该书或以书中数字为基础推算，下面不再一一注明。张书附录1"19世纪80年代中国国民生产总值的粗略估计"，已由王玉茹、赵津译成中文，刊《南开经济研究所季刊》1987年增刊第1集。

② 巫宝三主编：《中国国民所得（一九三三年）》上册，第3部分，中华书局1947年版。本文中所用1933年数字，除另注明出处外，均引自该书，或以该书中数字为基础推算，下面不再一一注明。

入在国民收入中所占的份额略有扩大。

根据前述张仲礼和巫宝三书中的数字加以推算,1887 年时占全国人口 2% 的富有阶层的收入占全部国民收入的比例高达 24.3%;而 1933 年时占全国人口 1% 的最富有阶层的收入只占全部国民收入的 4.7%。如果计算占全国人口 6.5% 的富有阶层(包括非农业区的上户和中户)的收入,也仅占全部国民收入的 23.6%,尚达不到 1887 年时占全国人口 2% 的富有阶层收入在全部国民收入中所占的份额。与之相对应,1887 年时占全国人口 98% 的普通居民的收入占国民收入的比重不足 76%,而 1933 年时,占人口 93.5% 的普通居民的收入占国民收入的比重则为 76.4%。亦比重相对减少了的普通居民占有了与过去大体相等,甚至略多一点的份额。

2. 高收入阶层与中低收入阶层的收入差距显著缩小。

1887 年占全国人口 2% 的高收入阶层人均年收入为白银 90 两略多一些,而其余 98% 的中低收入阶层的人均年收入尚不足 5.7 两。前者约为后者的 15.8 倍,收入的差距是十分悬殊的。到 1933 年时,这种情况有了明显的变化。该年占全国人口 1% 的最富有者人均年收入为 222 元略多一些,其余 99% 的中低收入者人均年收入为 46 元略多一些,前者仅为后者的 4.8 倍。如果计算占全国人口 6.5% 的富有者,其人均年收入则减少为 174 元,而占人口 93.5% 的中低收入者人均年收入亦减少为 39 元,前者的收入只为后者的 4.5 倍。

需要说明的是前述 1887 年的数字是人均国民产值数额,如与 1933 年人均消费额比较,用缴纳负税后居民可以自由支配的收入将更为切近。计算税后收入,1887 年最富有的绅士阶层人均每年为 79.7 两,普通居民只有 4.5 两,前者的收入为后者的 17.7 倍。也就是以居民可以自由支配的收入为标准衡量,1887 年较之 1933 年,高收入者与中低收入者的差距更大。

3. 富有阶层人均年收入的绝对值明显下降,普通居民的年均收入显著上升。

为了进行比较,我们需把 1887 年数字折算为 1933 年币值。张仲礼书中所采用的银两与银元的兑换率为 1 两 =1.4648 元,1933 年的物价指数为 1887 年的 3 倍。以之为依据可以推算出 1887 年富有阶层的人均年收入约为 397 元,相当 1933 年占全国人口 1% 最高收入者年均收入 222 元的 1.8 倍,若与占全国人口 6.5% 的富有阶层人均年收入 174 元比较,则为 2.3 倍。1887 年普通居民人均年收入 5.7 两,折合成 1933 年币值仅为 25 元,为 1933 年占全国人口 93.5% 的普通居民人均年收入 39 元的 64%。

1887 年如用税后收入与 1933 年数字加以比较,则富有阶层年均收入下降幅度略有减少，而普通居民的年均收入有更大幅度的上升。

由于没有 1949 年或其前后年份我国国民所得的调查统计资料，所以无法确切说明 1933—1949 年期间国民收入分配的变动趋势。按照西方国家在第二次世界大战期间及战后恢复初期阶段的一般情况，高收入和中低收入阶层年收入的绝对值都不同程度地有所下降，其中高收入阶层下降的幅度大于低收入阶层，因而造成前者在全部国民收入中所占的份额减少，后者所占的份额增加，二者之间的差距缩小。[1]以之推论我国解放前的十多年间，我想基本趋势应当是相同的。

由于没有连续的调查统计数字，只凭两个年份的比较作出的结论，显然是缺乏说服力的。虽然这两个年份在中国近代经济发展过程中的代表性是无可怀疑的，但其间的起伏变化都无从知晓。为了弥补这一不足，理应寻求多种有连续数字的间接指标加以验证。例如全国或地区性地租率的变动，部门、行业、企业利润和工资比例的变动，等等。可惜目前这些方面可资利用的能反映长期趋势的资料亦属凤毛麟角，有待于发掘和整理。笔者能够举出的只有开滦煤矿的个例研究。在 1887—1946 年的 50 年间，开滦矿工的实际工资是在曲折的变动中有所提高，其在全部煤炭产值中的比重亦由 20 世纪初的不足 20%上升为抗战前的 30%～35%，而利润在产值中的比重则呈相反的变化趋势。1937—1939 年，开滦矿工实际工资呈下降趋势，但由于资产收入以更大幅度下降，造成工资在全部产值中的比重较抗战前进一步增长，到 40 年代后期占全部煤炭产值的 45%～50%。[2]另外从开滦的档案资料中还可以看出，20 世纪 40 年代，当战争使企业陷入困境时，曾经享有优厚待遇的中外高级职员，其收入下降的幅度远远大于低收入的矿工，这是因为矿工的工资本已微薄，为了维持劳动力的再生产，资本家压低其工资收入的余地是有限的。从上述情况可以看出，开滦煤矿半个多世纪以来利润与工资、高收入与低收入及其相对比例的变动，与旧中国国民收入分配的变动趋势是一致的。另据美国学者马若孟和珀金斯的研究，20 世纪前半期没有证据说明我国农

---

[1] 以美国为例，占居民 5%的高收入阶层的税前收入占全部国民收入的比例，1929 年为 30%，1935—1936 年为 26.5%，1941 年为 24%，1944—1947 年为 21%。与此同时，占居民 60%的低收入阶层的税前收入占全部国民收入的比例，1929 年为 26%，1935—1936 年为 27%，1941 年为 29%，1941—1947 年为 32%。见库兹涅茨《近代经济增长》，第 211 页。（Simon Kuznets, Modern Economic Growth: Rate, Structure and Speed. New Haven and London Yale University Press, 1966.）

[2] 参见丁长清、阎光华、刘佛丁《旧中国工人阶级贫困化问题意见——析开滦煤矿工人的工资水平及其变动趋势》，《南开经济研究所年刊》1984 年。这一研究中的工资总额仅限于矿工的工资，没有包括各级管理人员的薪金，因而其在产值中的比重较西方国家同类企业的统计数字为低。

村的地租率有所提高，有些地区反而存在着下降的趋势。①

由于资料的不完备，我们无法对旧中国国民收入一些代表性年份作更详细的分组统计，因而也无法绘制出洛伦茨曲线对分配的不平等程度的变化趋势作更为准确的描述，也无法以之为基础与其他国家进行比较。但仅就前述 1887—1933 年期间富有阶层与普通居民收入绝对值和相对比重的变化，不能不使人对 20 世纪 30 年代提出，并一直流行于理论界达 50 年之久的所谓在旧中国广大人民群众日益贫困化的论断产生怀疑。就是按照马克思在《资本论》中阐述的观点，工资作为劳动力的价格，应该是围绕其价值上下波动的，不可能长期停留在其价值以下，更不可能不断下降。如果这样，劳动力和社会的再生产都将无法维持。列宁虽然认为在资本主义制度下指出劳动群众的穷苦和贫困是十分必要的，但也反对"绝对地日益穷苦和贫困"的说法。②

二、近代化、经济增长与我国国民收入分配变动的关系

传统的马克思主义政治经济学理论认为，在资本主义制度下，平均利润率呈下降的趋势，工人阶级日趋贫困化。在国民收入的分配方面，财产收入与工资收入的比重朝着不利于劳动的方向变化，从而导致资产者与无产者之间收入的差距不断扩大。

近年来西方一些经济学家和经济史学家认为上述观点不能为19世纪60年代以来一百余年的统计资料所证明。发达国家工人的实际工资不但没有下降，反而有明显的上升，劳动者可以用较短的工作时间，获得比以前丰裕的报酬。无论是以衣、食、住、行或用寿命长短来衡量，都存在着稳定的、长期的最低生活标准的改善。利润率也没有下降，而是上下波动，无明显的趋势。财产收入在国民收入中的比重，19 世纪中期为20%～40%，在一个长时期内稳定和轻度地增加后，有些国家从第一次世界大战后开始，另一些国家从第二次世界大战开始下降，现在只占国民收入的 20%或 20%以下。劳动收入在国民收入中所占的份额则作相反方面的变动。个人和家庭收入的不平等在第一次世界大战以前稳步地、轻微地扩大，以后明显地缩小，这是由于低收入阶层的收入比高收入阶层的收入增长更

---

① 马若孟:《中国农民经济》(Ramon Myers, The Chinese Peasant Economy: Agriculture in Hopei and Shantung, 1890—1949, Harvard University Press, 1970)；珀金斯:《中国农业的发展，1368—1968》，上海译文出版社 1984 年版。

② 《列宁全集》第 6 卷，第 31 页。

快。一些不发达国家处于工业化的过程之中，其国民收入分配的不平等程度则较现今的发达国家为甚。5%的高收入阶层占有了全部国民收入的 30%～40%，洛伦茨曲线显示落后国家生活水平的差异要大于先进国家生活水平的差异。①

表面看来，中国在近代化过程中国民收入分配的变动趋势与某些发达国家第一次世界大战后所出现的情况相似，但由于所处的经济发展阶段不同，因而未可简单地加以类比，套用造成后一现象的原因来解释前者。②1887—1933 年期间，我国尚处于近代工业从无到有的起步阶段，而前述库兹涅茨对国民收入分配的研究，西方国家是以 19 世纪中叶为起点（其中有些国家由于资料缺乏，起点迟至1913 年），不发达国家则以 20 世纪五六十年代的资料为依据。二者就工业化的水平而言，都较之本文考察的对象处于更高的层次之上。因此，必须从当时中国特定的社会条件和经济发展的实际水平出发，运用经济学的原理加以分析，才能对我国收入分配变动的原因作出中肯的解释。

1. 经济增长是中低收入阶层生活水平改善的基本前提条件。

1887 年我国的国民生产总值如果按照 1933 年的币值计算约为 120 亿元，到1933 年时我国的国民生产总值增加为 200.44 亿元，也就是在近 50 年的时间里增加了 40%。人均国民收入由 32.61 元增加为 46 元，增加了 30%。在此基础上，占全国人口 90%以上的普通居民的年均收入则由 25 元增加为 39 元，增长了 56%。

在经济发展史上，从统计分组角度看，各个时期总有一定比例的居民属于低收入阶层，但如果这个国家越来越富裕，而且同时人均收入在增长，那么一般说来总是伴随着生活的最低标准的提高和居民中多数人生活的改善。中低收入阶层的生活来源绝大部分为劳动所得。由于技术和设备的改进，劳动生产率不断提高，工人和雇员的工资收入必然随之增加。

从 1937 年开始，由于连续 13 年的抗日战争和解放战争，我国的国民经济遭到严重的破坏，国民生产和人均收入都呈下降趋势，分别由 1936 年的 258.01 亿元和 57.34 元下降为 1949 年的 189.48 亿元和 34.98 元。③故而本文在第一节中推断，这一时期我国中低收入阶层的年均收入下降。这是由于在战争环境下市场萎

---

① 库兹涅茨：《近代经济增长》第 4 章及第 8 章有关各节。

② 人均产值在不同产业部门之间的差距的缩小、社会保险和充分就业等是第一次世界大战后发达国家收入不平等缩小的重要因素，但不能用来说明近代中国收入分配变动的趋势。

③ 见王玉茹《论两次世界大战之间中国经济的发展》，《中国经济史研究》1987 年第 2 期。1936 和 1949 年数字均为 1936 年币值。另据刘大中、叶孔嘉前引书计算，经过三年的经济恢复，到 1952 年时，我国人均收入按 1933 年币值计算只有 60 元，仍低于 1933 年 62 元的水平。由于投资和政府开支增加，1952 年个人消费为 48元，只相当于 1933 年 56 元的 86%。

缩、运输中断、生产条件恶化导致劳动生产率下降的结果。

2. 封建特权的丧失，使高收入阶层的构成发生变化，从而导致这一阶层的收入下降。

在中国传统社会中，长期以来一个基本特征是政治权力转化为财产。历代王朝的富有阶层都是以皇族和官绅为主体。他们凭借政治地位和权势，以合法及非法的手段聚敛大量的财富。而一旦改朝换代或某一集团、个人在政治上失势，其在朝时聚敛的财富也就随之丧失，各种收入的来源也因之断绝。所谓"旧时王谢堂前燕，飞入寻常百姓家"，就是这一历史过程的生动写照。

当传统社会进入后期阶段，一些世俗商人和地主手中积累了较多的金钱和地产，要求提高他们的政治地位时，一种卖官鬻爵的制度作为社会调节的手段应运而生，但它与西方国家不同，在那里近代化过程是以私人财产所有权在法律和观念上的确立和财产权利争夺、控制政治权力，并使之从属于自己为特征，而在中国，个人对财产追求、拥有的不可侵犯，分割权利的法律和观念始终没有确立。通过捐纳可以买到官爵，只不过是开辟了一条上升到旧有特权阶层的旁径，在仕途上不被视为正宗。财产的权利对于政治权力而言，仍然处于依附和从属的地位。

1887 年绅士阶层的 675,225,000 两收入是由以下几个方面构成的：A. 官俸和其他专业职务的报酬 311,625,000 两；B. 地租和房租 250,000,000 两；C. 商业和金融业利润 113,600,000 两。1911 年后由于清王朝的覆灭，处于国家收入金字塔顶端的绅士阶层，其 A 项收入几乎全部丧失，B、C 两项收入也大部分丧失。他们当中只有一部分人，由于成为北洋政府的权贵，得以利用其握有的政治军事特权，保持并膨胀财富。但因为没有这一时期的统计数字，所以无法与 1887 年的状况进行比较。到了 30 年代，虽然以蒋介石为首的国民党官僚集团已经从开始垄断金融业入手积聚私人财富，但到 1933 年时，这一部分人的年收入还远远无法与 19 世纪 80 年代时的绅士阶层相比。1933 年时我国高收入阶层的构成，除了上述的新官僚集团以外，主要是从 19 世纪后半期开始逐渐成长起来的买办阶级、资产阶级的中上层，以及旧有的豪绅地主阶级（其中相当大的一部分居住在城镇）。但按相同比例的人数计算，其年均收入仅及 1887 年的一半左右。

在人均收入增长的同时，高收入阶层收入的绝对值减少，中低收入阶层收入的绝对值增加，其结果必然是：前者在国民收入中所占的份额下降，后者所占的份额上升，二者之间的差距缩小。

3. 近代工矿、交通事业的发展，由传统经济向近代经济转变，使国民收入在富有阶层和普通居民之间分配的差距缩小。

1933 年我国几个主要产业部门中工资薪金与其他所得分配情况如下。

	制造业	交通运输业	商业	矿冶业	农业
工资薪金所得（%）	78.0	75.9	69.1	57.9	38.5
其他所得（%）	22.0	24.1	30.9	42.1	61.5

说明：其他所得中包括地租、利润和利息三个组成部分，由于资料缺乏，《中国国民所得（一九三三年）》一书中未能加以区分。但大体上工矿、交通和商业中的非工薪所得主要为利润和利息，农业中则为地租和利息。

从上表可以看出，越是近代化程度高的部门，工资和薪金收入在该部门全部收入中所占的比例越高，非工薪收入所占的比例越低。与之相反，越是生产方式落后的经济部门（这里主要是农业），劳动收入所占的比例越低，而非劳动收入所占的比例越高。造成这种情况的原因主要是由于近代生产部门的劳动生产率高于传统生产部门。

1887 年时我国的近代生产企业还刚刚出现，其收入可以忽略不计（张仲礼先生估计该年国民收入时就是这样处理的），因而可以认为全部国民收入都来源于传统的经济部门。当时最为富有的绅士阶层的收入由前述可知主要为地租、利息及其转化形式（如官俸及其他行业职务的报酬等）。从 18 世纪中叶开始，我国人口以较快的速度增长，而耕地面积并没有相应扩大，当越来越多的劳动加在固定数量的土地上，又无显著的技术改进时，收入递减规律必然发生作用。正如李嘉图所指出的那样，人口的增加意味着较低的按人口平均的收入和工资率，较低的工资率意味着较高的地租率。本文第 1 节转述的马若孟和珀金斯的研究如果不误，亦 20 世纪前半期我国农村地租率没有增长，那么 1887 年时的地租率只会高于上表中所列的 1933 年水平。这就造成绅士阶层的收入在当时全部国民收入中占有很高的比重，而以农民为主体的普通居民的收入在全部国民收入中只占有相对偏低的份额。

到了 20 世纪 30 年代，虽然地租仍然是我国富有阶层收入的重要来源之一——农业中的非劳动所得占国民收入中全部非劳动所得的 3/4 左右——但这一阶层中另一重要组成部分的买办阶级和民族资产阶级，其收入则主要来源于工矿、交通业和新式商业的利润。1933 年这些部门的资产所得已经占到国民收入中全部非劳动所得的 1/4 左右。由于与农业相比，这些部门中财产所得占全部所得的比例较低，这就导致整个富有阶层的收入在国民收入中的比例下降，而以工薪为主要生活来源的普通居民的收入在全部国民收入中所占的份额有所增加。

随着国家的工业化，地租在国民收入中的比重下降，工薪收入的比重上升，从而使高收入和低收入阶层之间收入差距缩小。这一规律已为世界很多国家经济发展的统计分析所证明。西方一些经济学家认为，在工业革命以前并不存在收入分配较为平等的黄金时代，只不过为田园诗式的描写所掩饰的农村的贫困，不像工业化过程中工厂工人劳动条件、工作日和生活的悲惨状况那样易于被人们所察觉罢了。现今世界一些发达国家中，少数贫穷地区的农村较之大工业城市贫民居住区更为落后，一些不发达的农业国家较之发达的工业国家在收入分配方面存在着更为严重的两极分化，也说明了这一点。

除上述三个方面以外，从 20 世纪 20 年代开始，蓬勃兴起的工农革命运动和日益增长的社会舆论的压力，也是提高劳动者收入、缩小分配不平等的一个不可忽视的因素。

（与王玉茹合作，原载《中国经济史研究》1989 年第 4 期）

供给和需求变动与近代中国的市场模式

从本质上看，市场关系是在某一历史时期和条件下，一个国家全部供给和需求的总和。这两者各自的变动趋势和它们相互之间的关系对市场的模式和经济的发展具有决定性的作用。

一、前近代化时期人口迅速增长对我国市场和经济发展的影响

1650—1850 年期间中国人口由大约 125,000,000 人增加为 410,000,000 人，年增长率达 6‰，远远高于西方中世纪后期的增长速度。虽然这一时期，在人口的压力下，我国的耕地扩大了一倍，由大约 6 亿亩增为 12 亿亩，但人均占有的耕地数却由 4.8 亩减少为不足 3 亩，下降了近 40%，出现了人地比例失调的现象。①

鸦片战争前的 200 年间，人口的迅速增加造成需求过快增长，某些地区人口资源已经过剩，但由于文化和制度的限制，我国向国外移民的数量不多，占当时中国全部人口的比重可谓微乎其微。作为一个农业社会，人们可以利用的自然资源主要是土地，而耕地面积却受到技术水平和政策的限制（如对东北地区的禁垦政策）难以相应地扩大。这就迫使农民家庭不得不在土地不敷需要情况下，将多余的劳动应用于家庭副业的生产以维持起码的生计，形成家庭农业与手工业相结合的生产模式，亦即经营的内卷化。这时于市场的扩大无疑是不利的，这种状况的不断循环往复，使其结合的程度不断加强，依靠社会内在的力量很难改变，只有在外来的强有力的冲击下，才能打破这种均衡。

一般说来，需求的扩大本应造成市场的扩大，但前近代化中国由于人口增长所造成的需求的扩大，是一种自然的需求，并不能使市场的需求相应地扩大，因

---

① 关于这一时期人口和耕地的估算，详见拙作《有关清代农业生产力发展水平的几个问题》，《南开经济研究所年刊》1984 年。

为人们有货币支付能力的需求，即有效的需求并没有成比例地增长。尽管如此，人口的迅速增长毕竟使某些地区出现缺粮的现象，并对市场构成了压力，所以我国清代前期和中期粮食的流动主要是由产粮区运往缺粮区。诚然，一部分地区缺粮是由于农民转入专业化生产经济作物，或专门从事手工业生产，所以需要购入粮食。但多数地区是人口增长→耕地不足→从事家庭副业生产→出卖副业产品换取粮食，从而形成了这一时期市场流通的基本模式。粮食和棉布的流动如是，丝茶流动也可纳入上述模式，这就形成了前近代中国市场的狭隘性和长距离贸易的局限性。但生产力在进步，市场还是在缓慢地扩大，而资本主义生产却发展不起来。这种由需求决定的市场是一种为买而卖的市场。自然经济条件下的市场，行使的正是这样一种职能，其主动和发起的一方在需求，不在供给。而资本主义的市场是为卖而买的市场，是生产者即供给的一方在市场上处于主动和发起的地位。

以上是就农民小生产者私人的消费与投资而言。而地主通过收取地租和政府通过征税所取得的收入则成为我国传统市场上需求的另外一个方面，有时其对市场商品的流动和市场格局，尤其是长途贩运贸易的格局甚至有较前者更大的影响。在这种供需关系中，也是需求的一方处于主导的地位，供给其需要的农民和个体手工业者在市场上处于被支配的地位。由于皇室、贵族、官吏和士绅等居住于城市，这种来源于地租及其转化形式的需求，使农副产品由农村流向城市，也使各地的土特产品经过长途贩运由产地流向北京等政治中心城市，而没有或很少回流。

二、中国近代市场上供给的增加

鸦片战争后，由于外国资本主义的入侵，中国市场上的供求关系发生了重大的变化，其市场模式由需求决定供给向供给决定需求的方向转化。总的说来，进入近代社会以后，是供给的增加造成需求的扩大。首先是外国商品的输入创造了市场和需求，而刺激起来的需求使国内市场扩大，促使了中国近代工业的产生和发展，从而使供给进一步增加。其次，国内市场的扩大是由于出口土货的增加，这种需求的增长不是国内需求的增长，而是国外需求增长的结果。

中国步入近代社会后，其经济首要的和根本的变化是被迫对外开放和中国与世界市场关系的建立。开埠后，外国商品的输入逐步成为中国近代市场的主导力量。其对中国近代市场供求关系的影响，首先表现于供给因素的增长，而且这种供给的增长是机器大工业的产品，是一种与传统的农业和手工业不同的、具有新的性质的商品。这种商品的供给由于其生产力的性质具有迅速大量增长的可能性。据海关统计，1864 年我国进口净值为 46,210,000 海关两，1931 年进口最多时净值达到 1,433,489,000 海关两，增加为 1864 年的 31 倍。[①]

19 世纪 70 年代以后中国近代工业产生，1895 年后允许外国人在华设厂制造，形成 19 世纪末和 20 世纪初外国资本进入中国的热潮。这些都成为中国近代市场上供给增加的新的重要元素。它的产品与进口工业品具有相同的性质。在传统社会中人们所能够利用的自然资源主要就是土地，社会和市场的供给主要是依赖于土地的产出物，其他资源的利用则受到技术条件的限制。设备、技术的进口和国内机器大工业的发展，使在传统社会中许多不能被利用或不能被广泛利用的资源，尤其是矿业资源被开发和应用。

供给的增长除了技术的因素外，还有制度的因素。在我国传统社会中，矿业资源的开采受到国家政策的限制，这些限制是在洋务运动开始以后才逐步废除的。东北地区的禁垦律令则是 20 世纪初年才彻底改变的，从而使关内的劳动力可以大规模移向关外，那里的土地资源得到利用。这造成中国近代化过程中不只是工业品的供给有较大的增长，农产品的供给也因耕地面积的扩大而增加。

表 1　中国国内生产总值（1887，1936）

1936 年币值：亿元

	农业	工矿交通业	服务业	总值
1887	99.87	14.49	29.07	143.43
1936	166.41	40.06	51.51	257.98

资料来源：①1887 年的数字系根据张仲礼先生：《中国绅士的收入》附录中的数字加以修正，修正的方法见即将出版的《近代中国的经济发展》第一章附录 2。②1936 年数字系根据巫宝三：《〈中国国民所得，一九三三〉修正》，载《社会科学杂志》9 卷 2 期，1947 年。

由表 1 可以看出，在中国近代经济发展比较正常的 19 世纪 80 年代至 20 世纪 30 年代期间（没有大规模的战乱破坏时期），总供给仍有相当的增长。1936 年与 1887 年相比，国内生产总值增加近 80%，尤其是工矿交通业有更快的增长，50 年间增加了 1.76 倍。

---

① 根据郑有揆撰《中国的对外贸易和工业发展》附录 2 中的数字计算。

三、有货币支付能力的需求不足

1. 人口增长速度减慢

由前述可知，1650—1850 年期间中国人口以较快的速度增加，到 19 世纪中叶已经突破 4 亿。据《清文宗实录》卷 24 记载，1850 年为 414,698,899 人（本文前面所用 4 亿 1,000 万为概数），而该年世界的全部人口数据估计约为 1,171,000,000 人，中国人口所占比重超过 35%。庞大的人口基数及其对土地造成的压力，成为中国近代社会继承下来的一个沉重的历史包袱，这种状况是任何西方国家在开始近代化以及其后的发展过程中所不曾面临的。

全国解放以后，据我国政府的估计，1949 年底中国人口共计为 541,670,000 人[①]，比 1850 年增加 126,971,601 人，99 年间仅增加了 30%，年增长率仅为 2.7‰。而同期（1850—1950 年），欧美和大洋洲地区的人口却由 335,000,000 人增至 918,000,000 人，增加了 1.7 倍还多，年增长率高达 10‰。日本在开始近代化以后人口也加速增长，1872 年日本人口为 34,940,000 人，到 1942 年增至 75,114,000 人，70 年间增加了 1.15 倍，年增长率为 11‰。[②]

因此，1850—1949 年期间，即在中国近代社会中，人口的增长速度低于前近代化时期 1650—1850 年的 6‰，更低于同期欧美和日本等发达国家的 10‰或 11‰。

中国近代由于人口增长速度较慢，因此需求增长的压力相对减轻，这与前近代化时期比较起来是一个重大变化。但是因为在近代化开始时已经形成了庞大的人口基数，所以在整个中国近代社会中人与地之间比例的失调和自然资源相对不足的矛盾始终存在，并成为实现国家工业化的重大难题。但如前所述，这种庞大的人口基数的实际需求并不等于市场上有货币支付能力的需求。

2. 投资需求在近代和传统部门增长的差别

中国从 19 世纪末期开始，由于近代生产部门的发展，投资需求较前近代化

---

① 《中国统计年鉴》1984 年，第 5 页。

② 大川一司：《1878 年以来日本的经济增长率》（Kazushi Ohkawa, The Growth Rate of the Japanese Economy Since 1878, Kinokuniya Bookstore Co. LTD, Tokyo, Japan, 1957, pp. 140-141）。

时期有所增加。

表 2　中国产业资本的增长

单位：万元

	1894	1911/1914	1920	1936		1947/1948 国统区，1936 年币值
				关内	东北	
资本额	12,155	178,673	257,929	554,593	444,463	654,992

资料来源：吴承明：《中国近代资本集成和工农业及交通运输产业值的估计》，《中国经济史研究》1991 年第 4 期。

根据表 2 中的数字通过计算可以得知，1894—1947/1948 年期间中国近代部门投资需求的增长率为 7.7%。1894—1936 年期间的增长率则为 9.5%（关内）。另据罗斯基的估计，中国近代方向的固定资本投资 1903 年时为 7,600 万元，1936 年增加为 87,300 万元（关内），年增长率为 7.7%。[①]

由于没有各时期总需求和私人消费的变动数字，所以我们无法准确地比较投资需求与总需求、私人消费的增长速度。如果我们假定在一个长时期内，总供给和总需求基本相抵，而用总生产的数字（见表 1）与投资增长的速度相比较，那么似乎可以认为，投资需求的增长速度远远大于总需求的增长速度，自然也大于私人消费的增长速度。但这里所说的投资需求只限于近代方向的投资，实际上这部分投资在全部投资中的比重是有限的，到了 20 世纪 30 年代，其在全部国民生产中的比重不过只有 0.2%～0.3%，更大比重的投资需求还在传统的农业部门。而这一部门的投资尽管在近代化开始后比前近代化时期有所增长，但增长的速度则远低于近代生产部门。据一些人认为估计颇高的罗斯基的数字，中国农业中的固定资本投资在 1914/1918—1931/1936 年期间的增长率也只有 1.4%，低于他所估计的 1.8%～2.1%的农民收入的年增长率。[②]

3. 政府财政支出的扩大及其结构特征

西方国家在近代化过程中，政府需求（包括消费和投资需求两个方面）均呈明显增长的趋势。中国从 19 世纪后半期起政府的财政开支也逐步扩大，过去每年大约 8,000 万两左右的财政收入已越来越感到不敷应用，到清朝末年其财政支

[①] Thomas G. Rawski, Economic Growth in Prewar China, University of California Press 1989, p.245.

[②] Thomas G. Rawski, Economic Growth in Prewar China, University of California Press 1989, p.260, p.330.

出已增至 14,000 万两左右。[①]民国时期，北洋政府和南京政府的财政支出迅速增加，到 1937 年达到 125,100 万元。[②]清末和民国时期财政开支增加固然有对外赔款、偿债等非市场因素，但因兴办洋务、实业、银行、铁路和投资于其他公共设施（如城市中的道路、交通、水电、卫生、文化和教育等）的开支则扩大了市场上的有效需求，尤其是对生产资料的需求，有力地刺激了供给的扩大。而用于扩充军备和行政机构所增加的开支，对于经济发展的作用应根据不同情况做具体的分析，但其对供给增长的推动作用则是毋庸置疑的。最明显的是抗日战争时期，国民政府的军事开支促进了后方重化工业的迅速发展。

虽然在中国近代化过程中政府需求有明显扩大之势，到抗战前其在总需求中的比重占到 6% 左右，与同期西方国家相比已不算低，但因统计口径不同（西方均将私人投资与政府投资合并计算为投资需求，政府需求则只包括消费需求），所以需要对上述现象作进一步分析。实际上，中国近代政府需求的增长，主要是消费需求的增长。因为在历届政府的财政开支中用于经济和文化建设的投资比重不大。所以应当看到，中国近代政府需求的结构与西方发达国家存在着不同，与私人收入的开支一样，国家财政开支中，消费需求所占的比重很高，投资需求所占的比例则明显低于西方发达国家。

4. 出口对总需求增长的有限作用

出口的增长所创造的需求是一种有效的需求，1864—1929 年间我国的出口净值增加了近 21 倍[③]，对市场的扩大发挥了一定的作用。现代经济学将净出口纳入总需求的模型之中，但我国从 1877 年开始净出口就变成负值，而且在相当长一段时间内，出口创造的需求中有可观的一部分为鸦片输入所抵消，这种需求的扩大对中国自身经济的发展有害无利。

由于出口的中间环节过多使流通成本增加，洋行和买办为了在世界市场上能够出售其产品并取得最大限度的利润，采取的手段是尽力压低收购价格，复加以

---

① Yeh-chien Wang, Land and Taxation in Imperial China, 1750-1911. Cambridge, Mass.: Harvard University Press, 1973.

② 阿瑟·恩·杨格：《一九二七至一九三七年中国财政经济情况》，陈泽宪等译，中国社会科学出版社 1981 年版，第 459 页。

③ 根据郑有揆撰《中国的对外贸易和工业发展》附录 2 中的数字计算。

各级市场上中间商的层层剥削,最终受害的还是在基层市场上出售产品的农民和手工业者。他们的收入下降,减少了从出口产品中的获取的收益,从而使他们需求的增长受到限制。流通成本过高最后甚至导致某些中国传统的出口商品在世界市场上无立足之地,以致使从事该业的农民和手工业者生计全失,收入和需求能力下降自不待言。

从表 3 可以看出,1887—1936 年期间我国人均国民收入只由 38 元增加为51.51 元,50 年间增加了 36%,也就是说在中国近代经济发展较为正常的时期,人均收入的增长也是很缓慢的,收入的绝对水平是相当低下的。就是到了 1936年,大约也只有西方发达国家开始工业化时人均实际收入的一半左右。这是造成中国近代总需求增长缓慢和总水平低下的根本原因。尤其是低收入阶层,虽然在中国近代化过程中他们的收入比高收入阶层有较快的增长,但他们实际消费水平的改善仍然有限。内地和偏远地区农村人民生活十分贫困,温饱问题尚未解决。因而对低收入阶层而言,他们的投资能力是很有限的。

表3　中国人均国民收入（1887，1936）

1936 年币值

	国民收入（亿元）	人口数（千人）	人均收入（元）
1887	143.43	337,636	38.00
1936	257.98	500,789	51.51

资料来源:①国民收入数字据表 1;②人口数 1887 年据《光绪会典》,1936 年据章有义:《近代中国人口和耕地的再估计》,《中国经济史研究》1991 年第 1 期。

四、近代中国的需求结构

西方发达国家在近代化过程中需求结构变化的一般规律是,私人消费的绝对值迅速增加（如欧洲各国在 1920—1970 年间私人消费平均增加了 3 倍）,其在全部需求中的比重却下降了,而私人和政府的投资不但绝对值迅速增加,在总需求中的比重也迅速增加,同时政府开支中用于社会福利方面的数量也有明显的增长。比如英国 1860—1869 年期间其总需求的结构为私人消费占 83%,政府消费占 5.1%,资本形成占 11.9%,到 1905—1914 年期间,私人消费所占比例下降为78.4%,政府消费和资本形成所占比例则分别增加为 7.1% 和 14.5%。同样的变化也发生在德国、意大利、瑞典等国①。

中国的情况则与西方国家不尽相同，其私人消费的增长速度虽然远低于西方，但在全部需求中始终保持着很高的比例。用于投资方面的开支，无论是城市还是农村虽然也在增长，而且近代方向的投资还有较快的增长，但这方面的支出在总需求中所占的比例则明显地低于发达国家。尤其是农村用于生产的投资增长有限，这样的需求结构只能造成经济的低速增长。但一般说来，低收入国家总是要有较大份额的需求是在私人消费方面，否则无法维持最低生活水平。此外，中国公共消费所占的比例是很低的，政府的需求也主要是私人消费的性质。

按照一般规律，资本主义市场的扩大主要是生产资料市场的扩大，关于这一问题列宁在《俄国资本主义的发展》一书中有详细论述。中国近代需求结构的特征显然是不利于市场迅速扩大的。

根据张仲礼先生的估算和笔者所作的修正，1887 年仅占全部中国人口 2%的最富有的绅士阶层的收入占全部国民收入的比例达 21%。②他们的收入如何应用，对中国市场的需求结构有着决定性的影响。

中国绅士有他们传统的生活标准，包括住房、穿着、饮食、社会生活和交往等各个方面。这种生活标准是维持他们名誉和声望所必需的，是他们权力和高贵地位的象征。他们挥金如土的生活方式，对社会上其他富有者都产生影响，成为许多人追求、效仿的目标。而这种效应对国民收入的剩余转化为储蓄，并投向生产领域是非常不利的。随着外国资本主义的入侵，中国的商品经济有了进一步发展，这种发展更加刺激了富有阶层的高消费。特别是对外贸易的扩大，西方各国的新奇消费品使中国市场变得五光十色，又使这些人对价格昂贵的舶来品产生了浓厚兴趣，获取这些高档消费品成为他们权力和地位的新象征。与日本先是通过出口传统工业产品，然后转换为出口近代工业产品，换回西方先进技术设备和国内所缺乏的原材料的对外贸易格局不同，中国先是出口传统手工业产品，其后不得不靠出口廉价的农产品和矿产品，换回来的主要是消费品和消费品原料。中国在总的经济水平提高很慢的情况下，一些大城市却迅速发展起来。上海在 20 世纪前中期号称东方第一大都会，其生活水准之高令很多西方游客瞠目结舌。大量中国富有的寄生阶级云集此地，过着豪华、奢侈的生活。他们的超前消费使国民收入剩余的相当一部分被挥霍。对于那些不曾到过中国农村，尤其是偏远地区农村的西方人来说，只通过沿海的几个大城市来看中国，无疑会认为其与当时发达

---

① 库兹涅茨：《各国经济增长的数量方面——消费的份额和结构》，《经济发展和文化变化》1962 年第 10 期。

② 《近代中国的经济发展》，第三篇第一章。

的资本主义国家的生活并无不同。

高收入阶层在开埠后加速向东南沿海的城市集中,使有货币支付能力的需求也向城市集中。到 20 世纪二三十年代,城市市场的繁荣与农村市场的不景气形成对照。中国在步入近代社会后,城市的消费结构有明显的变化,而农村的消费结构则基本上没有变化,这就使中国市场出现了明显的二元结构。1933 年中国农村消费中食品开支所占比重为 59.8%,但城市人口的食品消费开支只占 29.5%,全国平均为 46.8%。

表 4　中国的消费结构(1933 年)

项目	农业人口(%)	非农业人口(%)	蒙藏地区(%)	总计(%)
食品	59.8	29.5	61.8	46.8
衣着	6.8	15.9	6.7	10.7
房租	3.8	11.3	4.0	7.0
燃料灯光	10.4	7.3	12.1	9.1
杂项	19.2	36.0	15.4	26.4

资料来源:巫宝三:《中国国民所得(一九三三年)》上册,中华书局 1947 年版,第 171 页。

从表 4 可以看出,1933 年时中国经济比较发达的地区食品消费所占的比例已经相当的低,而衣着、住房和杂项开支(文化娱乐、教育费用、交通费用、医疗费用,以及各种其他日用品等)所占的比例则超过 60%。而经济落后地区的食品开支所占比重还相当大,衣着、住房和杂项开支所占的比例不到 30%。

另外,从非农业区富有人家的消费比例更可以反映出他们生活的高消费水平。这些人家食品支出所占比例只占全部消费支出的 15%左右,而华北地区城市中富有人家的衣着支出约占其全部消费的 25%以上,已远远超出其用于食品的开支,其杂项开支则几乎占了全部支出的一半。[①]了解当时中国富有人家生活的读者都知道,他们的食品支出所占的比例较低绝非节省所致。中国的食文化传统历来是"食不厌精、脍不厌细"的,终日宾客盈门、山珍海味的宴请已习以为常,但食品的开支就是在这种条件下仍然是有限度的,需求弹性和价格弹性都相对较小,而衣着和杂项开支的消费弹性较大,即可供挥霍的领域更加广泛。

消费结构和收入水平的关系,还可以通过农业人口的消费状况反映出来。比较富裕的自耕农食品消费占全部支出的 50%左右,而佃农则高达 63%;自耕农

---

① 巫宝三:《中国国民所得(一九三三年)》上册,中华书局 1947 年版,第 170 页。

的衣着开支占全部开支的比例为 9%，而佃农只有 5%；自耕农的杂项开支占全部开支的 30%，而佃农杂项开支只占全部开支的 7%。①

五、国民收入剩余转化为投资的机制

经济起飞的基本条件是要在一个国家中创造一种机制，使国民收入的剩余习惯性地转化为生产投资，而不被浪费掉。美国经济学家沃尔特·罗斯托认为，一个国家经济起飞的前提条件是生产性投资要占国民收入的 10%以上。为达到这一目标，必须增加储蓄。亚瑟·刘易斯 1954 年在《劳动力无限供给条件下的经济发展》一文中认为，经济发展的中心事实是迅速的资本积累。其后在《经济增长理论》一书中明确指出，经济增长理论的中心问题是要了解一个社会从 5%的储蓄者（投资者）转变为 12%的储蓄者（投资者）的过程，及伴随这个转变，人们在态度、制度及技术等方面的变化。

在一个国家里，国民收入剩余转入生产部门的可能性是经济发展的一个决定性因素。但就其本身性质而言，在自由市场经济机制下，这种转化并不能十分有效地进行，因而需要政府用这样或那样的手段加以干预。与供求型的关系不同，这是一种强制的收入转化过程，而国家财政在这种转化机制中具有十分重要的作用。

旧中国总需求的一个特征是在于缺乏一种机制使民间的私人财产转化为支持工业化的现代社会资本。国民收入的剩余投向捐官、买地和过度消费等领域，生产性支出比例低下而且增长缓慢。无论是清政府，还是后来的北洋政府和南京政府都没有在需求结构的调整方面发挥应有的作用。

其实，在大多数不发达国家开始实行近代化以前或以后，农业中都程度不等地存在着剩余，中国尤其是如此。这是由于中国在中世纪后期农业生产已缓慢地发展到一个较高的水平。近代化后，虽然农业劳动生产率几乎没有什么增长，但每年的剩余仍然是可观的。而且由于在中国和其他很多不发达国家的收入分配较之发达国家更为不平等（地租率一般超过 50%），所以国民收入的剩余更多地集中在少数人手中，如果向工业投资转化，自有其便利之处。

1887 年，中国最富有的绅士阶层收入为白银 671,350,000 两。该年的全部国

---

① 巫宝三：《中国国民所得（一九三三年）》上册，中华书局 1947 年版，第 170 页。

民收入为白银 3,202,265,000 两[①]，平均每人为 8.48 两，如果以这个平均数作为绅士阶层的消费标准，其家庭全年消费额为 63,600,000 两，可有节余 607,750,000 两，相当于该年国民收入的 19%，是十分可观的数。

那么这一笔庞大的收入到哪里去了呢？笔者在前面已经说明，当时中国最富有的绅士阶层其收入大部分系用于高标准的消费。还有一部分则按照中国传统的习惯用来购买黄金、珠宝、文物等储藏起来。直到 19 世纪末，中国尚没有建立起自己的近代金融系统，资本市场的不发达，阻碍了积累起来的个人财富转化为投资。

绅士收入的另一部分用来投资于地方和家族的各种事业，不仅他们自己这样做，而且还运用他们的地位和影响，经常是在带有某种强制的形式下，要其他有钱人（一般地主和商人）也来资助这些事业。而他们本人则利用主持者的权力从中渔利，捞取财富，名利双收。这些事业中的一部分具有生产投资的性质，如水利灌溉工程和道路桥梁的兴建与维修，有利于农业生产的发展和商品的流通。学校的兴建和修缮有助于改善劳动力的素质。但这些投资在绅士收入中所占的比重有限。

中国传统社会长期以来的一个基本特征是政治权力转化为财产。历代王朝的最富有阶层都是以皇室和官绅为主体的。他们凭借统治地位和权势，以合法和非法手段聚敛大量的财富，当传统社会进入后期阶段，卖官鬻爵的制度出现以后，一些手中握有货币资本的世俗商人和地主往往通过捐纳的途径进入特权阶层的行列，以图利用获取的政治权力榨取更多的财富。19 世纪末期，这仍然是中国国民收入剩余运用的一条重要途径。这笔钱或为皇室所挥霍，或经由国家财政转为对外国的赔款和偿债，或用于不断增长的行政、军事开支，这些均与资本的积累无关。少量用于兴办洋务，但份额很小。

由于土地税的负担很轻，随着农产品价格的上涨，地主阶级的地租在土地收入中所占的份额越来越大。所以占有更多的土地以收取地租变得十分有利。货币持有者因此而争相购买土地，导致从 19 世纪 80 年代起，特别是 20 世纪初年以后，土地价格猛烈上涨。据巫宝三的估算，1933 年的农业净产值中，工薪收入只占 38.5%，而地租和利息收入所占的比例竟高达 61.5%，远远高于制造业等近代部门中利润和利息收入所占的比例。[②]这就造成国民收入剩余中相当大的一部

---

① 绅士收入数的估算见《近代中国的经济发展》第三编第一章；国民收入数的估算见该书第一编第一章附录 2。

② 巫宝三：《中国国民所得（一九三三年）》上册，中华书局 1947 年版，第 17 页。

分沉淀在土地之中，而不可能投资于近代工业生产。

　　总的看来，中国步入近代社会后，市场的供求关系发生了变化，由于供给的因素比需求的因素有更快的增长，所以传统社会后期那种总需求的增长大于总供给增长，由需求拉动和压迫所形成的市场和经济发展的模式有所改变。生产增长的速度虽然低于西方国家，但市场上却出现了有效需求不足和供给相对过剩的局面。如同大多数资本主义国家一样，旧中国的市场基本上是买方的市场。19 世纪末和 20 世纪早期我国内地各关一直是入超，说明市场的狭小，有效需求不足，供给大于需求。

（原载《近代中国》第 6 辑，1996 年）

中国和西欧传统市场制度之比较

一般说来，古代的商品市场主要有城市市场和农村墟集市场两种类型。由于本文的主题是讨论市场制度，而只有前者在这方面有比较多的文献和考古资料记录，所以下面的论述将以城市市场为主。

马克思和其他西方的经济学家从不同角度都曾指出，中国传统社会的一个主要特点是不像西方中世纪那样长期处于封建割据状态，而是实行中央集权的专制制度，建立了庞大的官僚机构。因此，中央和地方政权具有远较西方中世纪各国政府广泛的经济职能，市场管理是其诸多经济职能中的一个方面。

中国古代商品经济比西欧的中世纪发达，市场在国民经济中的作用也比西方显得重要。历代当政者一般都看到社会分工是客观存在的，也是必要的。因而通过商品交换以使生产和消费得以顺畅进行，是社会经济生活中的一个基本环节。但出于维护传统自然经济的需要，为了抑制工商业的过度发展，保持社会的稳定，统治者同时又认为，市场交换行为应当在政府的控制下有秩序地、正常地进行。

在我国古代社会的早期和中期，主要的城市市场是由官府设立的。多数朝代，无论京师还是州府县治，市场的建置都是按朝廷的命令行事，由政府任命的官吏负责管理，中央也有机构和专人分工负责这方面事务。因此，这些市场在某种程度上甚至可以说是由国家直接经营的。它的一个主要功能是满足政府、皇室、贵族、士绅以及为他们服务的各色人等用其货币收入购买农民和手工业者产品的需要。

从先秦时期起，国家对市场的制度就有十分详细的规定。从《周礼》和《礼记》的记载可以看到市场管理的机构和管理人员的分工，他们各有所司，分别掌管市门启闭、地皮出租、商贾注册、商品出入、陈列方式、市场价格、货物规格、商品质量和真伪、度量衡、征收税款、制发契券、赊销借贷、物资调剂、对违反市场秩序和规则的处罚，以保证消费者的利益。到汉、唐时期，这些管理制度变得更加完善。《周礼》和《礼记》中记述的古代市场制度给人的突出印象是这些规则具有浓厚的伦理道德色彩，是国家用来约束商业活动的工具，即从政治和文化的视角来规范市场活动的机制，而不是以经济活动的客观需要制定市场的规则。这是西方中世纪历史上不曾有过的现象，在整个古代世界史上亦属仅见。它说明在中国古代社会中国家的正式制度安排远较西方发达和健全，这些规定减少了市场交易的不确定性和交易费用，提供了信息，规范了某些交易行为，对促进生产和交换的发展有其有利的一面，但各种限制性措施，对经济发展的束缚作用也是显而易见的。这些制度在很大程度上带有理想主义的色彩，执行起来困难重重，贪赃枉法的现象十分普遍，市场实际运作情况可能与之有相当的差异。但从制度史的角度加以考察，仍不失其文化和历史的价值。

中国古代严格而精细的市场管理制度从唐代中期以后，由于受到日益发达的商品流通的冲击，而开始松弛，到宋代逐步被废除。"坊"（居住区）与"市"（商业区）分设的格局也发生了根本的变化。各行各业的工商业者可以根据自己的经营需要，选择适宜的地点进行营业。在城市中除了遍及大街小巷的为人民生活所必需的零售商业和服务业外，还形成了相对集中的各具特色的批发商业区。"坊市制度"的结束，使原有的一系列市场管理制度亦随之消逝。中国的传统市场开始向近代市场转变。因此，从市场性质上看，中国古代的市场制度可以区分为两个时期：在唐朝以前，可以说是一种国家政权统治下的市场体系；而宋及其以后各朝，则是一种自由竞争的市场体系，尽管其在一些方面仍然受到政府的干涉和管制。

市场经济的前提条件是要确立对私有财产权利的承认和对合同的保护，即商品持有者要在市场上出售他的货物，首先要确认他对出售货物具有所有权，在财产由卖方转移到买方后，要对交易行为和契约予以法律的确认。中国古代国家虽然如前所述对市场制度有十分详尽的章程，但作为市场经济的基本原则的私人财产权利和交换中的契约关系的立法与规则却付之阙如（学术界对这一问题有另一种意见，如赵冈、陈钟毅在《中国经济制度史论》一书中就认为：中国古代政府对产权归属的私人契约是十分尊重的，其与国家法令有同等的效力）。而西方则早在古代的罗马法中有关这两个方面的规定已经相当完善。应当说罗马法中的商法和财产法是颇为发达和进步的。

西欧在经历了中世纪初期市场经济的一度衰退以后，随着城市的兴起，市场不断扩大，起初，有些城市市场是由封建领主，尤其是教会领主设立的，他们也规定了某些市场制度，但主要是着眼于税收，并不能为私有财产和合同提供法律的保护。所以，这一任务只能由商人自己来解决。他们联合起来保护其财产不受侵犯，并在其内部规定章程，以证实财产权，建立仲裁制度。这种现象首先出现在地中海沿岸一些国家的商业城市，在那里，习惯行为的积淀逐步变成了成文的商法或海商法，成立法庭对债务和实施契约中遇到的问题实行仲裁。一些有利于降低交易成本的辅助性市场制度，如保险、信贷、汇兑也陆续出现了。在制定这些制度和将其付诸实施的过程中，各种行会逐步形成了，实际上行会的管理带着部分国家或官方的性质，亦即城市行政管理的性质。有些城市是行会从国王或领主手中购买到在一定区域开设专业市场的权利，并取得经营的垄断权或专利权（可以中世纪末期的法国作为代表，其对经济发展和商品流通的束缚可能比我国古代官府直接控制下的市场制度更为严重）。尽管行会这种组织一开始是自愿性的协会，是工商业者自愿联合的社会自治机构，但后来他们大多以向王室提供财政收入的形式，取得国家对他们权利的承认和保护。

欧洲中世纪城市市场的典型形态，是行会控制下的市场，在组织其成员争取自治权与封建领主的交涉和斗争中，行会成为城市市场的主导力量。为了保证市民的共同利益，必须制定各种制度来防止来自外部和内部的竞争，严格约束同行之间的经济行为和活动，使作为同行成员的小生产者之间具有均等的生产条件和营业机会。它以行规的形式制定一系列以垄断、限制为目的的管理制度，有一整套检查、监督、奖惩的措施和行为规范。所以西方中世纪的市场制度是市场行为主体之间的一种契约，其目的是用来约束自身的活动。这些行规世代相传，从而使西方中世纪的市场经济也带有一种习俗经济的性质。

由于在中国古代社会中，城市市场形成的历史与西欧不同。虽然在唐代以前政府对市场的管理十分严格，但其出发点主要是处理政府与商人、商人与消费者之间的关系，而不像西方中世纪那样，行会制定一系列行规的目的首先是要处理商人相互之间的关系，解决同行之间的各类矛盾。因此，在中国古代的市场制度中，对商人的市场营运方法几乎完全没有涉及。在国家对市场的管理职能逐渐削弱以后，尽管也出现了商人的组织——行会，但由于其性质与功能与西方中世纪的基尔特迥异，所以，中国的行会组织并没有对市场制度作出与西方相类的新的安排。欧洲的行会要严格加以管制或排斥的一些生产和市场行动，如同行之间的竞争、外来人进入市场、使用新的生产方法和外来资金、进行技术保密和随意扩大生产规模等，在我国古代社会经济生活中是习以为常、司空见惯的，并不被视为违反市场规章，因而也不会受到任何的限制。

中世纪末期，成功的经济增长首先在西欧实现，荷兰和英国作为其典型，市场的转变在其中起了决定性的作用。他们共同的经验是提倡国际自由贸易，逐步减少乃至最后取消行会控制下市场的排外和垄断性的制度的行为，鼓励生产要素的流动；主张公平竞争，欢迎欧洲各地，乃至全世界各地的商人和金融家自由进入其国内的市场从事交易活动。中世纪在欧洲各地，尤其是 13 世纪在意大利商业城市已经出现的一些基本和辅助的市场制度（如对私有财产的保护、保险制度等），在荷兰和英国得到发展、确立和普遍执行。而更多新的有利于市场经济健康、迅速发展的商业制度，如知识产权制度、关税制度（在建立国境关税后废止国内流通税）、专利法、商标法、反不正当竞争法、实行金本位、建立现代银行制度等，在政府的主持或在其提供的保护下付诸实现，这些措施使这两个国家的市场交易费用迅速下降，先后成为世界贸易和金融中心，国内统一的有效率的商品市场和要素市场也率先形成，有力地推动了国际的近代化。

中国在宋代以后，由于坊市制度的废除，政府控制的减弱乃至消失，国内市场由传统型向近代型转变。之所以作出其向近代转变的论断是因为这种市场在可以自由进入、平等竞争、不存在国家和行会的垄断等方面具备了近代市场的基本特征。但直至鸦片战争为止，中国仍然是一个封闭的国内市场，缺乏国际贸易这一最富于革命性的因素的刺激，和世界市场很少联系，其市场规模扩展的速度十分缓慢，家庭农业与手工业相结合的自给自足的自然经济成为中国传统社会最突出的特征。生产要素市场的形成过程与商品市场基本同步，甚至还要缓慢。而近代市场制度的建立则更落后于西方。交易成本的昂贵阻碍了商品化的进程，反过来又限制了市场的扩大。

近年来在国外学术界出现并流行起一种对中国传统市场的新观点，即认为中国早在唐时期，甚至战国时代就形成了统一的国内商品市场和生产要素市场，并断言在古代中国，市场是一个无所不包的制度，人们的经济生活的所有方面都被其控制①。证诸历史实际，这种意见恐难成立。对中国传统社会要素市场问题拟另文讨论，于此难以尽言。由于笔者认为中国古代要素市场尚未形成，所以本文自无需讨论其制度问题。

通过上述的比较研究可以看出，中国和西欧在传统社会中，由于经济、政治、文化等背景的不同，市场制度存在着很大的差异，其规范的主体、规范的对象、规范的内容等各方面可谓大相径庭，对经济发展的影响自然也就不同。对这一问题的深入研究，将有助于我们了解中国经济运行的内在机制的特点。

（原载《中国经济史研究》1995 年第 2 期）

---

① John C. H. Fei, The Chinese Market System in a Historical Perspective, The Second Conference on Modern Chinese Economic History, Tai bei, 1989. 赵冈、陈钟毅：《中国经济制度史》，中国经济出版社 1991 年版。

中国传统社会的市场发育及其制度特征[*]

一、城市市场制度的详备及其伦理道德的规范性质

中国的传统社会是一个自然经济占统治地位的社会，在这种经济形态下，作为社会基础的多数农民小生产者，他们的主要生活和生产资料都是在经济单位内得到满足的。一个经济单位不是为交换，而是为了自身的需要进行生产。他们不但生产自己需要的农产品，而且生产自己需要的大部分手工业品。马克思在说到外国资本主义入侵前的中国社会经济状况时指出，在"中国，小农业和家庭工业的统一形成了生产方式的广阔基础"[①]。但是农民家庭总不能生产他们所需要的全部生产资料和生活资料。由于资源分布和所需生产条件的限制，盐、铁等这些生活和生产的必需品固然不是每个农民家庭所能经营，就是耕织的结合在一些地区也不是普遍的现象。所以，在传统社会中，农民家庭仍然需要以自己的部分剩余产品去交换那些自己不能生产的产品，尤其是那些再生产所需的生产资料。因此市场交换是自然经济的必要补充，或者说是其必不可少的附属物。西欧的中世纪由于实行的是庄园制，所以其经济单位远大于中国的小农经济，较大部分生产和生活用品可以在庄园内解决，不需要通过市场和交换。也就是马克思所说的，在自然经济条件下经济条件的全部或绝大部分是在经济单位中生产的，并直接从本经济单位的总生产中得到补偿和再生产。而中国农民家庭则不能生产的部分较大，需要通过交换才能取得。地主家庭虽然自给性较农民家庭强，但其消费结构与农民家庭不同，奢侈品大多需要购买，这就造成中国传统社会中市场交换比中世纪的西欧发达。

列宁在《论所谓市场问题》一书中指出："哪里有社会分工和商品生产，那

---

[*]本文是刘佛丁教授提交中国经济史学会第五届年会的论文初稿，但刘佛丁教授不幸于 2000 年 4 月 27 日因心脏病发作抢救无效不幸去世。王玉茹教授对文稿进行最后的修改和校订并写出论文提要，提交 8 月召开的年会。

[①]《马克思恩格斯全集》第 25 卷，人民出版社 1975 年版，第 373 页。

里就有'市场'。"① 市场与市场经济是有区别的，有交换就有市场的存在，但市场经济是自然经济的对称，它指的是整个国民经济的市场化。

一般说来，古代有形的商品市场主要有城市市场和农村墟集市场两种类型。由于本节的主题是讨论市场制度，而只有前者在这方面有比较多的文献和考古资料记录，所以下面的论述将以城市市场为主。

在中国古代社会中，历代的当政者一般都能认识到社会分工是客观存在的，也是完全必要的，因而通过商品的交换以使社会生产和消费得以顺畅地进行，是社会经济生活中的一个基本环节。但出于维护传统自然经济的需要，为了抑制工商业的过度发展，保持社会的稳定，统治者同时又认为，市场交换行为应当在政府的控制下有秩序地、正常地进行。

在我国古代社会的早期和中期，主要的城市市场是由官府设立的。多数朝代，无论京师还是州府县治，市场的建置都是按朝廷的命令行事，由政府任命的官吏负责管理，中央也有机构和专人分工负责这方面事务。因此，这些市场在某种程度上甚至可以说是由国家直接经营的。它的一个主要功能是满足政府、皇室、贵族、士绅以及为他们服务的各色人等用其货币收入购买农民和手工业者产品的需要。

从先秦时期起，国家对市场的制度就有十分详细的规定。从《周礼》和《礼记》的记载可以看到市场管理的组织机构和管理人员的分工，他们各有所司，分别掌管市门启闭、地皮出租、商贾注册、商品出入、陈列方式、市场价格、货物规格、商品质量和真伪、度量衡、征收税款、制发契券、赊销借贷、物资调剂、对违反市场秩序和规则的处罚，以保证消费者的利益，到汉、唐时期这些管理制度变得更加详备。《周礼》和《礼记》中记述的古代市场制度给人的突出印象是这些规则具有浓厚的伦理道德色彩，是国家用来约束商业活动的工具，即从政治和文化的视角来规范市场活动的机制，而不是从经济活动的客观需要制定市场的规则。中国由于政治统一很早，所以政治和文化对经济活动的机制具有异常强劲的规范力量。这是西方中世纪历史上不曾有过的现象，在整个古代世界史上亦属仅见。它说明在中国古代社会中国家的正式制度安排远较西方发达和健全，这些规定减少了市场交易的不确定性和交易费用，提供了信息，规范了某些交易行为，对促进生产和交换的发展有其有利的一面，但其各种限制性条款对流通活动的束缚作用也是显而易见的。这些制度在很大程度上带有理想主义的性质，执行起来困难重重，贪赃枉法的现象十分普遍，市场实际运作情况可能与之有相当的差异，

---

① 《列宁全集》第 1 卷，人民出版社 1984 年版，第 79 页。

但从制度史的角度加以考察，仍不失其文化和历史的价值。

中国古代严格而精细的市场管理制度从唐代中期以后，由于受到日益发达的商品流通的冲击，而开始松弛，到宋代逐步被废除。"坊"（居住区）与"市"（商业区）分设的格局也发生了根本的变化。各行各业的工商业者可以根据自己的经营需要，选择适宜的地点进行营业。在城市中除了遍及大街小巷的为人民生活所必需的零售商业和服务业外，还形成了相对集中的各具特色的批发商业区。"坊市制度"的结束，使原有的一系列市场管理制度亦随之消逝。中国的传统市场开始向近代市场转变。因此，从市场性质上看，中国古代的市场制度可以区分为两个时期：在唐朝以前，可以说是一种国家政权统治下的市场体系；而宋及以后各朝，则是一种自由竞争的市场体系，尽管其在一些方面仍然受到政府的干涉和管制。

市场经济的前提条件是要确立对私有财产权利的承认和对合同的保护，亦商品所有者要在市场上出售他的货物，首先要确认他对出售货物具有所有权，在财产由卖方转移到买方后，要对交易行为和契约予以法律的确认。中国古代国家虽然如前所述对市场制度有十分详尽的章程，但作为市场经济的基本原则的私人财产权利和交换中的契约关系的立法与规则却付之阙如。[①] 而西方则早在古代的罗马法中有关这两个方面的规定已经相当完善。应当说罗马法中的商法和财产法是颇为发达和进步的。恩格斯在《反杜林论》中说，罗马法是"以私有制为基础的法律的最完备形态"[②]。由于缺乏私有财产的法权观念，所以中国古代国家对私人以及私人之间侵犯财产权利的现象十分普遍，这对市场交换的发展是十分不利的。

西欧在经历了中世纪初期市场经济的一度衰退以后，随着城市的兴起，市场不断扩大。起初，有些城市市场是由封建领主，尤其是教会领主设立的，他们也规定了某些市场制度，但主要是着眼于税收，并不能为私有财产和合同提供法律的保护。所以，这一任务只能由商人自己来解决。他们联合起来保护其财产不受侵犯，并在其内部规定章程，以证实财产权，建立仲裁制度。这种现象首先出现在地中海沿岸一些国家的商业城市，在那里习惯行为的积淀逐步变成了成文的商法或海商法，成立法庭对债务和实施契约中遇到的问题实行仲裁。一些有利于降低交易成本的辅助性市场制度，如保险、信贷、汇兑也陆续出现了。在制定这些制度和将其付诸实施的过程中，各种行会组织逐步形成了。实际上行会的管理带有部分国家或官方的性质，亦城市行政管理的性质，有些城市是行会由国王或领

---

　　① 学术界对这一问题有另一种意见。如赵冈、陈钟毅在《中国经济制度史》一书中就认为：中国古代政府对产权归属的私人契约是十分尊重的，其与国家法令有同等的效力。

　　②《马克思恩格斯选集》第3卷，第143页。

主手中购买到在一定区域开设专业市场的权利，并取得经营的垄断权或专利权（可以中世纪末期的法国代表，其对经济发展和商品流通的束缚可能比我国古代官府直接控制下的市场制度更为严重）。尽管行会这种组织一开始是自愿性的协会，是工商业者自愿联合的社会自治机构，但后来他们大多以向王室提供财政收入的形式，取得国家对他们权利的承认和保护。

欧洲中世纪城市市场的典型形态，是行会控制下的市场。在组织其成员争取自治权与封建领主的交涉和斗争中，行会成为城市市场的主导力量。为了保证市民的共同利益，必须制定各种制度来防止来自外部和内部的竞争，严格约束同行之间的经济行为和活动，使作为同行成员的小生产者之间具有均等的生产条件和营业机会。它以行规的形式制定一系列以垄断、限制为目的的管理制度，有一整套检查、监督、奖惩的措施和行为规范。所以，西方中世纪的市场制度是市场行为主体之间的一种契约，其目的是用来约束自身的活动。这些行规世代相传，从而使西方中世纪的市场经济也带有一种习俗经济的性质。

由于在中国古代社会中城市市场形成的历史与西欧不同，虽然在唐代以前政府对市场的管理十分严格，但其出发点主要是处理政府与商人、商人与消费者之间的关系，而不像西方中世纪那样，行会制定一系列行规的目的首先是要处理商人相互之间的关系，解决同行之间的各类矛盾。因此，在中国古代的市场制度中，对商人的市场营运方法几乎完全没有涉及。在国家对市场的管理职能逐渐削弱以后，尽管也出现了商人的组织——行会，但由于其性质与功能与西方中世纪的基尔特迥异，所以中国的行会组织并没有对市场制度作出与西方相类的新的安排。欧洲的行会要严格加以管制或排斥的一些生产和市场行为，如同行之间的竞争、外来人进入市场、使用新的生产方法和外来资金、进行技术保密和随意扩大生产规模等，在我国古代社会经济生活中是习以为常、司空见惯的，并不被视为违反市场规章，因而也不会受到任何的限制。

中世纪末期，成功的经济增长首先在西欧实现，荷兰和英国作为其典型，市场的转变在其中起了决定性的作用。他们共同的经验是提倡国际自由贸易，逐步减少乃至最后取消行会控制下市场的排外和垄断性的制度和行为，鼓励生产要素的流动；主张公平竞争，欢迎欧洲各地乃至全世界各地的商人和金融家自由进入其国内的市场从事交易活动。中世纪在欧洲各地，尤其是13世纪在意大利商业城市已经出现的一些基本和辅助的市场制度（如对私有财产的保护、保险制度等），在荷兰和英国得到发展、确立和普遍执行。而更多新的有利于市场经济健康、迅速发展的商业制度，如知识产权制度、关税制度（在建立国境关税后废止国内流通税）、专利法、商标法、反不正当竞争法、实行金本位、建立现代银行制度等，在政府的主张或在其提供的保护下付诸实现。这些措施使这两个国家的市场交易费用迅速下降，先后成为世界贸易和金融中心，国内统一的有效率的商品市场和要素市场也率先形成，有力地推动了国家的近代化。

中国在宋代以后，由于坊市制度的废除，政府控制的减弱乃至消失，国内市场由传统型向近代型转变。之所以作出其向近代转变的论断是因为这种市场在可以自由进入、平等竞争、不存在国家和行会的垄断等方面具备了近代市场的基本特征。但直至鸦片战争为止，中国仍然是一个封闭的国内市场，缺乏国际贸易这一最富于革命性的因素的刺激，和世界市场很少联系，其市场规模扩展的速度十分缓慢，家庭农业与手工业相结合的自给自足的自然经济成为中国传统社会最突出的特征。生产要素市场的形成过程与商品市场基本同步，甚至还要缓慢，而在近代市场制度的建立方面则更落后于西方。无论是政府的立法，还是民间契约都相对的薄弱，造成市场交易活动的不规范，增加了交易成本。交易成本的昂贵阻碍了商品化的进程，限制了市场的扩大。

通过上述的比较研究可以看出，中国和西欧在传统社会中，由于经济、政治、文化等背景的不同，市场制度存在着很大的差异，其在规范的主体、规范的对象、规范的内容等各方面可谓大相径庭，对经济发展的影响自然也就不同。对这一问题的深入研究，将有助于我们了解中国经济运行的内在机制的特点。

二、国家和市场对资源配置作用的消长

通过对世界各民族经济发展历史的观察可以看到，一个国家或地区的经济由传统社会过渡为近代社会的主要标志是自然经济向商品经济，或依靠习俗或指令分配资源的经济向自由市场经济的转变。这两个过程是相互联系但又是有区别的。前者是后者的基础，后者则是前者的发展，只是后者的实现才标志这一转化过程的完成。

英国著名经济学家、诺贝尔经济学奖获得者约翰·希克斯（John Hicks）在他所著《经济史理论》一书中称传统经济为习俗经济或指令经济，或者是两者程度不同的混合物。[①] 意指在这种社会经济形态中，资源的配置是依靠习惯，或依靠指令，或两种因素兼而有之。例如在西欧中世纪的庄园中，土地种植何种作物、

---

① 约翰·希克斯：《经济史理论》，厉以平译，商务印书馆1987年版，第11-25页。

种植多少，劳动力的分配，资本品的投向等，是按照长期流传下来的定式，或封建领主的指令进行的。它与以庄园为单位的自给自足的自然经济体系是相一致的。那时虽然也有商品交换的发生和市场的存在，但极不发达，对生产要素的配置更发挥不了导向的作用。

中国古代的情况显然与西方的中世纪不尽相同，它有着较为发达的商品经济，但对其市场的发育程度如何，以及市场在国民生产中到底发挥何种作用？学术界则存在着不同的意见。

列宁在《俄国资本主义的发展》一书中指出："资本主义前生产方式的规律，是生产过程在原有技术基础上的重复，地主的徭役经济、农民的自然经济和手工业的手艺生产就是如此。"[①]众所周知，资本主义生产或近代生产是一种扩大的再生产，生产是社会化的，所以它需要根据市场的价格信息，不断地追加资本和劳动并重新配置其资源，以解决生产什么、如何生产和生产数量的问题。与资本主义生产不同的是，传统生产的基本特征是简单再生产，所以资源的配置，亦生产要素的分配，基本上是在原有的基础上循环往复，如有扩大再生产，也是很缓慢的。所以市场和价格因素，对资源配置不起决定的作用。在这方面，本书作者认为无论是西方的庄园，还是中国的小农经济，由于生产主要都是为了自己消费，所以市场的作用只有程度的区别，而没有本质的不同。

近年来西方学者在这一问题上提出了一些新的看法，十分引人注目。其中尤以世界著名的经济学家费景汉先生的意见最有影响。他认为，在中国古代（公元前221年以前）以至中世纪时期（公元前221年至公元770年）是一个以政治为基础的中央集权体制或家族关系支配的市场制度。然而唐代的市场革命以后，它的经济制度变得逐步自由化。在前近代时期，即唐以后至鸦片战争前一段时期，竞争市场成为经济组织的基本模式，市场对中国传统农业社会的商品、资金、生产要素扮演组织者的角色，它起到增进效率、公平和稳定的作用。

费景汉教授明确指出，中国在前近代时期中，市场是一个包含全部的制度，人们经济行为的所有方面都被它控制。除了商品市场之外，市场还决定服务和生产要素的价格（工资、租金、利息和利润）和资本财产的价格（例如土地价格）。在前近代时期的中国，工资、利润和租金的水平基本是由市场力量决定的。因此，他的结论是：首先，中国市场制度在家族企业为主时，负责分配自主的劳动力；其次，中国的市场制度可以增加商品及生产要素收入分配的效率；最后，这种市

① 列宁：《俄国资本主义的发展》，人民出版社1960年版，第44-45页。

场制度负责调节社会单元之间相关的资产平均分配。所以，鸦片战争前的中国实际上是一种"商业资本主义"社会。①

美籍著名中国经济史学家赵冈和陈钟毅认为：只要私有财产制度发生，社会开始分工，经济财货的所有权分散在众多的私人手中，就自然形成市场经济，可以有古代的市场经济，也可以有现代的市场经济，两者之间的主要区别是技术水平高低不同。中国历史与欧洲最主要的差别就是私有财产在中国发生极早，而且中国很早就有高度的社会分工，这一特色形成了中国特有的经济发展过程。中国早在两千年前就形成了市场经济，各地都出现了生产要素市场。这种状况到东汉末有一次倒退，商品经济受到破坏，隋唐以后又重新发展起来，直到明中叶以后，由于人地比例关系的恶化，中国的经济又向自然经济倒退，家庭副业发达起来，专业分工退化。在他们二人合作撰写的《中国经济制度史》② 一书中专门设立了一编用来讨论中国古代的劳动力市场问题。

如前所述，中国封建社会在其发展过程中，商品经济或市场机制的作用，较西方的中世纪发达，尤其是宋以后更是如此。在中国封建社会中，国家在资源的配置上发挥的作用总的说来是日趋衰落，而市场的作用越来越扩大和加强，这表现于土地自由买卖的发展和人身依附关系的松弛，国家对土地和人民的控制都在减弱，国家对土地实行再分配和驱使人民从事各种劳役的能力逐步下降。中国的国家机构虽然历来就打算垄断尽可能多的资源，但结果还是官营手工业日趋没落，不得不尽量依靠市场，和雇制度及和买制度的出现就是明证。

从理论上说，只要有市场存在，生产者只要有剩余产品拿出去交换，市场对资源的配置就会发生导向的作用，应当说这种作用的程度与商品经济的发展程度和市场的发育状况是同步的。从这一事实和理论出发，费景汉和赵冈等先生的意见是不无道理的，即市场对资源配置的作用是不容忽视的。中国的情况与西方是不相同的。但问题在于他们过分夸大了中国前近代社会中市场发育的程度和对生产要素分配的作用。他们的意见实质上是认为中国在鸦片战争以前或者更早要素市场已经形成，资源的配置完全由要素的价格信号所决定，这种情况显然与中国的历史事实不符。据笔者看来，就是经过了鸦片战争后的一百年的发展，中国的生产要素市场只是在经济发达的地区初步形成，但仍然发育得很不完善。而且就全国范围看，呈现出明显的不平衡性和不统一性。

---

① John C.H. Fei, The Chinese Market System in a Historical Perspective. The Second Conference on Modern Chinese Economic History, Taipei, 1989.

② 赵冈、陈钟毅：《中国经济制度史》，中国经济出版社 1991 年版。

对中国近代化过程中，或曰由封建社会向资本主义社会转化过程中，生产要素市场形成的问题，迄今在中国大陆虽然没有人像费景汉那样从总体上发表意见，但对劳动力市场的形成与资本市场的形成问题，则在资本主义萌芽和民族市场形成等问题的讨论中被涉及，并存在着各种不同的意见。

笔者认为，在中国传统社会中，借贷资本具有高利贷的性质，利息率是很高的。这种高利贷资本的来源，主要是地主、官僚、商人通过各种途径积累起来的货币资本，它与社会生产没有联系。其贷放对象一是遭受意外的小生产者，二是大肆挥霍的剥削者。高利贷的利息水平除了货币需求者的负担能力和抵抗能力外，没有其他的限制。中国封建社会后期，票号和钱庄等金融组织机构已经产生并不断发展。但那时的钱业市场还是经营货币的兑换、异地间的款项划拨和同业之间的拆借，存放款业务有限。鸦片战争后，外国银行开始在中国的通商口岸设立分行，其业务主要是为外国对华商品进出口融通资金。随后，国人自办的银行也开始出现。与此同时，旧有的钱庄也开始转向以经营存放款业务为主。总之，鸦片战争后，尤其是 19 世纪 70 年代以后，由于中西贸易的扩大和近代工业的出现，中国的金融市场才开始在沿海的商埠发展起来。

中国的传统社会自宋以后，农村中雇工的队伍扩大，农民的人身依附关系逐步松弛，他们在异地之间迁移，流入手工业、商业较为发达的城镇，或去需要劳动力的矿区寻找工作，比中世纪的西方和日本有较多的自由。但应当看到的是，直到鸦片战争前夕，乃至 19 世纪 70 年代，中国农村尽管存在着大量潜在的剩余劳动力，但他们并未能摆脱家庭农业与手工业相结合的小农经济的束缚，城市的手工业者也没有完全摆脱官府手工业和行会制度的限制，即使移入新区的农民，其经营方式也并未改变。那种认为在明清时期，乃至更早中国就已经形成了劳动力市场的看法是缺乏根据的。

参考文献：

1. 赵冈、陈钟毅：《中国经济制度史》，中国经济出版社 1991 年版。

2. 约翰·希克斯（John Hicks）：《经济史理论》（中译本），商务印书馆 1987 年版。

3. John C.H. Fei, The Chinese Market System in a Historical Perspective, The Second Conference on Modern Chinese Economic History, Taipei, 1989.

4. 列宁：《俄国资本主义的发展》，人民出版社 1960 年版。

（提交中国经济史学会第五届年会论文，2000 年 8 月，湖北）

中国古代工商制度及其特征

——中西工商制度比较研究论纲（上）

中国古代工商制度的主要特征在于官营工商业的发达和对私营工商业尤其是对流通领域的严格限制。从思想和行动的主导倾向上看，历朝政府总是要直接掌握一些工商业部门，尤其是有关国计民生的重要工商业部门（如盐、铁等），并以制度规定的形式，力图使其经营享有特权，以取得和保持垄断地位，从而造成在这些方面国家的正式制度安排（如市场制度、商税制度等）远较西方的中世纪缜密和完善。其对经济发展的阻碍作用也是显而易见的。私营工商业者在国家政权的压抑下，社会地位微贱，并很少横向地联系和自由地组合，所以非国家法律规定的、社会契约性质的正式或非正式制度安排十分缺乏。长期以来，中国工商业者已经逐渐习惯于对中央集权政府的服从和依赖，除了以血缘关系为纽带的家庭和宗族协作关系外，他们难于接受任何自治联合体的制度约束。

一、官营手工业制度的发达

中国古代社会的一个主要特征是较早地建立了中央集权的官僚国家制度，中央和地方政府具有远较西方中世纪各国王室和领主广泛的经济职能，直接经营手工业是其诸多经济职能中的一个重要方面。在中国古代社会中，官营手工业曾逐步形成了一个相当完整的生产和管理体系，以及相应的制度规定。

国家直接经营手工业的目的除了满足皇室、政府的直接消费需要外，主要还是从国家的财政需要出发，因为这样可以使利税合一，增加收入，保证中央和地方政权机构建立在充裕的经济基础之上。

官营手工业由于其技术先进、资金充裕、分工精细和规模经济，在中国古代手工业发展史上曾发挥过进步作用。但随着生产力和商品经济的发展，其对生产发展的束缚和自身的弊端日益暴露，尤其是管理的腐败和匠籍制度的副作用越来越明显，封建社会后期官营手工业逐步衰退。

官营手工业的强大和垄断地位，使中国私营手工业的发展较之西方多了一层严重的障碍。无论从市场、劳动力、资金，还是从技术设备方面，它都使私营手工业在竞争中处于不利的地位。

二、农民家庭副业——私营手工业存在的主要形态

就经济组织的形式而言，西方中世纪手工业的典型形态是行会控制下的以师徒关系为基础的城市个体手工业。而中国封建社会中私营手工业的主要存在形态，则是农民的家庭副业，尤其是到明清时期这种格局更加显著。虽然城乡独立手工业者的生产也在发展，但其在全部手工业中的地位，则始终在家庭手工业之下。而且与西方不同的是，中国城乡的独立手工业者是以家族关系为基础，而不是以师徒关系为基础。

西欧中世纪的初期，除了一些庄园内不能生产的手工业品如盐、铁等之外，纺织、食品加工、农具和各种日常生活用具都是由农奴的家庭手工业生产出来的，后来由于城市的兴起，具有手艺的农奴向城市集中，手工业逐步由农民的家庭手工业变成了独立小生产者的专业。由于世代相承，生产技术日趋熟练和精湛。在行会制度出现后，西方私营手工业走的是一条社会分工亦专业化的道路，而工场手工业所以在西方大量出现正是以此作为基础的。专业化的发展为工场手工业内部的分工创造了条件，同时也为机器大工业代替个体生产创造了条件。一旦行会制度被冲破，这种改变就可以迅速实现。

西方在中世纪就已基本完成的手工业由农奴的家庭副业向城市手工业的转化，在中国封建社会后期则远未实现。前近代社会中，中国农民兼业行为之普遍，以及这种农业与手工业结合的紧密程度在全世界可以说是无与伦比的。

由于手工业不能从农民的家庭副业中分离出来，它就不能由家内的分工变成社会的分工，技术水平和劳动生产率就难以提高，同时也使工场手工业在一些行业中遭到排斥，难以生存和发展。特别是到了明清时期，人口的加速增长使劳动的边际生产力下降，经营手工工场变得更不合算。而家庭手工业由于没有最低工资率的限制，劳动成本低廉到难以想象的程度，使家庭副业的产品价格比工场产品要低得多，工场生产在竞争中处于更为不利的地位。

三、专卖制度和其他官营商业制度

中国古代社会中，政府对国民经济的控制，在流通领域甚于生产领域。专卖制度（禁榷制度）的发达就是具体表现之一。虽然专卖制度就个别商品而言（例如铁），有时政府也直接垄断生产过程，但多数商品从长时期看，政府只是掌握流通环节，生产仍由私人进行（如盐）。国家或其所授予特权的商人对某种商品实行垄断经营，在西方中世纪也是存在的，但其实施的范围和垄断的程度，以及年代的久远，则不能与中国相比。

有些朝代的封建政府除对一些商品实行专卖以外，对另外一些商品，尤其是与人民生活关系最密切的粮食等商品也直接进行经营，其与禁榷制度的区别只是在国家经营的同时，并不限制私人经营。官营商业的发达，如同官工业的垄断地位一样，是中国古代经济制度的特点，尤其在封建社会的前期更是如此。

四、对海外贸易的严格限制

西欧国家由于地理环境和自然资源等方面的原因，从古代社会起，海上贸易在其经济生活中就具有比中国更为重要的地位。就是在自然经济占统治地位的封建时代，国家对海外贸易也少见采取禁止和限制的措施。众所周知，海外市场的刺激是资本主义产生的必不可少的条件，无论是13世纪地中海沿岸城市的资本主义生产关系的萌芽，还是16世纪以后荷兰、英国在西方世界兴起，成功地开始近代经济增长，都是与这些地区海外贸易的发达、创造条件吸引世界各地的商人来此进行交易，从而先后成为国际贸易的中心分不开的。

在西欧的中世纪，有关国际贸易的制度安排一般都是以保护和提供服务为目的的，如保险制度、银行制度等。最早在地中海国家出现的国际商法或海商法，是出于保护交易秩序、财产的安全、契约的执行和贸易路线的顺畅，而这些法律都是以政府的权力作为后盾的。17世纪中叶以后，英国首先颁布了一系列奖励航海和海外贸易的法令，用以保护英国的海外利益，以与其他欧洲国家竞争。西欧各国政府大多通过武力护航等手段，来肃清海盗，并在必要时不惜诉诸战争，以争夺海外市场。

与西方不同的是，中国历代政府对海外贸易政策的主导倾向一直是统制和限制。无论是从唐代开始实行的市舶制度，还是明清时期的海禁政策，以及与之相配合的朝贡贸易和公行制度，莫不如此。对外贸易的统制程度，甚于国内贸易。其对我国经济的发展无疑是十分不利的。实行这种政策的根本原因是自给自足的自然经济所造成的封闭性。

五、古代城市市场制度的详备及其伦理道德规范性质

中国古代商品经济比西方的中世纪发达，市场在国民经济中的作用也比西方显得重要。历代当政者一般都看到社会分工是客观存在的，也是必要的，因而通过商品交换以使生产和消费得以顺畅地进行，是社会经济生活中的一个基本环节。但出于维护传统自然经济的需要，为了抑制工商业的过分发展，保持社会经济的稳定，统治者同时又认为，市场交换行为应当在政府的控制下有秩序地和正常地进行。

在我国古代社会的早期和中期，主要的城市市场是由官府设立的。多数朝代，无论京师还是州府县治，市场的建置都是按朝廷的命令行事，由政府任命的官吏负责管理，中央也有机构和专人分工负责这方面事务。因此，这些市场在某种程度上甚至可以说是由国家直接经营的。它的一个主要功能是满足政府、皇室、贵族、士绅以及为他们服务的各色人等用其货币收入购买农民和手工业者产品的需要。

从先秦时期起，国家对市场的制度就有十分详细的规定。到汉、唐，这些管理制度变得更加详备。《周礼》和《礼记》中记述的古代市场制度给人的突出印象是这些规则具有浓厚的伦理道德色彩，是国家用来约束商业活动的工具，即从政治和文化的视角来规范市场活动的机制，而不是以经济活动的客观需要制定市场的规则。中国由于政治上统一很早，所以政治和文化对经济活动的机制具有异常强劲的规范力量。这是西欧中世纪历史上不曾有过的现象，在整个古代世界史上亦属仅见。这些规定减少了市场交易的不确定性和交易费用，提供了信息，规范了某些交易行为，对促进生产和交换的发展有其有利的一面，但其各种限制性条款对流通活动的束缚作用也是十分明显的。这些制度在很大程度上带有理想主义的性质，执行起来困难重重，贪赃枉法的现象十分普遍，市场实际运作情况与之有相当的差异，但从制度史的角度加以考察，仍不失其文化和历史的价值。

六、中国和西方市场制度规范主体、对象和内容的不同

市场经济的前提条件是要确立对私有财产权利的承认和对合同的保护。而商

品持有者要在市场上出售他的货物，首先要确认他对出售货物具有所有权，在财产由卖方转移到买方后，要对交易行为和契约予以法律的确认。中国古代国家虽然如前所述对市场制度有十分详尽的章程，但作为市场经济的基本原则的私人财产权利和交换人契约关系的立法却付之阙如（学术界对这一问题有另一种意见，如赵冈、陈钟毅在《中国经济制度史》一书中认为：中国古代政府对产权归属和私人契约是十分尊重的，其与国家法令有同等的效力）。而西方则早在古代的罗马法中有关这两个方面的规定已经相当完善。应当说罗马法中的商法和财产法是颇为发达和进步的。

　　西欧在经历了中世纪初期市场经济的一度衰退以后，随着城市的兴起，市场不断扩大。起初，有些城市市场是由封建领主，尤其是一些教会领主设立的，他们也规定了某些市场规则，但主要是着眼于税收，并不能为私有财产和合同提供法律的保护。所以，这一任务只能由商人自己来解决。他们联合起来保护其财产不受侵犯，并在其内部规定章程，以证实财产权，建立仲裁制度。这种现象首先出现在地中海沿岸一些国家的商业城市，在那里习惯行为的积淀逐步变成了成文的商法或海商法，成立法庭对债务和实施契约中遇到的问题实行仲裁。一些有利于降低交易成本的辅助性市场制度如保险、信贷、汇兑也陆续出现了。在制定这些制度和将其付诸实施的过程中，各种行会组织逐步形成了。实际上，行会的管理带有部分国家或官方的性质，亦城市行政管理的性质。在有些城市中行会是由国王或领主手中购买到，在一定区域开设专业市场的权利，并取得经营的垄断权或专利权（可以中世纪末期的法国为代表，其对经济发展和商品流通的束缚可能比我国古代政府直接控制下的市场制度更为严重）。尽管行会这种组织一开始是自愿性的协会，是工商业者自愿联合的社会自治机构，但后来他们大多以向王室提供财政收入的形式，取得国家对他们权利的承认和保护。

　　欧洲中世纪城市市场的典型形态是行会控制下的市场，在组织其成员争取自治权与封建领主的交涉和斗争中，行会成为城市市场的主导力量。为了保证市民的共同利益，必须制定各种制度来防止来自外部和内部的竞争，严格约束同行之间的经济行为和活动，使作为同行成员的小生产者之间具有均等的生产条件和营业机会。它以行规的形式制定一系列以垄断、限制为目的的管理制度，有一整套检查、监督、奖惩的措施和行为规范。所以西方中世纪的市场制度是市场行为主体之间的一种契约，其目的是用来约束自身的活动。这些行规世代相传，从而使西方中世纪的市场经济也带有一种习俗经济的性质。

　　由于在中国古代社会中城市市场的形成历史与西欧不同，虽然在唐代以前政府对市场的管理十分严格，但其出发点主要是处理政府与商人、商人与消费者之间的关系，而不像西方中世纪那样，行会制定一系列行规的目的首先是要处理商人之间相互的关系，解决同行之间的各类矛盾。因此，在中国古代的市场制度中，对商人的市场营运方法几乎完全没有涉及。在国家对市场的管理职能逐渐削弱以后，尽管也出现了商人的组织——行会，但由于其性质与功能和西方中世纪的基尔特迥异，所以，中国的行会组织并没有对市场制度作出与西方相类似的新的安排。欧洲行会要严格加以管制或排斥的一些生产和市场行为，如同行之间的竞争、外来人进入市场、使用新的生产方法和外来资金、进行技术保密和随意扩大生产规模等，在我国古代经济生活中是习以为常、司空见惯的，并不被视为违反市场规章，因而也不会受到任何限制。

七、以通过税为主要内容的商税制度

古代社会是一个以农业为基础的自然经济社会。国家的财政收入主要靠的是对土地领有者和耕作者所课的赋税和徭役，那时由于工商业还不发达，所以对工商业者所征收的租税在国家收入中只占次要的地位。一般说来，统治者对其并不十分重视。

在西方中世纪典型的庄园制度下，经济和行政的管理是统一的。各级封建统治者的收入主要来自农奴在其领地上劳动所提供的产品和其他各种劳务。虽然庄园内的居民也需负担某些税金，但没有另外一套官僚机构来征收。只是到了近代，由于经济的发展，国家的职能扩张，租税收入在国家岁入中的地位越来越重要，尤其是来自工商业方面的税收在国家财政收入中占了越来越大的比重。所以，现代国家被称为租税国家。

中国较早地出现了中央集权的国家，形成了相当庞大的从中央到地方的官僚机构，这个机构一经出现，就形成了一个相对独立的具有自身特殊利益的社会集团，为了维持这套机构的存在和运转，国家除征收与土地有关的赋税，直接经营工商业外，还对私营工商业者课以各种租税，制定了一系列的商税制度，商税收入对于地方行政机关的经费开支是尤为重要的来源。

中国古代的工商业税，实际主要是征自流通领域，是对财产移动特别是消费品移动所征的赋税，属间接税性质，形式上由商人缴纳，而商人总是可以通过商品买卖价格把它转移给生产者和消费者。因此，其税源与直接税比较起来是不确定的，税额也不像直接税那样较为固定。商税的征收是以消费的多少为基础，与人们的财产多少和负担能力大小无关。商税的征管成本很高，分散零星，需设关堵卡，建立一支相当庞大的税收人员队伍，但征收起来技术上的困难较小。

在封建时代，商税增加虽然可以在一定程度上反映商品经济的发展，但决定国家商税收入的因素是多元的，因此不宜以之作为衡量商品经济发展的主要标准。商税尤其是通过税，对商品的流通起着阻碍作用。

西方中世纪王室大多是靠出售工商业方面的经营特权、垄断权，以换取城市或行会的租税作为回报，这也是不利于经济增长的，但其征收费用较低，不需要一个庞大的征收机构。但这种垄断权的出售或包税制度，可能比中国古代的商税制度对经济的发展更为不利。

八、货币经济和货币制度的发展与不发展

货币经济与商品经济是同步发展的，它们互为因果、相互促进，如果没有一个发展了的货币形态来完成商品形态的转化，就会使商品的流通过程受到阻碍。

中国古代由于商品经济比较发达，所以货币经济也比较发达，国家统一铸造货币制度和纸币的出现都早于西方。但由于经济发展的水平和由其决定的国家干预能力的限制，货币的统一始终没有也不可能完全实现，纸币的强制流通则屡次遭到失败。

中国古代长期在流通中居于主导地位的各种形式的铜币，实际上是一种不足值的金属铸币，它和纸币有某些相似之处，是代替贵金属的金银作为流通手段，起一种价值符号的作用，这本应是货币职能发展到一定程度的结果。中国尽管较早地实行了中央集权的国家制度，但经济的统一进程却相对的缓慢。由国家法律规定推行一种自身没有价值的纸币或不足值的铸币作为流通手段的条件尚不具备，所以民间盗铸、伪造的现象屡禁不止，长期以来成为困扰中国商品经济发展的一个难于解决的问题。更由于国家发行铜币或纸币往往只是一种聚敛财富的手段，不考虑货币发行的客观规律的要求和其对经济运行的影响如何，最后往往导致通货膨胀，甚至整个货币体系的崩溃。

庄园制度下的西欧，货币经济远不如中国古代发达，所以不曾出现中国那种大量铸造贱金属货币的现象。欧洲货币经济的发展是地理大发现以后，新大陆的金银大量流入的结果，从那以后贵金属才广泛地使用。西欧各国国家统一货币制度也晚于中国，铸币权在相当长的历史时期中是分散的。纸币的出现则是17世纪的事情，先是以银行券的形式，它是一种可以兑现的信用货币，而后才由于替

代易于磨损的金银铸币，国家指定银行发行作为流通手段的钞票。

中国古代的货币经济随着社会内部商品经济，以至整个社会生产力的兴衰而呈现周期性的曲折变化。在太平盛世，随着生产力的发展和商业的发达，货币流通量相应增加，货币尤其是贵金属货币的使用趋向于普遍化；而当战乱的年代，由于生产遭到破坏，整个国民经济向自然经济倒退，金属货币尤其是贵金属则退出流通领域，实物充当一般等价物的现象则变得十分明显和广泛。

九、以统领官营工商业和征收商税为主要职能的国家工商管理机构

在古代社会中，由于工商业尚不发达，所以国家管理工商业的机构也比较简单，往往从属于政治机构，由各级行政官员兼任主管，而这些官员都不是专业从事经济工作的，对兼管的领域缺乏知识和经验，就是一度专门在工商管理机构任职的人，也多为政客，这些职务对他们来说只不过是官途中的一个台阶而已。

中国古代的工商管理部门与西欧中世纪比较起来，或与近代社会的工商主管部门比较起来，具有以下几方面的特征：①中国古代工商管理机关的主要职能是统领官工商业；②对私营工商业，国家所关心的只是收取税款，对其加以必要的限制，很少或全无服务的职能；③没有从中央到地方的垂直领导系统，对私营工商的管理重心在地方，而不在中央，实际上是一种以块块为主、条条为辅的管理模式；④机构重叠设置，分工不明确，作风腐败，人浮于事，效率低下；⑤国家工商管理的决策方式一般为中央和地方臣属提出意见，凭皇帝一人的好恶决定，因此，具有主观随意的性质，并缺乏政策的连续性；⑥决策作出后，没有固定的职能机构加以贯彻执行和监督。总之，在中国古代社会中，统治集团对工商政策的抉择，需要服从政治目标，首先考虑的往往不是工商业自身的发展。实际上，中国古代对私营工商业的政策主要是税收政策，而其出发点则是国家的财政状况。

十、行会组织的官办性质

作为工商业者的行业组织，西方中世纪的基尔特和中国古代的行会，无论在产生的原因、组织形式、规章制度和所起作用等方面都不相同，因而他们的性质可以说是完全不一样的。

中国古代商业虽然比西欧的中世纪发达，城市的出现也很早，但工商业者的

组织的出现相对说来却比较晚。因为中国古代不存在着西方中世纪那种城乡间的对立，所以城市居民也没有组织像西方基尔特那种性质团体的客观需要。

中国古代的行会制度是在坊市制度和政府对市场的直接管理废弛后，作为一种填补空白的替代物而产生的，它具有明显的官办性质，是应政府科索、和买、差遣、徭役的需要，按照经过编审的户籍，强制性地把各种不同行业的人分别编组。入行是带有强制性的，而不是商人自发组织起来的自治团体。行会在官府立案，得到政府颁发的文书，才算是合法的。所以，实质上这种组织是封建政权统治和征领工商业者的工具。作为行会首领的行头，不是由行会成员选举产生的，而是由政府委派的，它的身份首先并不是作为行会会员的代表，而是政府在市场上掌握政令的职官。他们往往以政府代表的身份，监督工商业者的活动，处理他们之间的纠纷。各种行会的行规是由行头自行决定的，而不是由会员公定的。

随着时间的推移，行会的作用和性质也有某些变化，其作为工商业者利益代表的色彩逐步增加，往往扮演向政府讨价还价的角色。特别是到了清代以后，中国行会组织的官办性质弱化，由于商品经济的进一步发展，市场竞争日趋激烈，有些行会组织制定了限制竞争、约束同行行为的行规。但从总体上看，其与西方的基尔特仍有本质的区别。

十一、"抑末"思想在封建意识形态中的主导地位及其制度化

自秦汉以来，重本抑末的思想一直在中国封建意识形态中居于主导地位并被制度化。在社会地位方面，有士、农、工、商之别，工商业者被排在后位，而且通过户籍制度，使这种等级划分得以强化。工商业者不得为官，受到社会的歧视，汉武帝时甚至法律规定商人的地位与罪犯相同。

西方的中世纪虽然也是一个农业社会，但工商业者的地位不像中国那样低下，在国家制度上没有受到像中国那样的排斥。当资本主义生产关系在手工业中出现后，15世纪至16世纪重商主义盛行，这种意识形态认为必须鼓励工场手工业的发展，以扩大对外贸易，为国家积累财富。制度安排率先向这一方面转化的国家，在经济增长中取得成功。而我国在手工业中资本主义生产关系产生后的漫长岁月里，国家对其成长的限制政策始终没有发生根本性的变化，主张发展民营工商业的"工商皆本"的经济思想也始终没有成为主导的意识形态。

（原载《南开经济研究》1995年第5期）

中国近代工商制度的转变

——中西工商制度比较研究论纲（下）

像大多数后发展国家一样，中国近代工商组织和制度的建立，不是自发地在传统社会内部进行的，而是在外来因素的影响下，由发达的资本主义国家移植的。中国传统文化的主导方面和以"抑商"为核心的经济思想与西方以私有财产权利为基础的创新企业精神是格格不入的。这种不相容性，使中国传统工商制度向近代工商制度的转变遇得困难，需要比其母国付出更高的代价，使之难以发挥不发达国家潜在的优势。西方工商制度的传入是中国社会的一大进步，但是它的滞后性和不彻底性，则是阻碍中国近代经济发展的重要原因。

一、近代市场的较早出现及其制度变迁的落后

中世纪末期，成功的经济增长首先在西欧实现，荷兰和英国作为其典型，市场的转变起了决定性作用。他们共同的经验是提倡国际自由贸易，逐步减少乃至最后取消行会控制下市场的排外和垄断性的制度和行为，鼓励生产要素的流动；主张公平竞争，欢迎欧洲各地乃至全世界各地的商人和金融家自由进入其国内市场从事交易活动。中世纪在欧洲各地尤其是 13 世纪在意大利商业城市已经出现的一些基本和辅助的市场制度，在荷兰和英国得到发展、确立和普遍执行。而更多新的有利于市场经济健康、迅速发展的商业制度，如知识产权制度、关税制度、专利法、商标法、反不正当竞争法、实行金本位、建立现代银行制度等，在政府的主持或在其提供的保护下付诸实现。这些措施使这两个国家的市场交易费用迅速下降，先后成为世界贸易和金融中心，国内统一的有效率的商品市场和要素市场也率先形成，有力地推动了国家的近代化。

中国在宋代以后，由于坊市制度的废除，政府控制的减弱，国内市场开始由传统型向近代型转变。这种市场在可以自由进入、平等竞争和不存在国家与行会

的垄断等方面初步具备了近代市场的基本特征。但直至鸦片战争为止，中国仍然是一个封闭的国内市场，缺乏国际贸易这一最富于革命性的因素的刺激，和世界市场很少联系，其市场规模扩展的速度十分缓慢，而在近代市场制度的建立方面则更落后于西方，交易成本的昂贵阻碍了商品化的进程，反过来又限制了市场的扩大。

二、市场对资源配置作用的增加和生产要素市场的初步形成

通过对世界各民族经济发展的历史的观察可以看到，一个国家或地区的经济由传统社会过渡为近代社会的主要标志是自然经济向商品经济、依靠习俗和指令分配资源的经济向自由市场经济的转变。这两个过程是相互联系但是又有区别的，前者是后者的基础，后者是前者的发展，只是后者的实现才标志这一转化过程的完成。

近年来国外有些学者认为中国早在唐宋时期甚至战国时代就形成了统一的国内商品市场和生产要素市场。其中最有代表性的是费景汉、赵冈等人的观点（费景汉：《中国市场制度的历史透视》，赵冈、陈钟毅：《中国经济制度史》）。证诸历史实际，这种意见恐难成立。中国封建社会在其发展过程中，商品经济或市场机制的作用较西方中世纪发达，尤其是宋以后更是如此。在中国封建社会中，国家在资源配置上的作用总的说来是日趋衰落，而市场的作用越来越扩大和加强。这表现于土地自由买卖的发展和人身依附关系的松弛，国家对土地和人民的控制都在减弱，国家对土地实行再分配和驱使人民从事各种徭役的能力逐步下降。中国的历届王朝政府虽然总是希望控制尽可能多的资源，但结果还是官手工业日趋没落，不得不尽量依靠市场，和雇及和买制度的出现就是明证。这些事实说明在中国封建社会后期市场对资源配置的作用是不容忽视的，中国的情况与西方是不完全相同的。但问题在于费景汉和赵冈等人过分夸大了中国前近代社会市场发育的程度和对生产要素的分配作用。笔者认为中国生产要素市场，尤其是资本和劳动力市场起码是到了19世纪末年和20世纪初年，才在我国经济发达地区初步形成，但仍然发育得不够完善。就全国范围看，则呈现出明显的不平衡性和不统一性。

三、买办制度和以通商口岸为中心的近代商业贸易网络的形成

鸦片战争后中国被迫对外开放，在这种形势下所建立起来的中外经济关系，

主要是以不平等条约的形式作为制度安排的。外国侵略者凭借不平等条约所取得的种种特权，对中国展开的商品输出为主的侵略活动，使以通商口岸为中心的中国近代商业贸易新格局开始形成。

中国近代商品市场的流向与传统市场不同，它主要是工业品由沿海城市流向内地，农产品和副业加工品由内地流向沿海城市，逐步建立了一个以上海等通商城市为中心，通向内地和农村的商业网。这个商业网利用了传统的商业渠道，并对其实行改组和重构。中国传统商业受到外商的影响而发生变化，民族商业在不同程度上保留着它前资本主义的商业资本性格的同时，又被附加上买办资本的性格，其活动则被逐步纳入世界市场。

《南京条约》签订后，行商制度被废止，外商可以自由雇用为其经办业务的成员。代之而起的买办制度的首要变化是打破了行商的封建特权垄断，建立的是一种外国洋行与中国雇员之间自愿结合的雇佣关系，它是一种合同契约关系。可以认为，鸦片战争后中国近代商业发端的首要标志是一种新型自由贸易体制的确立，尤其是沿海的城市市场成为进出自由的竞争性市场，基本上不受政府的干预，也没有任何个人和集团进行垄断。

中国近代商业与传统商业的另一根本区别在于其所媒介的商品发生了变化。鸦片战争后，由买办和新式进出口商人所经营的近代商业所媒介的首先是西方大工业产品与中国农民和手工业者的产品的变换，后来，在进口商品之外，又增加了中国近代工业的产品。它与传统商业所媒介的小生产者之间的交换有了本质的不同。

19 世纪后半期，中国的新式商业引进了许多近代经营方式，如新式保险和银行业与商业的契合，集资方式由家族范围向社会信用转化，信贷贸易的扩展，通信方式、运输工具和仓储的进步，使交易成本下降。

但与西方近代商业制度比较起来，中国近代商业制度在建立过程中还有很多不完善的方面，如证券市场的不发展，金融机构相对的薄弱，缺乏政府和法律的保护，对外国商业势力的过分依赖，以家族为单位的小规模的独资或合伙经营仍占优势，劳动管理上的封建性和家长制，垂直合成的交易方式的不发达，等等。

四、近代工厂制度的传入及其产权运作的特征

到 19 世纪中叶，中国手工业中的资本主义萌芽还很微弱，距离产生机器大工业还有相当遥远的距离。只是经过了两次鸦片战争，英国的工业品才分解了中

国农村的自然经济,在早期外国在华设立的近代企业的示范作用下,清政府官办和私人投资的近代工业相继诞生。

产权制度是工业制度的中心,中国近代工厂制度在建立过程中出现了三种不同的所有制,即外国资本企业、官僚资本企业和民族资本企业,他们在产权运作的成本和资源利用效率方面存在着明显的差别。

早期外国在华投资虽然还不具备国际资本的性质,但其产权运作毕竟是按照它的母国的原型进行的,具有较高的效率。许多中国货币持有人宁愿附股外商企业,是因为资产权利较有保障,可以得到比较稳定和丰裕的收入。

洋务派所办企业,官办的自不必说,就是官督商办、官商合办的企业,其经营权也都掌握在官府手中,股东对企业的用人和开支无权过问。在管理上存在着许多封建衙门的特征,企业管理人员把其私人成本加在企业成本之中,即所谓"搭便车"的现象随处可见,造成这些企业产权运作费用十分高昂,使之不能按照市场经济即效率型经济的要求来运转,从而造成生产要素——资本、劳动等资源的极度浪费。

官督商办企业虽系私人投资,但由于产权界定不清,无论在国家立法和企业的章程中对他们财产权利如何实现均没有作出明确的规定。或企业章程中虽有规定,但没有一套立法保障体系使其得以贯彻。这些企业的实际权利和收益主要是落在了经办人员手中,但这种所有权与经营权的分离与随着股份制的建立,在现代企业制度中所出现的所有权与经营权的分离完全不同。

民族资本企业在政治上和经济上不享有特权,是一种自由资本。他们虽然受到外国资本企业与官僚资本企业的压迫和排挤,在发展过程中往往遭遇更多的困难,但由于私人资本企业在产权运作中比官僚资本企业矛盾较少,效率较高,交易成本较低,所以能比较有效地利用资源。尽管其在中国近代工厂制度产生的初期阶段地位不能与外国资本企业和洋务派企业相抗衡,但随着外部环境的好转,它在制度和组织上的优越性逐渐显现出来,从而较之外国资本企业和官僚资本企业有更为迅速的发展。

五、企业组织的变化——股份公司制度的建立和扩大

企业组织的发展经历了一个由独资、合伙到公司,并由无限责任制到有限责任制的发展过程,现代意义上的股份资本在西欧从 19 世纪中叶以后迅速发展,到 19

世纪末时已成为资本主义经济中占主导地位的企业组织形式，从而在产业制度上实现了一次伟大的变革。股份制可以加速聚集资本，从而使资本进一步社会化，它导致股权的分散和风险的分担、所有权和经营权的分离。

以股份公司为代表的现代企业制度的建立，使企业协调经营机制代替市场协调机制的现象进一步得到发展，从而大大降低了交易费用。

20 世纪初年以后，很多大的跨国公司侵入中国，这些资本都是采取股份制经营的，可以说是世界范围内的股份制资本。面对这种新的形式，我国政府也陆续颁布了一系列学习西方模式的保护和奖励股份公司制度的法律和法令。在这种政策的鼓励下，我国的公司制度也有了迅速的发展，在沿海大城市的工业企业中逐步成为主导形式。但与西方国家比较起来，这些股份制企业一般规模还较小，家族关系在很多公司中仍起支配作用。

六、外国资本和民族资本的集中和垄断

股份制的发展与资本集中是同时进行的，其结果是大资本集团的形成和垄断的出现。

20 世纪初年以后，来华投资的外国企业，大多是国际性托拉斯组织。同时在华的外资企业为增强竞争力，也出现了互相集中和吞并中国企业的现象，从而使之在一些行业中处于明显的优势和垄断地位。

第一次世界大战期间，中国的民族资本主义经济得到进一步的发展，伴随着个别资本的积聚，从大战后期开始出现资本集中的迹象，形成了一些大的资本集团。这些大资本集团在外资势力薄弱的行业中，也有垄断生产和市场的迹象。但这种垄断一般还停留在低级阶段（如分配商品产量、商定销售条件和市场价格、划分销区等），个别民族资本家也想向垄断的更高形式发展（如建立企业银行、控股公司等），但大多以失败而告终。

七、中国工业中的二元结构

作为后发展国家，由于存在着过剩的劳动力，人均收入水平低和资本短缺，在着手实行工业化后，工业中必然会出现二元结构，即近代的机器生产与传统的

手工业生产并存。因为这些国家引进先进的技术设备，由于受到资金的限制，只能在有限的范围内进行。

中国开始其近代化历程后，在工业中也形成二元结构。虽然在 19 世纪后半期到 20 世纪前期，近代工业有比较迅速的发展，但到 1933 年时，在全部工业产值中，近代生产只占 28%，而其余的 72%则为手工业所生产。而在手工业中，虽然工场手工业像机器大工业一样有较快的增长，但家庭手工业的产值仍占有很大的比重。中国到了近代社会，传统工业仍以农民的家庭副业为主，这是中国近代工业制度的又一特色。

八、银本位制度和币制改革

货币制度的最根本问题是本位制度问题。工业化的先驱英国于 1816 年率先实行金本位制度，19 世纪 70 年代以后，世界主要工业国家相继放弃银本位制度，只有中国继续实行银本位。到 1935 年币制改革时，中国已是世界上唯一实行银本位的重要国家。这种长期拒绝与世界经济接轨的做法，说明中国自然经济的顽固性，其在国家经济政策上的反映则是对参与国际经济循环的冷漠，力图维持经济上的封闭性。旧货币体系对中国经济的影响得失兼备，其现象的复杂性和不确定性，使历届政府在货币改革问题上犹豫不决。尽管这一政策的弊病最后还是迫使其不得不最终放弃银本位，改行现代各国通行的货币制度。

1935 年的币制改革符合历史趋势，事实上也是成功的，它使中国真正实现了货币统一，结束了长期以来币制混乱的局面，有利于商品流通，使中国不再受世界市场上银价波动的影响。但法币政策为国民党政府实行通货膨胀提供了方便条件，抗日战争和解放战争时期，由于国民党的错误政策，超额发行造成整个货币体系的崩溃。

九、银行制度的迅速扩展和旧有金融机构的兴衰

作为专门经营货币资本的信用机构，近代银行产生于 16 世纪的意大利。而银行制度的传入中国则是鸦片战争以后的事情。在外资银行的示范作用和高额利润的刺激下，应中国近代工商业融资的需要，我国的新式银行在 19 世纪末诞生，并在 20 世纪早期有了空前迅速的增长，成为中国近代化过程中一个十分引人瞩目的方面。为商人融通资金历来是中国银行业的主要业务，而银行与近代工业的关系也在

20 世纪二三十年代变得密切起来。

钱庄和票号是经营与货币流通有关的各种技术性业务的旧式金融机构。一旦他们有了完整的信贷业务，并成为经营的主要内容，其性质就发生了变化，并具备了近代银行业的基本职能。钱庄适应新的形势，对业务方向及时进行调整，由作货币兑换转向存放款业务。他们向外国银行拆借资金，以庄票的形式对中国商人，尤其是进出口商人融资，由旧式金融机构转变成新式金融机构，在 20 世纪初业务曾迅速扩大。票号墨守成规，没有适时地将其业务转向资金存贷业务，反而更紧密地依附于行将崩溃的封建财政需要和官僚贵族的私人信用，所以在 19 世纪后半期迅速衰落。

十、国家垄断资本主义的金融工商制度

继承封建社会国家直接经营工商业的传统，近代中国历届政府都有一种发展国家资本主义、实行垄断经营的倾向。国民党上台后，其所规划的虽然看起来是一种混合经济，但所扶植的私人经济事实上仅限于轻工业和一般商业流通，而对处于经济命脉地位的金融业和有关国计民生的重要工业、交通、商业、公用事业等部门，则列入国家直接经营的范围，凭借特权，实行垄断。

这一政策在国家工商管理机构上的反映是：负责管理国营事业的机关其权力和规模日益膨胀（如资源委员会）；同时，其他与经济有关甚至无关的政府机关也直接经营工商业，这种做法本为近代国家制度所禁忌。

国民党政府对经济的垄断活动是从金融业入手的，进而扩展到其他各业。通过四行二局（中央银行、中国银行、交通银行、农民银行、中央信托局、邮政储金汇业局）的建立，到抗战前，已基本实现了对全国金融业的垄断，并开始在工矿业和国际贸易方面发展国家经营。

十一、工商管理机构的改革和管理方式的近代化

近代西方国家及其工商机构是适应保护资本主义所有制的需要而产生的，它以提供对私营工商业的活动，亦其所有权的实施的保证，而取得其存在的价值。从清末开始，我国的工商管理机构逐渐由强制征税式的管理方式向为私营工商业者财产权利提供服务的方式转化，并形成制度。这表明了工商管理模式的近代化。具体表现为：①由原来的代管或兼管部门向专门化部门转变，并产生了一些新的

工商管理机构；②新增和旧有的工商部门规模不断扩大，人员增加，其组成日益专业化、知识化；③建立了从中央到地方的垂直式的工商管理系统，控制权上移中央，加强了近代意义上的经济集权体制；④实行分科治事，分工明确，依法办事，提高了管理效率；⑤决策过程趋于科学化和民主化，由工商管理职能部门提出议案，交议院审决后，由有关部门执行。

但从清末开始的工商机构改革，并不是由政权主体自觉引进的，而是迫于形势发展的一种滞后性的制度调整。新的工商机构中仍然保留着不少旧式封建衙门的恶习，国家公务员制度远未完善，表现出改革的不彻底性。

十二、由限制到提倡——国家工商业政策的转变

在传统社会中，国家对私营工商业一直采取限制其发展的政策，这种状况直到清朝末年才开始发生变化。

从 19 世纪末年清政府允许私人设厂制造开始，在 20 世纪初年以后，清王室、南京临时政府、北洋政府仿效西方和日本，陆续制定了一系列提倡、奖励、保护工商业的政策和措施，颁布了保护私有财产的法令。国家政策的转变，推动了民族工商业的繁荣，为经济近代化提供了制度的保证。但这种转变还是初步的，各种法规也是不完善的，甚至保留着封建制度的烙印。尤其是有关私有财产的立法，仍未摆脱从属于政治权力的传统，表现出明显的不彻底性。

中国古代社会中，私有财产权力虽然出现得很早，但却始终是软弱的。财产权力是不稳定和没有法律保障的，它从属于政治权力。在这一点上与西方中世纪有相似之处。西方从传统社会向近代社会的转变最根本的特征之一就是私有财产权力的确立，它是资产阶级与封建政治特权在长期的斗争中逐步实现的。中国由于没有经历这一过程，所以财产权力始终未能彻底摆脱对政治权力的依附。

十三、近代税收体系的建立

鸦片战争后，关税自主权丧失，清政府开征厘金以补财政的不足，实际上是加重了国内关税，这两个方面对工商业的发展都是极端不利的。

西方国家中世纪末期或近代社会初期，一般都在开征国境关税的同时废止国内关税，而国境关税的征收，则服从于保护本国工业发展的需要。

南京国民政府建立后通过与列强各国的交涉，实现了关税自主，开征统税、

废除厘金和盐专卖，结束了长期以来以通过税为主的商税制度，建立以所得税为主的直接税体系，明确划分中央财政和地方财政，岁入增加，并将其中的大部分集中于中央政府，初步实现了由传统税制向近代税制的转变。

十四、近代企业家的组织——商会

应清政府实行新政的需要，仿效西方和在华外商建立的新型工商业者的组织——商会，具备了近代资产阶级社团的基本特征。它把各业商人组织起来，形成一支独立的政治力量，在 20 世纪早期中国社会生活的各个方面发挥了重要作用。但与西方商会不同的是，中国的商会从其组建之初就具有明显的官办色彩，表现了民族资产阶级的软弱性和政治上的依附性。到 20 世纪 30 年代，商会则完全为国民党政府所控制，完全不能按照自己的意志行事。

十五、抑制工商业的思想被"实业救国"的主张所代替

传统社会中长期在意识形态中居于主导地位的抑商思想，直到中国被迫对外开放后，在西方物质和精神文明的冲击下，才发生根本性的转变，19 世纪末和 20 世纪初，"实业救国"的主张广泛传播，并成为统治集团制定法令和政策的基础。

（原载《南开经济研究》1995 年第 6 期）

中国近代工厂制度的产生及其产权运作的特征

一、工厂制度率先在欧洲建立及其原因

20 世纪 70 年代西方一些学者通过对欧洲经济发展过程的进一步研究，认为在英国工业革命发生以前，西欧曾存在一个初始（原始）工业化的过程。他们认为 18 世纪初时西欧的乡村工业已经有了相当的发展，并为工厂制度拉开了序幕。实际上他们所说的这种初始工业化，就是我们过去通常所说的包买主制度（或称分户分料制）的较为广泛地出现，亦分散在乡间的手工业者由城市商人组织协调其生产，所以也有人称之为分散的手工工场。这些商人（包买主）向手工业者提供原料，而将其产品收购集中起来运向远方市场，从而在企业代替市场的过程中迈出了第一步。这些手工业者实际上变成了包买主的雇工，但其监督管理成本很高。后来为了克服这种分散生产的缺陷，集中生产的手工业工场逐步建立起来。包买主制度虽然明清时期在中国一些手工业行业中亦曾存在，但像西方那种大量人口完全或很大程度上为区域或国际市场生产大批量的手工业品的农村地区在中国却从未出现，更没有导致资本主义生产关系在中国普遍发展。当然西方学者对欧洲的初始工业化是否会直接导致近代工业的普遍发展也存在着不同的看法。有的学者甚至还认为，这种原始工业化可能还会阻碍近代工厂的产生。

诺思认为手工工场已是"原始的企业"。汉斯·豪斯赫尔描述了从分散的手工工场（包买主制）向集中的手工工场的过渡。"一些需要专门技能和特别细心的加工程序被包买商集中到一个房子里，交由雇佣工人去进行。这样就出现了一种新的企业形式——手工工场。其特征不是运用新的技术手段，而是手工生产活动在一个统一指导下单纯集中到一个车间。"①所以手工场是以手工劳动为基础的资本主义企业。马克思说："较多的工人在同一时期、同一空间（或者说同一

---

① 汉斯·豪斯赫尔：《近代经济史》，商务印书馆 1987 年版，第 164 页。

劳动场所），为了生产同种商品，在同一资本家的指挥下工作，这在历史和逻辑上都是资本主义生产的起点。"①集中的手工工场已经具有工厂制度的基本特征，如集中生产、有固定的场地、采用较细致的分工，有少量的管理人员、工头、监工等，亦具备了近代企业的雏形，但它毕竟还不是近代企业。法国经济史学家保尔·芒图认为，手工工场"在工业演进上却占着一个小得多的位置。这是路程上的一站，而且是马上走过去的一站，在那里的停歇几乎没有表现出来"②。这种意见与传统观点不同，他对工场手工业的历史地位的精辟分析给我们以启迪。在中国，由传统经济向近代经济的转变过程中，工场手工业也从未作为工业发展的一个单独的历史阶段存在过。

经济史学家认为，工厂制度的出现最根本的诱因是市场扩大，特别是世界市场扩大所促成的。它是突破了行会限制的胜利成果。

在资本主义工业发展历史上，工场手工业与机器大工业的区别当然首先表现在生产力方面。工场手工业虽然与包买主制度比较起来已经是一种集中的生产，但它是一种以手工劳动为基础的资本主义企业，它既不能进行大规模的生产，也不能把小生产完全排斥。由于手工技巧的熟练在其中起了决定的作用，所以不能大量使用工资低廉的童工和女工。工厂作为近代工业，是以使用动力和机械生产作为基本特征的。只有建立在机器生产的基础上，才能真正建立起近代企业制度，这一进步是由工业革命实现的。首家工厂是 1771 年英国人阿克莱特创办的一家水力棉纺纱厂。工厂制度建立的最基本因素是统一动力——开始是水力，后来是蒸汽动力，再后来是电力——的使用，它所推动的工具机代替了传统的手工劳动，从而巩固了工人集中劳动的形式，使其成为绝对必需的。这些机器的运用使固定资本的规模和比重大大提高，工厂的设备，也就是它的生产力具有专用性和不可分割性。由于生产力的性质所决定，它需要把大量的劳动者集中在一起，生产规模比产业革命前的工场手工业时期显著扩大。近代工厂不再需要传统手工业的熟练技术，妇女和儿童都成为其奴役的对象，从而使生产规模的迅速扩大成为可能。近代工厂制度的建立，彻底摆脱了封建行会制度的束缚，最终确立了以工资形式支付报酬的、自由的雇佣劳动制度。只是到了这时，生产才真正成为社会化的大生产，从生产资料、生产过程到生产品都社会化了。在工厂内部，分工和专业化的发展使成本降低，劳动生产率迅速提高，竞争优势日益明显。过去通过市场的一部分流通环节，被企业的协调经营机制，亦业主—工头—工人的科层组织所代替，从而

①《马克思恩格斯全集》第 23 卷，第 358 页。

② 保尔·芒图：《十八世纪产业革命》，商务印书馆 1987 年版，第 387 页。

降低了交易成本。所以,工厂制度的基本特征是集中的生产体制和简单的管理层级制。

根据科斯的理论,企业的出现仅仅只是为了节约在市场上的交易费用,企业是靠纵向的行政权力来指导和分配资源的。工人和雇主的雇佣关系和产权及其产品的买卖关系是不同的。因为雇主所买进的是事后决定和改变生产任务的权力。科斯的理论强调了企业产生和企业性质的一个方面,也是过去为古典经济学家所常常忽略的一面,但在强调这一方面的同时笔者认为也不能完全撇开本节前述的由于生产力发展需要的另一方面。节省交易费用只是企业产生的一个原因,而不是根本的原因,更不是唯一的原因。企业的产生,以及企业制度的变革,归根到底是生产力发展的结果,是既定的生产技术决定了企业的规模和组织形式。工厂的出现,首先是技术变化、市场扩大和交通通信革命等多方面因素综合作用的结果。

二、中国近代工厂制度的产生

16世纪末到17世纪初叶,我国东南沿海和其他一些商品经济比较发达的地区在某些手工业部门里,已经开始出现了资本主义的生产关系,即以雇佣劳动为基础、以追求利润为目的的工场手工业。满族入关一度破坏和延缓了这一进程。到18世纪上半期以后,资本主义生产关系虽然又有恢复和发展,但直到鸦片战争前夕,中国封建社会内部的资本主义关系仍然是非常微弱的。手工业中最主要的部门——棉纺织业仍然是家庭工业的世袭领地。真正的、资本主义性质的工场手工业只是极少数量地存在于商品经济比较发达的地区和有限的几个次要的手工业部门,而且是时生时灭,艰难曲折地发展。在一些行业和地区出现后,不久就衰落下去,以后又在另一些行业和地区生长起来。就整个中国工业的全貌来看,还是以家庭工业为主,城乡个体手工业和官营手工业占有相当大的比重。它距离产生资本主义的机器大工业,还有相当遥远的距离。

自16世纪后半期至1840年鸦片战争的近三个世纪的历史经验告诉我们,由于中国封建经济结构——家庭农业与手工业相结合的自给自足的自然经济——的坚固和极强的韧性,依靠其内部生长起来的软弱的资本主义萌芽,根本无法形成突破旧生产关系的力量。如果没有外力的推动,中国仍将在旧有的经济轨道上继续运行下去,在相当长时期内不可能发展到资本主义社会去。鸦片战争后,中国社会性质的变化、外国资本主义的影响起了决定性的作用。它结束了中国资本主义生产关系漫长的萌芽时期，使之转入较为迅速的发展和扩大的历史新时期。特别是 19 世纪 70 年代以后，英国棉纺织品和其他工业品的渗透和冲击，打开了中国的工业品市场，农村的自然经济开始分解，从而为中国近代资本主义机器大工业的产生创造了客观条件。清政府官办和民族资产阶级投资的近代企业相继诞生。

中国像大多数后发展国家一样，以机械化大规模生产为主要特征的近代工厂制度的建立，并不是自发地能动地在传统社会内部完成的，而是在外来因素的作用与冲击下移植产生的。在中国移植西方近代工厂制度的过程中，外国资本早期在华设立的近代工业企业，对中国近代工厂制度的建立起了示范性作用。它们将西方的工厂制度传入中国，成为中国资本主义制度安排的先行，并对中国资本主义企业制度的建立，客观上起着开风气之先的作用。

外国最早的工业投资是围绕着进出口贸易进行的，出现于 19 世纪 40 年代，可以说，它们是中国最早使用机械和动力的真正近代意义上的资本主义工业企业。尽管列强在甲午战争前尚未取得在中国设厂制造的权利，但到 1894 年时各国在华相继建立的工厂已超过 100 家。这些外资企业主要为船舶修造厂、机器缫丝厂、制糖厂、茶砖厂、豆饼厂、蛋厂、打包厂、制药厂、造胰厂，以及一批公用事业，如自来水、煤气、电灯等。单就外资在华企业的建立而言，也可以说，西方资本主义的影响推动了中国资本主义生产关系的扩大，由许涤新、吴承明率先提出的外国在华资本是中国资本主义的一个组成部分的观点，现在已为多数经济史学者所采纳。但这些企业在中国出现和发展的价值，更主要的还在于移入了一种全新的生产模式和工业组织制度，而不是资本的输入本身。

在中国漫长的封建社会中，国家政权总是力图垄断和控制尽可能多的工业生产部门。不只是皇室、贵族所消费的各种工业品由官府直接经营、雇匠制造，而且一些有关国计民生的重要产业，如盐、铁等，国家也经常有一种垄断生产和流通的意向。这是中国古代经济制度与西方中世纪经济制度诸多不同的一个方面。到了近代社会，这种传统仍然保持着，无论是清政府、北京政府，还是国民政府，其经济政策都表现出一种力图垄断尽可能多的工业生产部门的倾向。

作为官营手工业制度的延续，鸦片战争后中国人所办的近代工业首先是以官办的形式出现的，也可以说是已经衰落下去的官工业制度借洋务运动之机又复兴起来。清政府洋务派兴办近代工业是从 19 世纪 60 年代开始的，由军事而及民用，到甲午战争前较为重要的有近 30 家。在"自强""求富"的口号下，洋务派引进先进的生产和机器设备，以官办、官督商办、官商合办等形式，投资兴办新式工矿企业和交通运输业。这些新式企业是中国人最早创办的近代化产业，中国近代的工厂制度也由此而产生。

洋务派兴办近代工业，是西风东渐的结果。最早的洋务派企业有些就是在外商企业的基础上建立起来的，如江南制造总局是收买美商旗记铁厂后改建的，它最早的一批技术力量就是该厂原有的一百多名工人。后来陆续增加的两三千名工人中，熟练的工匠大部是从上海、宁波、广州、香港等地区的外商工厂中招募来的。天津机器局所雇的技术工匠，皆从香港"洋厂"招募；广州机器局所雇的工人，亦大多是外国机器厂、锅炉厂和造船厂中做过学徒的中国人。仿效外国工厂的做法，洋务派所办的工厂对工人也实行日工资制。[①]

我国私人投资的近代工厂也从19世纪60年代末初创。尽管其规模不如官办，但涉足的范围十分广泛，其投资很快就遍及工业、矿业、航运、公用事业等各个方面。

到 1894 年时，上述三种资本主义所有制积累的产业资本分别为：外国产业资本 5,406 万元、官僚资本 4,757 万元、民族资本 1,992 万元，合计为 12,155 万元。[②]

三、中国近代企业产权运作的特征

工厂在生产和组织方面的基本特征，中国与西方是相同的，但作为工业制度中心的产权制度，中国与西方却不尽相同。对产权制度尽管有各种不同的定义，但最通行的说法和最基本的内容仍是对资产的所有权。由前述可知，中国近代工厂制度在建立的过程中，出现了三种不同的所有制，即外国资本企业、官僚资本企业和民族资本企业。

西方学者对中国学术界长期以来将中国资本区分为官僚资本与民族资本的意见颇多责难。这种批评固然不无道理，因为在他们看来，官僚资本既然是中国所有，当然也是中国民族的资本，而且无论从理论上还是从实际操作上，要想将二者界定清楚似乎是非常困难的。本文作者在这一问题上大体仍持传统的说法，主张将中国近代的资本主义生产关系区分为三种不同的所有制形式，即外国资本、官僚资本和民族资本。作为中国近代化过程中的新生事物，这三种所有制企业，尽管有相同之处，但也有不同之处。其他方面姑且不论，只从产权运作的成

---

① 许涤新、吴承明主编：《中国资本主义发展史》第 2 卷，人民出版社 1990 年版，第 377 页。
② 吴承明：《中国近代资本集成和工农业及交通运输业产值的估计》，《中国经济史研究》1991 年第 4 期。

本和资源的利用效率方面看，就存在着明显的差别。所以加以区分是必要的，它反映了一种客观存在，承认并研究这种历史实际将有助于我们分析中国近代经济的特点，有助于我们对中国经济发展运行机制认识的深化。

第一，外国资本企业。1895 年以前外国在华投资的规模虽然不大，而且处于不合法的地位，但由前述吴承明先生的估计看，在当时中国工业投资中却占据首要的地位。尽管这些企业投资还不具有国际资本的性质，而且其中相当一部分是在中国通过掠夺进行原始资本积累的，但其产权运作毕竟是按照它的母国的原型进行的，具有较高的效率。许多中国货币持有人宁愿附股于外商企业，而不愿投资于洋务派的企业，不外是附股外资，产权较有保障，可以相应地得到比较稳定和丰裕的收益。

第二，官僚资本企业。洋务派所办企业通常可以分为三种类型，即官办、官督商办和官商合办。实际上取官商合办形式者极少，主要是官办和官督商办两种类型。官办企业的资本系由政府拨款，就产权而论属于国家所有制。它是中国早期的官僚资本，是一种封建的买办的国家垄断资本。洋务派所办企业作为一种早期的国有企业，其与现代意义上的国家资本性质不尽相同，它不是资本社会化高度发展的结果。官督商办企业一般均为商人出资，并无官股，有些企业虽有官款注入，但系借款性质。就企业所有权而论属私人资本，但就包括经营权等在内的产权的广泛含义而论，问题就比较复杂。他们有点类似于中国古代的官商，在享有特权的同时，要将收益的一部分报效给国家。

从实际情况看，无论是官办的企业，还是官督商办的企业，其经营权都掌握在官僚手中。官督商办企业虽有类似于现代股份制企业中董事会之类的机构，但形同虚设，股东对企业用人、开支均无权过问。当时人即对这种现象颇多议论，认为商民入股后，其与企业的关系与外人没有什么不同，年终红利该如何分，企业开支是否合理，人事任免，他们都无权过问。总办、督办具有无限的权力，他们因而可以利用这种权力在所经办的企业中按照自己的意志为所欲为：以低价或变相侵吞的手法窃取大量公款，将官产的股息、红利占为己有。洋务派企业中化公产为私产的问题，与现今国有资产流失的情况有许多相似之处。利用产权变更的机会，将官股化为私股是他们采取的一个重要手段。

由于商股无法制衡官权，没有民主决策企业就失去活力，不受约束的权力必然产生腐败。如开平矿务局先后入主的督办、总办接连引进私人。这些人对经营企业和采煤技术一无所知，却把封建官场的种种陋习带进矿区。而那些懂技术，有管理经验的外部人却无法在企业谋得职位。虽然洋务派企业一般说来在设备和技术上是先进的，但在会计、人事、劳动管理等方面却相当落后。由于为"中学为体，西学为用"的思想所驱使，主持这些企业的官员，认为中国只是技术落后，而"文武制度，事事远出于西人之上"，在引用西方先进设备的同时，并不想引进西方的管理制度，而是处处沿袭传统官营手工业的管理方式。机构重叠膨胀，费用浩繁，人员冗多，损公肥私，互相牵制，非经济干预过多，从而造成产品质量差、成本高，甚至亏损。洋务派企业的各级管理人员都是有官阶的，他们追求的目标一是升官，一是发财。这些不但与近代企业和出资人的经营目标——利润的最大化不一致，就是与清政府办企业的目标——富国强兵也不一致。

洋务派企业的企业管理人员把其私人成本加在企业成本之中，"搭便车"的现象十分严重。他们造成这些官办或官督商办的企业产权运作费用十分高昂，使企业不能按照市场经济即效率型经济的要求来运转。它犯有封建衙门的一切通病，如行政预算开支扩大、机构膨胀等，从而造成生产要素——资本、劳动等资源的极度浪费。

企业的管理成本，抑或代理成本的高低，与市场发育的程度有关。市场越发达，存在充分的人才竞争机制，那么企业代理的成本就低廉，反之则代理成本就变得昂贵。洋务派办企业时，中国尚无人才市场，所以管理人员也没有竞争的机制。经营管理人员可供选择的范围是非常有限的。任人唯亲成为普遍的现象（当然不排斥个别人是有能力的）。这是造成其管理成本，亦代理成本高昂的一个主要原因，甚至招致企业的破产。又由于资本市场的不发达，股票不能充分上市自由流通，投资人不能根据一个充分竞争市场上的平均利润率来衡量自己投资企业的效率和管理的得失，从而决定是否将他们持有的股票出卖，来制衡企业管理人员的行为。也就是说企业的出资人不但在企业内部没有发言权，在企业外部也不能对企业发挥监督的作用。

官督商办企业虽系私人投资，但由于产权界定不清，无论在国家的立法和企业的章程中，对他们财产权利如何实现均没有作出明确的规定。当时中国尚无商律与公司律，即或企业章程中虽有规定，但没有一套立法保障体系使其得以贯彻。有些企业的董事会也不是由股东选的，而是由政府委任的，对企业负全权领导责任的督办、总办，政府并没有对其进行监督的机制。这些企业的实际权利和收益主要是落在了经办人员手中，即所谓"移多数股东应享之利，入彼辈私囊者也"。但这种所有权与经营权的分离，同现代企业制度中所出现的所有权与经营权的分离完全不同。其结果是导致华商宁愿附股于外商，也不愿投资于洋务派所办企业，造成这些企业筹资十分困难。

正由于这些官督商办企业筹资困难，所以初创时期大多有官款垫支。这些官款作为一种创业资本，具有投资的性质，成为官方享有对企业支配权的一种财产权利的依据。但同时它却是以一种借贷资本的形态存在，与私股比较是一种特权资本。它们不承担企业的风险，不论企业的盈亏，都需以官利的形式按期付息。所以政府委任的督办和总办可以看作同时还兼有债权人代表的身份。

洋务派所办企业的另一特征是在专利、税收等方面有特权。使他们在同私人资本的竞争中处于优势地位。如上海织布局在设立时，李鸿章就给该局十年专利，十年之内只准华商附股搭办，不准另行设局。此外，还在税收上给以种种减免。这实际上是对其落后经营方式的一种保护，限制了中国民营工业，同时也限制了整个中国近代工业的发展。

洋务派所办企业的弊病，当时就已为一些人所察觉。如左宗棠早就指出："一经官办，则利少弊多，所铸之器不精，而费不可得而节。"①郭嵩焘、王先谦等也有类似的观点。当然他们的认识还是比较肤浅。1895 年，清政府下令将办理无效的企业招商承办，证明了官办企业的失败。其后，招商局、汉阳铁厂、华盛纺织厂等一批原来为官办或官督商办的企业，逐步转归商办，成为民营企业，反对商办的人亦大多改变了态度。这些企业中的一部分变为官僚利用其特权，但以私人的身份投资的工厂。到了北洋政府时期不但官僚投资办厂，甚至总统、总理也投资于私人企业，从而在市场上仍保持着一种不平等竞争的局面，这种现象亦为西方在近代化过程中所不曾出现的。除上述情况外，也有一部分洋务派企业被外资所控制，或完全无法维持而破产。

第三，民族资本企业。民族资本企业是相对于官僚资本企业而言的，不是相对于外国资本而言的。它是指中国资本企业中由民间私人投资建立的企业。这些企业的投资者与外国资本和本国的封建势力较少联系，或完全没有联系。他们在政治上和经济上不享有特权，是一种自由资本企业。民族资本企业与外国资本企业和官僚资本企业同属近代资本主义工业，但往往受到外国资本和官僚资本的压迫和排挤，在发展过程中往往遭遇更大的困难。但由于民族资本企业在产权运作过程中比起官僚资本企业来，矛盾较少，效率较高，交易成本较低，所以能比较有效地利用资源。尽管民族资本企业在中国近代工厂制度产生的初期阶段，也保存了不少封建管理制度的弊病，其资力有限，不能与外国资本企业和洋务派企业相抗衡。但随着外部环境的好转，它在制度和组织上不断改进，优越性逐渐显现

---

① 《左文襄公全集·批札》卷七，第10-11页。

出来，从而较之外国资本企业和官僚资本企业有更为迅速的发展。特别是中华民国成立以后，主张民办的社会力量在政府中也占了上风，在张謇等人的支持下，民族工业渐入佳境。

按照科斯的观点，企业所有制安排的效率，取决于它纵向和横向一体化的能力，或者说取决于企业对市场的替代能力。企业是否有效率，要看这种所有制能否激励企业各方面的积极性（股东、经理人员、工人），还要看它对市场信号的反应是否有效，从而来合理地配置资源。在这些方面，民族资本企业和外资企业显然都优于官僚资本企业。

（与王玉茹合作，原载《西安电子科技大学学报》1999年第4期）

制度变迁与中国近代的工业化

一、关于制度变迁、工业化及其相互关系的理论说明

（一）新制度经济学理论与经济史研究

熊彼特早就指出："历史的叙述不可能是纯经济的，它必然要反映那些不属于纯经济的制度方面的内容。"[①]他提醒我们在研究历史时要注意经济制度因素对经济发展的影响。后来波拉伊在分析工业革命的原因时认为：制度变迁而不是技术变迁是经济发展的动因。[②]阿尔弗雷德·钱德勒也认为：美国工业的增长是市场扩张所诱致的制度变迁的产物，美国经济中的规模经济更多的是制度创新的产物，而不是技术变迁的结果[③]。其后，新制度学派的经济史学家进一步明确提出，对经济发展而言，制度的变化是外生的变量，对其具有决定性的影响。过去通常用来说明经济增长的技术进步和生产力的变化，只是经济增长本身，而不是经济增长的原因，制度变迁才是经济增长的原因。

古典经济学认为，经济增长的原因主要在于资本的积累。高储蓄率和投资率是经济增长的主要条件。它较多地强调了技术进步的作用和人力资本的作用。笔者在以前的研究中，曾以这些理论为指导，分析中国近代工业化的过程，得出了一系列与传统观念不同的结论；现在仍然认为这些经济运行内在的因素，对经济发展的作用是重要的、不可忽视的。尤其是从中国经济史研究的实际状况考虑，这种研究不但不可以放松，而且必须加强，以填补很多必须填补的空白。但古典经济学的某些前提条件却不适合于经济发展和经济史的研究。因为它假定，制度是既定的，不随时间而变化，因而与增长无关。它是将经济运行放在一个成熟的、

---

① 熊彼特：《经济分析史》卷 1，商务印书馆 1991 年版，第 29 页。

② Karl Polanyi, The Great Transformation, Boston: Beacon Press, 1957, p.119.

③ Alfred D Chandler, Strategy and Structure, Cambridge, MA: MIT Press, 1962.

理想的、完美无缺的资本主义制度下加以研究。而事实上这种状态是根本就不存在的。在研究一个长期增长过程时，这种假设显然是不符合历史事实的。任何一种经济形态——包括所有发达国家在内——都是在各自不同的和不断变动的制度环境中运行的。尤其当我们研究的对象是处于由传统社会向近代社会转变中的，像旧中国这样的不发达国家，在我们所讨论的时段内，其商品和要素市场尚在形成的过程之中，古典经济学的解释能力受到更多的限制。所以对它加以修正是必要的。因为这种理论将制度研究作为系统外的非经济因素加以排斥，与历史实际运动不符，所以是不合理的。[1]古典经济学用经济利益驱动来解释人们的经济行为，但经济理性对经济行为的作用中间有一个必不可少的中间环节，那就是制度，不同的制度形成不同的发展模式；不同的制度选择，亦不同的路径，造成不同的工业化模式。

（二）制度和制度变迁

　　在以往中国大陆的经济史和政治经济学著作中，似乎是重视制度研究的。但这些著作中所说的制度，通常是指一种基本的经济范畴，如社会主义制度、资本主义制度等等。它与英语中的 system 一词的含义大致相同，意指一种社会和经济的体系、系统。

　　本文中所说的制度与传统经济史和政治经济学著作中的含义不同，它不是泛指一种社会经济体系，而是指一系列具体的约束人们行为的规则，亦新制度经济学中现在通常使用的 institution 一词的含义。institution 一词译成汉语时，可译为"制度"，也可译为"组织"。制度和组织这两个词在汉语中具有不尽相同的意思。制度是行为的规则，组织是社会单位，如家庭、企业等等。但在多数制度经济学家的头脑中，组织被认为是制度的一部分，他们认为组织总是按一定规则行事的单位。

　　20 世纪以来，各种经济学流派的经济学家曾对"制度"一词给予各种各样的定义和说明。这些人对制度的认识与马克思主义政治经济学研究中制度的概念大多不同。其中从事比较经济制度研究的著作，其研究的对象虽然是一个广义的概念，但他们实际上也是把经济制度看作是有关制定和实施生产、收入与消费的决策的机制和组织机构。凡有助于作出和实施关于稀缺资源配置决策的，都包括在经济制度的范围之内。著名的比较经济学家普赖尔认为：制度应"包括直接或间接影响经济行

---

① 参见道格拉斯·诺思：《历时经济绩效》，《经济译文》1994 年第 6 期。

为和经济结果的所有机构、组织、法律和准则、惯例、信念、观点、价值标准、禁忌，以及由此而引起的行为方式"①。比较经济制度学家在从事社会主义和资本主义制度的比较研究时，是从对决策的组织形式、提供信息和协调的机制、财产的支配和收入分配的方式，以及刺激的手段等方面的区别来进行分析的。

制度经济学派的代表人物康芒斯认为，制度是集体行动控制个体行动。他把制度经济学定义为：一种关于集体行动在控制个人行动方面所起作用的理论。尽管制度学派与新制度经济学之间可谓全无继承关系，但在对制度的认识上仍然有共同之处。制度学派认为制度是指各种机构和组织，如公司、农场、家庭、工会等等。除了这些有形的机构和组织以外，制度还应包括各种无形的，如所有权、社会习俗、生活方式等等。

现在经常被人们引用的、著名经济学家 T. W. 舒尔茨关于制度的定义简单明确，他认为制度是用来管束人们行为的一系列规则，它涉及政治、社会、经济各个方面。就执行经济功能部分而言，制度是某些服务的提供者，它们应经济增长的需求而产生。有些制度可以用于降低交易费用，如货币；有些制度可以用于降低投资风险，如公司制。

新经济史学派的代表人物诺思在他的《经济史中的结构与变迁》一书中，关于制度的说法是：一种被制定出来的规则、服从程序和伦理道德的行为规范。这一定义包括了三方面的内容，全面而明确。

长期以来，中国大陆经济史研究的对象被限定为生产关系及其发展变化的历史。因此本书所定义的制度：正式制度安排中国家的政策、法令和非正式制度安排，如价值观念等，属于上层建筑和意识形态，不在其研究的范围之内。这就造成这些方面研究的冷落。近年来有些社会经济史著作突破上述观念的束缚，发掘大量的档案资料，以较大的篇幅阐述了中国工业化过程中国家经济政策的变动情况。他们认为，从清代末期开始，以至北京政府和南京国民政府一系列新颁布的经济法规，对中国近代的工业发展和经济增长有积极的推动作用，从而扭转了长期以来将这些法规统统归入"反动政策"的错误观念。这些学者所作的工作功不可没，但其不足之处是缺乏经济学理论的指导，没有摆脱传统史学简单罗列排比历史资料的方法，因此其认识和分析自难免停留在历史现象的表面。

---

① 弗雷德里克·普赖尔：《共产主义和资本主义国家的财产和产业组织》，印第安纳大学出版社 1973 年版，第 357 页。转引自保罗·R. 格雷戈里和罗伯特·C. 斯图尔特：《比较经济制度学》，知识出版社 1985 年版，第 6 页。

（三）工业化——近代化初始阶段——的一般特征

工业化和近代化是经济史研究中被广泛使用的两个概念。在有些经济史著作中，这两个词被当作同义词混用，所指的似乎是同一历史过程。笔者认为这两个范畴是既有联系，又有区别的。近代化是一个更为宽泛的概念，而工业化则是近代化的必不可少的基本内容，尤其是在其早期阶段更是如此。可以说从 18 世纪后半期开始，工业化就成为世界经济发展的主题，直到 20 世纪后半期，它仍然是新取得民族独立、经济落后的国家的奋斗目标。著名经济学家钱纳里认为：发展就是经济结构的成功转变，而工业化则是国民经济结构变化的一个重要阶段，因此他把工业化看作该时期发展的中心内容。虽然 20 世纪 70 年代罗马俱乐部的《增长的极限》对以经济增长为中心的发展观念提出挑战，在近世的经济发展研究中必须考虑生态环境和生态系统的承受能力。但历史地看问题，在近代化的初始阶段，工业的增长仍然是衡量发展的基本尺度，工业化仍然是近代化的标志。

综合中外经济学家的研究成果，我们可以说工业化"是一个不断脱离农业占主导地位的经济结构的结构转变过程。即农业在国民收入和就业中的份额下降，制造业和服务业份额上升"①的过程。其结果是"工业在国民生产中处于一种支配的地位，它不仅包括工业的机械化和现代化，而且也包括农业的机械化和现代化"②。也就是，工业化表现为现代科学技术在物质生产领域和服务业中的广泛运用，从而推动了生产效率的提高。

关于国家工业化的标志，可以简述如下。

1. 在国家开始工业化后，国民收入和人均国民收入将比在传统社会中有较快的增长。

2. 由于生活条件的改善，死亡率下降，人口的增长加速。

3. 资源由农业生产向工业生产转移，产业结构发生变化。近代生产部门的产值迅速增长，其在全部国民生产中的比重迅速提高，传统生产部门的增长缓慢，或被替代，其在国民生产中的比重下降。

4. 资本主义生产关系扩大，在国民经济中居于主导地位，封建生产关系和小生产所占比重下降。

5. 商品经济迅速发展，自然经济逐步被市场经济取代。

6. 在工业生产中，重工业较轻工业有更快的发展，资本品生产比消费品生产有更快发展。

---

① 约翰·科迪：《发展中国家的工业发展政策》，经济科学出版社 1990 年版，第 9-10 页。
② 张培刚：《农业与工业化问题》，湖南人民出版社 1991 年版，第 101 页。

7. 中间产品的需求增加，国内各种产业之间的联系加强。

8. 交通运输工具的机械化、现代化及其迅速发展。

9. 全国各地区生产专业化，城市人口迅速增加，城市化水平提高。

10. 随着收入增加，需求和消费结构相应发生变化，对工业品的需求以较快的速度增长。

尽管世界各国的近代化都有其各自的特点，必须最大限度地利用其传统的财富，我们也并不赞成各国经济发展历史的单线论，但笔者认为，在不要忽视个性的同时，还是应当看到其共性是基本的、主导的方面。实行国家的工业化即属于这种基本的具有共同性的内容，绝大多数国家都是由农业的文明过渡到工业的文明。在鸦片战争后，工业化也成为中国发展的方向和主题。国家制度安排是否有效就在于其学习和引进西方的先进成果，使之与中国传统相结合的成功与否。

二、中国近代社会中的制度供给与需求

由于中国在传统社会中较早地建立起中央集权的国家，所以其包括经济制度在内的各种国家的正式制度安排远较西方的中世纪发达和详备。但这些制度主要是为维护官僚地主阶级的利益而制定，对私营工商业则采取种种限制和压抑的政策。由于国家垄断势力强大，私营工商业者在国家政权压迫下，社会地位微贱，缺乏独立的人格和意志，很少横向地联合和自由地组合，所以非国家法律规定的、社会契约性质的正式或非正式的制度安排十分缺乏。到了传统社会后期，封建国家和地主制经济在土地所有、租佃、剥削和赋税等各个方面的制度都不断进行调整和变革，政府对工商业和资源的垄断能力逐步削弱，对私营工商业的限制也大多取消。与西方中世纪僵化的领主制比较起来，中国封建社会的经济结构显现出强大的应变能力和韧性，它能容纳传统生产力在其范围内缓慢地向着日臻完善的境界发展。但这种特定的经济结构和模式，却堵塞了国家经济制度向鼓励和保护近代生产关系和生产力的方向转化的道路。与西方中世纪后期的成功和迅速的转变比较起来，中国的制度创新和技术创新都陷于停滞，并渐形落后。而在国家制度安排变动滞后的同时，私营工商业者由于长期以来已经逐步习惯于对中央集权政府的服从和依赖，他们在制度创新方面的意识已被磨灭，除了以血缘关系为纽带的家庭和宗族协作关系外，难于提出、建立和接受任何新的自治联合体的制度形式，因而没有一种组织形态作为自己的代表，来反映他们共同性的利益要求。

西方国家在行会制度瓦解的过程中，较早地出现了由工商业者自动组织起来

的社会团体——商会。商会与行会不同，它是以地域为单位而不是以行业为单位建立的。其宗旨主要导源于工商业者组织起来保护自身利益，协调工商业者之间的关系和促进工商业发展的需要。商会作为工商业者的代言人自行其是，只是到了后来才得到政府在法律上的承认。而商会组织在中国封建社会后期一直没有出现，只是到了 20 世纪初，才在清政府的推动下成立。

本文在第一节中已经对制度变迁的原因作过一般性的理论阐述，说明在近代经济制度产生的进程中，技术变化和市场扩大的作用。众所周知，西方世界一系列近代经济制度的产生，都是与市场的扩大，尤其是与世界市场和国际贸易的扩大相联系的。中国由于长期以来实行闭关自守的政策，阻碍了中国与世界其他国家经济关系的发展，从而失去了经济近代化和迅速增长的动力，同时也就造成了其对近代经济制度需求的微弱和不足。

舒尔茨认为，是人的经济价值的上升引致制度变迁供给的增加。诺思则认为，人口增加对稀缺资源的压力，提出对制度变迁的要求。但这种压力在东方和西方程度不同地出现，却引起不同的制度变化和发展道路。中国封建社会的后期阶段，由于人口的迅速增加和耕地资源的不足，迫使农民家庭不得不将多余的劳动应用于家庭副业的生产，以维持起码的生计，形成家庭农业和手工业相结合的生产模式，亦经营的内卷化。这对于市场的扩大无疑是非常不利的，这种状况的不断循环往复，使其结合的程度不断加强。由于手工业不能从农民的家庭副业中分离出来，它就不能由家内的分工变成社会的分工，技术水平和劳动生产率就难以提高，同时也使工场手工业在一些行业中遭到排斥，难以生存和发展。特别是到了明清时期，人口的加速增长使劳动的边际生产力下降，经营手工工场变得更不合算。而家庭手工业由于没有最低工资率的限制，劳动成本低廉到难以想象的程度，使家庭副业产品的价格比工场手工业产品要低得多，工场手工业生产在竞争中处于更为不利的地位。在这种经济结构下，资本主义的生产力和生产关系的发展受到严重的阻碍，这是造成中国封建社会后期对近代经济制度需求不足的内在原因，也是基本的原因。

一般说来，制度的供给总是落后于制度的需求，因为大多数情况下，制度的供给是应制度的需求而产生。但受到社会科学和有关专业知识发展水平的限制，往往会出现供给不足的情况。因而新制度经济学派的学者认为，制度也是一种稀缺的资源。在中国传统社会后期，经济结构的特殊性所造成的近代经济制度需求的不足，固然是中国近代经济制度不可能在其内部产生和健康发展的主要原因；另一方面，传统意识形态和价值观念对这种新制度供给的制约作用也是不容忽视的。作为我国传统意识形态核心的"克己复礼""中庸之道""重义轻利""不患寡而患不均""存天理灭人欲"等教义,其思想方法是一切言行均以先贤之牙慧、往古之箴规为准。在这些教条和思想方法的束缚之下,人的个性和创新精神被扼杀,更无法从中导出任何近代的保护私人财产权利和知识产权为基调的经济制度。这是中国传统社会内部造成近代经济制度供给不足的原因。另一方面,从外部而言,闭关政策不只如前所述是造成中国传统社会后期对近代经济制度需求不足的外部原因,同时也是造成其制度供给不足的外部原因。由于中国封建统治集团盲目地自以为是,他们顽固地拒绝西方的思想观念,认为中国传统文化具有无与伦比的优势,而视西方的近代文明如洪水猛兽,千方百计拒之于国门之外,以免"妖言惑众",从而使中国广大民众,甚至知识阶层都禁锢在传统文化及其凝固形态的奴役之下,对外部世界的情况和变化全无所知,或知之甚少。

中国传统社会后期,对近代经济制度供给和需求不足的情况,在 1840 年的鸦片战争之后开始发生变化。由于被迫对外开放,首先是近代经济制度的供给迅速增加。这一方面是因西风之东渐,欧美各国在资产阶级革命过程中积累起来的新思想、新文化、新制度较以前迅速和广泛地传入,使国人,首先是知识阶层的眼界渐开;另一方面,列强在中国办起的各种贸易公司和非法设立的工业企业也起了示范的作用。

鸦片战争后,列强为了进行经济侵略,迫使清政府签订了一系列不平等条约。这些不平等条约反映了外国资本主义在中国发展的需求。利用这些不平等条约所取得的特权,外国廉价的工业品得以大量输入,到了 19 世纪 70 年代,中国农村的自然经济真正开始分解,国内市场迅速扩大。其一表现为进口的工业品不能满足其所创造的市场的需求,比如在洋纱输入打开市场后,出现了洋纱供不应求的局面;其二则表现为大量农民小生产者的破产,使之与生产条件分离,创造了劳动力市场,这些人过去自己生产可供自己消费的产品,现在则需要通过市场来购买所需的物品;其三,与国际市场关系的建立和扩大,使中国的商品出口迅速增加,从而使生产出口品的劳动者的报酬和购买力空前增长。

上述三方面市场的出现和扩大,为将工厂制度引入中国创造了条件。引入这种经济制度将可获得丰厚利润的潜在可能性,首先为这种制度产生的母国——西方的商人们所察觉,从 70 年代起,外国投资者屡屡要求在中国建立工厂,尤其是建立棉纺织厂。1884 年 4 月 23 日,日本外务大臣大隈重信在致日本驻华大使的公函中说:"大阪纺织会社拟在上海建立一轧花厂,……因上海道台表示反对……至今仍无结果。"①英国人也早已看到在华设厂,"地产市价和棉花价格都很低廉,而比较便宜的钢铁也必然会减低蒸汽机的成本",可以获得"远超过投资者的最初预期"②的高额利润,因而要求设立机器纺织公司,但遭地方官阻止而未果。他们通过各自的政府和其驻华机构,以各种方式接连不断地提出允许外国人在华设厂制造的要求。如1885年法国驻华大使在与总理衙门谈判改订中法约款草案时,前后反复会商八次,要求在通商口岸设厂制造,但由于清政府不肯放松一步,法国大使虽然"舌敝唇焦",也未能使清政府就范。在未经同意的情况下,一些外商置中国主权于不顾,非法在华设厂,以图牟取暴利。其中有一些由于遭到中国方面的反对,而未能实现。但到1895年以前,外资在中国非法设立的工厂已达100余家。直到中日甲午战争,日本首先以武力压迫中国政府在签订的《马关条约》中达到了他们渴望已久的目的,取得了在中国通商口岸城市任便设立工厂的合法权利。日本人这一要求完全代表了列强各国的普遍利益,所以随后各国均援例与中国政府签订了同样内容的条约。因此,应当说中国近代社会中为使获利的市场机会变成现实而提出新制度需求的第一个利益集团是外国来华投资的工商业者及作为他们后盾的列强各国政府。

引进工厂制度可以获得市场机会牟取利润的事实,当然亦为一部分先知先觉的中国人所看到,他们购买外国股票,附股于外资企业。而在外国与中国通商中充当桥梁的买办和与外国人交往较多的开明派官吏,并不甘心把钱交给外国人经营,而处于从属地位。如本书前面所述,这两种社会力量结合起来,使工厂制度的引入中国成为事实。洋务派所办的工厂成为中国人所办的第一批近代企业,其中包括了中国最早的一批股份制企业。中国在传统社会中有长期官办工业的传统,但洋务派所引进的近代生产力已非传统的官手工业制度所能容纳的,在这些新式企业中虽然封建衙门的旧习还处处可见,但企业性质则发生了根本性的变化。这些企业是以国家特许的身份出现,创办者追求利润的动机即所谓"开利源"③,往往被掩盖在"富国强兵"的口号之下。当然,洋务派官僚在引进西方工厂制度时,也可能首先关注的不是它的组织制度,而是它的生产技术,即那些能够生产出坚船利炮的机器设备。他们对新制度的需求是利用他们的特权来得到满足和实现的,而不是通过国家立法来实现的。这些人形成了中国近代社会中长期处于统治和主导地位的官僚买办资产阶级,亦大资产阶级的前身。他们是外国

---

① 孙毓棠:《中国近代工业史资料》(第一辑)上册,中华书局1962年版,第88—89页。
② 孙毓棠:前引书,第154页。
③ 张之洞:《致苏州赵抚台、邓藩台、吴臬台、陆祭酒》,《张文襄公全集》,卷150。

投资者之外，对新制度提出要求的另一社会利益集团。一般说来，在近代社会中，政府本应置身于各个社会利益集团之上，而中国的情况则不大一样，它具有双重的身份，政府直接参与微观的经济活动，利用特权与民争利，其弊病自不待言。

与此同时，看到这种获利机会的自然还有那些较早接受西方文化、开眼看世界的知识分子和一批有经营头脑的中国商人。他们当然不满于洋务派官僚对这种市场机会的垄断。这二者结合起来，在 19 世纪晚期不断地呼吁允许民间设厂制造，发展民族工商业，要求国家以立法的形式对这种新制度予以规范和保护。这种呼声日渐强烈，并有人付诸行动，创办近代机器工厂。在洋务派所办企业遭到失败后，他们的要求得到清政府内一部分有识之士的支持。随着《马关条约》的签订，清政府被迫允准外国人可以自由在中国设厂，自然无法再阻止国人设厂的行动，在 20 世纪初不得不以立法的形式，将西方的工厂制度、公司制度和一系列与之配套的经济制度正式引入中国。这些民间工商业者及其在政府和知识界的代言人，在引入新制度以获取利润方面与官僚买办资产阶级有共同之处，但又有矛盾和冲突，他们组成中国社会中又一个推动制度变革的利益集团。一般说来，他们的要求反映了中国资本主义发展的方向，但他们在中国工业化过程中一直处于从属的地位，这一集团的制度需求虽然在一定程度上得到实现，但始终没有得到基本和完全的实现。

自下而上地提出制度变迁的要求是一个集体的行动，它需要一组人联合起来，其组织成本是不能忽略的。只有当预期制度变化的收益大于预期制度变化的成本时，行为主体才会去推动和实现制度的变迁。如前所述，在中国社会中由于历史上缺乏横向联合的社会契约习惯，所以这种组织成本就更为高昂。

制度变迁总是由不均衡走向均衡的过程，绝对的均衡是不可能的。所以中国这种制度供给不能充分满足需求的状态，在西方国家也是存在的，但性质和程度可能有所不同。应当肯定自 20 世纪初年以来，清政府、北洋政府和南京国民政府引进了一系列近代经济制度①，使制度的供给显著增加，在一些方面满足了民间为获利而产生的自下而上的对新制度的需求。在全面引进西方经济制度的过程中，有些立法甚至具有超前的性质，运用政府的权力自上而下地强制性地加以推行，如商会的建立就是在政府的全力推动下实现的，从而促进了工业化进程的加速。这方面的具体情况我们将在下一节中用统计数字加以说明。

中国在传统社会中一直是人治胜于法制，在向近代社会转变的过程中，法制

---

① 关于中国近代工商制度的具体内容，请参阅本人与李一翔、张东刚、王玉茹合编的《中华文化通志·工商制度志》，本文不再详述。

的作用虽然有所增加，但总的说来人们的法制观念仍然是比较淡薄的。大多数人不习惯采用渐进的、不断优化社会契约的方式来使获利机会得以实现，而往往倾向于通过攫取政治权利，改变分配格局的方式获取利益。这就造成在中国近代化过程中，新制度的供给和需求虽较传统社会有了明显的增加，但比起西方来，仍然是软弱不足的（请读者注意，这里所说的制度的含义在第一节中已经说明）。

本节前述主要是围绕着对近代企业制度和与之相关的其他经济制度的供给和需求展开的。如果我们将视野扩大，按照在第一节中所引用的舒尔茨的意见，把近代经济制度看作一种服务，它可以给人们的经济活动提供便利，为社会提供公共产品，从而使交易成本降低，那么这种制度的供给和需求也是到了近代中国才逐渐变得强烈起来，从而促成了其由西方的引入。

三、中国近代工业化的缓慢进展

西方近代经济制度的引进，对中国工业化的进程起了推动的作用，这一点应予肯定。但新制度建立的被动性、滞后性和不彻底性，使中国近代经济的发展远远落后于西方国家和日本。

（一）国民收入的增长

旧中国没有系统的国民生产统计，我们只能选取或估算几个有代表性年份的国民收入和人均国民收入，用以说明中国近代的经济增长。选取的年份，除首尾二者外，其余均系中长周期的下转折点。①

表 1　中国国民收入（1850—1949 年）

1936 年币值：亿元

年份	1850	1887	1914	1936	1949
农业		99.87	128.01	166.41	98.00
工矿交通		14.49	24.8	40.06	23.20
服务业		29.07	34.72	51.51	68.28
总计	181.64	143.43	187.64	257.98	189.48
时期	1850—1887		1887—1914	1914—1936	1936—1949
年均增长%	-0.64		1.00	1.45	-2.40

资料来源：①1850 年、1887 年、1914 年的数字估算方法见《近代中国的经济发展》第五章

---

① 周期的划分和确定参见《近代中国的经济发展》（山东人民出版社 1997 年版）第六章。

附录2、3、4。②1936 年数字系根据巫宝三：《〈中国国民所得，一九三三年〉修正》，见《社会科学杂志》9 卷 2 期，1947 年。③1949 年农业、工矿交通业数字系根据 1984 年《中国统计年鉴》第 20 页。按照《中国国民所得（一九三三年）》及《修正》中有关各业总产值和净产值的比例，将总产值折算为净产值，然后按 2.5:1 换算为 1936 年币值。服务业收入系根据珀金斯《中国近代经济的历史透视》一书中 1952 年的数字折算为 1936 年币值，所以偏高。

表2　中国人均国民收入（1850—1949 年）

1936 年币值

年份	1850	1887	1914	1936	1949
国民收入（亿元）	181.64	143.43	187.64	257.98	189.48
人口数（千人）	414,699	377,636（400,000）	455,243	510,789	541,670
人均收入（元）	43.8	38.0（35.9）	41.22	50.51	34.98
时期	1850—1887	1887—1914	1914—1936		1936—1949
年均增长%	-0.38(-0.54)	0.30（0.51）	0.92		-2.87

资料来源：①国民收入数字见表 1。②人口数见《近代中国的经济发展》第五章第二节。③1887 年项下括号内数字，系笔者根据较为理想的人口数字推算出来的相应的人均收入和年均增长率，详见后文。

从表 1 和表 2 可以看出，旧中国经济在其发展较为正常的 19 世纪 80 年代至 20 世纪 30 年代期间（没有大规模战乱破坏的时期）有缓慢的增长。其中，第二个周期（1914—1936 年）经济增长的速度比第一个周期（1887—1914 年）加快，尤其是近代工业生产部门有显著的扩大。

（二）产业结构的变化

表3　中国近代产业结构的变化（1887 年、1936 年）

	国民收入		就业人口	
	1887	1936	1887	1936
农业（%）	69.62	64.50	80.00	75.52
工业服务业（%）	30.38	35.50	20.00	24.48

资料来源：国民收入见表 1，就业人口系农村人口与城市人口的比例数，1887 年根据张仲礼：《19 世纪 80 年代中国国民生产总值的粗略估计》，1936 年根据巫宝三：《中国国民所得（一九三三年）》及《修正》。

从表 3 可以看出，在 19 世纪 80 年代至 20 世纪 30 年代期间，中国的产业结构变动缓慢，50 年间工业和服务业在国民收入中的比重只由 30.38%上升为 35.5%，增加了 5 个百分点。工业和服务业的就业人口在全部就业人口中的比重则由 20%上升为 24.48%，也上升了近 5 个百分点。农业在国民收入中的比重和农村就业人口在全部就业人口中的比重则分别由 69.62%和 80%下降为 64.50%和 75.52%。到 1936 年时，无论是从产业结构还是就业结构看，中国仍然是一个落后的农业国，远未实现国家的工业化。1914 年时我国农业产值占全部国民生产的比重为 68.22%，与 1887 年比较起来，27 年间只下降了 1.4 个百分点，可以说这 27 年中我国的产业结构变动甚微，而 1914—1936 年的 22 年间，农业产值在国民总生产中的比重下降了近 4 个百分点。所以中国近代产业结构的变动主要发生在后一阶段，即在 1914—1936 年期间，我国从传统产业结构向近代产业结构的转变取得较为明显的进展。

（三）资本主义生产关系的扩大

近代生产与资本主义生产并不是同一概念，前者是从生产力的角度，后者是从生产关系的角度对国民经济加以分类，因此其内涵也是不相同的，可以说资本主义生产是较之近代生产更广泛的概念。就工业而言，资本主义生产关系不仅包括采用动力和机器的工厂的生产，亦通常所说的近代或新式生产，还包括从生产力来说仍然是手工和旧式的，但却雇用较多工人进行劳动生产的工场手工业。这种生产在中国封建社会内部早已产生，而且在近代化过程中占有相当的比重，因此是不容忽视的。就农村而言，在中国近代社会中，虽然经历了百年的发展，但在生产力方面没有本质的变化，从近代生产的角度看，其产值可以忽略不计。但就生产关系而言，资本主义经营的扩大，无论就农产品的商品化还是雇佣劳动的增加两个方面看，都是不容忽视的。

19 世纪 80 年代时的中外产业资本还微乎其微，在国民总生产中的地位可以不计，这时的工场手工业产值应当比鸦片战争前有所扩大，但由于资料不足，亦无从估计。我国工场手工业的扩大在很多行业是 20 世纪初年以后的事情，所以在 19 世纪后半期，其在国民总生产中的比重也是很小的。

根据唐传泗和丁世洵先生估算的数字，1920 年我国工业中的资本主义生产（包括近代工矿业和资本主义性质的工场手工业、土窑业）的产值为 24.79 亿元，其在全部工业生产中所占的比重为 43.9%。到 1936 年时，我国工业中的资本主义生产产值增加为 62.67 亿元，年均增长近 6%，其在全部工业生产中的比重亦上升为 58.6%。在交通运输业方面，属于资本主义经营性质的收入，1920 年为 3.41 亿元，占全部收入的 45.65%。1936 年时这部分收入增加为 6.89 亿元，年均增长 4.5%，其在全部收入中的比重则达 51%，亦超过一半以上。这说明从 19 世纪后半期开始，中国资本主义生产关系迅速扩大，到全面抗战前在工矿交通业中已占据优势，生产关系的资本主义化进程较之前节所讨论的生产近代化的进程，取得更大幅度的进展。

（四）中国工业化水平的国际比较

1. 与亚洲其他不发达国家比较

依据贝罗赫（Paul Bairoch）所计算的锡兰、印度、巴基斯坦、印尼、菲律宾和泰国的数字折算为 1936 年中国币值，我们得到的印象是：1850 年时中国人均收入明显高于亚洲其他不发达国家。到 19 世纪 80 年代，由于中国经历了一次空前的内乱，所以人均收入下降，与亚洲不发达国家的差距明显缩小。其后 30 年间，中国与这些国家均有缓慢发展，到第一次世界大战前夕，中国与这些国家的收入水平仍保持大体一致。其后，中国经济的发展加速，到第二次世界大战前夕，中国经济发展水平已高于亚洲其他不发达国家。在其后的十余年战争中，中国遭受更严重的损失，所以到 1949 年时我国的人均收入已明显低于这些国家的水平。

2. 与日本的比较

日本与中国是近邻，近代化几乎与中国同时起步，又是第二次世界大战以前欧美以外唯一实现了工业化的国家，因此是较为理想的参照系。

表 4　中国和日本的国民收入（19 世纪 80 年代至 20 世纪 30 年代）

	国民收入（亿元）		年增长率（%）	人口（千人）		年增长率（%）	人均收入（元）		年增长率（%）
	19 世纪 80 年代	20 世纪 30 年代		19 世纪 80 年代	20 世纪 30 年代		19 世纪 80 年代	20 世纪 30 年代	
中国	143.41	257.98	1.21	377,636	510,789	0.62	38.00	50.51	0.58
日本	18.08	149.95	4.32	38,437	69,240	1.18	47.04	216.56	3.10

资料来源：①中国：见表 2，为 1936 年币值。19 世纪 80 年代为 1887 年数字，20 世纪 30 年代为 1936 年数字。②日本：据大川一司（Ohkawa）数字，币值为 1928—1932 年日元，19 世纪 80 年代为 1883—1887 年平均数，20 世纪 30 年代为 1933—1937 年平均数字。

从表 4 可以看出，在 19 世纪 80 年代至 20 世纪 30 年代的 50 年时间里，中国经济发展的速度远远落后于日本。到 20 世纪 30 年代，日本已经成功地实现了工业化，而中国则远未跨入近代化国家的行列。

3. 与西方国家比较

中国近代经济增长的速度不仅低于同期的日本，也低于西方国家的经济起飞阶段。如英国 1800—1837 年期间国民收入年均增长率为 3.5%，美国 1829—1859 年期间则高达 5.1%，德国 1892—1913 年期间为 3.4%。[①]而我国经济增长最快的 1914—1936 年期间，国民收入的年均增长率只有 1.45%。

主要参考书目：

道格拉斯·诺思：《经济史中的结构与变迁》，上海三联书店 1991 年版。

道格拉斯·诺思：《历时经济绩效》，《经济译文》1994 年第 6 期。

贝罗赫：《1900 年以来第三世界的经济发展》，上海译文出版社 1979 年版。

约翰·科迪：《发展中国家的工业发展政策》，经济科学出版社 1990 年版。

钱纳里等：《工业化和经济增长的比较研究》，生活·读书·新知三联书店 1995 年版。

聂宝璋：《中国买办资产阶级的发生》，中国社会科学出版社 1979 年版。

巫宝三：《中国国民所得（一九三三年）》，上海中华书局 1947 年版。

《〈中国国民所得，一九三三〉修正》，《社会科学杂志》9 卷 2 期，1947 年。

刘佛丁：《新时期中国经济史学理论的探索》，《经济研究》1997 年第 5 期。

刘佛丁、王玉茹、于建玮：《近代中国的经济发展》，山东人民出版社 1997 年版。

黄月波等编：《中外条约汇编》，商务印书馆 1935 年版。

郝延平：《中国近代商业革命》，上海人民出版社 1991 年版。

许涤新、吴承明：《中国资本主义发展史》（第 2 卷），人民出版社 1990 年版。

中国科学院经济研究所世界经济研究室编：《主要资本主义国家经济统计集》，世界知识出版社 1962 年版。

（原载《近代中国经济史研讨会 1999 论文集》，香港新亚研究所，1999 年 5 月；《南开经济研究》1999 年第 5 期）

---

① 中国科学院经济研究所世界经济研究室编：《主要资本主义国家经济统计集》，世界知识出版社 1962 年版，第 12、182、257 页。

ECONOMIC GROWTH AND CYCLES IN

MODERN CHINA[*]

If the theory of cyclical fluctuation can be applied to modern China, the economic development of China in this period can be seen as consisting of several stages. At each stage as well as in the whole period, chosen index system is likely to help measure the growth rate. By vertical and horizontal comparison, this will try to settle the disputes on China's modern economic development.

Medium Long-term Cyclical Fluctuations in the Course of China's Modern Economic Development

The changes, occurring on the curves of import and export indexes, price index as well as indexes of some products, indicate that China's modern economic development has obviously experienced medium long-term cyclical fluctuations (for example, the wholesale price indexes, see Figure 1-3). Since the beginning of Chinese modernization in the 1870's, there were at least two complete cycles in the process of China's economic development. The first swing appeared in the period from 1887 to 1914, with the year of 1905 as its peak (up-turning point); and the period from 1914 to 1936 witnessed the second swing with the year of 1931 at its peak. After the Second Opium War, China's economy was integrated into the international market of capitalism. After the 1860s, business cyclical fluctuations in world market exerted indicative influence on China's economy. However, the starting point of the swing in this period remained unknown as statistical literature concerned was unavailable. The third swing beginning in 1936 was interrupted by Sino-Japanese War. Most economists usually exclude the last stage from the cyclical fluctuations in question.

Many textbooks and historical works tend to divide modern Chinese economic

---

[*] This is a summary of the first part of forthcoming *Economic Development in Modern China*.

history into three stages, regarding 1895 and 1927 as the two dividing years or two stages with 1919 as the turning point. These authors, with their minds deeply rooted in revolutionary history, are inclined to focus their study on productive relations when dealing with economic history.

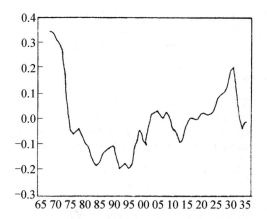

Figure 1. Medium Long-term Swing of Wholesale Price Index, Smoothed Series (1868-1936).

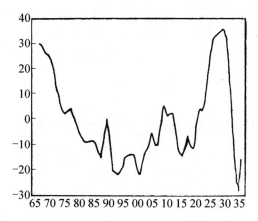

Figure 2. Medium Long-term Swing of Wholesale Price Index of Industrial Products, Smoothed Series (1868-1936).

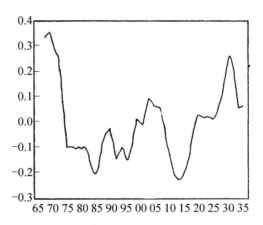

Figure 3. Medium Long-term Swing of Wholesale Price Index of Agricultural Products, Smoothed Series (1868-1936).

Sources: Tang Qiyu's Index in *Chinese Labour Yearbook* pp.148-149; Wertheim's Index, see W. Y. Yang, *University of Nankai Index*; Nankai's Index in *Nankai Economic Index Materials*, pp. 18-22.

Population Growth in Economic Perspective

Simon Kuznets takes rapid growth in population to be a sign of modern economic growth. The same is true of the situation in Chinese mainland after 1949. Between 1949 and 1990, the growth rate of Chinese population is 1.8 percent (see table 1).

Table 1. Estimated Population Growth of China and the World 1650, 1750, 1950 and 1990

	1650	1750	1850	1950	1990
Total Population　（in millions）					
China	125[2]	225[2]	415[2]	542[3]	1,134[3]
World[1]	545	728	1,171	2,486	5,286
Annual Growth Rate　（%）					
China		0.59	0.61	0.27	1.8
World		0.29	0.48	0.76	1.9

Sources: ① Michael P. Todaro, *Economic Development in the Third World*, p.189;② Liu Foding, "Productive Development Level of Qing Dynasty", *Nankai Institute of Economics, Annual,* 1984;③*Chinese Statistical Yearbook*.

During the pre-modern period of 1650-1850, China's population, with a 0.6 percent annual growth, grew more rapidly than that of other countries in the world and prepared a large population for her forthcoming modernization. China's population growth rate is only 0.27 percent during the period of 1850-1949. This figure appears rather small when compared with both the world population growth rate in the same period, and that in the previous periods in China. This data show that population change is inconsistent with "modern economic growth"[1] though Chinese modernization started in the 1870s.

The Growth in National Income

Since no systematic statistical figures of national income in cold China were available, the macroeconomic growth rate of China's modern economic development can only be estimated on the basis of that of some years chosen as benchmarks (they are down-turning points of the cycles, not including the beginning and ending years). The national income and per capita national income of these years are calculated as in Tables 2 and 3.

Table 2. China's National Income of 1850, 1887, 1914, 1936 and 1949 (100 million 1936 Ch $)

Sector	1850[1]	1887[2]	1914[3]	1936[4]	1949[5]
Agricultural		99.85	128.01	166.41	98.00
Industry, Mining and Transportation		14.49	24.80	40.06	23.20
Services		29.07	34.72	51.51	68.28
National Income	181.64	143.41	187.64	257.98	189.48
Average Annual Rate of Growth		−0.64	1.00	1.45	−2.40

Sources:[1] Angus Maddison, "A Comparison of level of GDP Per Capita in Development and Developing Countries, 1700-1980", in *Journal of Economic History*, 1983, 3; [2] Revised Chang Chung-Li's figures in *The Income of The Chinese Century*, University of Washington Press, 1962; [3] The author's estimation; [4] Wu Baosan, *A Revision of China's National Income 1933*; [5] According to *Chinese Statistical Yearbook* and Dwight H. Perkins, "Growth and Changing Structure

---

[1] Generally speaking, accelerated growth in population results from rapid economic development. For example, between 1750 and 1950, the population growth rate of Area of European settlement was 0.88 percent; during 1872-1942, the growth rate of Japan was 1 percent and in Asia and Africa (excluding China), the growth rate was 1 percent during 1850-1960.

of China's Twentieth Century Economy", in *China's Modern Economy in Historical Perspective*, Stanford University Press, 1975.

Table 3. Per Capita National Income of 1850,1887,1914,1936 and 1949 (1936 Ch $)

	1850	1887	1914	1936	1949
National Income[①] （Ch $ 100 million）	181.64	143.41	187.64	257.98	189.48
Population（million）	414.699[②]	377.636[③]	455.243[③]	500.789[③]	541.670[②]
Per Capita National Income	43.80	38.00	41.22	51.51	34.98
Average Annual Rate of Growth （%）　−0.38　　0.30　　1.02　　−3.02

Sources: ① Table 2; ② Table 1; ③ Zhang Youyi, "Reestimated Population and Cultivated Land in Modern China", *Researches in the Chinese Economic History*, 1991, 1.

These tables suggest that there appeared very little increase in national income, and the per capita income seemed to fall between 1850 and 1949, that of 1949 being the lowest in modern Chinese economy and that of 1850 the peak of China's traditional economy. But nobody could simply conclude, by comparing the national income and per capita income between the two years, that China's modern economy had been declining.

From the 1880s to the 1930s Chinese economy developed more successfully than it did at other stages (without serious destruction from war). In this period the national income and per capita income grew slowly and the economic growth rates (especially in modern economic sectors) in the second cycle were higher than those in the first cycle. The stage from 1914 to 1936 was the most successful one in the history of cold China's economic development. Taiping Rebellion and Sino-Japanese war brought about much damage to the Chinese economy at the stage from 1850 to 1887, and at the stage from 1936 to 1949, the national income and per capita income dropped to such an extent that their fall at the stage exceeded that at the stage from 1850 to 1887.

Although her door was forced open in the Opium War of 1840, China did not change traditional socio-economic structure and mode of production until the war of 1870s. To be exact, China began developing her modern economy in the 1870s. In accordance with the sense of "modern economic growth", China's economic development can be considered as consisting of three stage: the first stage covering the years from 1914 to 1936 was accompanied with the further development of China's modern economy; and the third stage from 1936 to 1949 suffered from the recession of China's modern economy.

Therefore, it is not true that China's modern economy, especially that between the First and Second World War, went from bad to worse, neither is it true that it was finally disrupted.

Comparison Between Chinese Modern Economic Growth And That in Other Countries

In order to draw a comprehensive conclusion, it is necessary to make a cross-sectional analysis.

1.   Comparisons between China and other less developed countries in Asia.

Bairoch's estimates about per capita national income of India, Srilanka, Indonesia, Thailand, Philippine and Pakistan[①] show that, in the middle of the 19th century, per capita income of China was much higher than that of other less developed countries in Asia. However, owing to an unprecedented civil war, China's national income dropped by a big margin. Up to 1880s the difference in per capita income between China and India etc. almost disappeared. This situation remained unchanged till eve of the First World War. Afterwards, Chinese economy developed at an accelerated pace. In the 1930s, Chinese economy was at a higher level than those of other less developed countries in Asia. From 1737 to 1949, Anti-Japanese War made Chinese economy suffer greater losses than India etc., which resulted in the fact that in 1949 the level of China's per capita income was lower than those of other Asian countries.

2.   Comparison between China and Japanese.

No Asian countries but Japan managed to join the economically developed group before the Second World War, but the modernization process of both Japan and China started almost at the same time and both countries shared many similarities in background and initial conditions. Therefore, it is much easier to make a comparison between the two countries (see Table 4).

---

① Paul Bairoch, *The Economic Development of the Third World Since 1900*, Methuen and Co. Ltd., London,1975.

Table 4. National Income of China and Japan (1883—1887, 1933—1937)

	National income (China: 100 million 1936 yuan, Japan: 100 million 1928-32 yen)		Annual rate of growth (%)	Population (thousand)		Annual rate of growth (%)	Per capita income (China: 1936 yuan, Japan: 1928-32 yen)		Annual rate of growth (%)
	1883—1887	1933—1937		1883—1887	1933—1937		1883—1887	1933—1937	
China	143.41	257.98	1.21	377,636	500,789	0.59	38.00	51.51	0.62
Japan	18.08	149.59	4.32	38,473	69,240	1.18	47.04	216.56	3.10

Sources: China: see Table 3. Japan: Kazushi Ohkawa, *The Growth Rate of the Japanese Economy Since* 1878, pp 7 and 9. Kinokuniya Bookstore Co. Ltd., Tokyo, Japan, 1957.

Between 1883-1887 and 1933-1937 the Japanese real growth rates for both total and per capita income were 4.32 percent and 3.1 percent respectively, while the Chinese growth rates in the same period were only 1.21 percent and 0.62 percent respectively. These figures show that Japan became an advanced industrial country within the 50 years, while China still remained an agricultural country.

3.　Comparisons between China and western countries.

In the period of the most rapid economic development between 1914 and 1936, China's national income increased by only 1.45 percent per annum, which indicates that Chinese economy grew more slowly than those of western countries in the takeoff period. For example, in the United States the national income grew at the rate of 5.1 percent per annum between 1829 and 1859, in Britain 3.5 percent per annum (1800-1837), and in Germany 3.4 percent per annum (1892-1913).

In recent years, a few western scholars assert that the growth rate of Chinese economy during the early 20th century exceeded those Japan and some other western countries. We cannot agree with them for they are not able to justify their viewpoint.

（与王玉茹、于建玮合作，原载《南开经济研究（海外版）》1994 年 3/4 期合刊）

经济史理论、方法与述评

中国近代经济史研究的失误与观念方法的转变

　　中国近代经济史，特别是旧中国经济的研究，由于受政治经济学研究对象的影响，只把生产关系的发展变化作为研究对象，忽视甚至完全抛弃了生产力的研究。又由于对马克思关于生产关系论述的片面理解，也忽视了对流通、分配、消费等方面的研究。一部中国近代经济史被囿于几种所有制及其互相关系变化的狭隘空间。经济增长的速度和周期性波动、各时期的生产发展水平、技术进步的作用、国民财富和收入的分配等一系列在世界各国经济史著作中都被当作主要内容的重大课题很少有人，甚至无人问津。这就不能不使从事现时经济研究而希望了解历史的学者，乃至任何一个普通的中国经济史读者感到失望。

　　这些不曾被认真研究的重大课题，在迫于制定战略和策略的需要，必须作出回答时，从理论乃至政治形势出发，主观的臆测应运而生。在革命战争时期，由于条件的限制自属难免，遗憾的是时过 30 余年，许多经过努力理应纠正的错误观点，仍被视为不容置疑的定理，广为流传。如现今各种教科书中论及中国半封建半殖民地社会时，认为自然经济的基础已经破坏，土地日趋集中，农民的税负不断加重，中国广大人民日益贫困化，民族资本主义经济一天天走下坡路，陷于破产半破产的境遇（抗战前）；中国是外国投资者的沃土，外资企业在中国经济中的势力不断扩张，帝国主义到处致力于保持资本主义前期的一切剥削形式，并使之永久化；以及中国近代经济落后的外因为主论等等，概属此列。究其原因，除前面已经提及者外，确乎尚有以下两个方面：（1）摘引关于局部地区的文献资料，推论全国；以短时间内的静止孤立研究取代长期的动态分析；在缺乏宏观统计计量的情况下，即作出质的结论。（2）盲目地接受国外学者以及我们自己对马克思、恩格斯、列宁著作的曲解，将他们三人从来没有说过，甚至与他们论述相反的观点，以"发展"和"联系实际"的名义，冠之以"马克思主义"的定理。是非标准的权威观和传统观，磨灭了几乎两代社会科学工作者理性的判断能力。

　　观念的错误僵化和舆论一律的桎梏，使经济发展受到巨大损失，付出了惨重的代价，举例以明之。由于对我国农村经济落后原因的片面理解和对商品经济的发展程度的错误估计，在实行了土地改革以后，举国上下大都认为，地权问题的解决，标志着反封建任务的完成。殊不知我国传统社会的基础是家庭农业与手工业结合的自然经济，不发达的商品经济与落后的生产力互为因果，不彻底摧毁自然经济的基础，大力推动商品经济的发展，通过市场上的竞争，使生产社会化，就不可能从根本上改变我国生产力的落后状况，更无现代化可言。在商品经济尚未充分发展的情况下，匆匆实行计划经济，显然不具备马克思关于资本主义向社会主义经济转变的前提条件，其结果是严重束缚，甚至破坏了生产的发展。

　　为改变对旧中国经济研究的落后状况，推而广之兼及扭转我国历史研究的现状，仅就通过观念的更新和努力可以做到的事情提出几点建议，或有冒犯之处，望国内同行海涵。

　　1. 人才培养。史学工作者除了需要历史编纂学的知识外，还需兼有经济学、社会学、政治学、人类学、统计学等社会科学中起码一种的专业训练，此外还应具有一定的自然科学特别是数学的基础，使之具备了解国际学术动态、视野开阔和运用先进研究手段的素质。对未来一代史学工作者在这些方面学习和深造的愿望，不但应予鼓励，而且应对其提出严格的要求。特别是在研究方向选定以后，必须要求对相关的社会科学理论作深入的钻研。上述学科中的大部分在我国几乎空白了近 30 年。理论的贫困和方法的陈旧是造成历史研究落后的一个原因。为了在短期内赶上去，要为这些方面的训练创造条件，中老年史学工作者中的多数知识结构已趋陈旧，更新起来亦颇不易，这恐怕是无法否认的客观存在，笔者自己就深有感触，非不欲也，实力不从心耳。如若正在成长中的一代人，仍接受"文化大革命"前旧学者大致相同的训练，中国史学的前景就颇为暗淡了。

　　2. 学科的开放、相互渗透和融合。人才培养方面的缺陷，在现有研究队伍结构和组织方面也同样存在。学科之间和历史学内部中外、古今的严格划分，世界上恐以中国最甚。国外一个历史问题的讨论会，除历史学家外，通常均有多种相关社会科学的学者参加，运用各种理论和方法从不同的侧面进行探讨。我们则不然，甚至同在一个学校，同是研究经济史，属历史系和经济系的学者常常不相往来，除门户之见外，还由于他们分属不同的学会，难以谋面。美国研究中国经济史的学者，大多兼及现时经济的研究，或本研究经济学出身，为弄清现时问题而追溯历史。他们根据课题的需要，决定时限和时期的划分。我国研究历史的人不问现时、研究现时的人不懂历史的现象相对普遍。经济史、行业史，甚至企业史著作的分期类同于党史、革命史和通史，名之为学术思想上的削足适履，恐不为过。从组织上和习惯上改变这种画地为牢、壁垒森严的局面，是摆脱目前历史研究困境的一条必行之路，各学科之间互相渗透、互相融合是现今各国学术界的共同趋势。

3. 近年来关于史学理论和方法的讨论不少。我赞成一些人的意见，即根据研究对象的不同，使用不同的方法，也可以对同一对象采用不同的方法加以研究。未可寻求一种万能的方法代替其他，片面地抑此扬彼，用简单的"是"与"非"加以评判。这样将有助于史学的繁荣，也易于为大家所接受。当然，在我们惯用和尚不熟悉的理论和方法之间，应侧重提倡引进和运用后者。譬如发展经济史学、计量经济史学、社会学的理论和方法等等。这里要稍加说明的一点是：目前国外和国内都有一些学者认为，前两种方法在西方已经度过黄金时代而趋向衰落（这些学派自己并不这样认为），而后者正形成潮流。因此，一种"迎头赶上"和"超越"的主张，在我们一些学者中萌生。这种意见，窃以为不妥。它将使我国历史研究中的一些重要领域继续空白下去。计量历史学派在美国历史研究中取得显著的进展，对加拿大、英、法、德、日等国以及加勒比、中东、印度、泰国等不发达地区和国家的历史研究亦有建树。苏联和波兰学者应用计量的方法研究中世纪的社会结构取得了相当的成绩。而对中国历史作计量研究的时代可以说刚刚开始。它需要在理论的指导下，按照不同的课题，发掘整理必要的数据，在具备了基本构件后，建立起各时期中国社会经济发展的模式，进而分析各因素变动的相互关系。

呼唤新的理论和方法固然需要，但不能止步于介绍和引进，更应当着力于应用，开拓我国历史新的领域，有所发现；或得出与传统观念相异的结论；或从另一途径证实旧有研究的正确。在这一探索过程中将会遇到很多困难，诸如资料的缺乏和不合用；对有关社会科学理论的不精通和难以活用，等等。但只有经过反复几次实践，才能对一种新方法的应用范围、可行性和局限性等方面有真正的认识。这里需要指出的是，史学界对这一过程中试验性的成果不可求全责备，更戒叶公好龙。

（原载《学术百家》1988 年第 4 期）

经济史学创新的关键在于新理论和方法的引用

《中国经济史研究》创刊十年，该学科领域中的好文章，大多登在这个刊物上。尤其是近几年来，有创意、功力深的论文愈来愈多，可以说基本上代表了国内中国经济史研究的学术水平，为推动这一学科的发展作出了重要贡献。

经济史研究的创新、发掘和整理资料的作用固然不可忽视，但更重要的还是新理论和方法的引进、应用。因为无论是资料的选择和编辑，还是数据的归纳和重组都是要在某种理论和方法的指导下进行的。

毛泽东同志早就指出，我们的眼力不够，需要借助于马克思主义的望远镜和显微镜。这句名言十分形象和深刻地阐明了运用先进的理论和方法在认识客观世界中的重要性。马克思的经济学理论是以世界上最早发达的资本主义国家——英国作为研究的典型，其对处于同一历史发展阶段的中国近代经济研究的指导作用是毋庸置疑的。《资本论》某些章节本身就是直接阐述英国的经济发展史，仅就其在近代世界经济史中的原型和作为比较研究的参照系的价值而言也是不可忽视的，认真钻研他的著作仍然是我们今后长期努力的方向和任务。需要注意的问题是，不可盲目接受国内外学者对中国近代社会的所谓马克思主义的解释，以致对他的学说只有肤浅甚至错误的理解。

在熟练掌握和运用马克思主义的历史唯物论和经济学理论的同时，不断引进世界各国经济学和其他社会科学的理论和方法，用于分析我国的经济史也是十分重要的，因为只有借助于不断发展的理论和手段，才能打开眼界，开辟研究的新领域，找到解决问题的新途径，提高经济史研究的水平，使认识得以深入，赋予这一学科以活力和生气。忽视理论对历史研究的指导作用，或在理论上固守前人的论断，不关注其发展和创新，则无异于作茧自缚，是与马克思力图掌握他以前人类思维的一切遗产、批判地加以继承的做法背道而驰的。

新中国成立以后，按照我们的观念，历史学是一门科学，它是社会科学的一个组成部分。西方则不然，考察一下西方的史学史则可以看到，历史学与经济学不同，它不属于社会科学，而属于人文科学（Humanities）。但这种传统处在一个转化的过程之中。自20世纪50年代以来，历史学者较以前更多地注重应用其他社会科学的范畴、理论和方法，从而使史学的研究走进一个新的天地。这种趋势——历史学与社会科学的结合，以美国为最显著。

经济学理论的长足进展，使它走在其他社会科学的前面，从而为经济史研究运用这套理论提供了条件。近年来国外已经出版了一些向历史学界介绍经济学理论的著作。①但其介绍的原理都比较浅显，作为入门虽然还可以，但如果研究深入则是远远不够的，我们应当根据特定的研究方向的需要，在经济学的某些学科，乃至社会科学的某一种理论方面作较深入的钻研。

我国对外开放以来，中外经济史学者之间的学术交流不断增加。在这一过程中，一些西方经济史学家批评我国的经济史学者只有历史编纂学的知识，而缺乏经济学和其他社会科学的专业训练（Professional training ）②。对于这种批评，笔者初始觉得似乎是张冠李戴。因为新中国成立以来我国史学界历来是非常强调"以论带史"的，文献学和考据学的方法是包括资产阶级在内的传统历史学的特征，这顶帽子是戴不到我们头上来的。进而考虑这种批评自有其来历，无外是认为西方近半个世纪以来，在社会科学理论方面颇有进展，而其中的很多学科，如现代经济学、社会学、政治学、人类学等在我国则几乎空白了30年，理论的贫困和方法的陈旧是造成我国历史研究落后的一个重要原因。

前几年关于史学理论和方法的讨论不少。我赞成一些人的意见，即根据研究对象的不同，使用不同的方法，也可以对同一对象采用不同的方法加以研究。未可固守或寻求一种可能的唯一正确的方法以代替其他。因为这种方法实际上是根本不存在的，任何一种方法也不能希图可以用来解决全部的历史问题。当然在我们惯用和尚不熟悉的理论与方法之间，应侧重于提倡、引进和运用后者，如发展经济史学、计量经济史学、社会学和新制度经济学的理论与方法等等。

如果我们观察一下战后西方经济史学的发展就可以看出，其研究的创新过程，是新的经济学理论（或某种其他新的社会科学理论）不断被引进并应用于历史研究，从而取得新的成果，使人们的认识得以深化的过程。下面我们以计量经济学和新制度经济学的理论与方法的引进为例，说明其对推动经济史学进步所起

---

① 哈威克著：《历史学家所需要的经济学》（G.R. Hawke. Economics for Historians. Cambridge Univ.Press.1980.）；费雷德著：《向历史学家介绍计量的方法》（Roderick Floud. An Introduction to Quantitative Methods for Historians. Princeton Univ. Press.1973.）

② Edited by Albert Feuerwerker. Chinese Social and Economic History From the Song to 1900. Report of the American Delegation to a Sino-American Symposium. Beijing. 26 October-November 1980. Ann Arbor. Center of Chinese Studies. The Univ. of Michigan. 1982.

的作用。

传统史学在方法上的一个致命弱点就在于完全依靠文献中的资料对个别事物的记述或零星的数字，以举例说明的方式，然后加以概括，作出以偏概全，或模糊不清的定性推断，在如何由个别上升到一般、由分散到综合、由微观到宏观的方法论上陷于困境。其结果往往是在没有弄清楚某一历史问题的实际状况到底如何，或作出一种错误判断的情况下，却把主要精力放在解释其原因方面。即使是在结论正确时，这种原因的分析也只是停留在事物的表面，无法深入其本质，更不可能准确说明各种因素影响的程度和相互的关系。

20 世纪 60 年代在美国率先兴起的新经济史学派，亦即计量经济史学派，恰在解决上述问题方面取得重大的进展。它按照经济学理论和范畴的需要，即从经济分析的概念出发，发掘和整理资料，运用数理统计的方法对已经取得的原始数据加以重组和归纳，某些文献中没有直接计量而又必不可少的数列，则从已知的变量中，根据经济学原理中已判明的函数关系加以推算，使之可以从宏观和总体上用来描述经济历史发展过程的规律。如果数据齐备，还可以按照模型，用反事实度量的多元回归，对影响某一事物的各种内在因素作定量的分析，从而可以区别这些自变量对某一因变量影响的相对重要性。这种新方法的运用，开辟了许多过去无法进行研究的新学术领域，并可以检验以往历史研究中那些未经计量的定性判断，使那些符合或基本上符合实际情况的结论得到证实，而把那些错误的结论加以纠正，提出科学的新见解。

在计量经济史学家看来，按照研究对象的要求，对一些历史文献中没有（或根本不可能有）的序列数据，根据已有数据进行推算，不只是深化对历史认识的需要，而且是有充分科学根据的。这正是他们优势之所在。比如美国新经济史学家对 19 世纪美国国民收入、劳动力数量、农业劳动生产率、铁路的运输效率等的估算被认为是他们最有成绩的贡献。除美国外，计量经济史学者在对加拿大、英国、德国、日本以及加勒比、中东、印度、泰国等不发达地区和国家的历史研究中也颇有建树。苏联和波兰学者应用计量经济学的方法研究欧洲中世纪的社会经济结构也取得相当的进展。

从 20 世纪 60 年代开始，西方经济史学家在对近代中国经济进行宏观的统计分析方面取得了一定的成绩（主要是在美国）。80 年代以来国内经济史学界在估算国内市场的商品量、各时期中国资本主义和生产力发展水平等方面也取得可喜的收获。一些青年史学工作者运用较为复杂的数理统计方法研究经济周期、企业经营行为等问题，开拓了新的研究领域。但总的说来，对中国经济史作计量研究的时代才刚刚开始，需在具备了基本构件以后，建立起各时期中国社会经济发展的模型，进而分析各种因素变动所产生的影响。旧中国经济统计资料较之发达国家更为零散和缺乏，借鉴国外的经验和方法，在这方面经过实践作出成绩，理应成为我国经济史学工作者的奋斗目标，那种面对数据不足，在一些重大课题面前望而却步的状况必须改变。至于少数人视新方法为异端，在对其只有一知半解，甚至浑然不解的情况下，却盲目加以排斥的态度，更是不足取的。

目前国内和国外都有一些学者认为发展经济史学和计量经济史学已经度过了他们的黄金时代而趋向衰落，而社会学、新制度经济学的理论和方法已经或者正在形成潮流。因此，一种"迎头赶上"和"超越"的主张，在我国的一些学者的头脑中萌生。这种意见窃以为不妥。因为一种新的方法往往是应解决某一层次或某一范畴问题的需要而生，我们不去掌握它，将使我国历史研究中一些重要领域继续空白下去。

最近一个时期以来，新制度经济学派的代表人物之一——美国华盛顿大学教授诺思的经济史理论，在国际经济学界和经济史学界产生了重大影响。近几年来，诺思的理论也引起国内经济学界，特别是一些青年学者的浓厚兴趣，他的《西方世界的兴起》（与托马斯合著）和《经济史上的结构与变迁》相继被译成中文。最近他另外两本关于制度变迁的著作也已用中文出版。这显然是与中国经济改革的客观需要有关。

从事美国经济史研究的学者都知道，诺思本是计量经济史学派的重要人物之一。他在研究美国经济增长问题上颇有成绩。代表作有《1790—1860 年美国经济的增长》（1961）、《美国经济史的数量分析》（1963），可惜这些著作和论文至今没有见到中译。后来诺思的研究转入美国经济增长的原因和西欧由传统社会向近代社会的转变，1971 年与戴维斯合作出版了《制度变迁与美国的经济增长》，同时还与托马斯合作发表了《西方世界增长的经济理论》等论文，提出了制度因素，亦有效率的经济组织对经济进步起决定作用的观点，认为技术创新、规模经济、资本积累等，不是影响经济增长的原因，而是经济增长本身。由上述不难看出，诺思新经济史理论的提出是在弄清美国的经济增长实绩之后。我们在引进和运用一种国外的新理论和新方法时，需要注意到我们与他们所处的不同条件，以免误入歧途，在没有搞清楚我国经济发展的客观真实状况，特别是没有起码的统计分析之前，即作出一种主观唯心主义的判断，然后匆忙转入原因的分析。

大约从 20 世纪 60 年末和 70 年代初开始，西方经济史学者开始注重市场史的研究，这可能是受到希克斯在《经济史理论》一书中提出的，由传统社会过渡为近代社会的主要标志是由依靠习俗或指令分配资源的经济向自由市场经济转化的著名论断的启示。1973 年诺思等人《西方世界的兴起》一书的出版，则从制度变迁与效率市场发育的角度，对荷兰和英国之所以率先实现了近代化作出崭新的解释。其后 20 余年间，欧美的各种经济史学术会议上，需求的变化、商业网络的形成、产权结构和市场组织等问题日益成为讨论的中心，有见地、予人以启迪的论著接连出现，尤其是由传统社会向近代社会转变过程中世界贸易体系的建立和金融市场形成的研究取得硕果，对世界市场的形成赋予其在经济史上应有的地位。

随着新制度学派经济史学理论的传播，美国一些研究中国经济史的学者开始运用产权理论、交易成本等分析中国市场的发育过程及其特征。其中最值得注意的研究成果有 1989 年在台北举行的第二次中国近代经济史会议上费景汉先生的论文《中国市场制度的历史透视》、罗友枝（Evelyn S. Rawski）的论文《竞争性市场——中国经济发展的障碍》，以及陈富美和马若孟关于商会在降低市场交易费用中的作用和晚清中国市场特征的两篇文章。而赵冈、陈钟毅合作的《中国经济制度史》则是运用这种理论系统研究中国古代商品市场和劳动力市场，并对中国历史上一些重大问题作出新的解释的第一本用中文出版的著作。

从 80 年代后期开始，随着希克斯和诺思等人的著作被译成中文，市场问题的研究也逐步成为我国经济史学界研究的热点，但运用这种理论研究中国近代市场和其他问题并取得收获的尚不多见。

笔者认为，呼唤新的理论和方法固然需要，但不能止步于介绍和引进，更应当着力于应用，以求有所发现。在这一探索过程中将会遇到很多困难，诸如资料的缺乏和不合用、对新理论的不精通和难于活用等等。但只有经过反复几次实践，才能对一种新方法的应用范围、可行性和局限性等方面有真正的认识。这里需要指出的，史学界对这一过程中试验性的成果不可求全责备，更不能叶公好龙。

（原载《中国经济史研究》1996 年第 1 期）

齐波拉经济史学思想述评

齐波拉（Carlo M. Cipolla）是世界著名的经济史学家，出生于意大利的帕维亚，曾就读于伦敦经济学院，后在欧洲和美国多所大学讲授经济史，退休前担任美国加利福尼亚大学伯克利分校的经济史教授。他是美国艺术学院和科学学院、英国科学院和罗马科学院的通讯院士、皇家历史学会的会员、瑞士苏黎世联邦技术研究所的名誉博士。主要学术著作有：《五至七世纪地中海世界的货币、价格和文明》（1956）、《世界人口经济史》（1962）、《枪炮和帆船，欧洲初期的对外扩张》（1965）、《钟和文化》（1967）、《工业革命以前，1000—1700 年的欧洲社会和经济》（1976）、《文艺复兴时期的公共健康状况和医疗事业》（1976）等。他主编的多卷本《方坦纳欧洲经济史》于 1972—1976 年期间相继出版，该书的中文译本亦于 1988—1991 年由商务印书馆推出，在中国学术界和读者中产生了较为广泛的影响。该书从各个历史时期的资源条件、人口繁衍、需求变化、技术进步入手，进而说明经济的增长、发展和结构的变动，重新构建了不同于往昔的欧洲经济史研究的新体系，受到中国一些著名经济史学家的推崇。

1988 年齐波拉撰写的《在历史学和经济学之间的经济史》一书的意大利文本出版，1991 年被译成英文。①在这本书中，齐波拉对他的经济史学思想作了较为全面的表述，尤其是该书的前半部分专门讨论了经济史学的性质和方法，是齐波拉晚年对他一生从事经济史研究的经验总结，颇多精深独到之处。但他作为欧洲大陆经济史学的传人，由于文化背景不同，思维模式与我们有很多相异之处，也可能正由于此，他的意见给人以启迪。本文将以该书的内容为主，介绍他的基本观点，并加以简要的评论，以表明我们在一些问题上的态度。

---

① Between History and Economics, An Introduction to Economic History, Basil Blackwell Ltd, 1991. 说明：为了使读者明了，本文引述齐波拉的观点，大多是概括其大意，而非对原著作准确的翻译。读者如果引用，请查阅原著，以免由于笔者理解错误而以讹传讹。

经济史研究方法论危机的根本原因是
由于这个学科建立在两种性质完全不同的文化基础之上

经济史被公认为一个交叉学科，它建立在经济学和历史学的基础之上。齐波拉认为这两个学科属于性质完全不同的两种文化。历史学是人文科学，经济学从李嘉图开始逐步远离历史学和人文科学，而以数学的逻辑作为它基本的分析工具。这使跨在二者之间的经济史研究陷入困境。人文文化起源于古代希腊。科学文化起于 17 世纪的欧洲，后一种文化是在批判传统文化的过程中发展起来的。所以在古代文化和近代文化之间存在着尖锐的矛盾。

1987 年牛津大学出版社出版了科尔曼写的《历史与经济的过去：经济史在英国的兴起和衰落》[①]一书。齐波拉认为书中所说英国的情况，可以代表整个西方世界经济史在这些国家中不同程度所面临的危机。这个学科在 20 世纪 60 年代曾经历了繁荣时期，有大量的著作出版，近年来出版的论著虽然还是不少，但高质量的、引人入胜的作品却不多了。代之是美国模型学派的兴起，它是一小部分专家运用高技术手段处理资料的收获，这些书很难读懂，所以失去了读者群的基础。加之 70 年代以后，西方读者的兴趣发生变化，对一般经济理论和历史的书籍失去兴趣，转而对一些有挑战性的社会问题更为关注。在这种不利的背景下，加深了经济史所固有的危机。

经济史是一个较为年轻的学科，它是 17 世纪与经济学一齐产生的，并从 18 世纪后半期开始与经济学一起得到长足的发展，但在经济学产生的时候，历史学已经存在了很长的时间。

1776 年，斯密出版了他的《国富论》。作为一个传统型的学者，他习惯于运用历史来论证经济学原理，在他那里历史与经济学是结合在一起的。既然在历史学与经济学之间存在着密切的关系，这种传统本应得到发展。但事实却不然。在美国，李嘉图·穆勒（James Mill）、麦克库伦（J. R. McCullan）相继使经济学脱离它的历史基础，将经济分析转向逻辑的、数学的和抽象的轨道。杰文斯在他的《政治经济学理论》[②]一书中甚至认为：如果说经济学是一门科学，它应当是一门数学科学。与之分道扬镳的、经济学中的以罗雪尔（W. G. F. Roscher）、施穆勒

---

① Donald C. Coleman, History and the Economic Past: an account of the rise and decline of economic history in Britain, Oxford, 1987.

② William Stanley Jevons, The Theory of Political Economy.

（G. Von Schmoller）等为代表的德国历史学派和不太出名的英国历史学派，以及以凡勃伦（T. B. Veblen）等人为代表的美国制度学派试图使经济学重新回到历史的基础之上。而马克思在历史与社会经济分析的结合方面取得了显著的成功。

由于主流经济学，特别是在新古典学派的著作中，越来越倾向于运用逻辑、数学的方法，静止的分析完全脱离了历史的基础，经济史因而陷入了困境。作为一个历史的和人文的学科，它不能使用完全脱离历史的纯经济的分析方法；作为一个经济学科，它又不能完全与经济学理论分离。这就导致在欧洲大陆，经济史学家通过采用减少它与经济学的联系的方法来解决矛盾；而美国的经济史学家则用减少它们同历史学联系的方法来解决问题。

齐波拉不同意某些经济学家的观点，即认为：计量经济学的发展使经济学变成了和物理学一样的科学。[①]他认为物理世界虽然表现了一定的复杂性，但生物的世界更为复杂，而经济和社会的世界则是包括其自身在内的三者复杂性的综合。应用逻辑-数学的分析方法考察物理世界使伽利略和牛顿革命取得了成功，但它并不能解决生物世界和经济社会世界的问题，社会科学还有待于它的革命，这个革命不仅仅是伽利略、牛顿革命，而是更为复杂的革命。这个革命不完成，经济史将无法摆脱跨在两种文化上的困境。

齐波拉用寄希望于未来社会科学的较之物理学更为复杂的革命结束了他对经济史学性质和方法的讨论，给读者留下了一个广阔的，但也是十分迷茫的思索的空间。如果人们就这种更为复杂的社会科学革命的内容、性质以及如何推动其进程向他发问，我想他可能无法作出回答。

笔者认为与其强调经济史作为交叉学科所造成的困难和矛盾，而寄希望于未来那不可知的、难以把握的社会科学的革命，不如从实际出发总结经济学与历史学相结合的成功经验，提倡在方法论上的多元化和不断创新，以推动经济史学走向繁荣。

由前述可以看出，齐波拉也认为经济学理论和经济史研究本来在斯密那里是密切相联系的。但从李嘉图以后，西方经济学的主流学派强调经济学理论的演绎推理和抽象的普遍适用的模式，使经济学理论与经济史研究分道扬镳。马克思曾对此提出过批评，并通过自己的实践，成功地做到了历史的方法和逻辑的方法的统一，为我们树立了一个光辉的范例。据笔者所识，经济学与历史学方法的统一是进入 20 世纪以后经济史学发展的主导倾向。在《近代中国的经济发展》一书

---

① 经济学家波伯（Karl Popper）认为："计量经济学的成功证明至少有一种社会科学已经经过了牛顿革命。"（The Poverty of Historicism, London, 1960, p.60）

的《导论》中笔者曾指出："西方发达国家经济史研究有大量使用经济学理论和方法倾向的同时，经济学研究也有广泛运用历史分析的倾向。总的论来，这两个学科领域之间存在着一种互相融合的趋势。自 20 世纪 30 年代以来，经济学家关心的问题转向经济的增长和发展问题，从而导致了历史学与经济学更加接近和结合。因为要研究增长、周期，国民经济结构的变动、收入的分配等领域的趋势，就不能只观察短期现时的经济现象，而必须把目光投向历史，促使人们对经济发展的长期历史过程作系统的定量分析、研究。因为经济计量学研究中使用的数据是从观察已经发生过的经济过程得来的，所以计量经济学的方法也是一种历史的方法（而从历史研究的领域看则是一种经济学的方法）。"①从 20 世纪 20 年代以来兴起的新经济史学恢复了斯密与马克思关于经济学理论与经济史研究紧密结合的传统，用福格尔的说法是实现了"经济史和经济理论的再统一"②。

齐波拉对 20 世纪 30 年代，尤其是第二次世界大战后兴起的经济发展问题的研究，在历史学与经济学方法相结合的基础上提出的各种发展理论持完全否定的态度，认为这种研究"一直是不成功的"，这种观点未免有所偏颇，难于为人们所接受。

经济史研究不限于经济状况本身，还应包括其与社会其他方面的联系

齐波拉认为，经济史是有关个人、企业和共同体的事实和经济事件的历史。它的狭义的定义是指人类的经济活动的历史，其中包括人类的心理的、社会的文化的特征。所以经济史不仅仅是经济事件的编年史，还应述及与其联系的社会、政治、文化和制度。

经济史是人为的一种划分，是一种纯粹的抽象思维的产物，真实世界中并没有一个独立的经济史，也没有单独的政治史、社会史、文化史，而只有一个统一的历史。这就是说，一个完全是经济性质的问题，经济史学家也不能孤立地看问题，而要联系其他方面的因素，这些因素能帮助我们认识经济事物本身。

经济史研究过去的事件，但不一定是很远的过去，现在发生的事情很快就成为过去，所以经济史所研究的过去，既包括遥远的古代，也包括最近发生的事

---

① 见《近代中国的经济发展》，山东人民出版社 1997 年版，第 9 页。

② 《美国经济评论》1965 年第 2 期。

情。[①]研究几百年或几千年以前的事，与研究最近发生的事，其所用的方法自然不同，因为其可以运用的资料（信息）的类型、质量、数量都是不相同的。研究很多年以前的历史，可以把资料放在一个历史的框架中，说明其长期的结果。但不利的是，历史学家研究的时代越久远，他了解那时人们的心理和文化就越困难。

一篇合格的经济史论文，必须要运用理论概念对材料加以分类和进行逻辑的分析。科萨早在19世纪末就指出："经济理论必须供给经济史的选材、构建、评价历史事实的环境、制度的标准。"[②]有人可能会反对用现代经济学的概念、原理来研究经济史，认为它不适合于说明古代的因而是与现今不同的史实。齐波拉认为这种意见基本上是不对的，至少应加以极大的限定。因为一个对历史事件的分析，如果不借助于从经济理论中得到的概念、分类和模式，它就不是一篇合格的经济史论文，其结论也就成了问题。但另一方面，最新的经济学技术，又被经济史学家谨慎地加以拒绝，如哈特金森就认为"精致的抽象分析不能用于真实的世界，那些一般的、中等水平的分析技术更为有用，高级的技术反而可能会误导我们走入歧途"[③]。

经济学家和经济史学家研究的问题有密切的关系。经济学家的任务是解决经济是怎样运行的，经济史学家的任务是解决经济在过去是如何运行的。但经济史与经济学毕竟是两个不同的学科。一般说来，经济学研究的是未来的问题，凯恩斯认为："经济学家应当把现实当作已经过去的事件来研究，而目的是解决将来的问题。"希克斯说："多数经济学家的著作是关注未来的预测和计划。"[④]经济学家研究一些变量之间的关系，目的是发现一些未被揭示的"规律"，以作出可靠的预测和计划。但这些规律和模型是建立在对具体事实分析的基础之上，即分析近期发生的（但已是过去的）事实的基础上；或者是使用一种逻辑推导的方法，但就是这种纯粹的逻辑推导也是起源于经验。所以希克斯又说："预测往往是无效的，计划也往往是无用的，除非他们是以事实为根据的，这些所谓的事实都是已经过去了的事实。"但经济学家毕竟是面向未来的。

经济史学家则相反，他们坚定地面向过去，他们不关心将来，也不关心研究的成果对未来的影响，有时他们也发现某些规律，但这不是常态，而是一种危险

① 霍顿等编的《现代经济学词典》将经济史定义为："研究一国或多个国家过去和现代经济事件的学科。"（Horton B .J., Ripley J. and Schnapper M. B., Dictionary of Modern Economics, Washington, DC, 1948, p.106.）

② Cossa L., Introduzione allo studio dell′ economia politica , Millan, 1892, pp.26-28.

③ Hutchinson T. W., Knowledge and Ignorance in Economics, Oxford and Chicago, 1977, p.95.

④ Hicks J., Causality in Economics, Oxford, 1979, p.62.

的偏向。汉波勒说:"历史学关注的是描述过去特殊的事件,而不是研究统治这些事件的规律。"① 历史学家研究过去就是为了了解过去本身。

历史学和经济学研究的取向不同,导致他们采用不同的方法和研究途径。经济学家为了建立模型,他们考虑的是那些有规律的和那些反映预期的合理行为的变量,除此之外,其他大量的变量则被视为外生的,而被舍弃。马修斯和费斯坦说:"经济学家在建立模型时使用有限的变量,另外一些变量作为外生的,但外生的概念是一种思维的产物,而不是事实本身就是这样的。"②

经济史学家不能像经济学家那样做,他研究一个历史经济事实时必须考虑所有的变量,无论是经济的还是非经济的,法律制度、社会结构、文化因素和政治制度都对研究的经济问题有影响,此外还需考虑地理和环境。被经济学家视为干扰变量和外生变量的,对经济史学家来说可能是本质的东西。经济史学家要讨论尽可能多的变量,亦几个变量,而经济学家要讨论的是 K 个变量。

经济学家所用变量的有限性和其严格的相关性,使其理论成为不真实的人工制造物。大量变量的异质性和相互矛盾的特征,使历史学家不愿去总结规律,迫使他们认为每个历史事件都是不同的。

应当对短期和长期经济问题的研究加以区别。经济学的模型,对短期的经济问题相对来说可能是适用的,因为它可以假定很多因素不变(实际上它们也没有什么变化),比如制度环境、人口规模、年龄结构、资本存量、教育水平、劳动力的技术水平、社会的技术水平等。所以除了社会激烈变动的时期,经济学家所构建的大略的短期的模型,可以准确地描述事实。但长期的经济问题研究则不然,在一个长时期中各种因素都在变动,各种变量都是内生的。早在 20 世纪 30 年代凯恩斯就说:经济学家对长期的经济问题没有兴趣,因为面对这种经济问题我们都死定了。长期的问题是一个历史的问题,单纯用经济的方法是不可能解决的。

历史的曲折说明,经济学的理论前提是有问题的,为了建立一个合乎逻辑的、普遍适用的模型,它假定人们的行为都是合理的。但这个假定是不合乎实际的。因为每个人都是不相同的,人是一种很难捉摸的、前后行为不一贯的动物。历史学家关心的不仅是那些重要的、有规律的变量,也关心那些不可计量的、不合理的、不可预期的因素和各种变量变动的综合,不应有什么事前的假定。经济学家和历史学家讨论的变量的不同,不仅仅是数量多少的不同,在 K 以外的变量很

---

① Hemple C., The Function of General Law in History, In P. Gardiner （ed.）, The Theories of History, Glencoe III, 1959.

② Matthews R. C. O. and Fein Stein C.H., British Economic Growth 1856—1973, Oxford, 1982, p.13.

多是不规则的、不能量化的，不是随着计算技术的发展就都能成为内生变量的。

从本节所引述的内容看，齐波拉认为经济史不应只研究经济状况本身，而应当将其放在广泛的社会联系中去加以考察。这种观点无疑是正确的，这方面中国经济史学家也有很多相同的论述。

齐波拉主张根据历史资料的不同、时代的不同，在经济史的研究中采用不同的方法，这种意见是很有启发性的，可惜他在这个问题上没有展开，顺着这条思路总结经验是大有文章可作的。

笔者有异议的只是齐波拉认为历史学家只应关注特殊的历史事件，主张历史学家要考察所有的变量，而不应研究统治这些事件和变量的规律。这种意见似乎过于陈旧了，而且也与他思想中另外的一方面相矛盾（请见以下两节中的介绍）。历史研究是一种抽象，在讨论一个问题时，舍弃同时存在的一些无关紧要的、偶然的因素，假定某些前提条件是合理的，也是必须的。任何一种科学的研究都是如此。齐波拉的史学思想中有一些明显的相互矛盾之处，这里所提到的是其中之一。

理论对经济史研究的重要性

在前一节中，齐波拉关于理论对经济史研究的作用的意见已被引述，齐波拉在论述如何重新构建过去的历史时，进一步强调了理论的重要性。他引用萨姆巴特的比喻："历史事实像有孔的珍珠，它需要一根线串在一起，将它们连接起来，如果没有这根线，没有一个统一的思想，即使是最有名的人也不能写出令人满意的著作。"① 齐波拉说，所谓"统一的思想"就是理论，或现在通常所说的模型。不仅历史和经济史需要理论，任何一个学科都是一样。不依据一种理论来加以评论，只有事实是不能说明问题的。历史事实只有经过整理，并依据一种理论模型来安排，这些历史事实才具有了重要性。

19 世纪除了德国经济学家中的历史学派之外，欧洲的经济史学家，特别是大陆的经济史学家，对理论都很无知。20 世纪 30 年代鲍威尔论及这些经济史学家关于中世纪的著作时说：他们的著作"不是没有理论，就是运用了不恰当的理论，虽然出版了一些历史事实的资料，加深了我们对法律、制度和政治发展的了

---

① Sombart W., Economic Theory and Economic History, Economic History Review II, 1929.

解，但并没有真正的经济史的著作"[①]。这些书中虽然堆积了大量的事实，但不知要回答什么问题。对经济理论的缺乏了解，在欧洲大陆的传统的编年史中表现得比英国和美国更为严重。欧洲大陆的这些经济史学家所受的训练是法律学或历史学的。美国和英国的经济史学家对经济学的了解一般比欧洲大陆的学者要广泛，能较为恰当地加以运用，虽然这些人也没有受过专门的经济学的训练。

很多历史学家反对运用近代经济学理论，他们认为运用近代经济学理论去说明与我们现在的时代完全不同的历史的联系，会造成时代性的和反历史的错误。齐波拉认为上述观点是不对的。他认为：每个历史学家都有意无意地采用一种说明的理论框架，无论这个框架是多么简单，甚至是错误的。如果没有一个框架，历史学家就不知道应收集什么资料。如果没有一种理论，历史学家将不知道按照什么逻辑来安排他们的资料，所以历史学家不可能不运用理论，而总有些人只能是很笨拙地或错误地运用理论。萨姆巴特说："大多数历史学家在他们心中都有某种理论，如果他们不懂得把历史事件联系起来，就不能写历史。有些历史学家认为只要有一些很一般的概念就能写历史，结果是他们的作品只能是一些没有价值的资料汇编。"[②] 如果用错了理论模型就会导致结论的错误，如果我们以日常生活的经验为依据来写历史，就会得出不准确的结论并对读者进行误导。

认为应用经济学理论于历史研究是时代性的错误的意见是基于对经济理论的无知。经济学不是一些固定的原理。正如凯恩斯正确指出的："经济学是一种逻辑、一种思想的方法，经济学理论不是让人记住一些可以立刻拿来用于作政策的结论，他不是教条而是方法，是心灵的机关，是思维的技术。"[③] 马歇尔说："经济学不是真理本身，而是发现具体真理的发动机。"[④] 经济学的具体原理产生于特定的历史时期和环境，其有效性限于当时当地，但其作为一种思维方法是具有普遍性的。如果我们把一个只适合今天的原理应用于过去的历史当然是不对的，但之所以不对，不是因为不应该应用一种理论框架去组织资料，而是因为选择了错误的框架。

经济史学家的问题在于如何最好地运用经济学作为一种逻辑的方法，去建立他的理论分析模型，使之适合于所研究的特定的历史环境。这要求他们：第一，

---

① Eileen Power, On Medieval History as a Social Study, Economica, new series, Vol.1, No.1,1934, pp.13-29.

② Sombert W., Economic Theory and Economic History, Economic History Review II, 1929.

③ Keynes, J. M. The Collected Writings of John Maynard Keynes, Volume 14. Ed.by D. E. Moggridge. London: Macmillan Press, 1973.

④ Marshall A., The Present Position of Economics, Cambridge, 1885.

要有勇气抛弃流行的模型，创造一个适合所研究的历史时期的模型。第二，对与所研究的历史事件相联系的各个方面要有广泛的知识，包括法律、政治、社会、制度等各个方面。广泛的社会——文化联系为经济制度提供了一个框架。

齐波拉引用凯恩斯、马歇尔等人的言论，说明经济学不是一些固定的原理，而是思维的技术和逻辑，这与我们所说的马克思主义不是教条，而是一种世界观和方法论的看法是完全一致的。从前边的引述可以看出，齐波拉是很重视包括经济学理论在内的各种社会科学理论对经济史研究的重要作用的，对这种意见笔者是完全赞同的。在经济史研究中不断引进各种新的社会科学理论和方法，毕竟是不可阻挡的历史趋势，因为它可以使我们对历史问题的认识得以深化。关于这个问题笔者已经多次撰文阐述自己的观点[①]，于此不再赘述。

经济史学家应留心的四个陷阱

齐波拉认为损害历史研究的有四个主要问题：（1）过度简单化；（2）事后推理；（3）为了证明自己的观点而对历史事实加以歪曲；（4）主观主义。这四种倾向会诱使历史学家陷入陷阱之中。美国的新经济史学派不仅淡化了经济史的哲学和认识论基础，而且在他们的研究中，上述四个方面的倾向都有程度不同的存在。

1. 过度简单化

经济学和历史学的方法区别之一是经济学家只关注少数几个变量，而历史学家必须考虑更多的变量，尽可能多的变量。所以经济史学家的描述比起经济学家通过模型所作的描述更完全和真实。但就是最学究式、最细致的历史著作，对历史的真实本身来说，也是一种极为简单化的描述。存留下来的有限的不完全的历史记录，使历史学家对历史的真实产生相互矛盾的观点。再加上历史学家还要对呈现在他们面前的历史资料加以选择，选取那些符合他所需要，亦符合他们公开或暗合模型的材料。资料缺乏和选择的不可避免的结果是使历史真实被极度地简单化。所有的历史的重新构建或多或少都是对历史真实的简单化，亦得到的是一个歪曲的结果。因为在简单化和一般化了的历史重新构建与真实的历史存在（这个存在是由大量意外的、变化的、异常的、奇特的、特殊的事件组成的复合体）

[①] 请参见：《中国近代经济史研究的失误与观念方法的转变》（《学术百家》1987—1988 年第 4 期）；《经济史学创新的关键在于新理论和方法的引进》（《中国经济史研究》1996 年第 1 期）；《新时期中国经济史学理论的探索》（《经济研究》1997 年第 5 期》）；《近代中国的经济发展》和《中国近代经济发展史》的导论。

之间存在着重要的差别。一个聪明的历史学家，虽然他的研究本身的性质迫使他必须简单化地重建真实的历史，但依然可以设法表达对真实历史实际的一种感知（Sense）。从本质上说，这种历史的感受是对人类活动复杂的综合体的一种认识（awareness）。

2. 事后推理

事情发生以后，人们一般会认为它是正确的、合乎逻辑的、不可避免的、合理的。但如果事物之间存在着一种严格的逻辑关系，为什么人们事前的预言往往与事情发生后的情况不一样呢？齐波拉认为，历史学家十分容易陷入事后推理的陷阱。"因为他们要说明事物发生必是合乎逻辑的，否则就认为是对事物理解不深。"[①] 人们总有寻找出事物发生的一个或几个原因的本性，甚至对一个不重要的事物也是如此。只对事物加以描述是不能令人满意的，人们总要求一种解释，"快乐就是人们能知道事情的原因"。但齐波拉主张应尽可能地少讲原因，因为无法对一件事发生的原因从经验上加以检验。历史学家很难说明某件事为什么会发生，在大多数情况下，他们必须只限于说明事物是怎样发生的，也就是说明事件相互联系的复杂的事物中，每件事都是被每件事引起的。亦所有的一切都是这件事物的原因，不可能从中抽出一个变量作为原因，因为其他一切都在变动之中。历史学家应尽量避免事后的推断，以两个或多个变量的相关关系作为因果关系，这将会把一两个因素强调到不适当的程度。

1974年4月在加拿大蒙特利尔举行了一个题为"向近代工业社会转变的失败：文艺复兴的意大利和17世纪的荷兰"的讨论会。这个主题反映了人们的一种认识：在文艺复兴和17世纪以后开始了工业化。这种事后的认识提出了问题，即"为什么文艺复兴的意大利和17世纪的荷兰没有提前进行工业革命？"仔细一想，这个问题是荒谬的，因为16世纪的意大利和17世纪的荷兰人的注意力根本就没有放在工业组织上，甚至他们根本不知道"工业"意味着什么。说是"失败"应指的是这个社会计划建立他们的工业基础，但却没有能实现。没有这种计划，何言"失败"？

3. 为了证明自己的观点而对历史事实加以歪曲

一本论述一个主题的书比一本描述一个事件的书更吸引人，它容易抓住读者的心。经济史学家提出一个论题和需遵守的一定的条件并没有错。历史学家对待

---

① Stuart H. H., Consciousness and Society. New York, 1968, p.8.

资料一般是严格的，但在写作时却往往不是同样的严格。有的人对资料的内容任意加以引申、曲解。任何一个荒谬的论题都可能会从某一本书或第二、三手资料中找到一些材料来支持自己的论点。

为了证明自己的观点，有些历史学家用短期的资料得出长期的结论，比如说某世纪经济危机、衰落，所依据的商业衰退、失业、穷人增加、货币短缺的资料，只是其中几年的情况，却用来说明一个世纪。可以毫不夸张地说，大多数关于长期趋势的说法，都是不恰当的运用短期的例证（尤其是古代和中世纪）。

经济史学家的著作中有大量的统计表，数字常给人以一种虚假的科学的客观的印象，数字是容易摆布的，统计可以加以剪裁以符合自己的论题，从而引导读者陷入陷阱。人们公认在历史统计中，通常很难达到高度精确的水平，与其制造和使用虚假的数字不如给出一个合理的上下限。

历史著作总是受著作人的思想支配的。每个历史学家的宗教信仰、政治、经济、社会思想各不相同，其历史作品不可能与这个人和其社会文化背景分开。但有的历史学家知道控制自己的主观意识，不使之凌驾于他们的著作之上；另一些历史学家则相反，他们把历史学作为一个阵地来宣传他们的宗教、政治和社会观念。有些思想对历史学的影响不大，有些却造成巨大的灾难。过去几百年中，两种最流行的思想是民族主义和马克思主义。

4. 主观主义

齐波拉认为，由于文化背景不同，从现代人的观念出发很容易造成时代的错误和陷入主观主义的陷阱。

当我们写一本经济史著作时不可避免地从现实的兴趣和概念出发来研究过去，他不可能完全拒绝现代的理论。历史学家要向现代的读者说明过去的世界，需用现代的语言作为中介，所使用的语言本身就和他的研究对象有很大差距。经济史学家应避免"历史循环论"和"现代主义"。将一些现代的概念用于古代是不对的，如将"工业""资本主义的发展"用于描述古希腊的经济，把雅典说成是"经济帝国主义"等。也不宜用现代的经济逻辑和模型去重构历史。

当然历史资料是由历史学家选择的，用来说明和排列资料的理论模型也是主观的，似乎历史的重新构建完全是一种可以离开客观事实的、主观的智能的创新。这个问题不限于历史学，对所有的科学都是一样的。齐波拉认为，在历史的重新构建中，一定程度的主观性是不可免的，其他一切科学的分析都是如此。但是诚实的研究人员，必须通过对事实的研究逐步修正自己初始的设想，而不应武断地选择资料，漠视或歪曲别人常用的、可靠的资料。如果这些可信的资料与作者一开始采用的模型相矛盾，就应改换模型，而不应对资料加以怀疑。

在阐述了经济史学应当留心的四个陷阱以后，齐波拉对以模型为基础的美国经济史学派进行了近乎是完全否定性的批判，这种批判显然与前边已经引述过的他的观点相矛盾。为全面了解他的经济史学思想，我觉得还是有必要将其说法如实地介绍给中国的读者。

齐波拉认为，以模型为基础的经济史著作只热衷于经济学原理和统计，夸大它们的作用，而忽略了历史事件的制度、法律、社会和政治联系。他们对非经济方面的情况一无所知，他们往往会出现与历史事实完全不合的笑话。因为经济模式重铸历史的一种危险的实用主义的假定是外部条件不变。所以"任何一种模型都是一种歪曲"[1]。以模型为基础的经济史学家常常是本能地不自觉地想迫使历史真实符合其模型，而不愿承认这个模型作为一种工具不能表现历史真实的弱点。所以前述的经济史学研究所存在的四个问题他们无一可以避免。

应当看到，以模型为基础的经济史研究的发展是对传统的欧洲大陆的研究方法的一种反对。欧洲大陆的经济史学家认为无须注意经济学理论，完全无须有自己的理论前提。可惜的是，事情由一个极端走向另一个极端。以模型为基础的学派认为他们的研究是科学的、令人信服的，远胜于传统史学。但模型在表面上的整齐精致是一种误导，它不能证明模型的有效，只能证明它是对真实历史的一种歪曲的模仿。历史是非常复杂的，所以不可能被写得很精致，新经济史学家要想掌握全部历史复杂的真实情况，就必须放弃他们心灵中的几何学。事实证明，越来越多的美国史学家中的模型派已经放弃他们激进的态度，对制度、偶然的事件和无规律的环境条件给以更多的注意，不久以后钟摆将会回复到一个合理的均衡的位置。

齐波拉不仅在对模型的看法上前后不相一致，其在一定程度上也陷入对历史事物认识的不可知论。他引用熊彼特的话说："只有在很少的情况下，经济发展的原因可以得到解释。"[2] 熊彼特认为一些事物的原因是神秘的、无法说明的。齐波拉认为，事后的分析并非事前就是如此，比如对日本近代化成功的解释，实际上都是熊彼特所说的"历史的创造性回答"，也就是史学家的主观臆断。几十年来经济学、经济史、社会学、人类学等学科虽然出了大量的书，试图说明人类社会发展的动力，但仍然停留在事物的表面。这既由于资料不足，但是更重要的还是缺乏一种适当的分析手段和概念的工具，人们看到一些地区繁荣起来，一些

---

[1] Stanford M., The Nature of Historical Knowledge, Oxford, 1986, p.5.

[2] Schumpeter J. A., The Creative Response in Economic History, Journal of Economic History, VII, 1947.

地区衰落下去，其表面的特征可以看到，并加以描述，但背后的大量的经济、文化、政治和思想因素都不能说清楚。所以齐波拉认为，无论是对古代、中世纪，还是近代、当代，只能对事物的表面作出描述，统计数字也不能为我们了解历史提供解释，它只能对历史的运动做出粗略的度量。

那么经济史学家到底应该怎么做，才能使他们的研究趋于完美呢？齐波拉的回答是：最好的历史学家不仅向他们的读者说明过去发生了什么，他们还应当向读者传达一种对过去奇妙的人类生活的综合体的一种感知；传达对其所描述的事物某种更深的理解，将读者的心灵带进那个如同外国一样的人们行为完全不同的另一个世界。换言之，好的历史学家知道怎样去唤起读者积极参与对过去的探索。但要做到这一点，在科学之外，还需要艺术。

齐波拉最终还是部分地回到了欧洲大陆历史学的传统。在那里，长期以来统治的观念是认为历史学如同文学、音乐、绘画等一样，是艺术，而不是科学。现今在欧美的少数大学中，还有将历史学系归属于艺术学院的，就是这一传统的延续。这种传统的极端维护者，到了 20 世纪以后，仍然哀叹历史学最大的悲哀就是它从一种业余的兴趣爱好（有产者心灵的创造）变成一种职业（谋生的手段）。这种看法与中国古代历史学从属于经学，知识分子的主流是倡导经世致用的传统截然不同，本篇不拟对这两种史学观念的是非详加评断。但需申明的是，一方面笔者并非认为经济史的著作不需追求表达艺术的精美，但经济史的著作毕竟不是一种艺术品，史学家总不能离开史实随心所欲地去创造；另一方面笔者对中国的史学传统也是持批判态度的。[①] 它的极端是所谓的"皮之不存，毛将焉附"，某些史学家为了其所依附的社会集团的利益，不惜歪曲历史来论证某种现实或政策的合理性，以求得自己的生存和发达，从而丧失了史学家应有的起码的职业道德。

主要参考文献：

1. Cipolla C. M., Between History and Economics, An Introduction to Economic History , Basil Blackwell Ltd, 1991.

2. 齐波拉：《欧洲经济史》（中译本），商务印书馆 1988—1991 年版。

3. 刘佛丁：《新时期中国经济史学理论的探索》，《经济研究》1997 年第 5 期。

4. 刘佛丁、王玉茹、于建玮：《近代中国的经济发展》，山东人民出版社 1997 年版。

（原载《中国经济史研究》2000 年第 3 期）

---

① 请参见拙作《新时期中国经济史学理论的探索》，《经济研究》1997 年第 5 期。

20 世纪 30 年代前期的中国经济

——评美国学者近年来关于美国白银政策对中国经济影响的讨论

1989 年以来，美国几位经济学家围绕着罗斯福担任总统时期，美国实行的白银购买计划对中国当时经济的影响及一系列其他有关的问题进行了讨论。这一讨论虽然属于经济史的研究范畴，但文章却散见于一些专业的理论经济学刊物上（在这里我们要对澳大利亚默多克大学的赖特（Tim Wright）教授表示感谢，是他为我们提供了有关的资料）。为了便于中国的同行们了解讨论的内容，本文拟将各方的观点作一简要的介绍，然后加以评论，并阐述我们对有关问题的观点。

一

1989 年劳伦·布朗特（Loren Brandt）和托马斯·莎金特（Thomas J. Sargent）在《货币经济学》杂志第 23 期上发表了题为"对有关中国与美国白银政策新资料的阐述"一文，对 20 世纪 30 年代前期美国白银政策给予中国的影响问题提出了新的看法。其认为诺贝尔经济学奖获得者弥尔顿·弗里德曼（Milton Friedman）与安娜·施瓦茨（Anna Schwartz）1963 年合著的《美国货币史（1867—1960）》中的有关论点是不符合历史实际的。该文作者认为，美国的白银购买计划没有使中国的全面经济活动遭受划时代的、长期的萎缩，没有引起诸如通货紧缩、生产停滞、工厂关闭、银行破产和工人失业等一系列经济恶性事件。中国政府之所以放弃了银本位转而采用法币本位，是为了从白银升值中获利，为了减轻一个"商品标准"给政府财政带来的限制，以便在未来的年代里易于发行低利率的国债。中国政府采取这一措施是自动的，并非美国白银购买政策所致。

布朗特和莎金特根据叶孔嘉对中国 1931 年到 1936 年 GDP 的估算得出结论说，这期间中国的国内生产平均年增长率仍达 1.5%，产出的下降主要出现在 1934

年，该年华北农业歉收，使中国农业产出几乎下降了 12%，而经济其他部门下降却不到 3%，这主要是因为农产品市场萎缩，使与之紧密相关的贸易和运输业收入下降的结果。工业的情形则不同，据估算，近代工业产出在这几年中不但没有减少，反而每年都有所增加，铁路运量、国内商品流通额和近代方向的资本投资也有较大幅度的增长。此时，他们还根据主要私人银行私人贷款额和投资的有价证券总额迅速扩大方面的资料，进一步论证了工业产出的增长。布朗特等人认为，中国经济很好地度过了 30 年代经济危机的外部冲击，尤其是城市和近代部门与国际经济密不可分，又大大依赖于金融体系，但却成功地抵御了外部的影响，并得到了发展。

以罗斯基（Thomas G. Rawski）《1910—1936 年中国货币供给》一文中的数字为基础，布朗特和莎金特作了重新估算。估算结果所反映的趋势与罗斯基的数列相同。实际上，他们只是从罗斯基的货币总数中扣除了 60% 的纸币发行准备金和 4% 的银行间存款，所以低于罗斯基的数字。他们估算的结果表明中国货币总供给在美国白银购买政策实施以后没有下降，而是继续上升。尽管有大量白银外流，但中国近代银行和外国银行纸币及储蓄的增加远远超过外流的白银。所以弗里德曼和施瓦茨关于美国购买白银政策造成中国通货紧缩的论点是不能成立的。

他们按照一种商品标准下自由金融体系的模式阐述有关中国价格水平和货币供给的资料，认为自由金融体系模式下货币供给的增加（大多是由起中介作用的私人负债小额票据组成）并不一定导致价格水平的提高，而 20 世纪 30 年代早期的中国金融体系大体已是一种自由金融体系。

布朗特等人认为，与美国的情形不同，在世界经济危机期间，中国没有出现弗里德曼所说的普遍的金融恐慌的现象。中国价格水平尽管下降了，但银行一般说来还是能继续将负债票据自由兑换成白银。1935 年"币制改革"以前，中国银行发行的纸币都是建立在 100% 储备额的基础之上，其中至少 60% 是黄金、白银和外汇储备，其余 40% 是受属政府债券形式的储备。作者在文章中专门设立一节用来讨论国民政府的债信问题，其结论是肯定的。亦政府债券作为发行准备与贵金属无异。

1935 年 11 月以前，中国没有起实际作用的中央银行，金融活动为自由金融业操纵。私人银行保证其发行的钞票能自由兑换成白银，而政府不提供明确的存款保险。与美国提供最后信贷保险的保障体系对照起来，自由金融业使中国银行的业务责任比人们所期望得到的"最后保险体系"更为可靠。

根据亚当·斯密的理论，他们认为中国该时期的自由金融业有利于消费和投资，刺激了经济的发展。亚当·斯密研究了一个采用金本位小国的情形。他假设该国以前禁止私人银行发行钞票，而一律采用硬币作为货币。如果政府一旦放松对私人中介机构的限制，并允许银行发行有保障的私人负债的安全票据基础上能兑换黄金的钞票，会出现什么样的情形呢？斯密断定，该国的价格水平通过建立自由金融业而不会受到影响。换句话说，该国的价格水平将由国际上商品价格的套利决定。根据斯密的观点，自由金融业将使该国通过使用可兑换的纸币代替硬通货的办法，在短时间内获得意外的利润。黄金可以用来出口，暂时出现国际收支逆差，而这将给该国的实际消费或实际投资的一度增加提供资金。正由于有消费——投资红利，斯密才倡导自由金融业。

布朗特和莎金特相信，只要对斯密的理论作一些修正，就可以用来描述当时中国的情形。1931 年以前，中国已经是一种商品标准下的自由金融业国家，这与斯密的假设有所不同。但斯密的分析说明，与国际上银价上涨相对应，中国的物价下降了，中国的白银储备则相应降低到刚好满足新的价格水平下流通所需货币的数量。其结果是中国出现收支逆差，作为补偿的是，中国得到一个暂时的额外红利，从而促进了消费，也刺激了投资。

总之，布朗特和莎金特认为中国 30 年代前期价格水平的下降是由"一物一价法则"所产生的，即是由国际和国内价格之间的套利所产生的，而不是源于货币紧缩。因此，只能用相对价格变动效应来解决，而不能用弗里德曼的货币数量理论来证明。

布朗特等人还指出，从 30 年代后期开始，中国出现的恶性通货膨胀，是由于国民党政府实行了一种与 1935 年以前完全不同的财政和货币政策所致，而不像弗里德曼所说是美国购买白银政策迫使中国放弃银本位的直接结果。

针对布朗特、莎金特的批评和 1989 年出版的罗斯基著《战前中国的经济增长》一书中的数字和观点，1992 年弗里德曼在《政治经济期刊》第 100 期第 2号上发表了题为《罗斯福·白银与中国》的文章，重申了他和施瓦茨在《美国货币史》一书中的观点，认为 1933 年美国白银政策给中国经济造成了灾难性的打击。这一政策剥夺了中国的货币储备，使中国陷入严重的通货紧缩，迫使其放弃银本位，实行法币政策。白银外流削弱了国民党政权的基础，这导致战时的严重通货膨胀和战后的恶性通货膨胀。因此，美国的白银政策对蒋介石统治的中国是一个灾难，它给中国共产党的胜利造成了机会。如果美国不实行白银购买计划，那么情况无论是对中国，还是对美国来说都会好一些。

弗里德曼在文章中总结他和施瓦茨的观点说：世界经济危机的头几年，中国因采用银本位获益。1929 年后，金本位国家物价下跌，银价下跌的幅度更大，这有利于中国商品的出口而不利于外国商品的进口。其结果是尽管中国的出口也略有下降，但下降的程度远不及世界其他国家出口下降和中国进口下降的程度。1930 年和 1931 年中国金银的净进口反映了中国国际收支的顺差，在中国国内出现短期繁荣的时候，世界其他国家却经受着经济萎缩。

1931 年英国、印度和日本以及其他一些国家相继放弃金本位，减少了中国低汇率的利益。英镑、卢比和日元先后贬值，而银元却相对升值。至此，中国第一次感受到世界大危机的冲击，中国国际收支出现严重逆差，不得不出口金银支付入超。中国国内批发物价于 1931 年达到顶峰之后旋即猛降，经济状况日趋恶化。

1931 年英国和其他国家放弃金本位对中国产生的作用继而被日本侵占东北的行径加剧。当时的国民党政府为了抵制日本，特别是镇压共产党和平定军阀，积极扩军备战，由此引起预算赤字，进一步破坏了经济秩序。赤字财政成为日后恶性通货膨胀的基本原因。

1933 年美国也放弃了金本位，使中国原来采用银本位的优势成为最不利的因素。与英镑、卢比、日元和美元相比，银元继续升值，结果中国商品出口大幅度下降，金银出口增加，当世界上大多数国家从危机中开始复苏的时候，中国国内经济恐慌却进入了最严重的阶段。

美国放弃金本位对中国的不利影响被美国白银购买政策加强。1933 年一年间银价上涨一倍，1935 年 4 月银价最高时，比 1933 年初涨了两倍多，从而导致中国白银大量外流。如果白银只是简单的商品，那么银价上涨会给中国带来益处，但白银却是中国的货币，这就给中国经济以沉重的打击。所以银价上升对中国是一种灾难，而不像布朗特等人所说的对中国是一种福分。

弗里德曼从货币数量理论出发，认为中国价格水平的下降并非如布朗特等人所说，是由"一物一价法则"，即国际和国内价格之间的套利所决定的，而是取决于货币的紧缩。他指出，外贸统计与布朗特和莎金特的那种富于想象力和理论上有迷惑力的说明是完全矛盾的。如果货币紧缩没有什么实际影响，那么出口和进口名义上都应下降，而实际上却没有理由下降。相反，从 1933 年起，与世界其他国家经济复苏相一致，中国的进出口实际上应增加才是。另外，白银持有者因所增财富的不可预期性，倾向于将这部分财富花在购买国内外商品和服务上。额外购买国外产品会增加实际进口；额外购买国内产品会减少实际出口，这两部分花费都是由出口多余白银支付的。

事实上，进口和名义出口都下降了，而且进口下降更厉害，1933 年到 1935 年下降尤为突出，而这几年正是白银大量外流的年份。这种情形与货币紧缩理论完全一致，而与布朗特和莎金特的解释恰恰相反。

当然，弗里德曼承认，正如阿尔弗雷德·马歇尔许多年前提出的一样，"货币幻觉"使他和施瓦茨可能过高估计了名义紧缩的实际影响。但他仍坚持认为，叶孔嘉估算的 GDP 表明 1933 年到 1934 年中国的实际收入大幅度下降了，而这两年正是白银外流严重的年份。

对罗斯基中国货币供给连年递增的结论，弗里德曼同样提出批评。

在 1989 年出版的《战前中国的经济增长》一书中，罗斯基以对用作货币白银的两种不同的估计为基础，计算了两种货币总量。罗斯基认为，由于国内近代银行和外国银行纸币和存款的增加，两种货币量 1935 年比 1931 年分别增加了23%和20%。对此，弗里德曼提出疑问：这种增加与国内非金融活动能有多少关系？弗里德曼认为，这些银行大多集中于上海，主要为金融团体之间的融资服务。罗斯基计算的银行对通货与总货币供给的比例 1931 年为 47%或 55%，1935 年下降为 33%或 41%。就是 1931 年的比例数，对中国这样一个不发达国家也是难以令人相信的，1935 年的比例数则更不待言。弗里德曼认为，如果从货币总供给中扣除近代银行和外国银行的存款部分，那么银行外通货与扣除上述存款后总货币量的比率将达 80%左右，这比较符合当时中国的经济发展水平。银行外通货与总货币量之间的比例比较高，说明中国经济对货币依赖的程度比较高，而这种依赖正反映了当时中国金融业仍处在初级发展时期，还没有进入更高级的金融活动阶段。弗里德曼还指出，狭义上的总货币量包括硬币、银行纸币和钱庄的存款。该总货币量 1935 年比 1931 年下降了 11%或 9%，而 1935 年比 1933 年下降了 13%和 11%。这说明在美国放弃金本位和实施白银计划以后总货币量大幅度下降。

为了回答弗里德曼所提出的问题，罗斯基在 1993 年 8 月《政治经济期刊》第 101 期第 4 号上发表了题为"弗里德曼、白银和中国"的文章，认为中国的银行已在全国范围内建立了分支网，到 1936 年其分支机构扩展到全国 526 个地方，共计 1,695 家，其经营范围并不像弗里德曼所说的那样只限于金融团体内部的资金融通业务。国内银行给商品贸易、制造业、政府甚至农业提供了大量资金。在《战前中国的经济增长》一书第三章中，罗斯基对这一问题曾作了详细的说明。外国银行也不只经营金融团体内部的业务，如日本银行就给"满洲"农业出口、运输设施和工业基础的发展提供资金。

针对弗里德曼的货币理论，罗斯基提出这样的问题：什么是国家货币总额的"可信"结构呢？通过与东亚几个国家和地区的比较，罗斯基得出结论：随着货币总量中存款份额的上升，东亚几个国家和地区货币总供给中通货的份额都是下降的，中国从 1910 年的 63.7%和 75.6%下降为 1935 年的 33.4%和 41.3%，中国台湾、日本和朝鲜通货与货币总供给之比，1920 年分别为 45.2%、26.6%和 62.6%，1935 年日本下降为 14.2%，中国台湾下降为 22.1%，朝鲜下降为 29.2%。这说明在第二次世界大战前的半个世纪中，东亚几个国家和地区经济都经历了从主要依赖于货币到更高级的金融活动的转变过程，其中日本最为显著。是不是这些数据都"不可信"？罗斯基进而得出这样的结论：随着货币总额中存款份额的上升，与其他地区比较起来，东亚地区金融机构的发展出现在工业化进程的较早阶段。弗里德曼所举尼泊尔、乍得、也门、扎伊尔等国通货在货币总供给中占有很大比重的情况并不符合东亚地区的实际。

罗斯基所选用的价格指数表明，在美国施行白银政策后的 1934 年中国的国内价格不但没有下降，反而开始回升。

与布朗特和莎金特的观点相似，罗斯基也认为虽然 20 世纪 30 年代早期中国确实经历了价格下跌，但持续时间不长，而且主要表现在农业部门。有关制造业产量、铁路运输、投资额和其他商业周期指标的历史资料与弗里德曼的观点相反，证明 20 世纪 30 年代中国没有遭受货币供给、物价和实际产出的大幅度和持续的下降。经济生活的实际表明，不规范的市场体系迅速恢复了活力，在该市场体系中居民和厂商可以真正地"自由选择"。

二

从前节的介绍可以看出，弗里德曼与布朗特、罗斯基等人争论的方面很多，既有复杂、抽象的货币理论问题，也有具体资料的运用和计算方法问题。但根本的分歧还在于对 20 世纪 30 年代前期中国基本经济状况的估计不同。无论是中国学术界，还是包括弗里德曼在内的国外研究中国问题的学者，长期以来的主导意见是认为包括 30 年代前期在内的 20 世纪早期的中国经济是处于一种停滞甚至衰退的境况。而罗斯基《战前中国的经济增长》一书，正是要对这种传统的观点提出全面的挑战。金融业的迅速增长是这一观点的主要支柱之一。布朗特和莎金特在这一问题上的看法可以说是与罗斯基完全一致的。

为了对 30 年代前期中国经济状况作出较为合乎实际的评价，而避免认识上的片面性和绝对化，笔者认为关键的问题在于把这一阶段中的各种经济现象，诸如金银比价、白银流动、汇率、进出口额、批发物价、各种生产指数和国民总生产的变动，放在中国近代经济增长，尤其是周期性波动的全过程中来加以考察。只有这样才能使认识得以深入，同时也便于使争论中的一些具体问题得到解决。

中国从 19 世纪 80 年代近代化开始起步以后，经济发展经历了两个完整的中长周期。第二个周期的上升期从 1914 年开始，在 1931 年达到顶点后转入衰退，到 1935 年降至低点，从 1936 年起经济走出低谷，开始回升。所以 20 世纪 30 年代前期，中国经济基本上是处在第二个经济周期的下降期中。因此，把这一阶段放在中国近代经济增长的全过程来考察，亦作一种纵向的比较，无疑它是处在不景气和危机之中。如果缺乏对中国近代经济发展周期波动的清晰概念，就无法对历史资料作出科学的解释。比如前述布朗特和莎金特依据叶孔嘉的数字认为，中国在 1931—1936 年期间经济增长率仍达 1.5%，说明经济并未遭受萎退的打击。但是如果仔细考察一下，就可以看到，这期间的经济增长主要是出现在 1935—1936 年的一年间，亦 1935 年 11 月国民党政府实行法币政策，从而解决了美国白银政策所造成的中国白银外流的问题之后。如果我们只计算 1931—1935 年期间的经济增长率，则为 0.45%，而在这个周期上升期的经济增长率，根据叶孔嘉的数字计算为 1.09%[①]。如果改用巫宝三的 1931—1936 年数字，与笔者估算的 1914 年的国民生产加以比较，则同期上升期的 1914—1931 年中国经济增长率为 1.7%，而下降期的 1931—1935 年则为负增长[②]。布朗特和莎金特文章中引用的 1931—1936 年期间的中国对外贸易数字，与他们的论断是完全相反的趋势。1931 年进出口总额为 3.532 亿元，1935 年下降为 3.291 亿元。其他如工业品、农产品和批发物价总指数，以及进出口物价指数等，在 1931—1935 年期间都大幅度下降，30 年代前期中国经济陷入空前的市场危机，这一事实是无可否认的。

一些由罗斯基计算出来，并被他和布朗特等用来作为证明 30 年代前期中国经济不存在危机的系列数字，如固定资本投资和货币供应量等，虽然在 30 年代前期还在增加，但如果我们将其放在周期的波动中加以观察就会看到，其增长速度明显低于繁荣期的增长速度。1931—1935 年期间，关内固定资产投资的年增长率为 2.8%，而 1914—1931 年期间高达 7.0%。1931—1935 年期间货币供应量

---

① 以 1914—1918 年的平均值为基期，数字见 "China's National Income，1931—1936"，载《中国经济史会议论文集》，台北，1977 年。

② 《〈中国国民所得，一九三三〉修正》，载《社会科学杂志》9 卷 2 期，1947 年。

年增长率为 4.18%，而 1914—1931 年期间为 5.5%。

需要说明的是,这一时期中国经济周期性波动的特征在于它很大程度上与西方资本主义国家发展早期的商业周期相似,即这种周期波动比较显著地表现于流通领域之中,诸如前边所说的物价指数。进出口贸易指数等的变动较为典型,在 30 年代前期的危机时期下降的幅度也较大,在生产领域中,由于 19 世纪 70 年代近代工业刚刚产生,而且在第一次世界大战以前的三四十年间发展的速度缓慢,就其自身而言,尚不具备发生生产过剩和经济危机的充足条件。一些工业部门的生产下降或固定资产投资增长速度下降,主要是西方资本主义国家经济的不景气,加剧了在中国市场上倾销和竞争的结果,这就是为什么罗斯基和布朗特等人总感觉其严重程度不如列强各国自身的原因(还有其他原因将在下面加以说明)。

这一时期中国的国民总生产虽然有些年份出现下降,但近代工业的生产指数仍保持一种上升的态势。尽管中国近代工业中较为发达的轻纺工业,以及以其为基础编制的消费品生产指数呈现出停滞和跌落的趋势,但下降并不严重,另一方面重工业生产却有迅速的增长。1931 年"九一八"事变后,日本帝国主义以中国的东北为基地大力发展钢铁、煤炭等重工业生产,以进一步扩大侵华战争,与此同时南京国民政府也开始注重与军事工业有密切关系的各种矿业生产,转入备战状态。因此在 30 年代前期,虽然整个中国经济陷入空前的市场危机,但一些重工业部门的生产反而以较 20 年代更快的速度增长,尤其是东北地区的增长更快。如果不考虑战前中国这一特定的历史实际,以一些重工业产品的生产指数作为代表来衡量整个国家的经济状况,将会使我们的认识误入歧途。

中国近代经济发展过程中周期波动的特殊其实不只表现在近代工业生产领域,在前述的流通领域同样有所反映。如果我们将 19 世纪 70 年代至 20 世纪 30 年代的批发物价变动做成曲线图,与英、美、法、德、日等国家同期的物价指数进行比较就会发现,其波动幅度和涨落的速率一般说来明显低于西方工业化国家,而且这种情况在 20 年代比 30 年代前期更为明显。如果我们分别计算它们的平均差和标准差,就可以看到多数年份中,国外物价的离中趋势高于中国物价的离中趋势。

中国在被纳入世界市场后,之所以能在一定程度上减少了世界经济波动对中国物价和经济的冲击,一方面是因为这一时期中国自然经济仍然占统治地位,全国性统一市场尚在发育过程之中;另一方面,更主要的是因为中国在众多国家自 19 世纪后期相继改用金本位后,仍然继续采用银本位。而不像罗斯基所说的主要是银行制度的成功。

中国的近代化和近代经济的发展，本来是外国资本主义入侵的直接结果，因此中国近代经济的周期波动也自然是其逐步进入世界资本主义市场体系，为西方资本主义国家经济周期波动所波及的结果。30 年代前期的经济危机自不待言，世界市场对中国经济的影响正是通过价格变动这一机制起作用的。由于中国是一个用银国，世界市场上银价变动，就会造成中国银汇价的变动，汇率的变动又引起进出口物价的变动，进出口物价变动继而影响国内批发物价的变动。这四条曲线变动的基本趋势一致（无论是正相关还是反相关），而波动幅度和离中趋势却逐步减弱，亦银价的波动最为厉害，其离中趋势最显著，银汇价次之，再次为进出口物价，批发物价波动最小。这是因为在伦敦和纽约市场上以黄金度量的银价变动非常敏感，亦中国银汇价变动是非常敏感的。但这种变动在作用于进出口物价，再通过进出口物价影响中国批发物价总指数的过程中，其谷峰自然变得越来越钝，如同投入潭中的石子所引起的波澜，越向外越弱一样。这是由于物价变动的刚性所使然。

除上述对 20 世纪 30 年代前期中国经济状况的估计以外，弗里德曼、罗斯基、布朗特等人论文中值得商榷的还有以下一些方面。

1. 在资料运用上，弗里德曼认为，直接经历 30 年代前期中国经济一系列事件的同时代人的记述，比后来人依据零散、不准确的数据加工编制的系列统计数字更为可靠。所以在他的论文中特别注重引用当时在国民党政府中工作或来华考察的外国人，如杨格（Arthur N. Young），以及当时在中国金融机构中任职或从事研究工作的学者如张嘉璈等一些人的观察和看法，用以证明他的观点。同时代人的著述，有较高的史料价值，从史料学的角度看，弗里德曼的方法固然不无道理，但笔者认为任何一个人的直接经验都受到时代和空间范围的限制，局部主观的观察，毕竟不能代替宏观的统计分析。在这一点上，作为经济学家的弗里德曼却陷入了传统史学方法的羁绊。他在文章末尾认为在这一问题上参加讨论的人并无分歧，事实恐非如此。

2. 作为新货币主义代表人物的弗里德曼，从其基本理论观点出发，正如他自己所承认的那样，很难摆脱其货币幻觉或名义货币供应量对物价和经济变动具有决定性甚至唯一影响的观点，而往往忽视其他经济因素的作用，这表现在他夸大了美国白银政策对 30 年代前期中国经济的影响上。事实上，一种经济现象的产生，往往为多种因素所左右，各种因素的作用有时方向相同，有时方向相反，因此我们应当全面看问题，不可将一种因素强调到绝对化的程度。

　　在指出这一问题的同时，笔者认为忽视货币供应的作用也是不对的。尤其就中国历史的具体实际而言，货币供应量的变动对经济的影响尤为重要。世界市场上白银价格变动所造成的白银的流入和流出，是决定中国物价水平的基本原因，相比较而言，其他因素都是次要的。布朗特等人力图要说明美国购买白银政策与中国物价变动，放弃银本位和经济的进一步衰退没有联系，是很难令人信服的。他的货币供给增加并不一定导致价格上涨的说法，也与中国的实际情况不符。罗斯基认为美国实行白银政策后，1934 年中国物价反而上升，则是由于他所使用的指数资料与我们通常使用的不同，另外还不无忽略的是中国的批发物价不只是世界市场上银价的函数，而且，同时还是世界市场物价的函数。不同时期，这两种因素对中国物价的影响程度是不同的。

　　3. 弗里德曼认为，美国实行白银购买政策是一个错误，它迫使中国放弃银本位，导致战时和战后的恶性通货膨胀，最后造成国民党政权的崩溃。而这些都是美国政府中少数决策人所始料不及的。

　　弗里德曼的这一看法起码有两个问题。

　　一是中国放弃银本位本是近代经济发展的客观需要，或迟或早总要出台。美国购买白银政策作为一种偶然的因素，只不过是推动了这一改革的实行，没有美国的这一政策，废除银本位也势在必行，为中国进一步融入世界资本主义经济体系所不可免，它是一种历史的进步，而不是倒退。法币政策使中国从 1931 年开始的市场危机中摆脱出来，经济开始复苏。如果没有日本帝国主义的全面入侵，中国经济将会开始新的一轮繁荣，中国的工业化将可能有长足的进步，各种指标显示 1936 年中国经济全面回升，说明币制改革是成功的。

　　众所周知，工业化的先驱英国从 19 世纪初就率先实行金本位制度。19 世纪70 年代以后，世界主要工业化国家相继放弃银本位制度，改行金本位。1931 年后又先后放弃金本位，只有中国继续实行银本位。到 1935 年币制改革时，中国已是世界上唯一实行银本位的重要国家。这种长期拒绝与世界接轨的做法，说明中国自然经济的坚韧性，其在国家经济政策上的反映则是对参与国际经济循环的冷漠，并力图维持一种经济上的封闭性。旧货币体系对中国经济的影响得失兼备，其现象的复杂性和不确定性，使中央政府在货币改革的问题上犹豫不决。但最后还是这一政策的弊病发作，迫使中国政府不得不最终放弃银本位，改行现代各国通行的货币制度。弗里德曼认为美国应当帮助中国政府维持银本位的意见未免过于保守。

　　二是 40 年代以后日益严重的通货膨胀，乃至战后的恶性通货膨胀，并不是废除银本位，实行法币政策的必然结果。放弃金属本位，改行纸币本位，只是为恶性的通货膨胀制造了一种条件，至于它会不会变成现实，则取决于经济环境和国家所实行的政策。这一问题近年来论者甚多，笔者不再赘述。

4. 关于到 20 世纪 30 年代中国近代银行的业务主要限于金融团体之间的融资，还是广泛投资于生产和流通经营活动的争论，笔者认为弗里德曼和罗斯基的观点走向两个极端。近年来研究银行与企业关系的论著都认为二者的联系在 20 世纪二三十年代变得密起来，利率的下降，使资本的供应较前充裕。弗里德曼关于银行业与国内非金融活动很少联系的说法是与历史资料不一致的。但另一方面，罗斯基认为任何大规模风险投资都可以从银行取得资金，和中国普通农民家庭都已卷入金融市场的论断也言过其实。在《对 20 世纪前期中国经济发展的重新估计》（刊《近代中国》第 3 期）一文中刘佛丁已指出这一问题，这里也不再评论。

5. 关于 M_1（通货）与 M_2（货币总量）的计算问题，弗里德曼说如果从罗斯基计算的 M_2 中扣除中国近代银行和外国银行的存款，那么 M_1 与 M_2 的比例将会达到 80%，这种处理方法可能是一种谵谈。笔者认为，按照通常的习惯，罗斯基的计算似应将现期或活期存款计入 M_1，这样 M_1 与 M_2 的比例将会大为提高。这说明当时中国的金融市场还不很发达，经济还处在主要依赖现金的阶段。

（与王利华、王玉茹合作，原载《南开经济研究》1985 年第 2 期）

关于中国近代国民收入研究的状况和展望

1. 对中国国民收入的各种估算

第一次世界大战前后，英、美、德、法和意大利等西方国家开始有了国民生产和收入的统计，其后又有学者尝试运用历史资料倒推回去，估算这些国家 19 世纪的国民生产。

对于中国国民收入的调查和估算则迟至 20 世纪 30 年代末方才起步。其中最有影响的一是巫宝三等人对 1933 年中国国民所得的调查，一是刘大中对 20 年代末至抗战前中国国民收入的估算。后来巫宝三在哈佛大学作进一步的研究，撰写博士论文《中国的资本集成和消费支出》（Ou Pao-San's 1948 Harvard Ph.D.thesis, Capital Formation and Consumers' Outlay in China），但迄今没有发表。刘大中也继续他的研究，与叶孔嘉合作撰写了《中国大陆经济：国民收入和经济发展：(1933—1959)》，将中国国民收入的估算扩展至中国大陆解放以后。近年来西方研究中国经济史的学者大多使用刘大中和叶孔嘉的数字，而巫宝三的估算则在大陆学者的著作中较为流行。由于巫宝三与刘大中所依据的资料、某些概念和估算方法不同，所以其结果的差距较大，以 1933 年的国民收入为例，巫宝三的估算数字为 20,319 百万元，而刘大中的估计则高达 29,880 百万元。

除巫宝三、刘大中两种估计外，对这一时期中国国民收入的研究国外还有柯林·克拉克[1]、邢慕寰[2]、埃克斯坦[3]等人的论著，国内则有刘大钧[4]、汪敬虞[5]等人的调查和估算，但较少为人所引用。

---

① Colin Clark. The Conditions of Economic Progress, London, Macmillan Co., 1940, p.83.

② Hsing Mo-huan. Preliminary Observations on China's National Income and Related Problems, New York, 1947.

③ Eckstein Alexander. China's Economic Development, Ann Arber, Univ. of Michigan Press, 1975.

④ 刘大钧：《中国战前国民收入初步估计》，国民政府经济委员会发行的油印本。

⑤ Wang Foh-shon. China's Industrial Production,1931-1946,Nanking,1948.

依据历史资料，参照 30 年代调查的数据，将中国的国民收入倒推至更早年代的努力，首创者为张仲礼先生，他在《中国绅士的收入》一书中粗略估算了 1887 年的中国国民生产总值。此外，在国外叶孔嘉、珀金斯、费维凯、罗斯基等人在他们的著作中也曾对 19 世纪末期、20 世纪早期某些年份的中国国民生产作过估算。国内则有唐传泗、丁世洵、吴承明等先生推算 1920 年、1936 年、1947 年和 1949 年的中国工农业总产值。但是由于旧中国的统计资料十分缺乏，所以上述的研究都只是对某些有代表性年份的国民收入进行估算，而不像西方和日本那样编制出连续的序列数字。

现将我们所见过的各年中国国民收入的估算列表如下。

年份	估计人	出处
1800	刘瑞中	《十八世纪中国人均国民收入估计及其与英国的比较》，《中国经济史研究》1987 年第 3 期
1800	Paul Bairoch	The Main Trends in National Economic Disparities Since the Industrial Revolution, Macmillan Press L td. 1981, p.14
1820—1870 年平均值	Angus Maddison	A Comparison of Level of GDP Per Capita in Developed and Developing Countries, 1700-1980, Journal of Economic History, Vol. XLIII, No. 1（1983.3）
1850	刘佛丁 王玉茹	《近代中国的经济发展》，第一编第一章附录一，山东人民出版社 1996 年版
1887	C.L.Chang （张仲礼）	The Income of the Chinese Gentry, Univ.of Washington Press, 1962, pp. 291-325
1887	费维凯	《剑桥中国晚清史》下卷，第 9 页
1887	刘佛丁 王玉茹	同前引书，附录二
1914	刘佛丁 王玉茹	同前引书，附录三
1914—1918 年平均值	K.C.Yeh （叶孔嘉）	China's National Income, 1931-1936.Conference on Modern Chinese Economic History, Taipei, 1977
1914—1918 年平均值	Dwight H. Perkins	China's Modern Economy in Historical Perspective, Stanford University Press, 1975, p.117
1914—1918 年平均值	Thomas G.Rawski	Economic Growth in Prewar China, Univ. of California Press, 1989, p.331
1917	张东刚	《总需求的变动趋势与近代中国经济发展》，南开大学经济研究所 1996 年未发表博士论文
1920	唐传泗	《中国资本主义与国内市场》，中国社会科学出版社 1985 年版，第 127 页

续表

年份	估计人	出处
1920	吴承明	《中国资本主义发展史》第二卷，人民出版社 1990 年版，第 1,076-1,088 页
1922—1930年	张东刚	同前引论文
1929—1934年平均值	刘大中	《浅论国民收入和战后中国工业化》，1944 年 5 月 21 日—22 日《大公报》
1931—1936年	巫宝三	《中国国民所得（一九三三年）》，中华书局 1947 年版；《〈中国国民所得，一九三三年〉修正》，《社会科学杂志》九卷二期（1947 年）
1931—1936年	T.C.Liu（刘大中）	China's National Income, 1931-1936, Washington D.C, 1946
1933	T.C.Liu and K.C Yeh	The Economy of the Chinese Mainland: National Income and Economic Development,1933-1959, Princeton Univ. Press, 1965
1931—1936年	K.C.Yeh	同前引对 1914—1918 年估计的论文
1936	丁世洵	《中国资本主义发展水平的几个问题》，《南开学报》1979 年第 4 期
1936	吴承明	《中国资本主义发展史》第三卷，人民出版社 1993 年版，第 773-792 页
1946	巫宝三	《中国国民所得，1933、1936 及 1946》，《社会科学杂志》九卷一期（1947 年）
1947	吴承明	《中国资本主义发展史》第三卷，第 793-797 页
1949	丁世洵	同前引文
1949	刘佛丁 王玉茹	同前引书

2. 中国近代经济发展研究和我们对一些代表性年份国民生产总值的推定

　　由前节所列表中可以看到，我们在中国近代国民收入方面所作的工作只是对几个年份的国民收入作了推定。

　　为了回答中国近代经济是发展了，还是处于停滞状态，抑或趋向衰落？如果说有所发展，它的增长速度如何？其各个阶段情况又有何不同等一系列问题，需要关于国民生产的长期统计数据。在没有这些数据，又无理想和妥善的途径重新进行系统全面推计的情况下，我们采用的方法是：首先用一系列有长期序列数字的指标（主要为物价指数和进出口贸易指数）的同步升降，判定中国近代经济发展过程中存在着大约期限为 25 年的中长周期波动。从 19 世纪 70 年代中国近代化起步以后，起码经历了两个完整的经济周期：1887—1914 年为第一个周期，1914—1936 年为第二个周期，1936 年开始的第三个周期被中日战争所打断。然后通过计算周期的下转折点（1887、1914、1936）和中国近代首尾年份（1850、1949）的国民收入和人均国民收入加以比较，从而对中国近代经济增长和发展的一系列问题作出初步的分析（其结果见 Liu Foding，Wang Yuru and Yu Jianwei，Economic Growth and Cycles in Modern China. Nankai Economic Studies，Ⅲ/Ⅳ，1994），详细计算过程见即将由山东人民出版社出版的《近代中国的经济发展》。

以经济周期为基础来分析中国近代经济的增长和发展，使我们的研究较西方（主要是美国）学者近年来对中国这一领域的研究前进一步。因为经济学的常识告诉我们，要讨论某一时期经济增长的速度，或比较几个时期的经济增长状况，不能从反映国民经济发展的指标上任意选点，而必须以经济运行的周期波动为依据。譬如，当我们说明某一时期某国的经济增长速度较快时，必须避免这一时期的上限和下限选择为该国经济发展过程中一个周期链条上的衰退时期作为起点，而选择该周期或次一个周期的繁荣期作为终点所进行的计算。反之亦然。而应选择相邻周期的谷峰（上转折点）或谷底（下转折点）之间的数据来加以比较。

现将我们估算 5 个代表性年份的方法简要说明如下（详细情况见《近代中国的经济发展》第一编第一章及其三个附录）。

1850 年作为中国近代社会的起始年份，其国民收入的估算是在一位西方学者麦迪逊（Angus Maddison）数字的基础上加以修正得到的。这个估计当然是十分粗略的。

1887 年的国民收入是根据张仲礼先生在《中国绅士的收入》一书附录中的数字，因其对农业产值估计过低，美国学者费维凯（Albert Feuerwerker）曾加以修正，我们的数字则是在这个初步修正的基础上，对其他部门的产值进一步加以调整后得到的。

1914 年的国民收入是以巫宝三所计算的 1933 年的国民收入为基础，而以叶孔嘉所计算的各部门经济增长率倒推回去的。我们之所以没有采用叶孔嘉推算的 1914—1918 年中国国民收入的平均值，是由于前节所说，他与刘大中的数字推算所依据的资料和概念、方法与巫宝三不同，所以我们的研究需要避免两种不同体系的数字交错使用。

1936 年的国民收入完全根据巫宝三的数字，未加修正。

1949 年作为中国近代社会的终结年份，其国民收入是根据《中国统计年鉴》

中关于工农业总产值的数字和珀金斯对 1952 年中国第三产业产值的估计推算出
来的。

尽管我们推定的五个代表性年份国民收入的绝对值的准确性仍然不无值得
推敲之处，但其所反映中国近代经济增长的趋势被各种经验的材料证明是无误
的。但归根结底对中国近代经济发展状况以及一系列其他重大问题的科学的分析
必须在推定国民收入的长期数列的基础之上，因此克服困难，完成这一工作，无
疑具有重大的学术价值。

3. 推算中国近代国民收入连续数列的方法和前景

估算国民生产虽然一般说来有三种方法可以采用，即：（1）价值增加法或收
入来源法（the value added or income originating approach）；（2）收益支付法或分
配份额法（the income payment or distributive shares approach）；（3）最终用途地
或最终产品法（the end use or final product approach）。但根据旧中国资料的实际
状况，刘大中、巫宝三等都认为独立地采用第二和第三种方法估算中国的国民生
产十分困难（工资、薪金、利润、利息、租金、投资等方面的资料较之产量、价
格、成本更为缺乏），所以他们主要都是采用第一种方法，即：计算某一年份内
各部门生产的增加值（净产值），然后加总以求得国内总生产值。用这种方法计
算一些有代表性年份的国民生产是可以的，如张仲礼估算 1887 年的国民生产，
吴承明估算 1920 年、1936 年和 1947 年的工农业生产总值就是这样做的。但用
这种方法去求得逐年的国民收入，由于受到历史资料的限制，恐不可能。

大川一司教授（Kazushi Ohkawa）将日本的国民收入由 1925 年倒推至 1878
年[①]，是由于日本历史上有连续的收入税资料，可依据 1925 年收入税与国民收入
的比例逐年推计以前的国民收入，但中国没有收入税的历史资料，所以不能采用
这种方法。但创建解决问题的思路，无疑予人以启迪，是可以借鉴的。

近年来以 30 年代中国国民收入调查的数字为基础，计算 20 世纪最初 10 年
中国国民收入，一般均系分别计算各个部门和行业在此期间的增长年率或者百分
比，然后加以推算，叶孔嘉、罗斯基及笔者推算 1914/1918 年国民收入的平均值，
或 1914 年当年的国民收入都是这样做的。从中国现有历史资料和研究状况的实
际考虑，这种方法仍是推计国民收入序列数字较为可行的方法。

---

① Kazushi Ohkawa, The Growth Rate of the Japanese Economy Since 1878.Kinokyniya Bookstore Co.Ltd.,1957.

关于中国工业的生产指数现有美国学者章长基的估算，其区间为1912—1949 年。[①]这期间的农业生产指数虽然尚无人编制，但关于产量和价格的记录还是比较丰富的。[②]如果再能设法编制出第三产业的收入指数，那么就可以30 年代国民收入的数字为基础推算出 1912—1949 年期间逐年的国民收入数字。

关于中国近代经济的各种统计资料，比较而言，以 20 世纪初至 30 年代最为丰富，前述一些西方学者之所以能把中国国民收入的数字由 30 年代倒推至 1914—1918 年，正是因为这期间有了基本的、可供运用的数据，因此推计出这一时期中国国民收入逐年连续数值的可能性最大，其结果的可信度也较高。1937 年中日战争爆发后，由于中国领土分属于三个政权，又由于物价激烈变动，给民收入的计算带来困难。而 1912 年以前，由于历史资料的缺乏，逐年计算国民生产目前尚无良策。

前节表中所列我所张东刚博士论文系依据大量统计调查资料，用最终用途法估计国民生产，他的工作除了在估算私人消费方面作了开创性的工作外，在估计农业投资方面也有进展，但遗憾的是他的数字仍是不连续的，而且也集中于 20 世纪初至 30 年代，但他的研究有另辟蹊径的价值，而且采用另一种方法补充了20 年代数列的缺项。

（与王玉茹合作，原载《天津商学院学报》1998 年第 3 期）

---

① John K. Chang, Industrial Development in Pre-Communist China, Edinburgh University Press,1969.

② 许道夫：《中国近代农业生产及贸易统计资料》，上海人民出版社 1983 年版；珀金斯：《中国农业的发展》，上海译文出版社 1984 年版；李文治、章有义编：《中国近代农业史资料》，三联书店 1957 年版。

博士学位论文序言

序《总需求的变动趋势与近代中国经济发展》

关于总需求及其构成的变动趋势问题,无论在现实经济的研究还是在经济史的研究中都是重要的课题。随着经济学理论在这方面的进展,西方的经济史著作越来越重视从需求因素的变化入手说明各个时期的市场扩大和经济发展,提出了一种新的分析模式,从而使人们对历史现象的认识得以深化。

长期以来,中国经济史研究由于受传统政治经济学研究对象的影响,只把生产关系发展变化的历史作为研究的对象,不但忽视了生产力和流通过程的研究,更忽视甚至完全抛弃了对分配和消费等方面的研究。近年来我和我的同事们虽然在《中国近代的市场发育与经济增长》(高等教育出版社 1996 年版)和《近代中国的经济发展》(山东人民出版社 1997 年版)等书中,对中国传统社会总供给和总需求的特征、中国近代市场供给和需求关系的变化、消费结构和国民收入剩余转化为资本的机制等问题作了初步的概括性的说明,但留下来未曾研究的空白之处仍然很多,有待深入探索的问题更是比比皆是。

张东刚的博士论文对中国近代经济发展过程中的总需求变动趋势进行了全面系统的开拓性研究。这篇论文的首要贡献在于克服了旧中国统计资料分散、缺乏的重重困难,估算出 20 世纪早期一些有代表性年份的私人消费需求、民间投资需求、政府支出和净出口额,从而能够以此为基础对中国近代总需求及其结构变动的特征作出有充分根据的定量分析,并进而对其宏观经济效应进行全面的考察。其中,尤以私人消费需求的估算功力最深。为进行这一方面的估算,他花费大量艰苦劳动,从浩如烟海的图书、期刊、报纸和档案中,把这一时期中国 100余个家计调查的原始资料汇集整理,经过统计分析,对旧中国消费者的收入水平、消费行为、消费结构的特征及其变动趋势,从宏观和微观两个方面作出科学的判断,阐明了城乡之间、不同阶层之间和区域之间消费水平和类型的差异,提出了一系列具有创造性的新见解。此外,关于隔年农业投资的估算也是颇费功力的,为前人的研究中所未见。

张东刚论文中所论及近代中国的许多问题,如总需求增长的速度高于经济发展的速度、消费倾向居高不下等问题，今天依然存在。因此，他的工作不仅拓宽了中国经济史的研究领域，在学科建设中具有学术价值，为新体系的构建作出贡献；同时，这些历史经验的总结也有重要的现实的社会价值，对我国当前经济发展政策的选择具有借鉴的意义。

张东刚的论文还在写作过程中就已经引起了国外一些编制中国近代长期统计数列学者的注意。这是因为从消费和投资角度进行估算是推计国民收入的一条途径。

迄今为止，中国近代的国民收入只有个别年份的估算数字，没有长期连续的统计数据。编制这一数列是中国经济史研究中一项意义重大而又极具挑战性的十分艰巨的任务。众所周知，对一国国民收入的估算有三种方法可以采用，即：（1）价值增加法或收入来源法（the value added or income originating approach）；（2）受益支付法或分配份额法（the income payment or distributive shares approach）；（3）最终用途法或最终产品法（the end use or final product approach）。据我所见，有些国家的学者对国民收入的估算首先是从国民消费（national expenditure）开始的。例如大川一司等人估算日本明治以来的国民收入就是如此。① 根据旧中国资料的状况，从 20 世纪 40 年代开始估算中国国民收入的学者，如刘大中、巫宝三等人都认为独立地采用第二或第三种方法十分困难，所以他们主要是采用第一种方法，即计算某一年份内各部门生产的增加值，然后加总以求得国内生产总值。后来巫宝三先生赴美国哈佛大学作进一步的研究，撰写博士论文《中国的资本集成和消费支出》（Ou Pao –San's 1948 Harvard Ph.D.thesis, Capital Formation and Consumers' Outlay in China），用第三种方法计算 1931—1946 年的中国国民所得，但迄今没有发表，也无中译本出版。在中断了近 50 年后，张东刚所作的工作可视为巫宝三所作研究的继续和深入，他填补了中国近代国民收入估计中一些年份的缺项。但不足的是他的数字仍然是不连续的，要达到日本的《长期经济统计》中关于国民消费估算的水平，还需作大量的工作。

作为一篇博士论文，他的写作受到时间和篇幅的限制。而作为一个研究课题乃至研究方向，则需超越这些限制，将研究的范围拓展，并引向深入。除前面所述数列的不连续需设法补足外，近代产业部门的投资只有固定资本，而传统生产部门的投资尚缺手工业方面等，都是需要经过努力加以补充的，这样才能使成果得以完善。

---

① 大川一司等编：《长期经济统计：推计与分析 1 国民所得》，东洋经济新报社 1974 年版。

张东刚本是学习和研究历史学出身,后考入南开大学经济研究所攻读中国经济史专业的博士学位。学习期间他刻苦研读了大量的经济学理论书籍,并选择了旧中国需求变动这样一个理论素养要求颇高、资料的收集驾驭难度颇大的题目。他研究所取得的成果表明:经济史研究创新的关键在于对新的经济学和其他社会科学理论和方法的熟练掌握和运用,因为只有借助于不断发展的理论和手段,才能站得高、看得远,打开眼界,开辟研究的新领域和解决问题的新途径,提高经济史研究水平,使认识不断深入,赋予这一学科以活力和生机。这种意见我最近在两篇文章①中专门加以阐述,于此不赘。

刘佛丁

1997 年 4 月于南开大学

---

① 参见《经济史学创新的关键在于新理论和方法的引用》,《中国经济史研究》1996 年第 1 期;《新时期中国经济史学理论的探索》,《经济研究》1997 年第 5 期。

序《近代中国旅游发展的经济透视》

近代中国是否存在着旅游业？作为一种消费物质产品和服务的经济活动，旅游在不同历史时期的发展程度如何？这些问题不仅在一般人的头脑中是一片空白，就是经济史学家和从事旅游经济教学与研究的学者也知之甚少。在已经出版的著作和教科书中，学者们可以根据大量的历史记载，对中国古代的旅行活动作出生动的描绘，也可以综合外国人近年来的研究成果，对西方旅游经济发展的历史给以大略的说明，唯独关于中国近代旅游的宏观经济分析，由于缺乏起码的基础研究，而大多语焉不详，甚至付之阙如。一般人之所以认为近代中国无旅游经济可言，固然是由于他们对旅游、旅游者和旅游业等概念的科学定义不甚了解，从一种想当然的经验出发，认为旧中国贫困落后，除少数官吏、富商和外国人偶尔的游山玩水之外，旅游业作为一个经济部门是根本不存在的，在人们的印象中，旅游进入他们的生活空间不过是近二三十年的事情。而有关学者在这一领域研究工作的薄弱，则主要是由于资料的缺乏、分散和难以使用，或者是由于对经济分析所需理论框架和方法的陌生，因而望而生畏、无从下手。

张俐俐副教授曾从事旅游管理工作，对我国改革开放以来旅游业的发展状况比较熟悉，后来通过学习和担任教学工作，在现代旅游经济学理论方面又有了较深的造诣。1995 年，她进入南开大学经济研究所在职攻读博士学位，运用现代经济学的理论和方法，花费大量的劳动，从旧中国海关和上海、南京、北京、天津等地其他档案中，收集到 1879 年到 1928 年期间连续 50 年中国出入境旅游人数、外国人客源产生地和入境目的地、国内旅游人数和 19 世纪末到 20 世纪早期中国国际旅游收入和支出的数据。经过统计分析，对近代中国旅游经济的宏观发展状况首次作出全面系统的描述，计算了其增长过程中存在的周期波动、随机波动和季节波动。通过与西方和日本等国的对比，指出三国旅游经济发展的特征，并对影响三国旅游经济发展的各种因素给以说明，提出了一系列具有创造性的新见解。进而，她又根据各种档案和报刊中的文字记载，对中国近代旅游业和第一家国内旅行社的发展状况与经营管理进行了微观分析，总结出值得借鉴的历史经验。

通过对大量数据的统计分析，张俐俐副教授认为，19 世纪后期至 20 世纪早期中国的国际旅游和国内旅游都有比较迅速的发展，中国的国际旅游市场规模与美国大致相同。外国人入境次数存在着较为明显的周期波动。而国内旅游的外国人客流量和中国人客流量都大体上是直线上升的趋势。无论外国人和中国人的旅游活动都以经商为主要目的。在本书研究的时限内，中国的国际旅游收入大大超过旅游支出，说明近代中国是一个落后的旅游接待国，而不是旅游客源产生国。由此产生的收支平衡顺差，对旧中国不断扩大的贸易逆差起到了一定的弥补作用。上述结论无疑在中国近代旅游经济史这个新兴学科的建设中，具有开拓和奠基的性质和作用。

近年来在我撰写的文章中和指导学生写作博士论文的过程中，较多地强调了经济史研究创新的关键在于对新的经济学和其他社会科学理论与方法的熟练掌握和运用，因为只有借助于不断发展的理论和手段，才能站得高、看得远，打开眼界，开辟研究的新领域和解决问题的新途径，提高经济史的研究水平，使认识不断深入，赋予这一学科以活力和生机。本书研究方法的选择和取得的成绩，亦可证明我的这种意见是不无道理的，读者自不难看出，本书研究的框架和途径、所采用的概念和范畴、为解决特定问题所运用的中介手段，都是以现代旅游经济学的理论为基础的。这种研究提供了在传统史学家所不曾注意或无法研究的领域进行思考、解析、论证的新方法，从而按照这种观察问题的框架和他们所阐明的各种因素之间的关系，把过去历史学家看来没有价值的史料或新发掘出来史料，经过排列、归纳、分析，能说明很多重大的历史问题，从而使本书能将中国近代旅游经济发展的研究定位在一个较高的起点上。同时，对作为参照系的西方近代旅游经济史的分析和阐述也较已有的著述前进一步。

借此次为本书出版作序的机会，我想申明的是，本人强调经济学的理论和方法对经济史研究的重要作用，并无意否认或贬低发掘新的历史资料对经济史研究的创新价值。本书在研究领域取得成果的同时，无疑也证明了由原始档案中收集第一手资料的重要作用。尽管这种工作费时费力，在数据收集齐备以后，进行统计分析以寻找规律时，若没有"衣带渐宽终不悔，为伊消得人憔悴"的精神，也可能会半途而废或功亏一篑。参加论文答辩的著名经济史学家吴承明教授、聂宝璋教授都对张俐俐在发掘新材料方面所作的工作给以充分的肯定和赞许。附记于此，以飨后学。

刘佛丁

1998 年 6 月

序《经济发展中的货币需求》

　　金融史的研究本是经济史学科领域中一个重要的组成部分,而且随着市场交换的发展和国际经济联系的增强,其地位变得越来越重要。19 世纪 70 年代以来,传统社会向近代社会转变过程中世界贸易体系的建立和金融市场的形成问题引起各国经济史学家的重视,在欧美许多经济史学术讨论会上成为中心议题,研究取得了丰硕的成果。从而改变了过去只重视技术进步、资本积累等物质要素的传统经济史观念,使人们对世界经济近代化进程的认识得以深化。近年来,金融风暴在世界各地此伏彼起,金融运作已成为经济发展的灵魂这一事实逐步为更多的人所认识。现实中提出的迫切问题在促使金融学理论研究深入的同时,也推动了经济史学界对历史上的一系列货币和银行制度问题的研究和反思,历史学家和经济学家们希图能从中总结出有益的经验和教训。

　　新中国成立后的近 30 年间,在高度集中的计划经济体制下,金融活动受到了极大的压抑。人们的金融意识和金融知识贫乏到了极点。这造成对历史上金融问题的研究相对经济其他领域而言,显得十分冷清和落后。20 世纪 70 年代实行改革开放后,随着社会主义市场经济的发展,金融体制开始全面改革,金融机构被轻视、金融活动被限制,并处于国家财政附庸地位的状况得到扭转。历史研究课题的选择往往受到现实生活提出的问题的启示,近年来金融机制在经济发展中作用日趋重要的事实,诱致经济史学界对中国近代金融史的兴趣增加,研究呈现繁荣的景象。但不足的是,其基本框架和研究方法仍未摆脱改革开放以前著述的窠臼,大多限于对旧中国金融机构和货币制度作编年式的介绍,然后加以批判。

　　对中国近代金融史系统、全面和深入的研究,像任何其他国家的金融史研究一样,除了包括该国的金融政策、法规、制度外,更重要的是金融结构的变化对经济发展的影响。在金融结构的研究中,金融组织机构只是其基础的部分,与宏观经济变动发生直接关系的还是金融工具的多样化、各种金融工具数量的增加和比重的变动,及其在国民经济运行中中介作用的发挥,亦金融深化的程度。对于经济落后的旧中国而言,还应观察各个不同历史时期是否和在多大程度上存在金融抑制的问题，及金融市场建立、结构变动和运作效率等方面的特征。遗憾的是，这些方面的研究在近年来中国金融史的园地中仍然几乎是一片空白。

显而易见，为填补上述空白，必须在现代金融学理论的指导下，对中国近代金融机构，尤其是各种金融工具的数量，如历年的货币供应量、金融资产的增量和总量等作出估计，并与国民经济的总量指标，如国民收入、消费、储蓄和投资等进行比较，并通过与发达国家和其他发展中国家相应时段的对比，找出中国近代金融发展的规律和特征。刘巍博士的著作《经济发展中的货币需求》正是从这方面作出的努力。

《经济发展中的货币需求》一书从凯恩斯、弗里德曼和麦金农等人的货币金融理论出发，根据近代中国的具体经济条件，建立起自己的分析框架模型，运用非均衡动态分析的方法，说明了近代中国货币需求的动机、影响货币需求量的因素、货币需求与供给的均衡过程、货币供求的相互作用与经济增长的关系等重要的历史和理论问题，提出了一系列富于启发性的新见解，并通过计量检验证明其所建立的货币需求理论函数关系是基本正确的。书中对近代中国各种金融要素与其他经济变量的数量关系、逻辑关系，从经济学角度所进行的考察和分析，无疑是创造性的、具有学术价值的研究成果。

刘巍博士的著作对抗日战争前10年间中国金融业的发展给以积极的评价，这种意见是建立在科学分析的基础之上的。我本人在早年的论文中曾认为金融资本较之工业资本在两次世界大战之间更快地增加是一种畸形发展，这种观点后来受到一些国外学者的批评。今天看来，这种批评是不无道理的。尽管中国近代金融市场的发育有许多不同于西方发达国家之处，但20世纪早期的中国近代化过程，金融业的迅速发展无疑是重要的、不可忽视的，而且应当说是较有成绩的一个方面。金融中介数量和种类的增加、金融工具的进步，尤其是货币发行和信贷的扩张，推动了生产的专门化、商品交换的发展，国内统一市场的形成和经济的一体化，从而缓解了长期以来金融资本短缺对生产和贸易扩大的限制，促进了整个国民经济的增长。

有些读者，尤其是经济史学界的同仁在读过刘巍博士的著作后，或许会认为该书与其说是研究经济史，不如说是研究金融学。其与一般经济学著作不同之处，只是在于研究的对象是历史上的经济状况，而不是现实的经济状况。该书的基础是刘巍的博士论文，还是在答辩的过程中，专家们就有过这样的看法。对于这一问题，我想略做说明。美国经济史学家麦克·伯恩斯坦认为经济史的研究方法有三种，其中的一种是把历史作为经济学来研究，在当代美国经济史学家的著作中，尤其是新经济史学派的著作中，采用这种分析方法是很普遍的。刘巍博士的著作基本上可以列入这种类型。

刘巍博士的著作使用经济学的方法，从不同于传统历史学的新的途径，对中国近代经济史上一个重要现象及其内在机制和规律给以分析和论证。这种现象就是自 19 世纪 70 年代至 1935 年币制改革的 60 余年间，中国经济发展的许多方面几乎都是与其实行银本位制和世界市场上的金银比价的变动有关。在这一历史时期，银价总的来说是一种下跌的趋势，也就是中国货币的汇率不断下降，从而造成白银流入中国的数量增加，刺激了中国进出口物价的上涨和国内物价水平的上涨，逢此时刻，中国经济就出现比较繁荣的局面。从经济的繁荣和衰退的角度观察，似乎银价的跌落，也即中国国币的贬值，这种总的变动趋势对经济增长的积极作用应予肯定。与其相反，银汇价上涨，反而于中国经济的发展不利，使市场陷于萧条。刘巍博士的著作以抗战前 10 年的数据为基础，通过他所建立的模型证实了当银价下跌、白银流入中国，中国市场上货币供应充分，亦货币供给适度大于货币需求时，中国经济就出现繁荣；反之，银价上涨，白银外流，则通货紧缩，经济陷入衰退。用他书中的结论，可以从理论上阐述为："要保证近代中国有较为持续的经济增长，就必须首先保证货币供给在一定程度上大于货币需求，使货币供求关系压迫价格水平有较为适度的上升，这是必要的条件。"

刘巍博士本是学习历史学出身的。他在短短三年的时间里，能熟练运用现代经济学理论和数理统计方法，完成这篇具有较高水平的经济史论著，固然是由于他的勤奋努力，但我认为，可能更重要的还是学习和研究的得法，我一向反对以讲授经济学说史的方式来指导学生学习现代经济学理论，而主张培养他们熟练掌握其方法和最基本的原理，进而能建立和习惯一种新的思维方式。只有这样，才能在历史和现实经济问题的研究中有所发现，并有所创造。

刘佛丁

1999 年 12 月于南开大学

书　评

评介郑友揆著《中国的对外贸易和工业发展》

《中国的对外贸易和工业发展》一书是 50 年代前期郑友揆在美国华盛顿布鲁金斯研究所任职期间的研究成果。作者根据中国海关总署的贸易报告和他在原中央研究院、资源委员会工作时收集的大量资料，论述了 1840—1948 年中国国际贸易和工业发展的历史进程。

1957 年，《中国的对外贸易和工业发展》一书在美国出版后，曾引起各国学者的广泛重视。美国、英国、加拿大、日本等国的经济学和历史学刊物相继发表介绍和评论文章，认为这是一部出色的学术著作，资料丰富，而又翔实准确，分析和结论有充分的事实根据又经过深思熟虑，立论严谨，在中国近代经济史这一研究领域中是一本新的具有权威性的著作。对西方的读者说来，则可以使他们正确了解中国近一个世纪以来的经济发展变化情况。应各方面的需要，1978 年美国又将该书重新付印出版。

长时期以来，中国是一个自给自足的单一农业经济社会。1840 年鸦片战争后，由于外国资本主义的入侵，自然经济逐步分解，但直到解放前农村经济结构变化甚微，不但封建剥削关系依然保持，商品市场也未彻底打开。面对着这种相对静止的农业经济，作者选择了中国步入近代历史后两个富于动态的部门——对外贸易和机器大工业，在研究二者各自发展变化情况和特点的基础上，阐明他们相互之间的制约关系，进而分析其对整个中国社会经济的影响，从中找到中国近代经济发展史中一些特有现象形成原因的答案。

作者将中国近代经济史划分为两个大的段落，1840—1936 年为前一时期，1937—1948 年为后一个时期。对前一个时期，作者着重说明帝国主义强迫中国签订的一系列不平等条约对中国国际贸易和工业发展的影响，以及随着工业的发展，贸易结构变化的趋势，入超与外国人在华投资的关系，关税、银价的变动对中国工业及一般经济的影响。这一时期尽管有断断续续短时间的对外战争和内战，但相对来说还是比较平静和有秩序的。后一个时期，即抗战时期和战后时期，作者分阶段地讨论了通货膨胀的程度及其对工业和对外贸易的影响，同时还专门考察了日本统治下东北工业的迅速发展和被占领区的经济情况。作者认为这个时期虽然不长，而且基本上处于战争的环境之下，但却需要加以详细的研究。全书以一半以上的篇幅叙述这十余年的历史，体现了厚今薄古的原则。而中国近代经济史的这一时期，却正是近年来国内研究的薄弱环节。笔者最近粗略翻阅了粉碎"四人帮"后五年多来发表的中国近代经济史论文，篇数最多的是讨论中国封建经济发展的迟滞和资本主义萌芽的文章，大约占了论文总数的一半；其次为论述19世纪后半期经济变化，很多是关于洋务派经济活动评价的文章；20世纪初到抗战前经济史问题的作品也还有一些，而论及1937—1948年各种经济问题的文章可谓凤毛麟角，少得实在可怜。这种状况今后应当有所改变。研究这后一时期历史的困难在于：资料虽然十分丰富，却又极端分散，往往使人难于入手，不得要领。郑书如能与国内读者见面，恰可补其不足。

在这本书中，作者根据大量的统计数字，提出了一些颇有说服力的独到见解，今略举一二。

一、关于中国国际收支的平衡

从1864年起，除少数几年外，中国每年都是入超的，19世纪后半期入超数量尚少，进入20世纪后迅速增加。根据中国海关的报告，到1936年时总计入超达7,591.4百万海关两，折合5,032.5百万美元。有些人认为中国国际贸易的逆差大部分是通过输出白银和黄金来补偿的。郑书经过计算认为恰恰相反。根据1890—1936年的统计，中国净进口白银466.4百万海关两，而且越是入超严重的年代，白银的进口量也越大。1889—1928年中国虽然净出口黄金96.8百万海关两，但只相当于中国国际商业债务的2%。那么大量的入超是如何支付的呢？作者认为一是靠侨汇，此项收入大约补偿了中国国际贸易逆差的1/3，二是入超中的大部分被列强各国用作在中国投资的资本，外人在华投资数量是与中国的入超额平行增长的。

二、白银价格对中国经济的影响

1935年11月货币改革以前，中国是一个用银国，但中国自己并不出产白银，也无从对银价的起落施加影响。郑书认为世界市场的白银价格对中国经济起着决定性的影响。通过白银的流动可以使中国经济恶化，也可以使之繁荣，增加或减少外国在华投资，降低或提高商品的进出口、侨汇以至各种不动产的投机和金融投机。在中国的外国企业家和银行家，从他们自身的利益出发，在不平等条约和治外法权的保护下，可以不受控制地任意采取行动压低或抬高银价。1929—1931年中国经济的暂时繁荣和1932年以后的市场危机，与国际市场上白银价格的一落一起有着密切的联系。在这场金融市场的风云变幻中，外国银行和商人则是最大的获利者。这一问题在国内出版的经济史著作中虽亦偶有提及，但阐述得很不充分，也缺乏数量分析，且对银价对商品进出口、外国投资、侨汇、工业发展作用的估计也未提到应有的地位。

三、关税改革与对外贸易和工业发展的关系

20年代末期和30年代初期国民党政府实行关税改革，先后四次提高税率，这是中国近代经济史上的一件重要大事，对其性质和作用应当作出评价。

1929年关税改革以前，进口关税率最高限度为值百抽五，实际上只有3%～4%。1929年关税改革，将一般水平提高到10.9%，1931年提高为16.3%，1933年和1934年又分别提高为25.4%和34.3%。郑书认为进口关税的提高，一方面增加了政府的财政收入，同时对国内工业也有保护的作用。这两方面是通过对竞争性进口和非竞争性进口的不同关税水平来实现的。1929年时竞争性商品的关税水平为9%，1934年提高为28.9%，这使竞争性商品的进口额急转直下，对30年代前期不景气的中国工业转向复苏是有利的。与此同时，非竞争性商品的关税水平则由1929年的17.2%提高为1934年的35.3%，特别是日用消费品的关税率提高的更多。由于关税水平的普遍提高和非竞争性商品的进口在高关税率下缓慢地减少，国民党政府的关税收入大大增加，1934年较1929年以前增加了五倍。

现行的经济史著作对这次关税改革有的根本没有提及，有的则只限于说明列强各国对这次关税改革的立场和态度，认为并没有实现关税自主，只不过是增加了国民党政府的财政收入。笔者认为对这一问题无论采取回避方式，还是采取一点论的看法都不是实事求是的。

当然郑友揆的《中国的对外贸易和工业发展》一书由于受到历史条件的限制，也有一些观点不甚妥帖或需要商榷，如认为30年代中期中国已处在工业化的入口，只是由于日本帝国主义的入侵，这个进程突然被打断；抗日战争的爆发使帝国主义强加在中国人民头上的不平等条约的执行成为不可能，随后又被正式废

除，中国从而结束了被动的、顺从的、不受控制的发展时期，开始了自己独立的工业发展进程等观点，则是难于接受的。但总的看来，郑书还是比较客观地反映了历史的真实面目，在国外发表的研究中国近代经济史的著作中，是一本有学术价值并有一定代表性的作品。

（原载《南开经济研究所季刊》1982 年第 3 期）

对旧中国工业增长率的一个估算

——评张约翰著《解放前的中国工业的发展》

近来我国的一些经济史学工作者在论及研究方法时都一再强调计量分析的重要性，吴承明同志指出："凡能定量者，必须定量，这就可以破许多假说，立论才有根据。"①唐传泗同志在《关于中国近代经济史研究的计量问题》一文中，专门就如何收集数字资料以及数字资料的检查和审定等计量方法问题进行探讨。②1981 年在南京举行的中国资本主义萌芽问题研讨会上，大家认为要使研究进一步深入，就必须把性质的分析同数量的分析紧密地结合起来。如果不重视数理分析，就往往分不清主要因素和次要因素，看不出发展的程度。③

20 世纪 50 年代曾经出版了一些有关中国近代经济史的统计资料，其后一个相当长的时期由于受"左"的思潮影响，经济史的著作往往只讲生产关系，不讲生产力。各个历史时期生产发展的速度和水平可谓不见"经传"。读了一本讲述中国经济史的书，却不能得到关于中国经济发展情况的基本轮廓。写书者不曾深入研究，读者自然不得要领。

按照马克思主义的原理，量和质是对立的统一，不同质的事物具有不同的量的界限。一定的质必须以一定的量作为必要的条件，量变达到一定的限度，事物的质就会改变。量和质是密切联系、不可分离的。经济发展史上各个阶段的划分，既有其质的规定性，也有其量的规定性，即生产力发展速度、水平等的规定性。对这些重要的具有决定性的因素不作数量分析，就轻率地得出带有质的规定性的结论，是违背辩证唯物论的基本原则的。我们在一切可能的情况下要力求改变过去那种列举几条文字材料就得出一个结论的研究方法。早在 20 世纪 40 年代毛泽东同志就要求我们做到胸中有"数"。他说："对情况和问题一定要注意到它们的

---

① 吴承明：《关于研究中国近代经济史的意见》，《晋阳学刊》1982 年第 1 期。

② 见《经济学术资料》1982 年第 3 期。

③ 魏金玉：《中国资本主义萌芽问题研究的新进展》，《经济研究》1981 年第 9 期。

数量方面，要有基本的数量分析。任何质量都表现为一定的数量，没有数量也就没有质量。我们有许多同志至今不懂得注意事物的数量方面，不懂得注意基本的统计、主要的百分比，不懂得注意决定事物质量的数量界限，一切都是胸中无'数'，结果就不能不犯错误。"[①]我们的研究工作要尽快地摆脱毛泽东同志早已指出的这种错误倾向。

近几年来，克服统计资料分散和缺乏的困难，在中国古代和近代经济史研究方面，整理和发表了一些进行计量分析的成果。这是一个十分可喜的征兆，受到国内外学术界的重视和好评。但这只是一个起步，还有待今后发扬。在对中国经济史一些重要课题作定量分析方面，国外的一些学者起步较早，并在他们所能涉猎的资料范围内做出一些成绩。虽然由于在资料方面遇到同样的困难，在一些地方不得不采用估计的方法，以致某些参数往往缺乏足够的依据，计量结果也不能令人钦服，但他们引入的研究方法和使用的一些概念、范畴，却有值得借鉴之处。

张约翰著《解放前的中国工业的发展》一书是国外对中国近代经济增长专门进行计量研究的具有代表性的作品之一。作者根据大量资料首先编制和估算了15种工矿产品[②]1912—1949年的产量，按照这些产品1933年的价格，计算出各年的总产值和净产值。从计算结果看，15种工矿产品的总产值在1936年达到历史的最高峰，净产值则以1942年为历史的最高点。然后作者又依据历年的净产值数，计算出1912—1949年中国工业的年平均增长率（机器生产，不包括手工生产）以及其间一些阶段的工业年平均增长率（见下表）。

工业年平均增长率（%）

时 期	增长率	时 期	增长率
1912—1949	5.6	1926—1936	8.3
1912—1920	13.4	1928—1936	8.4
1912—1936	9.4	1928—1942	6.7
1912—1942	8.4	1931—1936	9.3
1923—1936	8.7	1931—1942	6.7
1923—1942	7.4	1936—1942	4.5

1912—1949年期间中国工矿业平均增长5.6%，作者认为这是一个不算低的增长率，说明其发展是迅速的，长期以来颇为流行的、解放前中国工业停滞甚至

---

① 《毛泽东选集》第4卷，第1443页。
② 15种工矿产品为：煤、铁矿砂、生铁、钢、锑、铜、金、汞、锡、钨、棉纱、棉布、水泥、原油、电力。

倒退的理论是不能成立的。特别是 1912—1936 年期间工业增长的速度相当快，15 种工矿产品的产量大约增加了 8 倍，考虑到 1912 年中国工业生产水平较低的因素，估计战前中国工业增长平均在 8%～9%之间。作者还认为 1931—1936 年的经济衰退对中国工业的影响不大，这期间工业生产指数仍是一种上升的趋势。

在计算和说明了中国工业的一般增长速度后，作者进而分析了工业结构的变化情况。1912—1936 年期间，消费品生产是工业生产的主要部门，消费品产值在工业总产值中的比重逐渐增加。与此同时，电力工业有明显的发展。铁金属的生产也在增长，但在全部工业生产中所占的比重不大。电力、铁金属生产的增长速度高于消费品生产的增长速度，过去有人认为抗战前消费品生产的发展比其他工业快，作者对这种观点提出怀疑。在此期间，煤炭生产在全部工业中的比重变化不大。其他矿产品，如锑、铜、金、汞、锡、钨的生产发展较慢，相对比重日趋下降。抗日战争时期，煤炭生产的比重保持稳定。其他矿产品的比重不断跌落。电力和铁金属工业的相对比重猛增。其他战略性物资及生产资料的生产，如化学制品、机器工业等也有较大的发展。国民经济转入战时状态，消费品的生产受到损失，如果以 1933 年的生产为 100，1945 年只有 12.1。抗日战争胜利后，工业生产重新转入消费品为主。其他矿产品的生产明显下降，在工业生产中的比重处于不重要的地位。煤、铁金属，电力生产的绝对值和相对值都下降了，尤其是铁金属的生产下降幅度最大。

该书的基本观点是认为解放前，尤其是抗战前中国是处于工业化的过程中，其根据除上述关于工业增长率的计算和工业结构的变化外，还有以下几方面的理由：

1. 机器的进口值不断增加。

2. 到 1949 年时，煤、铁矿砂和生铁等的机器开采或生产几乎全部代替了手工生产。

3. 矿产品的出口由于国内工业的发展而趋向减少。

4. 铁路里程和运输量不断增加，铁路运输中工矿产品的比重不断增加。

5. 现代工业产值在国民经济总产值中的比重不断加大。

但在阐述了中国走向工业化的种种迹象之后，作者也不得不承认，虽然就工业本身看有比较迅速的增长，但中国经济作为一个整体，直至解放前仍然是很不发达的，工业的增长对其他国民经济部门的冲击很小，并未使整体经济结构得到改造，即便在原有的轨道上继续运行下去，也未必就能真正实现国家的工业化。究其原因，作者认为主要在于中国缺乏政治和经济上的统一，国家政权的消极作用，经济上的改革没有得到国家的支持。

　　像其他一些西方经济学家研究中国经济史的著作一样，张书的根本问题在于对中国工业的发展很少乃至完全没有从生产关系方面加以考虑，正确的方法应当是在计算中国工业增长率的同时，必须区分其中外国资本在华企业和中国资本企业的不同增长情况，对于中国资本企业还应当区分官僚资本企业和私人资本企业的消长情况。因为这些属于不同所有权工业成分在中国经济发展中所起的作用是不尽相同，甚至完全不同的。不指出不同所有权工业成分增长的相对比重，就不能正确认识一般工业增长的本质和意义，甚至会得出完全错误的结论。按照该书的计算，15 种工矿产品的净产值在 1942 年达到历史的最高点，这主要是由于日本帝国主义为了扩大侵华战争的需要，加速发展东北重工业的结果。显然，这种局面如果持续下去绝不会使中国真正实现工业化，而只能导致殖民地化的加深。

　　此书的核心课题是要对解放前中国工业的增长率和部门的变化做出回答，其各种计算结果是建立在 15 种工矿产品历年产量和产值的基础上。因此这些产品的选择是否得当，能否代表中国工业的变化趋势和构成，对计算结果是否可靠具有决定性的影响。读者略加留意就可看出，15 种产品中矿产品占了 9 种，这 9 种矿产品的产值在某些年份竟占了 15 种产品总产值的 70%以上。缺项最多的是消费品工业（只有棉纱和棉布两种），面粉、火柴、卷烟、食品、饮料、毛纺、丝织等行业均未统计在内。此外，如化工、机器等行业也被舍弃。从作者所做的说明看，产品种类的选择偏向于矿业方面是为资料所左右，因为矿产品产量的统计数字较全，而且连续、可靠。缺项工业是由于无法编制和估算出连续的产量数据。但据我们所知并非完全如此，起码面粉、火柴等工业的产量系列数字是不难得到的。作者在该书的结尾也承认，如果加入更多的消费品工业，工业的增长率将会降低。

　　书中的其他一些观点，也还有不符合历史事实之处。篇幅所限，不及详述。尽管如此，该书毕竟是第一次为我们提供了一个旧中国比较长的历史时期内的工业增长率指数，在其运用的计算方法和提供的数据的资料方面，以及得出的某些结论方面，都有一定的参考价值。

（原载《南开经济研究所季刊》1982 年第 4 期）

抗战前十年间南京政府的财经政策应如何估价

——兼评杨格著《1927—1937 年中国建国的努力》

近三十年来，美国、西欧和日本研究中国近代经济史的学者及以各种不同身份涉身中国事件的人，发表了大量有关抗战前十年间南京国民政府财经政策及其对中国经济发展影响的著述。其间虽亦不乏批评、责难之词，但肯定、赞扬者居多。美国财政学家杨格尤其突出强调后一观点。他在 1971 年出版的《1927—1937年中国建国的努力》一书中对当时国民党的财经政策和建设业绩倍加夸奖，对其在一些方面的失败则极力辩解。他认为战前十年间中国在许多方面都取得了巨大进步，正着手于自身的现代化，如果不是日本的武装入侵，前途是大有希望的。该书的结论是："中国在战前十年的变化确实表明，国民党重建国家的努力不能认为是失败的。无论这个政府有什么样的弱点，到了 1937 年他已经顺利克服了一系列尖锐危机。在扑灭地方上的分裂运动之后，在国内多数地区巩固了他的地位；为发展强大的陆军建立起一支由中央控制的中坚力量；在国际上能代表中国说话；把财政收入从库空如洗发展到每年得到近十亿元的税收（约等于三亿美元）；建立健全的预算制度；为举借内债发展市场；清还大部分积欠外债；在全国范围内改革通货和铸币制度；成立并发展中央银行；修复改进铁路和交通运输；开始改革农业；在国内外资本和技术援助参与下，一项逐步增大并很有前途的发展计划正在实施。"

杨格自 1929 年起长期充任南京政府的财政顾问，作为一个资产阶级学者和政客，由他特有的地位所决定，持上述的立场和看法是并不奇怪的。摆在我们面前的任务是在全面占有这一时期历史资料的基础上，对这一问题进行深入的研究，运用历史唯物主义的观点，作出科学的、有说服力的批评和估价。早在解放前，特别是全国解放以后，我国的许多经济和史学工作者曾对国民党上台后所实行的一些财经政策及其对国民经济造成的危害进行过分析和批判。这些论证今天看起来仍然是切中要害的，基本观点也是正确的。但笔者认为我们的研究工作不

能就到此止步。譬如 20 年代末期至 30 年代初期国民党政府的收回关税自主权和
1935 年的币制改革等等，都是中国近代经济史上至关重要的问题。对此，国外
发表的论文很多，专门著作也有数种，而国内却很少研究，不但没有专著出版，
也不曾见专题文章。在一些经济史教科书中，论及此的则寥寥数言，一笔带过，
使读者不能窥及全豹。此外有如这一时期白银价格激烈变动和美国的白银政策、
外国对华投资的流向、国民收入和资本积累等问题，似乎也无人问津。

上述诸多问题，本文当然不可能一一论及，下面仅就杨格书中对这时期国民
党一些财经政策的评价问题，略谈几点粗浅的意见。

一、关税、盐税和其他货物税的改革

杨格炫耀他在充当南京政府顾问期间的最大的"功绩"是使中央的财政收入
由北京政府时期的每年几百万元增加为战前的 12.5 亿余元，岁入的增加主要来
源于关、盐、统三种税收。

1928 年国民党政府通过与列强各国谈判，基本上收回了关税自主权。从 1929
年起四次提高进口税率，并从 1930 年开始按全价计征进口税。通过上述改革，
关税收入大幅度增加，进口货物税额 1927 年时只有 5,400 万元，1934 年增至 2.6
亿元。

列强各国把通过不平等条约夺取的一部分中国主权归还给南京政府并不是
无条件的。而是在蒋介石明确表示原则承认北京政府的外债，采取步骤开始清理
积欠，聘请外国顾问监督其财政，并且是在各种迹象表明这个政府是一个可以有
效地控制地方军阀、镇压共产党人所领导的人民革命斗争的得力代理人之后。经
过反复权衡，帝国主义各国认为作出某些堂皇的恩赐可以加强南京政府的实力，
以使他能够顶住群众日益增长的反帝情绪的压力，出面维护列强各国在华的基本
经济利益。另一方面，南京政府在关税增收后，又能保证以关税为担保的外债按
期偿付。堪称深谋远虑，一举两得。首先与中国政府签订关税新条约、承认中国
关税自主权的美国国务卿凯洛格在阐述其为何率先采取这一行动时说，这是由于
国民党"业已显示出有在中国建立一个可以接受的政府的能力"。一语道破了这
一问题的解决关键在于：一是国民党政府的宣言和行为被认为是美国统治集团
"可以接受的"；二是它有充当国际资本在中国总代理人的"能力"。

关税改革主要是增强了南京政府的财政收入（其用项的分析将留待下文），
但在客观上对民族也有一定的保护作用。例如 1931 年起实行的新税则，提高了

火柴、水泥、玻璃、肥皂、毛制品等竞争性商品的进口税率，降低了一部分工业原料的进口税率，对于处在不景气中的民族资本企业是有利的。否认或忽略关税改革这一方面的作用是不对的。当然也有不利的一面。一是进口税率的提高无形中鼓励了外国资本来华设厂——虽然总的看来，30 年代前期外国在中国的私人投资增长不多，但某些行业中外资企业却有显著的扩展。特别是中外资本竞争最为激烈的棉纺织业，日本的投资增加尤甚，1927 年时日商纱厂只有纱锭 1,290,000枚，布机 9,625 部，1936 年纱锭增加为 2,140,000 枚，布机增加为 28,915 部。其他如仪表、机器制造等行业中外资也有长足的发展。再是在进口税率提高后，外货走私问题日益严重，特别是从 1935 年起，日本凭借武力在华北地区大量走私，内外夹击，给民族工业加上沉重的压力。

国民党政府在谈判收回关税权的同时，还着手整顿盐税，把被地方军阀政府截留的部分拿到中央政府手中，用以清偿以盐税为担保的外债本息。因为关税有很大部分要用于偿还外债，所以到了 30 年代，在政府可以自由处置的财政收入中，盐务收入与关税余额几乎相等。通过整理，蒋介石政府的盐税收入虽然激增，但盐政中的积弊未消，包税商的垄断依然存在，盐质低劣，盐税率很高，贪污走私十分严重。

为了增加财政收入，南京政府还陆续对卷烟、面粉、火柴、水泥、酒等开征统税。统税的征收办法明显地有利于外资在华企业而不利于民族资本企业，关于这一事实在国内出版的各种经济史著作中都有详尽的分析，这里不再赘述。但是杨格在书中却对此矢口不谈，这就暴露了他所标榜的理论客观公正的虚伪性。

在征收统税后，南京政府从 1931 年起裁撤厘金（包括子口税、复进口税、常关税等），这一措施虽在实行中尚不彻底，但毕竟在很多地区免除了浮征、勒索，促进了国内商品的流通和货物的出口，对民族工商业的发展和人民负担的减轻，还是有一定作用的。

关、盐、统三种税收都是间接税，进口货物和统税征收的对象大部分是日用消费品，盐更为生活所必需。这些税收的增加对广大劳动群众是沉重的压力，而对少数富有的剥削者则相对说来负担甚轻，税负的分配是很不均衡的。国民党政府虽然从 1936 年起开征所得税，但起点定得很低，实际上是给收入处于低水平的工资劳动者、中小企业主增加了新的负担，而对从不动产所得中的收益却撇开不征，这些都充分说明南京政府税收政策的制定就是从城乡买办、地主阶级的私利出发，对广大人民群众极尽搜刮之能事。

二、土地税划归地方财政

田赋在清政府和北洋军阀时代是国家的重要财政收入之一，国民党上台后于1928 年把土地税收入全部划给地方政府，虽然也官样文章地谈论要进行改革，但实际上却放任地方官绅势力从中渔利。田赋各种附加税名目繁多、倍于正额，预征数年乃至数十年，贪官污吏营私舞弊，地主多逃避税收，负担大都落在贫苦农民身上，等等劣迹，不但依然如故，且较前更甚。

由于新军阀混战和国民党对工农红军的反革命围剿，有些地区的农村破坏较之北洋政府时期更为严重。再加上 1931 年长江特大洪水成灾和接踵而至的经济危机的打击，农产品价格惨跌，据刘大中的估算，1931 年全国农产品的毛值为24.4 亿元，农民的收入大幅度下降，农村通货枯竭，白银和铜币大量流入城市。国民党并不想从根本上改变农村的土地制度，它虽然在 1930 年和 1937 年先后公布了两个土地法，表面上说是要限制土地出租和田主的收租额比例，但就是这类极不彻底的改良性条款也不过是一纸具文，根本不曾付诸实施。中央和地方各省也曾制定各种各样的改进农业方案，但收效不大。对农村的信贷少得可怜，农民仍然处在旧式高利贷的统治下。改良种子、使用化肥、兴修水利、控制自然灾害、农产品的存储调运，以及为农业提供先进技术等方面进展甚微。面对这种事实，就连杨格这样的人也不得不承认，南京政府在中国这个以农业为主体的国家中，对农村改革的忽视，导致几亿农民陷于穷苦的深渊，是个极大的过错。他在书中写道："大部分是城市背景的领导人，无意从根本上解决农业问题，而且他们的态度是偏向拥有土地和财政利益的人们的。"国外一些经济史学者那种认为1927—1937 年间中国农村经济正在起飞，甚至认为中国在 30 年代农业方面的成就与其他不发达国家比较位居前列等看法，是缺乏事实根据的。这一时期曾经亲身到中国的穷乡僻壤走一走、看一看的外国人，都持有完全相反的见解。

三、财政支出的用项

杨格根据他所掌握的资料对国民党政府的岁出、赤字、借贷，以及如何寻求财政的稳定，作了比较详尽的介绍，他承认在国民党的财政支出中军费和还债占了绝大部分，但又极力辩解说这是为谋求国家的统一、维持政府的信誉所能做出的唯一的选择。

由于税收的大幅度增长，加上举借内债和外债，南京政府的收入逐年上升，1929 年时为 4.34 亿元，1937 年增加为 12.51 亿元，增加了近两倍。这些钱都做何用项？据杨格说，1928—1937 年平均计算，军费开支占了岁出的一半，还债占 31%，政府行政开支占 13%，剩下来的钱自然就不多了。1934—1937 年是经济建设、文化教育、社会福利事业等方面支出相对增加的年份，但这几年平均计算，上述用于发展的项目的经费也不过只占岁出预算的 1/8，其中还有相当数目是用于投资政府所办的银行和企业。

抗战前十年间，国民党政府的军事费用不断增加，累计超过 30 亿元。军费开支主要用于围剿革命根据地，征讨地方军阀的反抗。当然 1931 年后日本的武装入侵，也加重了国防费用的开销。

提高关税率、以金价计征进口税和整顿盐务，使以关盐两税为担保的外债得以按期偿还，到抗战前夕，蒋介石政府归还了除日本以外的大多数拖欠未还的国外债务。对外，南京政府还以大折扣发行短期、高利的债券多笔，然后用通过强制性税法增收的大量税款去偿还，从而使少数大银行家和买办资产阶级取得了厚利。

国民党政府财政支出用于经济建设、文化教育、社会福利事业等方面的有限数目中，相对说来投资较多的是铁路、公路、港口、民用机场和电信等交通事业的建设，特别是有些省份的地方财政开支中，在修筑铁路、公路上花了相当多的钱，但这是在田赋激增的情况下，而农民从这些建设中直接享受到的利益却不多。

总的说来，国民党政府的财政预算是以军事需要为转移的，主宰政府的是军方，不断增加的军费开支使国家财政入不敷出，从而必须扩大税收。税款不够用，则向国内外举债。

依靠不断扩大的军费开支维持一支庞大的军队，目的在于加强中央政府的实力，以使国民党的统治得以维持，其他主要财政开支，如政府的行政费用，也是直接为此目的服务的；至于偿还到期的外债和内债本息，则是为了维护蒋介石政府在国际垄断资产阶级和国内金融买办资产阶级中的信誉，以换取他们的支持，是间接为这一目的服务的。

四、1935 年的币制改革

《1927—1937 年中国建国的努力》一书，以大量的篇幅介绍了美国政府在 30 年代前期实行大量收购白银政策的原委，有助于我们研究 1935 年国民党政府币制改革的历史背景。

北洋政府统治时期国内流通媒介十分紊乱,有形形色色的纸币、铜元和银元,但成交却多以银两为单位,由于银子的成色不同,计算起来十分复杂。1933 年南京政府宣布废两改元,不再以银两为计价单位,在银元的基础上统一全国币制。这一改革顺应经济发展的需要,进行得比较顺利。但由于中央、各省政府、中外私家银行均可发行钞票,各种货币并行,价值各不相同的状况并未彻底改变。

1934 年由于美国政府实行收购白银的政策,银货大量外流,南京政府官员惧怕开罪美国统治集团,不敢采取断然措施制止白银出口,以致白银外流越来越严重,国内资金短绌,银行信贷急剧收缩,银根紧张达到极点。形势表明放弃长期以来实行的自由银本位制度已是刻不容缓。到十月中旬情况极为严重时,南京政府才被迫决定开征白银出口税,并征收平衡税。其后白银合法出口虽然明显减少,但走私却严重起来。

为了从根本上解决问题,1935 年 11 月 3 日南京政府宣布实行币制改革,禁止白银流通,实行白银国有,由中央银行准备兑换成外汇,中央、中国、交通三行发行法偿货币,法币改为汇兑本位制,可以无限制兑换外汇。其后又在一些地方实行区域性的币制改革,如四川省,中央银行在那里设置的分支机构用它所发行的钞票收兑贬了值的地方钞票,两广地区也采取了类似的办法,制止了地方军阀政府滥发纸币。

币制改革结束了清朝末年以来流通手段的混乱状态,扭转了由于美国实行白银政策造成的银根奇紧的局面,国民经济在 1936—1937 年上半年有所恢复。实行法币政策后,物价在 1936 年缓慢回升,特别是农产品的价格有比较明显的提高,农产品的出口增加,提高了农民的购买力。外汇率在一段时间内保持稳定,国际收支变为顺差,中国因此得到大量外汇。

笔者认为 1935 年 11 月的货币改革,从抗战前的 20 个月看,虽然由于法币发行量的增加造成了轻度的通货膨胀,但就其对整个社会经济的作用而言,积极方面还是主要的。当然这一改革使南京政府可以轻而易举地用任意发行纸币的方式来弥补财政赤字,为日后抗战时期特别是 40 年代的恶性通货膨胀开了方便之门,最后导致南京政府经济的崩溃。

五、经济建设和工业发展

杨格在其书中除重点论述了南京政府的财政金融政策外,还概括地介绍了一番十年间经济建设的成绩。他反对美国一些学者提出的国民党执政后经济发展处于停滞状态的观点，认为从 30 年代开始，中国在着手自己的现代化方面取得了显著的进展。

抗战前十年间南京政府先后成立了建设委员会、经济委员会、资源委员会等负责国家经济建设的机构，并制定过三年、十年等经济建设计划，但如前所述，由于用在这方面的投资很少，所以这些计划大多只是纸上谈兵，成事者不多。相对说来较有成绩的还是在交通运输事业方面。

1927 年以前由于军阀混战，铁路运输线往往被切断，车辆被征调作军用，甚至铁路设备也被拆毁转移，铁路收入被地方军阀截留。1927—1937 的十年间，全国、各省在修复和新建铁路方面取得一定的进展，投资估计在一亿元左右，筑路 2,328 英里[①]，较 1927 年时增加 47%，在铁路的经营方面也进行了一些改革。

1927 年全国有公路约 18,000 英里，1936 年增加到 69,000 英里，特别是华中和西北地区修筑公路的工作有较大的进展。十年间客货运输车辆有比较明显的增加，由于起点很低，登记的客车数目增加了 70%，卡车、公共汽车的数目分别增加了 6 倍和 8 倍，但就中国这样一个大国而论，无论是公路里程，还是车辆数目都是很为少的。而且，修筑公路经常使用强制劳动，无偿占用农民的耕地，地方各级政府常以筑路为借口增加各种捐派，给沿途人民群众以很大骚扰。而且不少公路是为战略目的修建的，除客运外，其他商业用途发展缓慢。

除铁路、公路外，这一时期在民用航空事业方面有了初步的发展，电话、电报、邮政等通信的服务有所推广。

关于这十年间全国工矿业的发展情况，杨格完全根据美籍学者张约翰的研究，认为 1926—1936 年期间中国工业年平均增长率为 8.3%，不计东北，中国本部的工业增长率为 6.4%，十年间工业总产值增加 86%。在 1929—1933 年期间世界大多数国家都处在经济衰退或停滞的情况下，中国工业能保持这样的发展速度是很不容易的。但是，张约翰在《解放前的中国工业的发展》一书中所计算的战前十年的工业增长率是偏高的，问题出在他用作计算基础的 15 种工矿产品中，矿产品占了 9 种，而一些重要的消费品工业则未计算在内，以致不能正确反映中国工业的结构和发展变化的趋势。对于此书计算中的问题，在拙作《对旧中国工业增长率的一个估算》[②]中有比较详细的讨论，这里不再重复。

1927—1937 年间中国工业发展可以分作三个阶段。1927—1931 这四年中间

---

① 1 英里≈1.6 公里。——编者注

② 《南开经济研究所季刊》，1982 年第 4 期。

有比较快的发展，即以民族资本工矿交通业而论，投资由 49,775.9 万元增加为 82,415.6 万元，平均年递增 13.43%。1931 年后由于日本帝国主义武装入侵和世界经济危机波及中国，民族工业颇不景气，外国资本除日本外，也有流出迹象。1931—1935 这四年间，民族资本工矿交通业投资只增加了一亿元略多一点，年平均增长率只有 3.13%。如把两次世界大战之间民族工业的发展划分为若干阶段，这四年是投资增长率最低的一个阶段。①1935 年 11 月币制改革后，在 1936—1937 年上半年中国工业又有所回升。总的说来，在 1927—1937 年期间，中国近代工矿交通业在曲折的变化中有缓慢的发展，资本主义的生产关系在扩大，认为这十年间民族工业一天天走下坡路，最后完全陷于破产的境遇，是不符合当时实际情况的。反之，夸大这一年间中国工业的进展，似乎在 30 年代初期和中期我国已经走上工业现代化的轨道，也是海客谈瀛，不可妄信。在就上述五个方面对杨格《1927—1937 年中国建国的努力》一书略作介绍和评论后，还需稍加说明的是：国民党政府时期，表面上看来政府各经济部门的外国顾问和雇员数量较北洋政府时期有所减少，如各级海关和盐务管理机构中，中国雇员的比重增加，并逐步接替了一些高级职位，但一些经济决策部门仍为帝国主义分子所控制。所不同的是，蒋介石、宋子文、孔祥熙等在财政经济上更多地寻求美国统治集团的援助，其顾问团中美国人多了起来，这些人虽以个人名义受聘，其行事则以美国政府的意向为转移，且在列强各国错综复杂的矛盾斗争中，力图不过多损害英、日等其他国家通过不平等条约已取得的在华利益。国民党政府虽然在关税改革方面取得了成功，但在收回外国租界、废除治外法权等方面并未奏效。因此，中国作为一个半殖民地国家的明显烙印依然存在，就是形式上的独立和主权也谈不上。

（以笔名何立发表，原载《南开经济研究所季刊》1983 年第 2 期）

---

① 关于两次世界大战之间民族工业投资增长的阶段划分和各阶段投资增长率的计算详细数字请参阅拙作：《试论我国民族资本企业的资本积累问题》，《南开学报》1982 年第 2 期。

中国近代经济史研究中一席空白的填补

——评介聂宝璋编《中国近代航运史资料》

继中国近代工业史、农业史、手工业史、对外贸易史和铁路史等资料书后，由聂宝璋同志编辑的《中国近代航运史资料》第一辑（上下册），已经由上海人民出版社出版。

航运在世界近现代经济发展的历史上，具有至关重要的作用。前资本主义时代，自然经济占统治地位，我们生存的这个星球上，由地理条件决定所形成的几个区域之间，以至其内部的各个构成体之间，都是封闭的。只是到了近代，才逐步打破这种格局。世界各地区之间及其内部的经济联系和相互依赖性不断增长，形成统一的整体。在这个发展进程中，航运曾经是最重要的桥梁。

"工业和农业生产方式的革命，又使社会生产过程的一般条件，那就是交通和运输手段，有发生革命的必要。"[1]在地中海沿岸，航运是最早产生资本主义生产关系萌芽的少数几个行业之一。随着资本主义生产的发展和向海外扩张的迫切需要，在产业革命的过程中，旧式木船逐步为机动轮船所代替，近代航运业迅速发展起来。反过来，轮船运输业的迅速扩张，又成为资本主义各国加强对海外殖民地的掠夺和殖民体系形成的有力手段。中国近代航运业正是作为帝国主义对中国经济侵略的一个重要内容，产生和发展起来的。外商在华轮运势力的扩张，在很大程度上反映了外国在华经济势力的扩张，为之服务的买办阶级应运而生。中国旧式木船业遭受沉重打击而衰败。正是在这种形势下，洋务派官僚办的第一家民用企业——轮船招商局，在1872年建立。它的活动在洋务运动史上是颇具典型性的。因此，19世纪后半期中国航运史的研究，对揭露帝国主义对中国的经济侵略，以至了解这一时期整个中国经济的发展，无疑具有十分重要的作用。

但是，解放后三十余年来，国内对中国近代航运史的研究十分薄弱，见于成

---

[1] 《资本论》第1卷，人民出版社1975年版，第462页。

果的只有为数有限的几篇文章，这个学术领域可谓一片空白。各有关部门保存的大量珍贵的早期轮船公司档案，至今亦未见整理出版。相比之下，国外近些年来却开展了规模可观的档案资料收集编辑工作，出版了多种有关中国近代航运业的文献和资料，并发表了不少专题论文和著作。如刘广京著《1862—1874 年间英美在华轮运势力的竞争》《1873—1885 年中英轮运业的竞争》；勒费沃著《清末西人在华企业，1842—1895 年间怡和洋行活动概述》；洛克伍德著《1858—1862 年的琼记洋行，长江开放前夕的在华美商》等。此外，甚至有关长江航运上的旧式木船业及就中国的河道管理等更为专门问题的研究，国外也有著作出版。与此同时，台湾方面也发表了一些有关中国早期轮船经营的论著。鉴于上述的情况，很显然，聂宝璋同志编辑的《中国近代航运史资料》一书的问世，可以说是填补了解放以来中国近代经济史研究中的一席空白；同时，也是在国际学术研究领域中的一个方面，为争得与我们国家相称的地位，迈出举足轻重的一步。

《中国近代航运史资料》一书，是聂宝璋同志断续用了三十年的时间，沙里淘金，付出艰苦劳动的心血结晶。特别是"十年动乱"期间在研究条件尽失的厄境中，作者带病发奋治事，不肯中辍。录入书中与读者见面的虽仅 120 万字，但征引的文献却在二百种以上，摘抄的原始素材当以千万计。为挖掘资料，作者曾两下江南。赴上海面壁经年，逐日检阅盈室累案的中外早期报纸期刊、档案卷宗。该书的一个重要特点，是从其研究对象的客观需要出发广泛辑录了国外公布的档案、出版的回忆录和著作中的有用资料。此外编者还尽可能地根据录入的文字材料，制成统计图表，使读者一目了然，得到明确的数量概念，其所用功力，自不待言。聂宝璋同志出身于经济学者，但他继承了中国史学的优良传统，治学态度极为严谨，对所征引的资料反复校勘，即使是一个标点符号或一个页码的错误也绝不肯放过。

《中国近代航运史资料》虽然是一部史料书，但从该书的前言中以及章节标题、材料编排上，都表明了作者对航运业乃至这一时期整个中国经济发展史，大体应以 1870 年左右为断线，划分为前后两个阶段的认识。在前一阶段中，外国资本主义对中国的侵略手段，主要是暴力掠夺、鸦片走私、强占海口、武装驻防、贩卖华工等等。由于列强各国工业生产发展水平的局限，他们的商品输入尚不足以打垮我国城乡的手工业，所以不可能依靠以价值规律为基础的平等贸易获取巨额利润。19 世纪 60 年代末、70 年代初，由于苏伊士运河的开通、中西海底电缆的铺设，以及 1873 年资本主义各国的经济危机，促使其改进设备和技术，机械化程度进一步提高，外国商品的竞争力加强了。因此，1870—1895 年这一阶段，帝国主义对中国经济侵略的手段转变为控制我国的流通环节，包括商品输出、航运、金融等方面。上述这些观点，虽与五六十年代以降国内通行的说法不尽相同，学术界自难免持有不同意见者；但笔者认为，聂书的这些看法是对大量历史资料进行归纳分析得出的结果，是从实际出发、言之有据的。分期的断线划在 1870 年前后，着眼于中外经济发展重大事件和带有质的规定性的变化，打破了过去中国近代经济史教科书主要以政治事件划分章节的传统办法，应该说是朝着建立较为科学的中国近代经济史学体系前进了一步。

在编辑这部资料书的基础上，聂宝璋同志近年来发表的研究成果，如《中国买办阶级的发生》（中国社会科学出版社 1979 年出版）、《19 世纪中国近代航运业的发展史的几个问题》（载《南开经济研究所年刊》，1981—1982 年合刊）、《19 世纪 60 年代外国在华洋行势力的扩张》（《历史研究》1984 年第 6 期）等著作和论文中，更为详尽和深入地阐述了他的观点，本文不再一一介绍。

中国社会科学院经济研究所中国近代经济史组的研究人员，三十年来是从全面收集国民经济各个部门的资料入手，来展开他们研究工作的。严中平同志 1984 年 5 月在一次谈话中说："我们一直坚持一条原则：在积累资料的基础上，进行专题研究；在专题研究的基础上，写专门著作。坚持这一条可不容易，但我觉得这条路子比较好"，"我们要鼓励青年人的创造性见解，但要使创见站得住脚，则需要有大量证据。这还要花大工夫"。①如果检阅一下近年来中国近代经济史方面发表的论文和著作，就不难看出，北京、上海及其他一些省市的研究工作者之所以能推出一批有分量的成果，无一例外都是在他们不辞辛苦、长期收集有关部门、行业、企业或某项专题资料的基础上写成的。对这一学科的研究工作而言，应当在分门别类全面掌握，并不断深入发掘资料的基础上，开展专题研究，进而写出专门著作，最后系统综合为一部完整的历史，这条途径无疑是正确的，是符合科学研究工作的客观规律的。只有这样才能产生有价值的、代表我们国家水平的科学研究论著，并在这个学术领域的国际范围内，作出有权威性影响的贡献。

最近一个时期以来，一些青年经济史学工作者，从宏观的角度，通过中外经济史的比较研究，提出了一些新的见解，他们是有才华的，应当给以鼓励；不能因为其中某些材料和论点经不起推敲，而一概予以否定。但是也应当指出他们的不足之处，帮助他们打好基础，从而能迅速健康地成长起来。这应当说是老一辈经济史学家义不容辞的责任。

资料工作对经济史研究的重要性本来是众所周知的。但是近年来，由于在查

---

① 《严中平谈中国近代经济史研究方法问题》，《南开经济研究所季刊》1984 年第 4 期。

阅档案、报刊和出版上所遇到的重重困难，以及某些研究机构在制定考核办法时眼光短浅，造成一部分研究人员，特别是中青年研究人员，急功近利，不愿意甚至根本没有条件去做第一手资料的发掘整理工作，这样下去研究工作如何能够深入？无源之水难以为江河湖海，急功近利是难成大气候的。

笔者盼望我国近代经济史料的整理出版工作更加繁荣兴旺，这是一项传之后世、功德无量的事业。当然其中也包括聂宝璋同志正在编辑的《中国近代航运史资料》第二辑（1985—1937年），能早日与海内外学人见面。第一辑由于是从50年代开始收集资料，受到历史条件的限制，在材料的取舍方面难免有一些框框。党的十一届三中全会以来，禁区已经破除，第二辑的编辑工作中，这一不足之处自然会得到弥补。

（原载《南开经济研究所季刊》1985年第4期）

评介蒂姆·赖特著《中国经济和社会中的煤矿业》

1984 年英国剑桥大学出版社出版了一部关于中国近代煤炭工业发展史的书，题为《中国经济和社会中的煤矿业（1895—1937）》，作者蒂姆·赖特出身于英国剑桥，现在澳大利亚默多克大学任教，1984 年 5 月曾来我国作学术访问。

蒂姆·赖特博士原本攻读汉学，后来转而从事中国近代经济发展史的研究。近年来发表的主要论著有：《1937 年以前中国近代煤矿工业中的山东煤矿》《企业家、政治家和中国煤矿工业（1895—1937）》《中国的中日合资企业：鲁大公司（1921—1937）》《一种逃避管理的方法——1937 年以前中国煤矿工业中的包工制度》《近代中国煤矿工业的成长——对 1896—1936 年期间供求关系的一个分析》《国民政府的工业政策和法规——煤炭业的竞争和管制》《新编制的 1937 年以前的中国电力生产的系列数字》等。不难看出，《中国经济和社会中的煤矿业》一书，是作者在其一系列有关中国近代煤矿业专题研究的基础上写作而成的。

新式煤矿业的产生和发展，在中国近代经济史上，特别是在工业发展史上具有重要的地位。19 世纪七八十年代，当洋务派所办企业由军用转向民用时，开办新式煤矿曾经是主要内容之一；1895 年以后，采矿权的攫取和煤炭资源的掠夺，又成为帝国主义对华经济侵略的主要目标之一；经过近六十年的发展，到 1933 年时，近代采煤业净产值已达 1 亿元，仅次于棉纺织业和卷烟业，雇用工人 27 万人，位居近代工矿各业之首。[1]更值得注意的是，煤炭在旧中国始终是最主要的能源，90%以上的电力是以煤炭作为燃料。因此煤炭业与其他机器大工业及近代交通运输业等的发展，有着十分紧密的、互为因果的关系，既互相制约，又相互促进。一般说来，在减除了能源利用率提高的影响后，前者增长的速度和所达到的水平，可以作为衡量后者发展状况的一个重要标志。而且国民经济各部门的构成、地理配置及其在各个历史阶段的相对变化，也可以从煤炭消费结构及其变化中得到反映。因此，研究煤炭工业发展史的价值，不仅在于这个行业本身在

---

① Liu，Ta-Chung and Yeh，Kung-Chia，The Economy of the Chinese Mainland: National Income and Economic Development，1933-1959，Princeton，1965.

国民生产中所占的相对比重，更为重要的是它有助于我们把握旧中国的经济结构和发展变化的概貌。

解放三十多年来，国内虽然已经出版了一些有关行业史的书籍，但迄今还没有一部关于煤炭工业发展史的著作。解放前，据笔者所知，也只有丁佶先生写的一部《中国之煤矿业》，那还是 20 世纪 30 年代前期的作品，而且是用英文写作的，并无中译本。为了给需要了解旧中国煤炭业情况和关心这方面研究的同志们提供信息，现将赖特博士《中国经济和社会中的煤矿业》一书的主要内容和观点简要介绍如下。

《中国经济和社会中的煤矿业》一书的结构是这样安排的：首先在其简短的引言中，用作者计算的系列数字，揭示 1895—1936 年期间中国煤炭生产增长的基本情况。接着，该书的第一部分集中分析影响煤炭生产的供给和需求两方面的各种经济因素，以及旧中国煤矿业在地域分布和各个历史阶段发展不平衡的状况及原因。然后该书的第二部分，把煤炭业置于中国社会和政治的诸种联系之中加以考察，着重研究中外资本、政府与企业、资本家与工人的相互关系。

作者根据地质调查所对各煤矿的调查资料，编制了年产在 10 万吨以上大型煤矿从 1896—1936 年的系列产量数字，并计算出这期间的年平均增长率为 10.9%。其中，1896—1913 年间增长最快，年率达 17.4%。1913 年以后增长速度下降，1914—1924 年为 8.1%，1925—1933 年为停滞时期，年增长率只有 3.6%。1933 年后又有一次复兴。如果加入土法开采的煤炭产量，增长率将会降低，1913—1936 年为 4%左右，而同期大型煤矿产量的增长率则为 5.2%。

作者比较了一些国家在工业化各个时期的煤产量增长情况。

国家	时期	煤产量增长率（%）
英国	1830—1850	4.2
法国	1830—1860	5.1
比利时	1830—1860	5.2
中国	1914—1936	5.2
日本	1900—1920	6.9
中国	1952—1982	7.1
美国	1850—1884	7.1
俄国	1890—1913	7.9
德国	1850—1873	8.4
中国	1896—1936	10.9
日本	1874—1900	12.4
苏联	1926—1939	14.4

1895 年中国煤矿的产量还很少，到 20 世纪 30 年代，已与一些中等工业国家，如法国、比利时、日本的产量大体相同。从上表的情况看，抗战前的四十余年间，中国煤炭产量有一个相当可观的增长率，其发展的成绩是主要的。到 20 世纪 30 年代中期，外煤进口已很有限，中国生产的煤不仅满足了国内的需求，而且在东亚地区国际市场上占有重要地位。但是由于传统的农业仍占绝对的优势，所以近代煤矿的产值在国民经济总产值中的比重只有 0.5%（1933 年）。尽管如此，其作用却不可忽视，它和其他近代工业一样，是国民经济发展中的积极因素，是中国富强的希望之所在。1949 年以后，正是在这一物质基础上开始了中国的工业化。到 70 年代，八个产量在 1,000 万吨以上的大矿中，只有两个是 1937 年以前所没有的；九个 500 万～900 万吨的煤矿中，只有四个是抗战前所没有的；十四个 200 万～400 万吨的煤矿中，只有七个是抗战前所没有的。两个抗战前最大的煤炭企业——开滦和抚顺，仍然是中国 70 年代四个最大的煤矿中的两个。

按照西方经济学的一般原理，作者首先分析了影响煤炭生产发展的投入方面的诸种因素。

1. 资源。中国煤炭资源丰富，抗战爆发前已探明的储量达 2,500 亿吨。煤质较好，80%是烟煤，20%为无烟煤，褐煤很少。缺点是大多分布在交通不发达的山西、陕西两省。但那时中国采煤业尚处在发展的初期，所以并不影响其产量的增长。中国的矿区土地使用费和矿税比英国低，对煤矿的开办是有利的。

2. 资金。作者一方面认为中国煤矿业在发展过程中遇到资金不足的困难，表现在资本市场不健全，需要依靠私人关系募集股份，以及官僚制度、借贷资本利率高等方面。这是由于国民收入剩余不多或虽有剩余但不愿投资利率低、风险大的煤矿工业。但另一方面又强调，尽管如此，到 1936 年时煤矿业还是积累了约 4.3 亿元的资本。1913 年以前，当中国资本不愿入股时，外国资本的供应还是很充裕的。1904 年后，列强各国虽然没有取得什么新的采矿权（东北除外），但在 1913 年以前仍有资本输入中国，以发展原有的企业。所以这期间外资、中外合资以及对中国人所有煤矿的借款都迅速增加。

第一次世界大战爆发后，外国资本的来源几乎断绝。但多数中国煤矿获得了巨额盈利，使之得以追加投资，并归还借外国人的钱。由于煤炭市场的繁荣，这一时期集资招股也较为容易。国内战争时期和国民党政府统治时期，不少煤矿虽遇到财政上的困难，但一般都能得到银行的贷款。所以作者认为，资本的供应并未严重限制煤炭产量的增加。

3. 劳动力。中国有劳动力 2.6 亿，80% 在农村，他们多数是不充分就业的，现代工矿业只雇用了不足 2% 的劳动力，所以招募矿工似乎不会遇到困难。但东北是例外，这个地区煤矿的发展主要是靠移民，1910—1920 年期间，由于劳动力缺乏，不得不在河北、山东两省的一些地方设立机构招募工人。

由于矿土的来源主要是矿区附近的农民，所以受季节变化的影响很大，春节期间、收获及其他农忙季节往往出现劳动力短缺，这种状况直到 20 世纪 30 年代才有所好转，常备的劳动力队伍只是到了这时才初步形成。

一般说来，工资率的变化可以反映劳动力的供求情况。但中国却不然，从不完整的材料看，抗战前中国矿工的货币工资水平是处于停滞状态。1917—1924 年的七年间，煤炭产量增加一倍，但工资没有增加，说明劳动力并不缺乏。只是在 20 年代后期，工资有一次比较普遍的上升。但这次上升却不是由于劳动力供应不足所引起的。当时许多矿山正处于不景气的时候，本来对劳动力没有什么新的需求，但由于在北伐过程中，矿工们组织起来，运用有利的政治形势，通过斗争取得了工资的有限提高。30 年代，国民党政府对工人运动失掉兴趣，经济的衰退也使矿方无力再增加工资，所以增长的趋势也就停止了。

从总体说来，煤炭生产需求投入的各个方面——资源、资本、劳动在旧中国是有很大弹性的，没有阻止产量的扩大，因此也就排除了煤炭价格的大幅度涨落。所以其价值和价格的下降，主要取决于采矿和运输的技术改进。

接着作者分析了中国采用现代开矿技术及土窑仍然存在的原因、煤炭运输现代化的情况及其对于煤炭价格下降、市场的扩大和煤进出口的影响。

决定煤炭生产发展的另一方面是 19 世纪中叶以后不断增长的市场需求。其构成主要为工业用煤、家庭用煤和出口等三个方面。

1. 工业用煤。中国煤炭需求结构的变化是从 19 世纪中叶开始的。在此以前，煤炭供手工业和家用，是分散、小规模的，限于产区附近。1860 年后首先是在约开口岸轮船用煤迅速增加，70 年代约 30 万吨，19 世纪末增至 100 万吨，以后的十年又增加一倍。这就给中国煤代替价格昂贵的英国、澳大利亚煤提供了有利的市场条件。从 20 世纪初开始的十余年间，由于铁路的大量兴修，机车用煤一度构成主要的需求，抗战前达到 350 万吨。

19 世纪中叶以后随着中国近代工业的产生，特别是 1895 年以后外国在华工业投资的增加和民族资本工业的发展，制造业、冶炼业和电力工业的用煤迅速增长，1933 年时共计达到 653 万吨。

农村工业由于在这一时期发展有限，所以其对煤炭需求并没有什么明显的增长。

2. 家庭用煤主要是用于取暖和烹饪。农村家庭使用煤炭的主要是在产煤区或铁路车站附近。就全国而言，人均消费量是很低的。这一时期农村人口和收入增长有限，所以对煤炭的需求影响不大。与此相反，城市人口和收入的迅速增加却是这一时期煤炭需求增加的主要原因。特别是在 20 世纪初的二十年间，由于铁路的修通，煤炭价格下降，增加了消费。到 1933 年时，城市商业和居民用煤总计约在 400 万吨左右。

3. 出口主要是输往日本。日本煤炭储量少，煤质不好，劳动力贵，1910 年后煤价上涨。日军占领东北后，输往日本的煤炭进一步增加，以满足其工业迅速发展和准备战争的需要。到 1933 年时，中国出口煤炭达 395 万吨。

从总体上看，中国煤炭的消费水平是很低的，1936 年每人平均用煤量只有 0.07 吨，而英国为 3.9 吨，美国为 3.5 吨，五十倍于中国。日本为 0.6 吨，就连作为英国殖民地的印度还有 0.1 吨，高于我国 0.03 吨。归根结底，需求的增长是受到了农村经济落后和农民购买力低的限制。现代工业虽然增长较快，但在国民经济中的比重依然很小，当煤炭的消费扩展到非现代化的部门以前，中国的煤炭产量不可能有很大的增长。

在一般地讨论了供需条件后，该书进而研究近代煤矿地域分布不平衡的问题。作者认为在中国，资源的量和质、资金和劳动力的供给并不能解释这种不平衡。需求的因素可以解释东北煤炭业的发展，但不能说明为什么煤炭生产在华北，而市场却在南方。这里中心的问题是运输成本在煤炭价格中所占的比重很大，铁路和水运的条件是决定的因素，这就造成近代煤矿集中于靠近沿海地区，辽宁、河北两省的煤炭储量虽只占战前探明的煤炭储量的 2%，但其产量却总保持在全国总产量的 65%左右，有时甚至还要多；而山西省的储量超过全国总储藏量的一半，但其近代煤矿的产量却只有全国总产量的 4%。交通运输至今仍然是山西煤炭业发展需要解决的问题。

中国近代由于没有形成统一的市场，世界经济的变化往往只波及沿海地区，交通不便的内地则受国内政治动乱的影响更多，不同地区在同一时间可能会出现相左的变动趋势，所以煤炭生产并无明显的统一的涨落曲线。但一般来说，1913 年以前增长迅速，1913—1914 年期间陷于停顿，其后煤价上涨，煤产量和利润增加，在第一次世界大战结束时达到顶点。1921—1923 年则转入萧条，而内地受影响较小，20 年代早期仍然繁荣。接着发生的内战和铁路交通的破坏，使内地煤矿陷于困境，而东北和沿海的外资煤矿，如抚顺和开滦却能保护他们的运输线，并向内地扩张，取得巨额利润。1929 年爆发的世界经济危机，很快波及与日本经济联系密切的东北煤矿，但 1931 年后就开始恢复。关内情况则不同，它迟至 1932 年才陷入危机，直到 1936 年煤炭市场始有好转。

该书第二部分着重研究煤矿业中的生产关系和国内政治对这个行业所施加的影响。

1. 外国投资作者承认外国资本在中国的煤矿业中一直占有很大的比重，处于支配地位。但又强调其矿权的取得主要是在 1895—1903 年期间，虽然外国人占有了一些最好的煤田，但发展的潜力是有限的。1903 年后有些矿权被中国方面收回，所以 1913 年后外国投资呈下降的趋势。如果按国别加以考察，则日本的投资有所增加，而英、法等国下降。除东北外，关内外资煤矿系处于守势，特别是英国投资者主张向中国民族独立的要求妥协。由于中国政府加强了对外国资本渗透的控制，即使没有抗日战争的影响，关内煤炭业中的外国资本也将逐步失掉其重要性。

外国在中国煤炭业中的投资主要采取中外合办的形式，这是为中国半殖民地社会的特点所决定，外国投资者如果有一个政治上有权势的中国合伙人，则便于与中国政府和社会其他方面打交道，但企业大权仍操诸外国经理人员手中，即使他们所有的股份并不多。

在中国煤炭工业发展遇到财政困难的时期，外国投资提供了增长所必需的资金，增加了就业和国民收入，引进了先进的设备和技术，培养了中国的技术和管理人员。这个行业中的竞争，决定的因素是煤田的地质和地理条件。中央政府对外资企业制定的税率与华资煤矿并没有多大的区别。20 世纪早期，铁路对中外煤矿所开的运价也是大体相同的。不同的只是外国公司能够抵御地方政府和军阀的勒索，保证交通运输的畅通。事实上，从 20 世纪初年开始，中国人所有煤矿的产量较外资煤矿有更快的增长，说明外国公司并未压迫和阻碍中国煤矿业的发展。

2. 企业家和国家外资煤矿虽然占领了沿海市场，中国所有的煤矿在内地却占有优势，这一时期中国人自办的近代煤矿产量以年率 10%的速度增长，到 30 年代中期已有资本 7,000 万～8,000 万元，中外合资企业中的中国资本约有 4,000 万～5,000 万元，从而奠定了进一步发展的基础。他们虽然不足以动摇外资煤矿的支配地位，但也并非不能有所作为。

中国所有的煤矿随着时间的推移，商办的色彩日趋浓重。但在这个行业中，军阀、官僚的投资一直起着重要的作用，经理人员也大多出身官宦家庭。1895年以前，一个高级官吏的支持是开矿所必不可少的先决条件，同时也能享受优惠的税率。1895 年后，办矿要到政府注册，只有与官僚有关系的人才易取得采矿权。当与土窑在矿界上发生争执时，有权势的人物所投资的煤矿总是占便宜的。他们与铁路建立联系也比较方便，因此官僚投资的煤矿一般都经营得比较成功。

与上海工业的发展情况不同，那里商人的势力强大，形成了一个有政治个性的工业资本家集团，这个集团与外国人有着密切的联系，得以摆脱传统社会力量的压迫。但华北和东北的中国煤矿则不同，由于商人力量的软弱，为寻求保护，只有与当地社会上最有影响的军阀、官吏结盟，才能保证企业的经营取得成功。国民党政权建立以后，上海的资产阶级力图使想在城市中建立权威的政府满足他们的愿望，而华北和东北的煤矿企业主则只满足于秩序的恢复，似乎并无对政府施加影响或扶植另外一个国家政权的需要。

1927 年后一些煤矿由于经营情况不佳，只得向银行借款，导致被银行所控制。国民党政府先后在安徽、湖南开办了一些煤矿，但经营较有成效的只有淮南一家。

3. 矿工的工作、生活状况和斗争。作者考察了煤矿中女工和童工的使用、工人的年龄分组、矿工的来源、包工制度的采用及其原因、包工头的中间剥削、工人的工种构成、受教育程度、工时、工伤事故和安全措施、工资和生活状况等方面，认为中国矿工的处境在世界各国中是最悲惨的。

关于工人的组织和斗争，作者认为中国矿工尚未能从不发展的农业劳动之中完全独立出来，还留有他出身的那个阶级的痕迹，他的力量是软弱的。早期的罢工斗争处在帮会的控制之下，阶级观念尚未形成。很多西方国家矿工是站在劳工运动前列的。当 20 年代社会阶级关系动荡，在第一次世界大战期间壮大起来的中国无产阶级得以显示自己的力量时，由于中国共产党人的深入宣传和领导，一些大煤矿工人参加了斗争，并占有重要地位。但发动的情况很不平衡，内地由于处在军阀的统治之下，大部分煤矿工人并未组织和行动起来。只是在北伐军到达后，一些煤矿才建立了工会组织，工人劳动、生活情况一度有所改善。但这主要是在熟练工人中，非熟练工人仍处在包工的统治之下。30 年代各矿罢工斗争虽然此伏彼起，次数不少，但大多数在矿方和国民党政府的分化瓦解与镇压下遭到失败。

笔者向读者介绍《中国经济和社会中的煤矿业》一书，不仅由于书中提出了一些与传统观念不尽相同的看法，可供参考，还在于该书在结构和研究方法上有值得注意和借鉴之处。

1. 在体系和论述上采用了从宏观到微观、从一般到特殊、从经济到政治的方法。它不同于第二次世界大战以来欧美一些经济史学家的论著——把研究的重点放在中国煤炭业或某个企业发展与不发展的原因，及与其有关的一组问题上；也不同于国内解放三十余年来着重研究几种不同的所有制及其相互的关系，而是力图在所考察的时间范围内描绘出这个行业系统全面的发展变化的轮廓，使读者可以得到一个完整、清晰的概念。

2. 以中国这一时期煤炭业发展的情况与英国、日本工业化初期及一些不发达国家（如印度）进行比较。既看到这个行业由于自身的特性所决定的带有普遍性的规律，也看到在半封建半殖民中国社会条件下，其特有的各个方面。如过去我国一些有关煤炭企业的论文认为井下采煤长期使用手工操作，是由于中国存在着大量廉价的劳动力，故而资本家不愿采用机器。但赖特指出：英国直至 30 年代也是如此，并非中国所独有，因为这一部门是最难机械化的。再如作者通过煤炭消费结构的中外对比，使我们清楚地看到：①20 世纪 30 年代煤炭家用部分所占比重，中国较世界十四个主要煤炭消费国平均数高出 12%，这就证明了中国工业的落后；②中国冶炼业用煤所占的比重低于上述十四国平均数 14%，这反映了中国重工业的不发展，工业基础薄弱。又如我国过去有关煤炭企业的论著中很少有人研究煤矿工人的结构问题，虽然就笔者所知，这方面的资料是很容易收集到的。赖特通过对比指出：中国煤矿井上工人的比例大大超过英国，这说明井上设备的落后。另一方面，中国井下工人的比例虽小，但采煤工的比例却高于英国，这是由于采煤效率低，也可能是由于中国煤炭业尚处在发展的初期阶段，煤井比较浅，井下运输需用的劳动力较少。

3. 不是孤立地研究煤炭一个行业的发展，而是把它放在整个中国社会经济和政治环境中加以考察，注意其与从经济基础到上层建筑各个方面的关系。因而，该书研究的问题不仅限于说明煤炭业本身的发展情况和规律，根本的目的还在于通过一个典型的剖析，对整个抗战前中国经济状况的评价、国民收入有无剩余、统一的国内市场是否存在、外国投资对中国经济发展的作用、国家政策对经济建设的影响、劳动力供应和产业后备军的形成等中国近代经济史上一系列重要问题，找到答案。

4. 作者不仅处处对中外煤炭业的情况加以比较，而且在这一研究领域中首先提出要特别注意对分布于东北、华北和内地的煤炭业与约开口岸的制造业作比较研究，指出二者由于所处社会和地理环境不同，在受世界经济体系的影响、与本国政府的关系、投资人的身份、工人的来源、市场和运输条件、中外资本企业的经营状况等方面都有不同。

至于说到该书的不足之处，恐怕首先在于作者所处国外条件的限制，许多典型的煤炭企业，如开滦、抚顺、萍乡等保存下来的大量第一手档案资料固然未曾经眼，就是在国内易于检索的第二手资料也收集得不够齐备。这就使一些问题的研究难以深入，或者以偏概全，得出片面乃至错误的结论。试举几例。

1. 矿工工资水平的变化，作者认为在其所考察的时期内总的说来处于一种停滞的状态。只是在 20 年代后期，货币工资有一次明显的上升，并推测实际工资可能也有提高。据笔者所知，一般说来，1895—1937 年间矿工的货币工资水平一直是上升的（30 年代初期除外）。而实际工资则围绕着一个水平线上下波动。20 年代后期矿工的货币工资虽有提高，但由于生活费指数上涨更快，所以实际工资反而有所下降。

2. 在旧中国影响矿工工资水平变化的原因是很复杂的。劳动力供应是否充分也是其中的因素之一。赖特认为工资率的变化全然不能反映劳动力的供求关系是不正确的。以开滦煤矿所在的唐山地区为例，19 世纪末期那里的劳动力供应还是不充分的，只是从 20 世纪初年开始，这种状况才开始发生变化，到第一次世界大战前后，劳工来源日渐充裕，开滦工人已超过实际需求。正由于此，这一时期虽然产量增加，矿方利润增加，在物价和生活费上涨的情况下，工人的日工资率却没有增加。到了 30 年代初，当世界经济危机波及中国时，开滦大批解雇工人，在唐山地区形成了相当数量的产业后备军，矿方正是利用这一压力，得以在 1932—1934 年期间将在业工人的货币工资抑低。

3. 旧中国煤炭业中普遍采用包工制度，作者认为主要原因是矿方缺乏足够的中级管理人员。这只能说是问题的一个方面。如果查阅一下近年来发表的有关东北、河北、山东一些煤矿的研究报告就会发现，尽管包工制度由于它存在的种种弊病，资方总想以新的劳动管理方法将其取代，在不能做到这一步之前，则尽量限制其利润。但在这一时期，特别是 20 世纪初期，从中国社会的特定条件出发，多数中外资本家仍然认为利用与中国传统黑社会势力有着密切联系的包工头，对非熟练工人实行超经济的强制，相对说来是较为有效的管理方法。

除了由于资料限制导致不准确的结论外，该书如同其他许多国外研究中国近代经济史的著作一样，在一些根本观点上，难于摆脱西方传统的偏见。由前述的内容介绍，读者自不难明辨。现在择其一二，略加分析。

1. 对外国在华矿业投资作用的估计问题，作者虽不完全同意美籍学者侯继明那种全面肯定其积极作用的观点，但也力图否认外国公司压迫和阻碍了民族资本煤矿业的发展。笔者认为，外国在华经营的煤矿，姑不论其采矿权如何取得，由于这些企业采用先进的生产和经营方式，加速了国内市场的开拓，其促进中国资本主义和生产力发展的一面固然应当充分肯定。但它享有特权和优势，在市场竞争中使民族煤矿业受到排斥、经营上陷入困难，后来甚至被外资兼并，也是不可否认的事实。根据严中平等编《中国近代经济史统计资料选辑》一书中所计算的数字，这一时期外国资本与民族资本煤矿业，无论是资本额，还是产量的相对比重，都非如赖特所说是前者下降、后者上升，而是完全相反的趋势。由于《中国经济和社会中的煤矿业》一书对其计算的具体内容未作详细说明，又由于本文的篇幅有限，不能对此作深入的检讨。

2. 中国工人运动史上，煤矿工人的斗争占有重要地位，并写下许多光辉的篇章。赖特以西方工会组织和工会运动的标准作为衡量的尺度，认为中国煤矿工人组织涣散、意识落后、力量软弱，面对政府和军队的镇压，不能进行有效的抵抗。这些观点显然是片面的，为我们所难于同意。

（以笔名思毅发表，原载《中国经济史研究》1986 年第 3 期）

对 20 世纪前期中国经济发展的重新估价

——评罗斯基著《战前中国经济增长》

美国匹兹堡大学经济系教授托马斯·罗斯基（Thomas G. Rawski）的著作《战前中国经济增长》（*Economic Growth in Prewar China*）1989 年由加利福尼亚大学出版社出版。该书的写作历时 12 载，集中了作者长期以来的研究成果，出版后立即引起国外研究中国经济问题学者的广泛重视和兴趣。据笔者所知，有关亚洲和中国问题研究的刊物都在组织或征求对该书的评论。由于罗斯基教授在书中对旧中国的经济发展进程和性质重新加以估计和评价，向长期以来流行的、具有权威性的观点提出全面的挑战，其所依据的理论和应用的方法也与惯用的传统模式不同，结论虽导源于对 20 世纪前半期中国历史的研究，却同 1949 年后，尤其是10 年改革期间中国经济内在运行机制的特点相联系，因此也引起国内经济史学界的关注，并已有所议论。现将该书的基本内容介绍于下，并根据笔者在这一范围的研究所见，对该书的观点作初步的评论。

主要内容和基本观点

《战前中国经济增长》一书除第七章为一简短结语外，共有六章。

第一章"概述"从外国影响的作用、国家参与的性质、战乱的影响和市场组织等四个方面讨论战前中国经济的特征。

第二、三、四章分别考察制造业、货币银行、运输通信这三个技术进步明显的部门在战前的发展情况。

第二章说明制造业的全面增长。作者认为其增长速度超过同期的日本。关于棉纺织业和火柴业的典型研究，证明其具有强烈的进口替代的势头，新引进的技术由一个地区或行业迅速传播到全国各地和其他行业。

第三章论证货币和银行制度的变革是战前各经济部门中最彻底的一个，对国内统一市场的形成发挥了重要作用。由于这一章在全书中具有特别重要的地位，笔者将另辟一节作较详尽的介绍。

第四章说明新式运输和通信事业的发展大幅度降低了流通成本，这导致国内和国际贸易迅速增长，国民经济的各个部门都从中得到益处。但由于内战和政治的不稳定，运输和通信事业进步的潜力未能得到充分的发挥。

第五章讨论投资。在这一章中，作者编制了 1903—1936 年近代企业固定资本投资的系列数字，从宏观上说明近代部门的发展。通过同日本同期情况的比较，说明无论在规模上和增长速度上，这期间中国的投资都很兴旺。资本积累率在战前的数十年中不断增加，1931—1936 年期间，资本积累占产出的比例超过 10%。

第六章用来评价战前中国经济增长的程度和局限。作者认为，大量事实说明战前中国经济的发展表现出人均产量和消费的增长趋势。这种趋势不仅仅限于城市，农业部门的收入与直接采用先进技术和管理组织的部门同样有所增长。这说明近代部门发展的强有力的广泛的影响和旧有经济组织的灵活性和增长的潜力。这些主宰了战前的中国经济。

过去绝大多数中外学者认为，19 世纪末期到 20 世纪前半期中国处于半殖民地半封建制度之下，由于外国入侵、封建势力的压迫、内战和长期的政治不稳定等多方面的原因，国民经济处于停滞状态，甚至认为是在不断地衰退，人民生活水平不但没有改善，反而越来越下降。罗斯基的研究得出完全相反的结论。他认为抗日战争前的半个世纪，中国经历了一个工业化的过程。中国经济取得的进步，无论在规模还是在影响上，同包括日本在内的其他几个增长速度很快的国家当时的发展相类似。新旧形式企业的互补意味着近代部门的增长使中国旧有的传统部门也发展了。沿海城市经济的繁荣使全国广大民众的经济生活有重大的改善。

货币银行制度的变革与经济发展

当生产和交换超过了地方易货贸易的范围以后，货币和信用的作用变得至关紧要。因为生产者为购买原料进行生产需要资金，而消费者在没有得到最终产品前是不肯付钱的。在生产—流通—消费的一系列中间环节上，没有资金的融通是不可能的。这个过程越长，需要占用的资金数量就越多，时间也越长。

清代曾提供大量的信用以支持国内贸易，但这种金融体系仍然是有缺陷的。不同地区甚至同一地区的不同行业使用不同的银两单位。保险制度的缺乏，使一个钱庄或一个重要顾主的破产，导致一系列的交易事故。

19 世纪末到抗战前的 40 年间，中国的货币银行制度发生了彻底的变革。由于越来越多的中国人要求持有纸币的意愿和储蓄的增长，中国的货币储备急剧增加。1910—1936 年期间约以年率 5% 的速度扩大。纸币逐渐代替了银元和银两，在 1935 年币制改革以前，银元和银两已经成为货币发行储备的主要部分。金属货币在全部流通手段中的比例同期由 65% 下降到不足 16%。

1928—1936 年期间政府的改革使国家的财政逐步稳定和扩大。但就全国范围看，金融方面变化的主要推动力在于大量的不规范的私人金融活动，而新式的商业银行在货币制度改革中发挥了主要作用。它们既同外国金融机构也同中国旧式金融机构保持着密切的联系。到 1936 年时，全国共有 1,695 家银行及其分支机构，分布于 526 个地方。旧有的钱庄不但没有被取代，反而日益繁荣和扩大，上海钱庄的实收资本在 1912—1936 年期间增加了 10 倍。外国金融机构在沿海城市继续发挥作用，但其经营范围逐步为中国金融机构所侵蚀。

不同类型中介体的结合，加强了国家的金融体系，促进了经济的内在联系和经济的增长，逐步形成了统一的国内市场。

货币经济的扩展使贷款的利率降低，缓解了长期以来资本供给的限制。到 20 世纪二三十年代，铁路、矿山、工厂、电站乃至农业方面土地开发等大规模的风险投资都可以从国内资本市场取得资金。银行家把他们的资金逐步由低成本市场转向高成本市场。

银行对统一市场形成的最大贡献是卷入农村经济。他们创办了为农业服务的分支机构。银行网络的扩大则有力地促进了农产品的商品化。农民在生产—收获—出售过程中需要大量的现金，纸币和支票代替银元和银两，减少了资金投放的成本和风险，降低了农产品的流通成本，增加了农民的收入。到 30 年代，中国普通的农民家庭都已卷入金融市场，而 19 世纪末还极少有这种联系。

银行体系的迅速扩大和成功的币制改革加强了中国经济抵御危机的能力。在 30 年代世界经济危机的严重冲击下，中国只遭受较少的损失。生产衰退，铁路货运量、投资额和城市工人工资的下降都远不及美国。尽管白银外流，但通货的紧缩只是缓慢和轻度的。

战前中国经济增长的程度

罗斯基这本著作的研究范围涉及 19 世纪末至 20 世纪 30 年代，但讨论的重点为两次世界大战期间，即 1914/1918—1931/1936 20 年间中国经济发展的状况。从经济学原理和统计学方法的要求出发，要论证某一阶段的经济增长，必须避免选择一个周期链条上的衰退时期作为起点，而选择一个繁荣时期作为终点。1914—1918 年被公认为中国经济的兴盛时期，而 1931—1936 年由于日本的入侵和世界经济危机的波及是中国经济的不景气年份。因此作者认为，如果在这期间人均生产和消费有比较明显的增长，只可能缩小增长的趋势，而不会夸大。

过去叶孔嘉和珀金斯都曾对第一次世界大战至20世纪30年代间中国国内生产总值的变动趋势作过定量分析。罗斯基根据他本人的研究对叶孔嘉的数字加以修正，其结果汇集于第6章第11表，现摘录于下，见表1。

表1　对中国国内生产总值增长的修正估计

（1914/1918—1931/1936）

项目	权数	叶孔嘉的估计%	罗斯基的估计		
			低估值%	选择值%	高估值%
A.年均增长率					
农业	0.629	0.8	1.0～1.3	1.4～1.7	1.8～2.1
工业	0.042	7.7	4.9	8.1	9.5
手工业	0.075	0.7	1.0	1.4	2.0
建筑业	0.016	3.5	4.0	4.6	5.5
运输通信业					
新式	0.017	4.0	2.8	3.0	3.5
旧式	0.039	0.3	1.5	1.9	2.5
商业	0.093	1.1	2.0	2.5	3.0
金融	0.010	2.9	3.0	5.0	6.0
政府劳务	0.031	1.0	2.4	3.4	4.4
私人劳务	0.012	0.8	0.8	1.5	2.0
住宅租金	0.036	0.9	0.9	1.5	2.0
国内总生产	1.000	1.1	1.3～1.5	1.8～2.0	2.3～2.5
人口					
1.珀金斯的估计		0.9	0.9	0.9	0.9
2.施兰的估计		0.6	0.6	0.6	0.6
人均国内总生产					
人口1		0.1	0.6	1.1	1.6
人口2		0.4	0.7	1.2	1.7
B.1931—1936 年的指数（1914—1918 年=100）					
国内总生产		120.1	126.3～130.7	137.5～142.4	149.2～154.5
人口					
1.珀金斯的估计		117.0	117.0	117.0	117.0
2.施兰的估计		111.0	110.0	111.0	111.0

续表

	权数	叶孔嘉的估计%	罗斯基的估计		
			低估值%	选择值%	高估值%
人均国内总生产					
人口 1		102.6	111.7	121.7	132.0
人口 2		108.2	113.8	123.9	134.4

说明：1. 权数：以 1933 年各部门产值在国民总生产中的比例为依据。2. 部门增长率下加横线者为根据可靠资料计算。

非农业生产部门的增长

1914/1918—1931/1936 年期间近代工业（包括矿业、制造业和公用事业）的增长率，叶孔嘉的计算为 7.7%。罗斯基依据章长基（John K. Chang）、赖特（Tim Wright）和他本人近年来的研究，覆盖了更多的行业，重新估算的结果为 8.1%。手工业的增长率由 0.7% 提高为 1.4% 是根据作者对手工织布业的分析。在1901/1910—1934/1936 年，手工织布业作为中国手工业中的最大行业，尽管面对着中外近代棉织厂的激烈竞争，但增长的年率为叶孔嘉估算值的两倍。建筑业的增长率由 3.5% 提高为 4.6% 是依据第 5 章中关于投资增长的资料推算的。近代运输业的增长率叶的数字为 4%，罗斯基依据 1915—1936 年期间铁路和轮船运量的增长情况计算的结果只有 3%。传统运输业的增长率则是根据帆船和非商业性内陆运输的增长计算的。叶孔嘉认为这期间批发和零售商业的年增长率为 1.1%，罗斯基根据国际和国内贸易的增长情况重新推算的结果为 2.5%。这 20 余年间中国的金融业发展迅速，仅就银行存款而言，年增长率就高达 10.6%，因此罗斯基认为叶的数字偏低，重新推定这一时期金融业的增长率为 5%。政府劳务增长的修正数字是根据王业键关于这一期间国家岁入增长的研究。个人劳务和居民住宅租金两项由于没有新的资料，所以作者对叶的数字没有加以修正。

修正后按不变价格计算，1914/1918—1931/1936 年期间中国国民总生产的增长率由 1.1% 提高为 1.4%（农业的增长率仍用叶的数字）。终期比基期产值增加27%，人均产值增加 9%～16%，只是略高于叶孔嘉和珀金斯的数字（见罗书表6.1 至表 6.3）。作者认为，总的说来，他与叶孔嘉的数字在非农业部门方面虽有差别，但差别不大。有些部门的增长率尽管有较大的提高，但由于这些部门在全部国民经济中的权数很小，因此对国民总生产增长的影响很少。

农业生产部门的增长

作者认为第二次世界大战以前农业占总产值的比重超过 60%，它对确定中国经济的发展趋势无疑是十分重要的。过去曾有许多学者，如珀金斯、叶孔嘉、许道夫等依据农产品的产量研究战前中国农业的发展。其结论大多认为人均增长十分有限。但他们使用的材料矛盾很多。以稻米这种主要粮食作物为例，珀金斯和许道夫书中有关 1914/1918—1931/1937 年期间产量增长情况的数字同一省份差异悬殊。罗斯基另辟蹊径，利用间接的指标解决这个有争议的问题。由于农村收入的绝大部分来源于农产品的生产和加工，根据马若孟和费维凯的研究，在 1880—1930 年期间地租率没有什么变化，里皮特（Lippit Victor D.）也认为农业收入中，地租、利息、利润和劳动收入的比例在这期间基本上没有变化。因此，农民劳动收入的增长（约占产出的 3/4），就准确地反映了农业劳动生产率和农业生产的增长。在市场经济的条件下，农业工人的工资或城市非熟练工人的工资变动可以反映农民生活水平的变动，也可以作为农业产量增加的指标。

罗斯基认为，对外贸易的扩大给中国农家以新的机会，茶、丝、大豆和其他农产品有了更广阔的市场。国内金融机构的扩张，活跃了农村商业，交通和通信网的扩大，使运输和取得市场信息的费用下降，创造了农产品商品化迅速发展的可能性，也创造了农产品产量增加的可能性。

从表1可以看到罗斯基重新推算的1914/1918—1931/1936年期间中国农业的增长率为 1.0%～1.3%（低估值）、1.4%～1.7%（选择值）、1.8%～2.1%（高估值）。其根据为：

1. 农业工资和农村生活水平的提高。依据卜凯的调查资料，1901—1933 年期间农业工人的实际工资以年率 0.4%的速度增长。而 1914—1933 年期间则以年率 1.2%的速度增长。在一个完全竞争的市场上，佃农及自耕农的收入应与农业雇工的工资同步增加。1929—1933 年尽管被认为是农业危机和破产的时期，但80%地区被调查的农户声称生活有所改善。

2. 棉布消费的增长。以 1934—1936 年同 20 世纪最初的 10 年比较，人均消费的棉布增加了 50%。很多国家的研究表明，收入的增加与衣着在总花费中比例的扩大密切相关，除非纺织品或其他消费品的价格有大的变动，但这种情况在战前的中国并不曾出现。

3. 靠农村供应劳动力的非农业部门工资的增加。作者认为，大量雇用农民的工厂工资变化也可以反映农村收入的增长。因为如果不是农民收入增加，城市的工厂没有必要提高工资来吸引农村人到城市来工作。棉纺织业和煤矿工人主要是从农村直接招募的。上海棉纺织工人的实际工资在 1910—1936 年期间以年率 1.4%～3.0% 的速度上涨，其他地区纺织女工的情况也大体相同。煤矿工人的状况作者以开滦作为典型，认为 1900—1936 年期间井下煤工、杂工的实际工资以年率 4.7%～5.4% 的速度上涨。而河北一些地区农业工人的工资上涨趋势，如卜凯调查的昌黎县的农业工资，在 1905—1929 年期间也以年率 5% 的速度增加，与开滦煤矿非熟练工人工资变动的趋势一致。其他如山东中兴煤矿及其附近农村地区工资增长的情况，同开滦煤矿及其附近地区类似。总之，非农业部门中非熟练工人工资的增长，反映了农村雇农、佃农和自耕农劳动生产率的提高及劳动收入的增加。

在一个竞争的市场上，农业实际工资的变化反映边际农业劳动生产率的变化，除非农民出售产品的价格与购买非农业产品的价格比例有变化。如果出售价格比购入价格增长得快，农业工资的增长可能会超过边际劳动生产率。但根据卜凯的研究，在 1914/1918—1931/1936 年期间，农产品售出价的增长略低于购入商品价格的增长。所以，农业实际工资的增长不可能超过边际劳动生产率的增长。

如果假定：（1）农业劳动力在全国劳动力中的比例基本不变，没有下降；（2）人口的年龄结构不变。这样人口的增长率与农业劳动力的增长就是同步的。在上述诸种条件下，罗斯基以农业工人工资的增长率代表农业劳动生产率的增加，加上农村人口的增长率就得出表 1 中所列的农业增长率。0.6%～0.9%（人口增长）＋ 0.4%（1901—1933 年农业工人收入增长率）=1.0%～1.3%。但作者认为这个增长率太低了，不能反映战前农业的发展。因为这一时期传统运输业的增长率为 1.9%，而传统运输业的增长主要是粮食运输的扩大。考虑到棉花等经济作物增长更快，如果农业产出年增长率只有 1% 左右，则粮食几乎没有增长。以人口增长率 0.6%～0.9% 加上 1914—1933 年农业工人工资增长率 1.2%，则农业增长率为 1.8%～2.1%。但这个数值可能估计过高，所以取人口增长率+折中的农业工人工资增长率 0.8%=1.4%～1.7% 作为选择值。这样 1914/1918—1931/1936 年期间农业产出增加 28%～34%，人均产出增加 15%～16%。但细心的读者会发现，罗斯基在农业增长率这一栏目中与其他栏目不同的是把一条横线划在 1.8%～2.1% 的高估值下，也认为这个数字是有可靠根据的。从笔者同罗斯基教授讨论中得到的印象看，他实际上是倾向于以 1.8%～2.1% 作为这一时期农业增长的适度值的。

由于农业产值在国民总生产中的巨大权数，其增长率的修正，在计量上的影

响是极大的。不要说是采用罗斯基的 1.8%～2.1% 的高估值，就是以 1.4%～1.7%
的选择值计算，虽然比叶孔嘉的增长率只提高了约 0.7 个百分点，而国民生产
总值在 20 年间的增长至少提高了 11 个百分点，人均产值则至少提高了 10 个
百分点。

国民收入和消费的增长趋势

通过对国民经济各部门增长率的修正，罗斯基重新计算的 1914/1918 至
1931/1936 年期间国民总生产年增长率的低估值为 1.3%～1.5%，已高出叶孔嘉数
字 0.2%～0.4 个百分点（见表 1），而与珀金斯计算的 1.4% 增长率相埒。如以其
选择值的 1.8%～2.0% 的年率计算，我国的国民总生产 1931—1936 年较 1914
—1918 年增加 38%～42%，人均产值增加 22%～24%。由于这期间投资和政府
开支迅速增加，私人消费在国民总生产中的比重有所下降。以 1931—1936 年与
1914—1918 年相比，私人消费只增加 20%，年增长率为 1%。

罗斯基的结论是：通过对大量材料的计量分析说明，1914/1918—1931/1936
年期间，中国国民生产总值、人均产值、投资和人均消费都有明显的增长。近代
部门的增长更为迅速，国民经济结构发生重要变化。第二次世界大战以前的经济
增长为其后（包括 1949 年以后）中国经济的发展打下了基础。虽然 1937—1949
年间经历了连续 13 年的战争破坏和空前的恶性通货膨胀，但 1949 年的国民生产
指数和人均生产指数都还高过 1914—1918 年的平均水平。因此中国是少数几个
取得成功增长的不发达国家中的一个，如果这个修正的估计能够成立，就改变了
对这一时期中国经济史的看法。

对罗著的评论和几个问题之我见

在《战前中国经济增长》一书的护封的封四上引述了华盛顿大学尼古拉
斯·拉地和康内尔大学高家龙对该书的评价。拉地教授认为："这项里程碑式的
研究，必将激起人们对 20 世纪前半期中国社会的特征作出大的反思。"高家龙教
授的评价是："罗斯基的这本书根据经济学家的观点进行独创性的研究，第一次
提供了 20 世纪初期中国历史的全面综合。"

1989 年 1 月在台北召开的第二届中国近代经济史会议上，罗斯基教授提交
了以这本书的基本观点为内容的论文。评论人威斯康星大学赵冈教授表示同意论

文的大部分观点,但对农业生产增长率的修正持保留态度,认为缺乏充足的证据。他把 1936 年的粮食产量用罗斯基低估的增长率倒推至 1906 年,发现人均消费只有 320 市斤[①],这样将不能满足维持生存的起码需要,从而反证罗斯基的假设是颇值得怀疑的。此外,在即席讨论中,澳大利亚默多克大学赖特博士对罗斯基关于开滦煤矿工人工资变动反映了农村劳动生产率和收入增长的论断也提出不同的看法。

笔者到目前为止见到的对罗著的评论还有黄宗智教授的意见。他在《长江三角洲的农民家庭和农业发展》(斯坦福大学出版社 1990 年版)一书中,对罗斯基关于农民收入水平提高的论断提出了尖锐的批评。

由于罗书研究的范围同笔者近年来承担的国家课题有相近之处,本人愿就采用的方法和几个关键问题谈谈个人的意见。

近年来,国内经济史学界有识之士提出对中国近代的经济发展作宏观的统计分析,但还基本上是停留在呼唤的阶段,成果可谓凤毛麟角。在这方面,国外研究中国经济问题的学者已经先行一步。自 20 世纪 60 年代以来,先后有刘大中和叶孔嘉的《中国大陆经济:国民收入和经济发展(1933—1959)》(1965 年)、费维凯的《中国经济的趋势(1912—1949)》(1968 年)、章长基的《共产党中国以前的工业发展》(1969 年)、珀金斯的《中国农业的发展》(1969 年)、埃克斯坦的《中国经济的发展》(1975 年)、珀金斯主编的论文集《中国近代经济的历史透视》(1975 年)等书出版。在罗斯托著《世界经济的历史和展望》(1978 年)和雷诺兹著《第三世界的经济增长(1850—1980)》(1985 年)等书中,也都有专门的章节论述中国近代经济发展的趋势。罗斯基的《战前中国经济增长》一书无疑是在上述基础上层楼更上,其对 20 世纪早期中国经济的宏观分析,无论是在广度和深度上,都有开拓性的进展。

新中国成立后至 20 世纪 80 年代初期的 30 多年间,中国近代经济史的研究囿于几种所有制及其相互关系变化的狭隘空间,各种经济史教材,大多按照所有制关系将中国经济分割为几大块,即:外国资本主义经济、官僚资本主义经济、民族资本主义经济、农村封建经济等。至于这 100 余年间中国总的状况如何,是发展了,还是处于停滞状态,抑或趋向衰落?经济增长的速度和周期性的波动、各时期的生产发展水平、技术进步的作用、国民经济各部门结构的变化、国民收入的分配、积累和消费的一般趋势等一系列在世界各国经济史著作中都被当作主

---

① 1 市斤=0.5 千克。——编者注

要内容的重大课题很少有人甚至无人问津。这就不能不使从事现实经济研究而希望了解历史的学者乃至任何一个普通的中国经济史读者感到失望。这种缺陷虽已为多数经济史学工作者程度不同地有所察觉，但困于传统理论和方法的束缚和更新的难度，加之基本数据的不足，面对这些课题，研究者往往望而却步，更有甚者，有人还把上述正常的研究方法视为异端，加以排斥。罗书按照研究对象的要求，对某些必不可少但又不会用的序列数据，根据已有的数字加以重组，或用间接的指标进行推算，姑不论其结论是否正确，其方法是值得提倡的。因为只有如此，才能对经济发展的宏观趋势加以描述。史学界很多人长期以来对采用估计的方法持否定的态度，认为只有文献中有记载的方才可用，窃以为这种观念需要扭转。举例以明之。中国历史典籍中有极丰富的人口资料，梁方仲先生将其辑入巨著《中国历代户口田地田赋统计》。但人所共知，只依据这些原始记载，并不能用来说明中国人口变动的趋势，必须从多方面加以推算和修正，梁先生自己首先撰文作过这样的工作，国外则有何炳棣先生作过同样的研究。他们的成果被经济史学者广泛引用。再如雷麦《外人在华投资》一书中的数字，经济史学者无不加以引用，似乎写到书中就是可信的。但对该书稍加研究就可以看到，雷麦的很多数据都是估算的。有些只是根据一两个企业的资料推算整个外资企业的情况。可是许多鄙夷估计方法的学者却加以引用而不予置疑，不能不说是一个十分奇怪的现象。

罗书的另一特色是对货币金融制度发展变化的重视，附录关于储蓄和货币供应的计算是颇见功力的成果。过去无论中外，关于经济成长的研究多侧重于工矿、交通事业方面。对贸易体系的建立和金融网络的形成在其中至关重要的作用有所忽视。据闻在第10届国际经济史学大会上有一种意见认为，在近代化或资本主义发展史上，不应过分强调工业革命的意义，将其置于唯一重要的地位，世界贸易和金融体系的作用应当受到充分的重视。笔者认为这一观点的提出无疑是人们对历史认识的深化，这方面的宏观研究在中国近代经济史中也是薄弱环节，罗书的出版将可补其不足。

对19世纪末期和20世纪早期的中国经济，笔者持发展的观点，认为停滞和衰退的说法都是不符合历史实际的，在这一方面同罗斯基教授的意见是一致的。但对近代中国经济的性质和发展进程的估计则颇多歧异，现择要略述于下。

1. 关于市场发育程度问题

由前面的介绍读者不难看出，罗斯基教授在讨论一系列问题时的基本出发点是战前统一的国内市场已经形成，这不仅包括商品市场，也包括劳动力市场，在罗著的最后一章对笔者 1984 年所写的以开滦工人实际工资变动为基础，讨论旧中国工人阶级贫困化的文章提出不同的意见。但我至今仍然认为罗斯基教授的判断是不能成立的。尽管甲午战争以后中国经济市场化的速度加快，但到抗战前的高峰期农产品的商品率尚不到 30%。直到解放前中国始终是一个自然经济占统治地位的国家。至于劳动力商品化的程度则更为落后。只是到了 20 世纪 30 年代，才在某些工业发达地区开始出现劳动力市场。笔者对于这一问题的论述请参阅 1984 年《南开经济研究所年刊》，本文不再赘述。

这里还需要说明的是近几年来一些西方学者对中国市场经济性质的一种新见解。罗斯基教授认为，长期以来中国经济处于一种私人高度竞争的市场之中，经济变化的方向主要取决于私人企业的意志，政府的干预能力是微不足道的。以家庭为单位小企业的竞争就像物质结构中的原子运动一样，其激烈程度远非 19 世纪西方自由资本主义时代所能比拟。中国人的这种传统既是经济发展的动因，又使规模经营的效益难以发挥，从而减缓了经济增长的步伐。中国近十年改革的成功和出现的问题，在某种意义上说正是这种传统的继续。持类似观点的还有费景汉、马若孟、白若伦（Loren Brandt）、罗友枝（Evelyn S.Rawski）等。但笔者总觉得所谓"激烈（或凶猛）竞争的市场"（fiercely competitive market）是一个模糊不清、难于理解的概念。在台北第二次中国近代经济史讨论会上，高家龙教授也曾就费景汉和罗斯基的论文，提出如何测度市场竞争程度的问题，希望他们进一步说明"激烈竞争的市场"与竞争市场之间到底有什么区别。

2. 关于战前农业发展状况问题

罗斯基教授关于两次世界大战期间中国农业增长速度的重新估算无疑是书中最容易引起争议的部分。因为它同现存的产量记录反差甚大。世界经济危机波及中国，对农业的打击甚于工业。农村金融枯竭，大量货币流入城市。长江大水等空前严重的自然灾害对中央苏区和其他革命根据地的围剿与反围剿造成的严重破坏，使人们心目中的 20 世纪 30 年代中国农村是一片衰败的景象。但经验毕竟不能代替宏观的统计分析。罗斯基教授用间接指标度量农业生产增长的做法，我认为主要的问题在于他假定的一系列前提不能成立。a. 劳动力市场远未发育成熟，城乡雇主和雇工均无任意相互选择的机会。造成城市工人实际工资变动的因素是多种多样的，如工资成本的变动、在经济周期性波动中工资刚性的作用、工人运动的起落、政权的更迭等。农业劳动生产率和农业工资的变动只是其中的原因之一。b. 尽管中国工业化的步伐缓慢前进，但这一时期农村就业人口的比重仍有下降。因此以全国人口的增长率代替农业劳动力的增长率进行计算，将会导致高估农业的增长速度。c. 农产品商品化的增长速度不应等同于农业生产的增长速度。因为如前所述，农产品进入市场的只是一小部分。因此，罗斯基认为农业生产的增长不应低于传统运输业的增长是混淆了两个不同的范畴。此外，卜凯调查资料的选点大多是交通和商品经济比较发达的地区，罗斯基也认为缺乏典型性和代表性。

但通观这一时期，笔者也不赞成衰退的观点，而是认为农业生产仍有缓慢的增长。据王玉茹女士的推算，这期间的农业增长年率为 0.87%[①]，同叶孔嘉的估计基本一致。我认为是比较确当的数值。

3. 中国经济增长的速度和周期性波动

由于对农业生产增长的速度估计过高，就导致罗书对战前中国国民总生产的增长趋势估计偏高。[②]参照于建伟同志的研究[③]，笔者认为中国自 19 世纪 80 年代中期近代化开始起步以后，经济增长经历了两个完整的中长周期。1912—1936 年第二个周期的平均经济增长速度，无疑高于 1887—1911 年的第一个周期。但据笔者计算，其增长率只略高于罗斯基教授的低估值。1937 年后，由于连续 13 年的战争破坏，国民总生产呈负增长，到 1949 年时人均国民收入按不变价格计算，不仅低于 1912 年的水平，也低于 1887 年的水平。在这一问题上，笔者也与罗斯基教授认为 1949 年时中国的国民生产仍高于 1914—1918 年水平的判断不同。

总之，罗斯基教授过分夸大了战前中国经济增长的势头。书中多处把中国取得的成绩同日本并列，这显然不符合历史实际。根据大川一司《1878 年以来日本的经济增长率》一书中的数字，我们稍加推算就可看到，1913/1917～1933/1937 年之间，日本的国民收入年增长率为 5%。[④]中国相应时期的增长率就是按罗斯基的高估值，也只有 2.3%～2.5%，不可同日而语。第二次世界大战前日本已经实现了工业化，中国则仍然是一个落后的农业国，这是人所共知的事实。

---

① 见《论两次世界大战之间中国经济的发展》，《中国经济史研究》1987 年第 2 期。计算的时期为 1920—1936 年，与罗斯基计算的时限略有不同。

② 罗斯基对传统工业增长速度的修正也是导致国民总生产增长速度偏高的一个因素。这一时期手工织布业的增长并不能代表全部传统工业的兴衰，限于篇幅，本文无法详加论述。

③ 《中国经济发展中的中长期波动》，《天府新论》1989 年第 4 期。

④ Kazushi Ohkawa,The Growth Rate of the Japanese Economy Since 1878,Kinokuniya Bookstore Co.LTD.p.7.

4. 关于资本积累问题

中国近代化过程中，资金筹集困难，已为大量的企业、行业史研究所证实。尽管银行业有所发展，到 20 世纪 30 年代开始经营农村信贷业务，但能享受其利益者只限于少数经济发达地区的一部分农户。因此，罗斯基关于任何大规模风险投资都可以从国内资本市场取得资金和中国普通农民家庭都已卷入金融市场的论断是缺乏说服力的。至于 30 年代危机时期中国资本积累率高达 10% 的说法，亦与当时的统计分析颇有径庭。根据巫宝三先生《中国国民所得（一九三三年）》和《修正》中的计算，1931—1936 年的六年中有三年国民消费超过国民总生产，积累最多的 1932 年，投资占产出的比例亦不到 3%。中国的国民生产中不是没有剩余，而是缺乏一种机制使之转化为资本。

罗斯基对国民总生产增长的修正，以 1933 年各部门产值的比例即终期的中国产业结构作为权数。这同他在书中多处阐明的 1914/1918～1931/1936 年期间国民经济结构有明显变化的结论相矛盾。在没有国民生产系列数字的情况下，起码应以基期和终期的平均值作为权数，以减少误差。

（原载《近代中国》第 3 辑 1993 年）

一部研究城市经济史的开创性著作

——评《天津近代经济史》

《天津近代经济史》（以下简称《经济史》），是天津师范大学孙德常教授等四位作者通力协作完成的天津市"七五"期间哲学社会科学规划重点项目，它是国内第一部研究城市经济史的专著。其主要特色如下。

一是"专"。《经济史》是一部专门研究近代天津在各个历史发展阶段上的物质生活状况和经济基础发生、发展规律的著作。为此，作者把研究的范围集中于近代天津的经济结构方面。具体地说，就是帝国主义列强仰仗船坚炮利，凭借不平等条约，把天津辟为通商口岸，建立租界地，设立银行，开办工矿企业，进行商品输出和资本输出，并以天津为基地，深入腹地掠夺资源，导致天津经济表现出半殖民地半封建的典型特征，形成了帝国主义、官僚资本主义、民族资本主义、封建主义、个体经济等并存的错综复杂的经济结构。书中明确地指出，正是帝国主义和依附于它的官僚买办资本居于垄断地位，牢牢地控制着天津的经济命脉。这一经济发展的历史状况和社会性质，就是天津"前天"和"昨天"的市情。显然，《经济史》的出版，有着鉴古知今、服务今天改革开放的意义，即为振兴天津经济而制定对策提供了史的论证。同时，这项关于天津近代经济发展历史的研究成果对中国近代经济史的研究来说，将会起到印证和补充的作用。我们都知道，社会科学领域许多学科是基于对历史的研究，特别是对经济史的研究而产生和发展起来的。恩格斯指出：马克思的"全部理论是他毕生研究英国的经济史和经济状况的结果"。列宁的《帝国主义是资本主义的最高阶段》是研究英、美、俄、德等国经济史而取得的成果。因而《经济史》一书的问世，将对天津社会、政治、文化等方面的研究提供背景材料和启示。

二是"深"。《经济史》内容丰富深刻，全书共分9章27节，作者力图"纵"不断线，"横"不断项，对天津国民经济生产领域各个部门都作了深入探讨。该书不仅为我们提供了若干第一手翔实的珍贵资料，而且，运用这些历史事实，把客观的经济规模反映出来，揭示出演变轨迹，探究出内在联系。正因为如此，才能分析深刻。例如作者在书中，一方面突出了天津近代经济的发展同被迫对外开放相关联，另一方面又注意到内因的作用，即封建社会末期天津城乡已有商品货币经济在一定程度上的发展和天津所具有的其他各种客观条件。再如，书中分析了天津作为洋务运动、北洋实业和"五四"爱国运动的中心城市，对天津近代经济的发展，尤其是对民族资本主义的发展所产生的积极影响。我们认为，《经济史》的这些看法都是颇有新意的。

三是"实"。所谓"实"，是指《经济史》一书的作者本着一种求实的精神，辛勤编纂，完成了这部拓荒之作，填补了城市经济史研究领域的空白，迈出了城市经济史研究的第一步。

《经济史》一书勾画出一百多年间天津经济发展变化历史的真实轮廓，也是我国近代经济和社会演变的真实缩影。呈献在读者面前的《经济史》是一部实实在在的帝国主义列强掠夺天津经济的血腥史，是天津人民不屈不挠反抗侵略者的斗争史，也是天津人民刻苦耐劳的自强史。

最后，我们认为，《经济史》注意运用历史唯物主义的观点和方法，紧紧围绕着生产关系和生产力两个方面的对立统一，从天津近代经济发展的特殊性中演绎出社会经济发展的一般规律性。作者还以毛泽东关于中国半殖民地半封建社会的论述作为剖析天津近代经济发展史的理论依据。正因为如此，《经济史》才能深刻地揭示天津近代半殖民地半封建经济的性质、特征及其形成、发展和崩溃的全部历史过程。显然，坚持正确的方法论是《经济史》一书的重要特色。美国著名经济学家詹姆斯·布坎南认为，经济学方法论有如行车路线图，是指示前进方向的。不难看出，作者深深懂得经济史研究离开正确的方法论就会偏离方向，就不会有好的科研成果。《经济史》正是成功地运用科学方法论的产物。

总之，《经济史》的问世，说明了我国关于城市经济研究有了很大的进步，这一学科正在成为经济学研究中枝叶繁茂、成果颇丰的领域之一。归纳起来说，《经济史》的确是一部深化城市经济研究的力作，其学术意义绝不局限于天津。

（原载《南开经济研究》1993 年第 3 期）

新时期中国经济史学理论的探索

——吴承明《市场·近代化·经济史论》读后

党的十一届三中全会以后，中国经济史研究进入了一个新时期，吴承明先生的论著是其中最富于代表性的一个组成部分。云南大学出版社 1996 年出版的《市场·近代化·经济史论》（以下简称《经济史论》）一书，辑录了他 1986 年至 1995年期间发表的主要学术论文。从该书内容可以看出，作者几年来对经济史学理论和方法予以了较多的关注。这除了表现在《经济史论》第一组全部文章都是直接阐述这一问题以外，还表现在另外两组文章也大多侧重于探讨市场和近代化的理论问题，试图对中国传统和近代社会经济结构的某些特征从形态上加以概括，所以本文的介绍和评论也集中于这一方面。

一、经济学理论对经济史研究的作用

吴承明认为，史学应走与社会科学结合的道路，经济史研究要运用经济学和其他社会科学的方法。"任何伟大的经济学说在历史的长河中都会变成一种经济分析的方法，也是研究经济史的方法"（《经济史论》，以下凡不注明出处的引文都出自该书），所以一切经济学理论都应视为方法论。马克思的历史唯物主义，既是世界观，也是一种方法。经济史研究可以根据问题的性质和资料的可能，采取不同的经济学以及其他社会科学的方法来分析和论证。甚至可以用不同的经济学理论去解释和分析同一个问题。一般说来，历史学家比较保守，应提倡将当代新的经济学理论用于中国经济史的研究。

吴承明近年来中国经济史研究的实践，与他关于方法论的主张是一致的。从收入《经济史论》一书的论文可以看出，他在熟练运用马克思主义经济学原理的同时，博采西方各种经济学说，批判地加以运用，在史论结合方面树立了典范。《经济史论》中不少文章，如《论广义政治经济学》《论交换经济史》《论工厂手工业》等篇，基本上是从马克思主义理论出发所选择的研究课题，但《论二元经济》《需求导向》等则是从西方经济学理论出发的命题。而《十六与十七世纪的中国市场》一文，变换他以前关于明清中国国内市场两篇文章中循商路、市镇、主要商品运销和大商人资本兴起等方面考察市场的扩大的研究路线，改从人口、物价、财政、商税和白银等方面讨论这一时期经济发展的周期波动，似可看作对他提倡的用不同的方法研究同一对象的试验。还有一些文章，如《市场经济和经济史研究》则是试图用马克思和西方经济学各家的理论来解释市场经济不同发展阶段的运行机制。这种方法在构建现代经济学体系中或许对解决马克思主义经济学与西方经济学理论基础之间的矛盾，从而走出困境有所启示。

毛泽东早就指出，我们的眼力不够，需要借助于马克思主义的望远镜和显微镜。这句话十分形象和深刻地阐明了运用先进的理论和方法在认识客观世界中的重要性。从这个比喻可以认为毛泽东也是把马克思主义看作一种工具，看作一种观察和分析事物的手段。

就历史学的范围而言，马克思主义是最有影响力的理论之一，西方很多史学流派都受到他的影响，在对历史问题的观察上，马克思主义的观点与其他西方经济学家和历史学家的观点并非完全对立，而是有许多共同之处。年鉴学派的创始人费弗尔说："马克思表达的那样完美的许多思想早已成为我们这一代精神宝库的共同储备的一部分了。"年鉴学派的第二代代表人物布罗代尔则称："马克思是当代历史科学的奠基人。"在20世纪西方最有影响的史学流派和历史学家那里，马克思主义可以成为思维的工具，那么很多中国经济史学工作者以马克思经济学说的某些论述和原理作为研究的出发点也是很自然的事。

在熟练掌握和运用马克思经济学理论的同时，不断引进世界各国新的经济学和其他社会科学的理论与方法，用于研究和分析我国的经济史也是十分重要的。因为只有借助于不断发展的理论和手段，才能站得高，看得远，打开眼界，开辟研究的新领域和解决问题的新途径，提高经济史的研究水平，使认识不断深入，赋予这一学科以活力和生气。忽视理论对历史研究的指导作用，或在理论上固守前人的论断，不关注其发展和创新，则无异于作茧自缚。

经济学理论和经济史研究本来在斯密那里是密切相联系的，但从李嘉图以后，西方经济学的主流派强调经济学理论的演绎推理和抽象的、普遍适用的模式，使经济学理论与经济史研究分道扬镳，马克思曾对此提出过批评。19世纪后半期，经济史作为一个学科独立出来时，又受到德国历史学派的影响，向实证主义方向发展，注重史料的考证和叙述，忽视理论的探讨。

从 20 世纪 20 年代开始，以年鉴学派为代表的新经济史学逐步与传统史学划清界限。新史学的一个根本特征即在于他注重运用各种社会科学理论和方法，对整个人类社会的历史作跨学科的研究，对历史问题作出理论的诠释。法国著名经济史学家、第三代年鉴学派的代表人物皮埃·肖努（P. Chaunu）认为，经济史真正作为一门独立的学科是从 20 世纪 20 年代末和 30 年代初方才开始的，在此之前所作的研究只有文献的价值，他称之为"考古式的经济史"。①只是到了这一时期，由于人类在认识论上的飞跃和社会科学理论的引进，经济史才成为一种理性的科学，人类才把复杂的社会经济历史现象作为一个体系来探讨，从而产生了现代的经济史学。从 30 年代开始，价格理论、周期理论、国民收入统计和宏观经济分析、经济增长理论和计量经济学的方法等被用于经济史学的研究，有力地推动了新经济史学的发展。到 20 世纪中期，新经济史学成为向传统史学家挑战最有力的领域。诺思在概括新经济史学与传统经济史学的区别时认为：新经济史学的特征在于"它要求用系统的理论作为一般原则的来源，并要求同样系统地运用数量方法来组织数据资料"②。

新经济史学派运用经济学理论和计量经济学方法，在研究美国经济史方面所取得的成绩已为人们所熟知，本文不再赘述。无论其观点引起多少批评，但不可争辩的事实是，他们的工作有振聋发聩的作用，充分证明了将经济学理论应用于历史研究的价值。著名史学家费希洛称其为"采用宏观经济学的方法改写美国经济史"。也可以说在新经济史学家这里，斯密与马克思将经济学理论与经济史研究紧密结合的传统被恢复，或用福格尔一篇文章题目的说法，是实现了"经济史和经济理论的再统一"③。

在日本，以已故一桥大学经济研究所所长大川一司为首的一批经济学家，运用西方经济学理论研究日本自明治维新以来的经济发展，也取得了令人注目的成果。

美国研究中国经济史的学者，如费景汉、施坚雅、赵冈、马若望、陈富美、罗斯基、罗友枝、李中青、彭慕兰、韩起澜等人的论著之所以给人以耳目一新的感觉，就是因为他们将经济学和社会学、政治学、地理学、人口统计学、人类统计学等理论与方法用于研究对象的结果。

---

① 《经济史：成就与展望》，载勒戈夫和诺拉编：《史学研究的新问题、新方法、新对象》，社会科学文献出版社 1988 年版，第 73-74 页。

② Sills, David L, International Encyclopedia of Social Sciences, Vol. 6, New York: Free Press, 1968, p.46.

③ 《美国经济评论》1965 年第 2 期。

近十多年来，西方史学虽有一种向叙述史学复归的趋向，但其在运用社会科学方法方面并无变化，而且这种所谓新的新史学主要不是出现在经济史领域，而是出现在其他史学领域。新经济史学派在对美国和西欧宏观经济发展方面已经完成的大量工作，可以说在中国才刚刚开始，我们需要的是补上这一课，不是"迎头赶上"和"超越"，因为一种新的方法往往适应解决某一层次或某一范畴问题的需要而生，我们不去掌握它，将使我国历史研究中一些重要领域长期空白下去。

笔者最近在《经济史学创新的关键在于新理论和方法的引用》[①]一文中认为，西方经济史学的发展说明，其创新的过程是新的经济学理论或某种其他新的社会科学理论，不断被引进并应用于历史研究，从而取得新的成果，使我们的认识得以深化的过程。目前中国经济史研究中存在的主要问题还是对新的经济学与社会科学理论的不熟悉和难以活用。一些经济史学工作者由于只有历史编撰学的训练，只是把某种理论中的说法作为一种外加的套语和标签，用以装饰自己的著作和文章，实际在方法上仍然满足于史料的搜集、整理、排比、归纳，以及线性的因果分析。那么，应如何在经济史研究中正确运用经济学的理论呢？我们将在下节介绍吴承明的意见，并加以讨论。

二、经济史研究中应如何运用经济学理论

关于如何应用经济学理论于经济史研究，吴承明强调，"抽象的理论只能作为思想的指导，不能成为推导历史的模式"，不能将其作为教条来还原历史，经济史不应成为经济学理论的注释。

改革开放以前的近三十年间，中国经济史研究的问题在于，它的工作主要是搜集历史资料来印证苏联（政治经济学）教科书中关于资本主义和前资本主义经济形态的论述，以及中国半殖民地半封建经济理论的正确性，也就是根据一些不容置疑的教条来演绎出历史。由于这些教条只讲生产关系，不讲生产力，也不讲流通、分配和消费，根据其推导出来的中国近代经济史就被束缚在几种所有制及其相互关系发展变化的狭隘空间中。经济增长和波动，各时期经济发展水平，产业结构的变动，国民收入的分配、积累和消费等重要问题均被忽略。经济史的写作实际被经学（这里的"经"是指儒家经典）化了。自古以来，中国历史学的主导倾向就是附属于经学的，撰写史书的目的是为儒家经典作注释。在这种思想指

---

① 《中国经济史研究》1996 年第 1 期。

导下所写的历史，当然不可能客观、正确、全面地反映中国经济发展的历史过程，更不可能在理论上有所创造。这种研究历史的做法是不符合马克思主义认识论的，马克思和恩格斯本人一向认为，他们的理论只是研究历史的指南和方法，而不应把它作为现成的公式，如果拿它来剪裁各种历史事实，那么它就会转变为自己的对立物。

历史研究离不开研究者主观的选择。美国历史学家伊格尔斯在《欧洲史学新方向》一书中说，"所有历史都涉及选择"①，而选择是以史学家的知识结构和理论素养为出发点的。历史学家不可能从漫无边际的史料中，不加任何主观判断，就开始他的研究工作。收集资料要有提纲，要进行分类；开始研究工作后，要确定分析的框架和途径；为解决问题运用何种中介手段和如何运用；采取哪些概念和范畴来进行表述；等等。这些都有某种理论在起指导作用。但这里必须辨明的是，这种被选用的理论知识提供了一种分析的方法和手段。一般说来，经济史学家在着手一个研究课题时，用作分析工具的理论框架都不是自己创造的，而是利用经济学研究的既有成果，不管研究者本人是自觉的，还是不自觉的。

不断引进和运用新的经济学理论与各种社会科学理论于经济史研究，首要的作用是扩大了选题的范围，使研究的课题变得多样化。这些理论提供了在传统史学所不曾注意或无法研究的领域进行思考、解析、论证的新方法。按照这种观察问题的框架和它们所阐明的各种因素之间的关系，把过去历史学家看来没有价值的史料或新发掘出来的史料，进行排列、归纳、分析，能说明很多重大的历史问题。这种依据理论模式对史料进行重新组合的方法，具有一种化腐朽为神奇的令人惊异的力量。一种新的经济学和社会科学理论被成功地运用于经济史研究的价值即在于它能提供一种与以前不同的、可以操作分析的关于一组重要的经济或社会的变量之间的相互关系体系，从而能够说明当一个或数个变量变动时，对整体的影响。

所以，我们所提倡的运用新的经济学理论于经济史研究的正确方法，不是过去的标签似的引用经典作家语录的办法，或者是新名词、新概念一大堆，机械地套用于中国历史，甚至有时作者自己也搞不清他们所使用的名词和概念是什么含义。我们一定要避免不尊重历史事实，或对史料予以牵强附会的解释，亦以一种新的理论模式来剪裁历史，用一种新的教条符号代替旧的教条符号体系的倾向。经济史学是否遭受经济学或其他社会科学的侵略而丧失其独立性，并被同化，取

---

① 华夏出版社 1989 年译本，第 15 页。

决于他是生搬硬套经济学或其他社会科学的理论模式,还是将其作为一种观察的手段而加以活用。用史料来附会和印证某种理论框架的做法,不只在中国经济史研究中是应当时刻注意避免的一种危险倾向,在西方新经济史学派的研究中也不乏前车之鉴。吴承明先生在他《经济学理论与经济史研究》一文中引用了索洛对这种状况的批评,并指出经济史"应成为经济学的源,而不是经济学的流"。他在自己的研究实践中既汲取西方新史学的长处,又避免其缺陷;他强调在经济史研究中计量的重要性(《经济史论》一书中就有三篇文章是分别估算中国近代农业生产力、资本集成、工农业产值和市场商品量的,这些都是他经过多年辛苦积累,对经济史研究所作出的贡献),但他从不滥用计量经济学的方法;他在着力于对经济结构分析的同时,也不放弃对事件的描述,不使研究的主体单一化和片面化;他致力于理论探索,但也鼓励继承中国史学的优良传统,提倡史料的收集和考据。所以,他和许涤新主编的《中国资本主义发展史》在国内外受到普遍的好评,很多外国学者认为,在经济史著作中,这部书无论是其资料的丰富、分析的理论深度,还是表达的艺术精美等各个方面,都可称之为上乘之作。

三、经济史研究与经济学理论的发展

在阐明了经济学理论对经济史研究的方法论作用的同时,吴承明也指出了经济史研究对经济学理论发展的重要性。他认为,"经济史有广阔的天地,无尽的资源",经济史是经济学理论的基础。

任何一个学科中有造诣的专家大多具有丰富的历史知识和不同于常人的历史观,经济学家也不例外,他们中很多人都强调历史研究的重要性,并利用经济理论作为分析的手段去不断重新认识历史,从中得到启示。马克思在《英国状况》中说:"历史就是我们的一切,我们比任何一个哲学学派,甚至比黑格尔都更重视历史。"[①]熊彼特在他的《经济分析史》中指出:经济学家必须具备历史、统计、理论三种基础的学问,三者结合一起才能构成经济分析,历史知识对经济学家是不可缺少的。经济发展是具有连续性的,一定的现实都是一定历史的产物,研究经济史的目的是使人们能在更长的时间范围内,审视自己所处的时点,以减少由于生活时代的短暂造成的认识的局限性。当我们把历史与现实联系起来进行考察时,我们既能对历史做出更科学的评价,从中吸取有益的经验,也能对历史发展

---

① 《马克思恩格斯全集》第 1 卷,第 650 页。

的前途做出科学的预见。[①]

在我国从事经济学理论和现实经济问题研究的学者，一般都不研究经济史，而经济史学者也大多固守时限不愿越雷池一步。改变这种画地为牢的隔离状况，无论对经济史还是对经济学的发展都是有益的。

经济史研究除了可以使人们更深刻地理解现实和预测未来之外，还可以对经济学理论的发展作出贡献。著名经济学家琼·罗宾逊认为：经济学理论只有在分析历史事件和经济的历史发展记录的条件下，才能有所发展。经济学所揭示的规律，按照凯恩斯的说法，"只有通过表明原理和假设条件不存在，或者这一规律所肯定的趋势并没有和它的假设所产生的结果相一致，才能被驳倒"[②]。也就是说，经济学理论的发展只有通过两条途径——一是修改某种理论前提假定；二是发现其在逻辑演绎过程中的失误——才能进行。而这两种情况往往都是通过对历史的观察得到启示的。前者如诺思对新古典经济学中关于制度不变或可以忽略前提的修正；后者如福格尔对传统史学界关于美国东西部间铁路修建与经济增长之间逻辑联系的批判。

当我们运用某种理论来研究历史时，如果发现不能解释的现象，不应用理论框架来剪裁历史，而应考虑这种理论有什么不完善之处，进而加以修正。这种矛盾出现时，正是我们在理论上有可能取得重大突破的临界点。诺思在研究1600—1850 年期间的海洋运输时，发现既有的模型不能满意地揭示其效益的增长，所以提出他的制度变迁理论。这一理论在他以后对西欧经济史的进一步研究中不断完善，形成了包括产权、国家和意识形态三个方面在内的一套分析框架，从而对新制度经济学的发展作出了贡献。这里的关键问题，一是在面对理论与历史的矛盾时，不陷于旧模式的窠臼，要有勇气敢于成为新思想的启迪者；二是要有构建理论体系的思维能力。

纵观西方经济学说史和近年来诺贝尔经济学奖获奖名单，获奖者都是在理论尤其是在分析方法上有创造者。我国学者的困难和差距似乎在于长期受到是非标准的权威观和传统观的束缚，缺乏理性化的独立思考精神，在面临需要创造自己特殊的分析概念和体系时，经济史学家尤其显得无能为力。

近些年来，西方研究中国历史的学者有"冲击-反应""高度平衡陷阱""不发展的发展""过滤型经济增长""过渡市场竞争""中国中心"等理论的提出，

---

① 参见前引《史学研究的新问题、新方法、新对象》序。

② John Elliott Cairnes. The Character and Logical Method of Political Economy. New York: Augustus M. Kelley Publishers. 1965. p.110.

但这些理论并没有建立自己独立的分析体系。改革开放以来，国内经济史学工作者虽然成果累累，新观点也屡有所见，但在构筑新的理论框架的道路上，似乎还有一段路要走，或者更确切地说，还有一个台阶要上。

从吴承明的论著中可以看出，他在批判西方学者各种关于中国历史模式的过程中，逐步形成了自己的关于中国传统社会和近代社会经济发展内因为主的一系列理论。尽管他的这些观点中有些还需要进一步论证，并加以系统化。

我们引进用于研究中国经济史的各种经济学理论，都是以西方近世经济社会矛盾为出发点所提出的，它们对处于同一发展阶段的中国——由于经济形态有共同之处——可以作为一种分析的手段，将各种概念、范畴和原理都拿来应用。但中国近代社会中除了这种与西方相同或类似的因素，还有大量由传统社会中继承的因素，这些因素则是与西方的中世纪不同质的，也往往是引入的经济学理论所不能解释的，如中央集权国家直接参与生产经营活动和对流通领域的垄断，家庭农业与手工业结合的小农经济成为国民经济的基础，以家庭和宗族关系为纽带的经济组织，儒家伦理道德观念对经济生活的规范作用，等等。我们应设计出新的概念、新的变量和新的结构模式来说明这个与西方不完全相同的经济形态。所以在中国经济史研究中，在理论上有所创新和突破是完全可能的，这是由其研究对象自身的性质所决定的。答案不在既有的各种西方经济学理论之中，也不在中国传统的儒家经典和各种文献之中，它有待于中国经济史学研究者的创造。

任何一种西方经济学理论都有各种前提假定，这些前提条件有些是被公开说明的，有些是暗含的或不言而喻的，但这些假定和前提对旧中国的社会经济未必成立。比如西方经济学中关于人的生产经营活动是为了追求利润最大化的原则就不适用于生产是为了自己消费和儒家意识形态统治下的中国农民的经济活动。再比如西方经济学的各种概念、原理都是以完全的市场经济为前提条件的，在用于中国近代这样一个商品经济不发达，大部分产品和一部分手工业产品不进入市场的经济形态时，应如何加以修正？只要在解决这些问题上着力探索，我们就可能对经济学理论的创新作出贡献。

（原载《经济研究》1997 年第 5 期）

勾勒中国民族工商业发展轮廓

——评介《中国民族工商业发展史》

作为国家"九五"出版规划重点项目，由王相钦教授主编的《中国民族工商业发展史》一书，已由河北人民出版社出版。该书论述的时限上起公元前 21 世纪，下至 20 世纪 90 年代，几乎涵盖了中华民族的全部文明史，读者可以从中清晰地了解四千余年间整个中国民族工商业发展的轮廓。

过去经济史著作中所说的民族工商业或民族资本，通常不是与外国人在华设立的工商企业或外国资本相对称，而是与中国政府和官僚运用特权所办的企业或官僚资本相对称。这一概念显然是不准确的，就其字义的内涵而言，理应包含全部中国人所办的企业，中国政府和官僚所办者无疑也应包括其中。《中国民族工商业发展史》一书所使用的"民族工商业"的概念，既包括了私人所办的工商业，也包括了官办的企业，而各个历史时期根据具体情况叙述的侧重点又不尽相同。同时，该书作者还将民族工商业所涉范围向上回溯到古代社会，向下延伸到现代社会。这些处理都是有新意和创造性的，也是经得起推敲和符合历史实际的。

自 20 世纪 80 年代以来，我国陆续出版了一些以工业部门或商业部门为研究对象的工业史、商业史著作，其中既有通古今者，也由专门叙述古代、近代或现代者。但像《中国民族工商业发展史》一书，将工商两业合并在一起作为研究和描述对象的尚属仅见。在经济发展的历史长河之中，工商两业虽然具有各自不同的作用，但又有某些共同的特征。历史演进的实际也恰是在工商两业中首先产生了资本主义生产关系的萌芽，并最终导致传统经济制度的瓦解和近代社会的建立，同时出现了与之相适应的现代文明。《中国民族工商业发展史》一书虽然在各章节中一般还是采用工商业分别叙述的方法，但在某一时期工商业发展的社会背景和条件、政府对其所采取的政策等方面则综合起来进行分析，较好地处理了工商业二者之间的个性和共性的关系，使读者对经济发展的历史过程既能有较为具体又能有较为全面的了解。

　　《中国民族工商业发展史》一书中的作者绝不仅仅是在总结前人已有的研究成果，而是在许多章节中都有自己独到的见解，读者在阅读时自不难发现。

　　　　　　　　　　　　　　　　（原载《光明日报》1998 年 5 月 11 日第 7 版）

人物介绍与述评

西方经济学理论教学和研究中国化的先驱

——经济学家何廉和方显廷

如果把人们在盛年时开辟的事业比作他们的影子,随着时间的推移,他们的事业就会像这影子一样,不断延长扩大。著名经济学家何廉和方显廷就在他们身后留下一片不断延长和扩大的影子。他们创办的南开大学经济研究所正在为中国经济学研究和人才培养作出越来越大的贡献;他们提倡的运用现代经济学理论和方法,深入工厂和农村进行实地考察,尤其是注重运用计量分析的方法研究问题的实践,在中国起到开风气之先的作用。他们所取得的成果至今仍给中外学者以启迪,成为中国近代经济思想史上光辉的篇章。

一、学生时代

何廉,号淬濂,英文名字 Franklin L.Ho,湖南邵阳人,1895 年出生在一个乡绅家庭。8 岁进家馆读书,14 岁入邵阳中学,16 岁考取广西初级陆军学堂。辛亥革命发生后学堂停办。1914 年考进湖南长沙雅礼中学,1918 年毕业。这所中学为"耶鲁国外布道团"(Yale-in-China Academy)所办,很多教师是美国耶鲁大学的本科生或研究生,教学水平在中国国内属上乘。何廉在五年学习期间受益甚深,并于毕业前成为一个基督徒。1919 年,经雅礼中学推荐,何廉自费赴美国留学;先入波姆那学院(Pomona College),选修了多种课程,却没有深入其中任何一门,但开阔了视野,培养了思想方法,直到大学四年级才选择了经济学作为主修课程;1922 年毕业后考入耶鲁大学研究生院,主修经济学,兼修社会学,并在他的老师,世界著名的经济学家费舍(Irving Fisher)教授的指导下,从事物价的调查工作,编制每周的商品批发物价指数和每周股票市场价格指数,参与其主持的《物价指数百科全书》的研究项目。在调查研究工作中,何廉积累了经验,受到良好的训练。在美国期间,何廉专注于学业,很少参加中国留学生的政治活动，1926 年获得博士学位后返回中国。

方显廷，浙江宁波人，1903 年出生于一个珠宝手艺人家庭。幼家贫，小学毕业后进职业学校学习一年即辍学，进上海厚生纱厂学徒，较早具备了独立生活的能力。他待人和蔼、恭顺，常于工余私下研读棉纺织技术及英文，喜欢动脑筋，受到厂长穆藕初先生的赏识，资助其就读南洋模范中学高中部。由于学习成绩优异，穆先生又资助他于 1921 年赴美国深造。其先入威斯康星大学预科，半年后转入纽约大学，主修经济学，盖欲学成回国，得报穆厂长知遇之恩；经三年苦读获得学士学位，遂入耶鲁大学攻读博士学位，受业于著名的商业史教授、研究生院院长克莱夫·戴（Clive Day）。由于学习成绩优秀，他先后得到多种奖学金和研究基金的资助。在耶鲁大学这所著名的高等学府中，四年的学习生活，使方显廷有幸聆听了许多知名教授的课程，从而弥补了他在纽约大学学习期限短所留下的缺陷。耶鲁大学丰富的学术活动，更使他眼界大开，了解了当时世界经济学研究的前沿领域和成果。根据导师的研究方向，方显廷致力于英国 19 世纪 40 年代前后工业组织的研究，他的博士论文题目为《英国工厂制度的胜利》（Triumph of Factory System in England）[①]。为收集撰写论文所需的第一手资料，尤其是与英国议会有关的文件，他查遍了耶鲁大学图书馆、华盛顿国会图书馆和纽约市立公共图书馆的馆藏。论文发展和修正了卡尔·布彻（Carl Buecher）的理论，把英国早期的工业结构划分为手艺工人、商人雇主和工厂三种制度。方显廷的这种意见后来为很多的经济史教科书所引用，从而使英美学术界对中国学者的才华和能力刮目相看。

何廉与方显廷于 1923 年在美国相识，当时何廉在耶鲁大学研究生院亚当斯（T.S. Adams）教授的指导下，完成他关于公共财政方面的博士论文，而方显廷则在纽约大学学习经济学。何廉了解到方显廷为了攻读博士学位需要财政方面的支持，他帮助方显廷进入耶鲁大学研究生院的经济学系，并得到奖学金，从此二人成为同学。在此期间，何廉为方显廷的一项借款提供担保，并为他在纽黑文找到一份工作。此后数十年间二人长期共事，结下深厚友谊。方显廷视何廉为兄长，人生事业旅途中凡遇重大抉择时，他都听取何廉的意见。方显廷在他的回忆录《一个经济学家之七十自述》[②]中，称何廉是他"终生的朋友"（lifelong friend）。

在美国期间，何廉和方显廷先后加入中国留美学生的联谊社团成志会（C.C.H）。中国各界许多知名人物都是这个团体的成员，如孔祥熙、蒋廷黻、王

[①] 1930 年用英文在天津出版。

[②] Reminiscences of a Chinese Economist at 70, South Seas Press Ltd., 1975, Singapore.

宠惠、俞大维、王正廷、张伯苓、晏阳初、洪畏莲、郭秉文、朱有渔、余日章等。他们以兄弟相称，互相提携，对何廉、方显廷后来的事业有一定的帮助和影响。

二、南开大学经济研究所的奠基人

1926 年，何廉在获得耶鲁大学的博士学位后乘船回国，在抵达日本横滨时收到南开大学商学院院长的来函，聘请他担任财政学与统计学教授，月薪 180元。这个待遇虽较回国前上海暨南大学请他作教授的薪金低，但他考虑京津地区是中国文化中心，教育水准较国内其他地方均胜一筹。经过权衡，何廉还是决定去南开。他取道朝鲜，由陆路直奔天津；7 月中旬到达南开后，受到校长张伯苓热情诚恳的接待；并由张伯苓带领，拜访了已年近古稀的南开大学奠基人严修（严范孙）先生，从此开始了他在南开大学充实而繁忙的教学和研究工作。

到校第一年，何廉就讲授了"经济学""统计学""财政学"和"公司理财"等四门课程；并拿他在美国的积蓄先后雇请了两名助手，用他从美国带回来的打字机、手摇计算机等，开始从事对外贸易和生活费指数方面的调查与计算工作，条件十分艰苦。

1927 年春，北京"中华文化教育基金会"的社会研究部需要一名研究导师，国立北京大学社会学系主任陶孟和教授邀请何廉担任此职。但他不愿在一个研究机构中专门从事研究工作，而认为中国缺乏训练有素的专门人才，所以当务之急是在大学中教学与研究并举。研究可以提高教学的质量，而教学则可推动研究工作的深入。由于同样的原因，1928 年夏他又拒绝了中央研究院社会研究所的高薪聘请（比南开给他的薪水两倍还要多）。当何廉就此事征求张伯苓的意见时，张伯苓真诚地劝他留在南开，说南开更需要他，并答应向陶孟和先生解释。此外张伯苓还决定从大学预算中拨出一部分款项供何廉下一学年度研究之用，并建议他减少授课时间，以兼顾研究工作。何廉深受感动，他向张伯苓建议，在南开成立一个研究机构，张伯苓表示同意，并要他准备一份书面材料提交校董会讨论。

何廉的建议很快就得到学校董事会的批准。1927 年 9 月 10 日，南开大学社会经济研究委员会（南开大学经济研究所的前身）成立，地址设在天津八里台南开校园内的西柏树村。它的研究任务被确定为：探讨和评价中国的社会和经济中存在的实际问题，以求我国社会科学之发展。学校从 1927—1928 年度预算中拨出 5,000 元作委员会的经费，任命何廉为该委员会主任。经申请，中华文化教育基金会在 1927—1928 年度给以 4,000 元的资助，加上何廉离开耶鲁大学前他的老师费舍教授所赠予的 500 美元, 社会经济研究委员会在它头一年的工作中就有了近 10,000 元的研究经费, 在当时的中国, 这已是一个颇为可观的数字, 何廉可谓大喜过望。早在美国读书时, 他就怀有一个理想, 即按照伦敦政治经济学院的模式, 在中国建立一个研究所。方显廷认为何廉"是一个天生的领导者、设计者和组织者"①。在回国一年多的时间里, 何廉初步实现了自己的愿望: 建立了中国第一所专门的经济学研究机构, 同时也是中国第一家非官方的、私人社会科学研究机构。

社会经济研究委员会成立后, 雇用了几位统计助理和调查计算人员, 着手经济统计资料的收集、分析和编制工作。委员会首先开展的项目是天津物价的调查和统计分析; 同时根据当时中国的政治经济形势, 将研究的方向集中于工农业发展方面, 围绕着农业国的工业化问题, 确定以中国工业化程度及其影响为中心展开工作, 从调查天津地区几种新兴工业入手。对于这项工作, 何廉认为最重要的是要邀请一位经济史和工业经济方面的专家来组织指导。这时, 他在耶鲁大学的同学和密友方显廷刚好完成学业, 正在返回中国的途中, 何廉向张伯苓校长推荐, 聘请方显廷为社会经济研究委员会的研究主任, 兼任经济系的经济史教授, 获得张校长的赞同。同时, 张伯苓还建议在方显廷到达时, 由何廉去上海迎接。

1928 年 10 月, 方显廷担任一个中国商务旅行团的秘书, 取道欧洲回国, 12 月到达上海。作为耶鲁大学毕业的经济学博士, 方显廷在刚刚踏上祖国的土地时, 便有三个待遇优厚的工作在等待着他。一是经由穆藕初的推荐, 实业部长孔祥熙任命他担任经济访问局的主任。这个机关是由一位经济学前辈刘大钧在 1921 年创立的, 也是中国政府建立的第一个收集全国经济情况的机构。二是穆藕初请他兼任上海中国棉纺织品交易所的顾问(穆为所长)。三是他在归国途中结识的富商吴麟书要他在工作之余担任其子的英文教师。这三项工作每月收入均为 600 元, 这在当时来说是很优厚、很有吸引力的待遇。

在方显廷选择归国后工作的关键时刻, 何廉来到上海, 与他作了一次彻夜长谈。说服他放弃经济访问局的工作和其他兼职, 北上天津担任南开大学教授, 并承担太平洋国际学会秘书处资助的工业研究项目(首先是要写一份关于天津地毯工业的报告)。方显廷考虑后认为学术界比政界的岗位可能更适合自己, 于是他答应何廉尽快了结上海方面的事务, 赴天津任职。尽管南开开出的薪金只有上海方面的三分之一。

---

① Reminiscences of a chinese Economist at 70, South Seas Press Ltd., 1975, Singapore p.25.

　　方显廷拜见孔祥熙提出辞职。孔祥熙也是成志会的成员，他劝方显廷留在现在的岗位上，因为以方所具备的条件，可以很快在政府中得到提升。但方显廷表示：离国七载，希望通过教学和研究工作了解故国的现状，以便日后能给国家作些有益的工作。孔祥熙为其献身学术的精神所动，接受了他的辞呈。

　　1929 年 1 月，方显廷开始任教于南开大学经济系，担任经济史教授，并着手关于天津地毯工业的研究工作。直到 1948 年，他与何廉先后离开中国大陆，在整整 20 年的时间中，他们作为南开大学经济研究所的奠基人和领导人，为中国经济学的研究工作和人才培养作出了重大贡献。尤其是 1937 年抗日战争全面爆发前在天津的这一段时间，二人在研究工作方面硕果累累，奠定了一生事业的基础。1928 年 8 月，何廉与其在美国读书时相识的余舜芝小姐结婚，方显廷则于次年 7 月与其幼年定婚的王静英小姐完婚。两家人在南开大学东柏树村比邻而居，过从甚密。这一时期给他们二人都留下了美好的回忆。方显廷加入南开经济研究所工作后，担任研究主任，使何廉得以从日常研究的管理、指导和组织工作中摆脱出来，专注于研究所与国内外学术界、企业界、金融界及其他有关方面的联系，科研经费的筹措和人才的引进，同时做好他个人的教学与研究工作。应当说，后来他们二人在领导南开经济研究所方面的分工合作是相当成功的。

　　1929 年在日本奈良举行的太平洋国际学会国际研究委员会会议上，南开大学社会经济研究委员会争取到两项科研课题的资助。一项是由何廉主持的，对山东、河北人口向东北边疆迁移运动的研究，每年拨款 7,500 美元，为期三年。另一项是对中国华北地区工业化问题的研究，由方显廷主持，每年拨款 5,000 美元，期限亦为三年。这两项研究经费的取得缓解了南开大学社会经济研究委员会后续经费的困难，给何廉和方显廷的研究工作以很大的鼓励。

　　何廉和方显廷在国外读书期间，都曾利用他们有限的收入，购买了不少的经济学图书，回国后他们把这些图书（各约四千册，共计约八千册）献给南开社会经济研究委员会，这就构成南开经济研究所图书馆的基础。后来这个图书馆以其经济学和有关中国经济状况方面的图书、期刊和资料的收藏闻名于国内外。及时购入的图书和期刊，使研究所的研究人员得以迅速了解其所研究领域中国内外的最新信息。据有些人回忆，当时国内各高等学校经济学方面的学子，在进行学位论文写作时，都要来南开大学经济研究所图书馆查阅资料，从而为中国经济学人才的培养作出了贡献。英国伦敦政治经济学院教授、著名经济史学家托尼（R. Tawney）在 1929—1930 年期间，就是利用这个图书馆所藏的图书资料撰写了《中国的土地和劳动》（*Land and Labor in China*）①这本名著。何廉和方显廷都非常重视图书资料的建设工作，研究所经费中一个很大的比重是用于购买图书和期刊，他们都曾在百忙中亲自到全国主要城市带领图书管理员采购图书资料，据说何廉还曾借出国的机会将研究所图书馆所订国际上几种主要的英文经济学刊物的缺期一一补齐。到 1935 年时，该图书馆藏书已达 15,000 余册，刊物 2,200 卷。

1930 年春天，张伯苓校长要求何廉在负责南开大学社会经济委员会的工作之外，再主持商学院和文学院经济系的工作。面对北京大学、清华大学高薪聘请教授的巨大竞争压力，何廉提出了三项改革建议：（1）把南开大学商学院、文学院的经济系和大学的社会经济研究委员会合并，采用南开经济学院这个新名称，承担教学与科研双重任务，下辖两系一所，即经济系、商学系和经济研究所；（2）根据每年课程教学的需要，按照精简课程、突出重点的要求，重新改编大学的经济学与商学方面的教材；（3）经济学院组织一个独立的董事会，负责指导并寻求新的支持和赞助。张伯苓接受了这些建议。

改革带来可喜的变化。由于聘任的人员兼作教学和研究工作，二者的质量都得到提高。当时中国其他大学的教师，由于教学负担沉重，而无暇从事研究工作。他们的教学内容长期不变，还是在国外当学生时所学的一点东西，就是做些研究工作，也多是从书本到书本，很少有机会到实地去调查。而南开大学经济学院的教师，由于兼作教学和研究两方面的工作，薪金收入得到提高，一些从国外名牌大学得到学位的中青年学者加入到经济学院的教授会中来，如哈佛大学的丁佶和吴大业，耶鲁大学的张纯明，伊利诺伊大学的李适生、陈序经、李卓敏，加利福尼亚大学的林维英，康奈尔大学的叶谦吉，以及纽约大学的袁贤能等。同时，何廉还注意对在校青年教师的培养，先后选送青年教师李锐、冯华德到伦敦政治经济学院进修一至两年。1936—1937 年度，经济学院的教职员工增加到 32 人，其中教授和副教授 10 人、讲师 9 人、教员 5 人、研究辅助人员 8 人。入学的本科学生显著增加，1931—1932 学年度注册新生为 69 人，1932—1933 年度增加为139 人，1936—1937 年度更增加为 172 人。

南开经济学院规模不断扩大，其开支也不断增加，学校的拨款每年仅 10 万元左右，越来越不敷需要。为此，何廉不得不努力寻求新的资金来源。他首先是通过各种私人之间的友谊，争取天津地区银行界、企业界、政府机关、社会团体及个人的支持，其中贡献最多的是金城银行、久大精盐公司、永利碱厂、盐业

---

① 该书于 1932 年由伦敦 George Allen and Unwin 出版社出版，1936 年出第 2 版，1964 年出第 3 版。

银行、大陆银行和中南银行等。经济学院董事会董事长颜惠庆博士和董事范旭东等是这方面工作最有力的赞助者和组织者。

1931 年，洛克菲勒基金会副主席冈恩（S.M.Gunn）来天津，在何廉的陪同下，仔细地考察了南开大学的经济学教学和研究工作。通过冈恩的推荐，南开大学经济研究所得到洛克菲勒基金会的一笔为期五年的资助（1932—1937 年）。到抗日战争全面爆发前，南开大学经济研究所的经费达到 30 万元，总算有了比较稳定的资金来源，其中洛克菲勒基金会的资助大约占三分之一左右。抗日战争全面爆发后，洛克菲勒基金会继续给南开大学经济研究所以资助，只不过数量略少了一些，这种支持一直持续到 1947 年末。

在全面抗战前的几年间，由于经费比较充裕，南开大学经济研究所的调查研究项目，除经济问题以外，还兼及社会、政治等方面。1935 年南开大学与燕京大学、协和医学院、南京金陵大学以及中华平民教育促进会等单位组织成立"华北农村建设协进会"，何廉被选为该会主席，方显廷则担任协进会的秘书长，负责全面的日常工作。成立协进会的目的是为中国日益发展的农村复兴运动培养急需的、训练有素的人才。南开负责培训地方财政、乡村合作、土地行政、地方行政等四个方面的人员，并在山东济宁设立实验县。这导致经济研究所业务范围进一步扩展：从科研课题方面看，农村调查方面的内容增加了；从教学方面看，开始了研究生的培养。

根据协进会的任务，1935 年秋南开经济研究所首次招收硕士学位的研究生班共 10 人，全部是从全国高等学校本科毕业生中考试选拔出来的。这些学生都得到了洛克菲勒基金会提供的奖学金。他们毕业时成为我国自己培养的、为教育部承认的第一批硕士学位获得者。抗日战争全面爆发，虽然南开大学经济研究所的研究生培养工作一度中断，但不久又在重庆恢复，这使南开大学经济研究所成为旧中国高等学校中唯一一家长期连续成批培养研究生的机构，到全国解放前共招收研究生 11 届，有毕业生 60 余人。这些人后来大多在国内外知名大学、联合国办事机构、中国政府部门、金融界、企业界任职，其中不少人成为知名经济学家，他们在各自的岗位上为经济学的研究、国家的经济发展和人才培养作出了重要贡献。方显廷在他的回忆录中写道，到抗日战争全面爆发前，南开大学经济研究所在全中国的经济研究和研究生培养方面已居于领导和中心的地位，被公认为研究中国经济问题的权威机构，其研究成果在国内外有广泛的影响。

1936 年夏，何廉到南京国民政府任政务处长。学校任命方显廷为南开大学经济研究所代理所长，这使他陷入行政管理事务之中，研究工作几乎中止。抗日战争全面爆发后，方显廷受命先期赴长沙安排经济研究所南迁事宜，其他研究所人员亦随后南下，南开经济研究所在天津十年的光辉历程就此结束。何廉和方显廷后来在回忆这一时期时，都认为这是事业有成的岁月，是忙碌和令人兴奋的岁月，他们经过艰苦的努力，建立起中国最好的经济研究机构，是十分令人欣慰的。可惜的是，1937 年 7 月末，日军的轰炸把他们用全部心血建立和经营的南开大学经济研究所毁于一旦。

三、经济学教学的改革和教学内容的中国化

1926 年何廉来南开大学任教后不久，他就赴北京、南京、上海等地对中国主要大学的经济学教学进行考察。此行他访问了国立北京大学、燕京大学、清华大学、金陵大学、东南大学（后来改为中央大学）、复旦大学、交通大学、暨南大学、沪江大学、圣约翰大学、光华大学和大厦大学。在考察的过程中，何廉了解到：在这些大学中担任经济学教学工作的大多是从英美两国回来的留学生，他们使用的多是英美的原版教材，尤其以美国的教材居多，或者是将这些原版教材择要译成中文作为讲义。这些教师年复一年地照本宣科，教学内容一成不变。他们大多在两个以上大学中兼课，甚至兼任京津或沪宁两地的教职，教学负担沉重，终日疲于奔命，根本无暇对教材或教学内容加以更新、补充和修订。结果，教师在大学中任职时间越长，他的教学就越是死气沉沉。他们对中国经济的实际情况没有研究，甚至一无所知，讲的全是西方国家的一般情况，与中国的国情不相联系。何廉发现这些大学中连一门涉及中国经济发展和组织情况的课程也没有，培养出的学生在进入社会后，其在知识方面的缺陷自然就暴露无遗。

何廉在这次考察中还敏锐地发现，中国大学中社会科学课程的另一缺陷是过于专门化。学生在大学本科第一年就要学习本专业的主课。在随后的学年中，学科越分越细，最后进入很细微的领域。他们所学的课程门类太多，每门都是高度专业化的，而每门课本身的教学内容往往又多是泛泛之谈。

与美国大学相比，何廉看到中国高等教育的教学方法也存在很多缺点。教师课堂教学的时间主要用于讲授他们在国外学到的一点知识，然后通过不间断的考试和测验，要求学生对所学课程的讲义死记硬背。除了讲义，学生不知道还应读些什么参考书籍，教师也不引导学生独立思考、研究问题、展开讨论。这样培养出来的学生几乎没有实际工作的能力。

何廉在考察了当时中国大学的经济学教学情况之后，尽管对其存在的问题有

了上述的认识，但只是一名教授的他无力推动全中国的经济学教学改革。他所能做的只是首先从自己的教学开始，使他所开设的课程能够别开生面，按照他在后来所写的回忆录中的说法，即使这些课程"合理化"和"中国化"，中心是用所讲授的各门课程的原理来解释中国当时的各种经济现象和实际面临的经济问题。何廉认为，如果一位教师在教课中不能探讨他所执教的国家当前所面临的经济问题，那讲课不过是空谈而已。为了做到这一点，他认为自己作为一个接受了西方教育的洋学者，首先必须经历一个自我教育的过程，即深入中国实际，了解国情，解决难题。然后才能引导学生应用其所学的知识解决他们所遇到的更多的实际问题。

以何廉所开设的"财政学"这门课程为例。第一年何廉首先是油印了中国财政当中有关封建王朝及民国以来的税收来源和结构、内外债发行情况、公共支出的去向等方面的资料作为讲课教材的补充发给学生。第二年他就编了一本新的教材，取代了当时最流行的美国教授卢茨（Lutz）编的《财政学》。经过几年教学实践和反复修改，1931年何廉、李锐合编的《财政学》由上海商务印书馆作为大学教材正式出版，为全国各高等院校财经科系广泛采用，成为当时畅销的教材之一，并在以后的年份中多次再版。按照同样的原则，何廉与他的学生吴大业合编了《统计学之原理与方法》，并将费切尔德的《经济学》改编得适用于中国大学教学的需要，后交他的助手巫宝三等整理出版。此外，由刘朗泉主编的《中国商事法》（上下册，1932年商务印书馆出版），亦具有同样的特点。

1931年，何廉在主持南开大学经济学院的工作后，有了推广经济学教学中国化的机会。他要求全院教师都必须兼顾教学和科研两方面的工作，认为教师若不参加研究工作，教学只有死路一条；反过来，在教学工作中学生提出的各种问题对教师也是一种促进，师生之间的思想交流对教师和学生从事科学研究是一个相互推动的过程。何廉在南开大学经济学院推行的教学与科研并举的方针和举措在当时中国各大学中是一个创举。方显廷后来在他的回忆录中认为，何廉所主持的经济学教学中国化的方针是非常富于远见卓识的，任何一本成功的经济学著作和教科书，都是面向人们所生活的时代并以其所依托的国家为基础的，萨缪尔森的《经济学》讲述的其实是20世纪美国的经济学，但却在世界上广泛传播，并获得诺贝尔经济学奖。

前面曾提到，何廉还在美国读书期间，就主张大学本科的学习应打下广泛的基础。他反对当时中国大学中普遍存在的过分专业化的倾向。当何廉主持南开大学经济学院的工作后，他要求学院所属经济、商学两系的学生入学后的第一、二两年要学习共同的课程。第一年两系学生都要学好历史、地理、语言（中文和英文）、科学（物理、化学和生物）、数学各科，这是对学生思维体系所进行的训练。第二年给两系学生讲授经济学的基本课程，包括"经济学原理""经济史和经济地理""普通会计学"以及两门社会科学方面的选修课（"政治学"和"社会学"）。只是到了第三年和第四年，这些学生才按照学院规定的经济学和商学各种科目划分专业。这些科目包括经济学专业学生所修的"经济学理论""经济史""农业经济学""货币经济学和财政学"和商业专业学生所修的"会计学""统计学""银行学和商业法"。在不断改革的过程中，何廉还逐步减少了规定学生必须学习的课程数目，而充实了保留下来的那些课程的内容。

何廉在财政学教学中所贯彻的联系中国实际的方针和实行启发式教学的方法，逐渐为全院教师所认同，从而得以推而广之，并使其他课程也陆续编写出适合中国国情的新教材。

在编写各种经济学教材过程中，何廉遇到的最大困难是术语的规范化的问题。当时各类教科书和讲义中就连最基本的经济学术语，如效用、供给、需求等的译文都五花八门、各不相同。为解决这一问题，何廉首先在他本人所编的教材中做到用语统一，进而从 1931 年起在全院的教材编写中，推行统一的、标准的经济学术语，组织全院教授每两周开一次会，专门讨论这一问题，使意见逐步统一。1934 年，他又向教育部提出建议，得到主管这方面工作的领导的支持，成立了一个由全国各大学著名经济学教授组成的委员会，何廉担任主席，经过多次开会讨论，终于制定出第一套中国经济学正式的、标准化术语，并于 1936 年起在全国范围内推广。

1935 年南开大学经济研究所开始招收研究生后，何廉所实行的教学改革又向前跨进了一步。在为这些研究生制定的教学方案中，他们第一年需在导师的指导下进行基本学科的学习，夯实基础；第二学年，他们必须用半年时间进行实地考察，并在此基础上撰写毕业论文。以上这些改革使这些研究生具备了运用其所学专业知识从事实际工作的能力。

四、运用西方经济学的理论和方法研究中国的现状和历史

"五四"运动以后，随着意识形态领域中冲破封建束缚而出现的新的价值观念和研究方法的新变化，西方各种经济思想在中国得到更系统和广泛的传播。到了 20 世纪 20 年代，一些中国的经济学者开始尝试应用西方的经济学理论和方法，

调查研究中国的社会经济状况，希望在对国情作出正确判断的基础上，就如何迅速改变我国经济落后的局面提出有效的对策。由何廉和方显廷创办的南开大学经济研究所正是在这种背景下出现的。

从 20 年代末期开始，南开经济研究所在何廉和方显廷的组织和指导之下，培养了一批富有才华并有志于经济研究的青年人，他们在科学研究的实践中迅速成长，至抗日战争全面爆发前不足十年的时间里，对中国经济问题的研究作出了重要贡献，发表了不少有学术价值的研究成果，共计出版专门著作 60 余种。其中，统计方面的有 8 种，工业经济方面 16 种，农业经济方面 11 种，地方财政方面 9 种，经济史方面 9 种，政治和社会研究方面 7 种，教科书和综合研究 6 种。此外，南开经济研究所还出版了《经济周刊》（原名《经济研究周刊》，在天津《大公报》每周刊行一次）、《政治经济学报》、《经济统计季刊》、《南开指数年刊》（中文版、英文版）、《南开社会经济季刊》（英文版）、《南开统计周刊》（英文版）、《中国经济月报》（英文版）等多种专业学术刊物。这些刊物除发表大量第一手的社会调查统计资料外，还刊登了本所研究人员写作的论文数百篇。当时中国的研究机构能用英文出版刊物和著作的可谓绝无仅有，所以南开经济研究所用英文出版的四种刊物和十余种用英文与日文出版的图书，在西方国家产生了重大和广泛的影响。当时外国人能阅读中文的十分有限，而中文书刊能为国人或外国人译成外文的更是凤毛麟角。何廉和方显廷的不少著作是直接用英文写作出版的，所以在海外流传甚广，至今仍为西方学者研究旧中国经济的基本参考资料。

（一）主要科研成果和学术观点

何廉和方显廷领导下的南开经济研究所，在抗日战争全面爆发前的近十年间，开展的研究工作主要有以下三个方面。

1. 物价的调查和统计分析

南开大学经济研究所成立之初，在何廉的主持下，首先开展的研究项目就是对天津市物价的调查和统计分析，编制物价指数。从 1928 年开始，他们用了近三年的时间收集 19 世纪 60 年代至 20 世纪 20 年代全部海关贸易册中的资料，据此编制了《中国六十年来进出口物量指数物价指数及物物交易率指数（1867—1927）》，于 1931 年出版。该书很快就受到国内外著名统计学者的交口赞誉。

何廉认为物价是经济活动的一种综合性的具体反映，要了解经济活动，必须掌握物价的变动情况。因此，在编制进出口物价指数的同时，南开经济研究所还着手收集天津批发和零售物价资料，进行现实的物价调查，编制了从 1913 年开始的以天津为代表的华北批发物价指数，同时，对天津的 132 家手艺工人生活费支出进行调查，编制了天津工人生活费指数。全面抗战爆发前，南开经济研究所编制的物价指数共有六种，即：（1）中国进出口物价和物量指数；（2）华北批发物价指数；（3）天津工人生活费指数；（4）天津外汇指数；（5）上海外汇指数；（6）上海证券指数。在此基础上，何廉等人还就指数的编制方法进行了较为深入的研究和探讨。

南开大学经济研究所编制的各种指数，与当时官方公布的指数相比，更为客观地反映了物价的实际变动，所以受到国内外的重视，有相当高的信誉。著名中国经济思想史专家胡寄窗在他的《中国近代经济思想史大纲》一书中说："提到统计，人们总会联想到南开大学编制的物价指数。"[①]南开指数为国内外经济、历史学家及政府经济部门的实际工作者用来作为计算和研究的依据沿用至今。

2. 中国工业化程度与影响的研究

何廉认为 20 世纪二三十年代中国作为一个农业国家，正处在开始实行工业化的时期。因此，南开大学经济研究所一成立，便以天津及其周围地区为研究对象，开展中国工业化的程度与影响问题的探讨。方显廷加入研究所后，这方面的工作进一步铺开，对天津市的主要工业部门，如棉纺织工业、地毯工业、人造丝工业、缫丝业、针织工业、制鞋业、粮食及磨坊业等进行调查；并派员深入附近农村，如河北省的宝坻、高阳等县调查乡村工业的发展。除刊行了数种调查报告外，研究所还在统计分析的基础上写出了《中国工业化之程度及其影响》（何廉、方显廷）、《中国工业化之统计的分析》（方显廷）、《中国工业资本问题》（方显廷）、《中国之乡村工业》（方显廷）等著作，对抗日战争全面爆发前中国资本主义工业的发展水平作出估计，总结出其特征和阻碍其发展的诸种因素，并提出今后所需采取的措施和应走的道路。对于中国工业化的程度，他们认为"今日之中国工业，仍濡滞于半现代化之境，大规模工业虽极有限，但无往而不遭剧烈竞争之打击"，"小规模工业在今日之中国，殊与工业革命初期之西欧各国情形相似。其微有不同者，即中国工业化为时较晚，故所处之环境稍异，而其工业化之途境，固亦难免异趣也"。"中国工业化显著之特征，固属多端，但以重人力而轻机械之利用为尤著。"[②]造成这一特征之原因在于中国的劳动力价格低廉。乡村工业有优越于城

---

① 见该书第 168 页。

② 方显廷：《中国之工业化与乡村工业》，载《中国经济之研究》，商务印书馆 1938 年版。

市工业之处，本应成为农业国——工业前期中国的特色。欧美等国的工业化经过了初期的乡村工业之后转向城市大工业，后来由于需要开拓市场而又有转向乡村工业发展之趋势，因此中国应努力于乡村工业之发展。至于阻碍中国工业化的原因，方显廷认为，"其首在所处之环境。自社会政治经济各方面言之，均未脱离中古时代之本质。中国之社会组织始终拘泥于终古不变之家族制度，此足使力能造成世界新工业地位之私人企业为之濡滞不前，盖徒知崇法先贤之顽固思想，而不顾人类进化之自然法则；奖进财产之集团消耗，而不事私人资本之积储。遂至新式工业无由发荣滋长。其次，中国之农业经济，原不利于新工业之发展"。第三个原因是"中国政府自身即不能积极图强，俾有利于工业之长足发展。近百年来复因政权衰落，而引起工业先进国家之统治热，致所有工业化可走之途径，悉遭杜绝。中国之工业非惟不能享受保护关税之益，且须与本国领土之外籍同业竞争"，同时还遭受重重捐税之盘剥。对于今后中国工业化发展的道路，方显廷则认为，"中国工业化之未来，系于乡村工业之复兴者至钜，是项复兴工作，基于下列两大要点，即一面以科学的研究及教育方法谋技术上之改进；一面须加速谋以合作的组织方式，以代替资本组织是也"①。此外，何廉还提出应解决土地问题使农业生产现代化，并提出利用我国廉价劳动力的优势以国内市场为基础，侧重发展轻工业，以实现制造品自给。②

方显廷所主持的工业调查，特别是关于资金、技术、组织管理的分析研究，对当时的工商和金融业影响很大，有一定的指导和参考价值，适应了民族资产阶级发展的需要，因此其研究工作在资金等方面得到了天津银行界与工商业者的赞助和支持。

3. 中国农村财政经济问题的研究

如前所述，何廉和方显廷认为，中国工业化不能迅速发展的原因之一是农业的落后，所以改变农业落后的面貌是经济发展的当务之急。而中国农业落后是由于农民贫困、愚昧、生产力低下所致。只有在各方面大力推行合作制度，才能振兴农村经济。南开大学经济研究所的研究人员在何廉和方显廷的组织和领导下，积极参加华北农村建设协进会的工作，赴实验县——山东济宁实际参加农村经济的改造，对农村经济的各个方面开展了大量的调查研究，在《经济周刊》上发表了《中国之合作运动》（方显廷）、《中国棉花运销合作的组织问题》（叶谦吉）等一系列论文，出版了《中国合作事业考察报告》（梁思达、黄肇兴、李文

① 方显廷：《中国之工业化与乡村工业》，载《中国经济之研究》，商务印书馆 1938 年版。
② 何廉：《我国今日之经济地位》，《大公报·经济周刊》，1935 年 1 月 16 日，第 97 期。

伯）等书，对当时中国农村经济的改革提出了一系列措施。其主要之点可以概括为：（1）由政府和社会团体及私人教育机关宣传教育农民，提高他们的文化素养以改变其愚昧的面貌；（2）由政府发行农贷，组织信用合作社以解决发展农业和农村工业的资金问题；（3）组织生产和购销合作社帮助农民发展生产。并对各种合作社从行政到金融等各种管理的环节，以及政府如何指导工作都提出了具体的意见，描绘了一幅发展农村经济的蓝图；并试图在实验县的工作取得经验后加以推广。但由于当时国民党政府的政治腐败，以及土地所有权的问题没有得到解决等原因，这些设想是无法实现的。

为与农村经济建设问题相配合，实行综合治理和改造，南开经济研究所还组织人员对河北、山东两省若干县区的赋税（以田赋为主）征收制度及其弊端进行了调查，提出了一些改革赋税制度和地方财政的建议，进而通过对一些实验县县政的全面总结，提出从整体上改革农村税制的计划。

此外，何廉和方显廷在农村经济方面主持进行的研究课题还有：（1）东北移民区域农业经济调查；（2）山东移民原籍的农业经济调查；（3）河北、山东两省棉花产区的产销调查；（4）河北省静海县典当业的调查等。

（二）研究方向和方法的特色与贡献

何廉和方显廷是富于进取精神的学者，他们在研究方向和所运用的方法方面勇于开拓前进，为我国社会科学研究工作的近代化作出了贡献。

1. 注重运用西方的经济学理论研究中国的实际问题

从前述的科学研究活动可以看出，何廉和方显廷所领导的南开大学经济研究所的学者在研究方向上，集中于当时中国实际经济问题的调查分析，并直接参与经济建设和改造的实践活动，无论是研究人员，还是研究生毕业论文的选题，很少泛论或单纯介绍一般的经济学理论或部门经济的原理，绝大多数的著作和论文，都是以西方的经济理论为指导，探讨中国某一方面的经济问题，并以调查所得的第一手资料为基础，提出自己的见解和对策。作为旧中国高等学校中的一个研究机构，南开大学经济研究所的研究方向选择和研究方法是很有特色的，因此，在当时就为国内外经济学界所瞩目。

在南开大学经济研究所建立和开展工作的 20 世纪二三十年代，中国高等院校财经科系的教学人员，无论是在一般经济学原理，还是在部门经济学方面，主要的工作都是讲授、翻译与撰述西方的经济学理论，哪个学校的教师讲的内容新、系统完整，或者在个别论点上有所发挥，即被视为处于领先的地位。今天看来，对于这种工作在引进西方思想和培养人才方面的历史作用，仍需给以恰当的肯定。但这种从理论到理论的经院式教学与研究的方法毕竟是不足取的。何廉和方显廷都出身于美国耶鲁大学，南开大学经济研究所其他一些著名学者也都曾就读于欧美的高等学府，但他们回国后并不满足于单纯讲授所学的理论，认为要有更大的作为，就必须把所学的原理和方法应用于中国实际经济现象的调查与分析上。何廉在为《经济研究周刊》(《经济周刊》的原名)所写的"发刊词"中说："非仅明了经济学原理及国外之经济组织与制度，即为已尽能事。贵在能洞察本国之经济历史，考察本国之经济实况，融会贯通，互相比较，以为发展学术，改进事业之基础。能如是斯可谓之中国化的经济研究。"[1]何廉在他的其他著作中多次强调经济研究的实用价值和改造中国经济方面的"功用"，并始终不渝地将这种方法贯彻于南开大学经济研究所的研究工作之中。何廉的这种主张虽然难免有实用主义之嫌——学术研究的实用性不可被片面地强调，以致淹没其在认识世界方面的重要性和独立性——但在当时的历史条件下，南开大学经济研究所的研究方向是应当予以肯定的。当然我们也需看清，这一时期国民党政府的少数当权派主要是忙于剿共和内部互相倾轧，对于中国的经济建设虽然也利用一些专家和学者制定各种方案，但以装潢门面的成分居多，很少认真地实施，特别是对农村的改造更是如此。何廉和方显廷等人都希图在不对政治社会制度作根本变革的前提下，采用某些办法，使中国城乡走上工业化的道路，这显然是行不通的。其在农村所进行的实验成效甚微，最后被迫中止，就证明了这一点。

2. 运用近代科学的方法率先对中国经济作计量的分析

何廉认为，对我国经济进行研究，首先要取得关于我国经济的实际知识，而取得实际知识就需要从收集资料进行数量分析入手。由他主持、冯华年撰写的《编制天津工人生活费指数说明书》中说："'生活艰难'为我国近年来流行语之一。然试执人而叩之曰，国人生活艰难以至何程度？则多瞠目不能答。夫欲知生活费之变迁，必须赖有生活费之指教。"[2]南开大学经济研究所编制的指数采用了当时西方资本主义国家所使用的先进的统计学方法，如将批发物价指数分为两种：一种按商品用途分为食品、纺织品、金属品、建筑材料、燃料品、化学品和杂项；另一种按商品的加工程度分为原料品和制造品。在这两大类中又进一步把原料品划分为：农产食品、其他农产品、林产品、动物产品和矿产品；制造品进一步划分为生产品和消费品。这种分类方法体现了现代物质生产部门的划分和相互之间

① 《经济研究周刊》第1期，《大公报》1930年3月3日。
② 《大公报·经济研究周刊》1930年6月29日，第18期。

的关系。在这些大的类别下对 127 种商品进行统计，需先用简单几何平均法计算出周指数，再平均计算出月指数和年指数。天津工人生活费指数就分为食物、服用品、燃料及水、房租等四类，共 37 项商品，采用加权综合平均的方法计算编制。

南开指数的编制，为对中国经济问题作计量的研究提供了可靠的科学根据。此外，在研究所进行的其他各种研究项目，也大多数是以第一手的调查资料为依据，然后加以统计分析，在此基础上引出作者的判断。

在我国漫长的封建社会中，以至民国成立后的北洋政府时期，国家有关部门虽然也曾记录和公布过一些统计数字，但主要是靠地方各级官吏的申报，不实和错误之处甚多。按照近代经济学的范畴和数理的方法，通过实地调查对经济活动作统计的分析，只是从 20 世纪 20 年代才开始起步。以何廉和方显廷为首的南开大学经济研究所的学者们在这方面作出了突出的成绩，其对旧中国经济学研究的贡献和在中国近代经济思想史上的地位是不可泯灭的。

南开大学经济研究所的研究特色不仅在于运用经济学理论来研究中国经济的实际问题，还在于综合运用政治学、社会学、法学等相关学科的理论与方法研究中国的经济和社会问题。这一点从经济研究所的研究人员构成上也可以看出。在吸收从欧美留学归国的经济学者的同时，经济研究所的研究人员始终包括政治学、社会学和法学学者。

20 世纪二三十年代，关于中国当时社会经济性质和农村经济性质问题论战的许多文章——不管今天看来其观点是错误的，还是近似于正确的——几乎都是在没有实地调查掌握充分资料基础上，凭借各种经济理论，从印象出发作出的主观判断。即便是那些应用马克思主义学说作为理论依据的人亦然，他们研究问题的方法是违背马克思主义原则的，因此不能算作科学的研究。从这个角度看，南开大学经济研究所学者们的工作是脚踏实地的，历史证明了它的生命力和学术价值。

五、战争时期的经历和学术活动

抗日战争全面爆发后，国民政府的军事委员会改组为大本营，下设各部负责战时工作。何廉先后被任命为农产调整委员会主任和农本局的总经理（局长）、经济部次长等。在日军进攻、国民党军队败退的过程中，何廉在这些职务的任上虽然想有所作为，但为客观形势所限，并不能开展实际的工作。但他负责事务的重点却由政府的行政工作转移到农业方面来了。国民政府迁都重庆后，何廉专注于农本局的工作，在后方的农业信贷、乡村合作、农产品的收购和运销、农业试验、改良品种、农业技术人员培训、水利工程等方面都取得了一定的成绩。

　　方显廷到长沙后，由于北京大学、清华大学和南开大学合组的长沙第一临时大学的开学时间尚不能确定，乃应何廉的要求，带领南开大学经济研究所的一部分研究人员赴南京，参加农产调整委员会的工作。直到日军迫近南京，方显廷根据何廉的安排，去贵州省贵阳市负责在该省定番（后改名惠水）县开辟的农村实验县工作（此时华北农村建设协进会改名为中国农村建设协进会，地址设在贵阳飞山庙，由方显廷主持）。1939 年夏，由于日军轰炸，实验县的工作无法继续，此时南开大学经济研究所已拟于重庆恢复研究生培养和调查研究工作，何廉乃要求方显廷来重庆，主持南开大学经济研究所的事务，同时兼任新成立的西南经济研究所的研究主任。西南经济研究所是由张群创办的，其任务主要是研究西南地区尤其是四川省经济发展的可能性，并向政府提出政策性建议。

　　南开大学经济研究所在重庆恢复后，开展的研究工作主要有以下几个方面：（1）编制重庆批发物价指数，重庆市公教人员、商人地主和工人生活费指数；（2）四川省稻米的产销调查、川北小麦的生产成本、后方的农业金融、战时的粮食政策和粮食运输；（3）战时物价和生产问题，如何抑制通货膨胀；（4）中国纺织厂区位变迁史；（5）中国人口迁移史；（6）战后中国经济发展问题。

　　由于抗日战争全面爆发，南开大学经济研究所一度中断了研究生的培养工作，直到 1939 年才在重庆恢复招生。为适应环境和形势的变化，南开大学经济研究所总结过去的经验和不足，进一步改变了研究生培养的方向和教学内容：较之抗日战争全面爆发前更加注重于对学生经济学理论和基本技能的训练，讲授科目重点转向经济理论、经济史、国际经济、货币银行、农业经济、工业经济和统计学等方面。这期间的毕业生由于基础扎实，不少人考试成绩优异，因而得到出国深造的机会。

　　受国民党政府内部派系倾轧之害，1941 年初，何廉在农本局中的职务被罢免，紧接着农本局这一机构也被撤销。像其他不是国民党党员的人一样，虽然何廉他们一度身居高位，但随时可能被蒋介石视为异己而遭排斥。在迫不得已的情况下，何廉接受了军事委员会参事的职务，但只是挂名而已。这使他有暇更多地关注南开大学经济研究所的事务，重新回到研究所的领导岗位。退而思之，这几年的政府工作于他是白白地浪费了时间，就是刚刚铺开的农本局的业务，也几乎是半途而废。这使他不时怀念战前在天津南开大学时的硕果累累的岁月。在战时的条件下，经济研究所虽然初步恢复了它的业务，但除了培养研究生的教学工作

之外，开展其他研究课题的资金十分困难。为解决科研经费问题，何廉于 1941
年底赴香港，希望能从那里的各界人士中争取到资助，但因日军突然占领香港，
何廉此行无功而返。

方显廷在回重庆南开大学经济研究所工作的两年中，深感大后方学术环境的
闭塞，觉得有必要同国外学术界重新建立起联系，以了解世界经济学发展的状况
和动向。方显廷的这种愿望得到何廉的支持，经由何廉向洛克菲勒基金会推荐，
方显廷以学术休假的形式，由基金会的社会科学部资助，赴美国作一年的研究工
作，进行学术交流。1941 年 8 月，方显廷离开重庆，取道香港，前往旧金山。

方显廷到美国后十分关注国际经济学界的凯恩斯革命由英国扩展到西欧和
北美的情况。中国当时在战争的情况下，外国图书的进口几乎断绝。方显廷设法
购买了凯恩斯的著作和其他有关的新出版的经济学图书刊物，通过海运送达南开
大学经济研究所，使研究所的师生在战时极端困难的条件下，仍能掌握其他学校
和研究机构无法得到的国外新近的学术动态。

方显廷利用这次学术访问的机会，在哈佛大学聆听了世界著名的经济学家约
瑟夫·A.熊彼特（Joseph A.Schumpeter）讲授的"经济学说史"、阿尔文·汉森
（Alvin Hansen）讲的"凯恩斯的财政问题与政策"、爱德华·H.张伯伦
（Edward·H.Chamberlain）讲的"不完全竞争理论"、A.P.阿瑟尔（A.P.Usher）讲
的"经济史"以及戈特弗里德·冯·哈伯勒（Cottfried.Von.Haberler）讲授的"国
际经济学"。一天，他在阿瑟尔教授的课堂上听到教授在讲工业结构时，引用他
在博士论文中提出的"商人雇主制度"，课后他向阿瑟尔作了自我介绍，教授对
这次的巧遇感到惊讶。后来，方显廷应阿瑟尔教授之邀请，在一次专题讨论会上
作了《战时中国之经济》的报告；并建议以《战后中国的工业化》为题，由方显
廷写一本小册子，于 1942 年由华盛顿国家计划协会出版。

太平洋战争爆发后，美国为制定对太平洋地区的战略计划，在华盛顿设立了
经济作战部对敌工作组（the Enemy Branch of the Board of Economic Warfare），其
中的中国组负责制定对当时华北、华中、华南广大沦陷区的战略计划。对敌工作
组的负责人在了解到方显廷在国内所作的关于中国经济研究的情况后，便邀请他
参加中国小组，担任首席经济分析专员。在该组工作期间，方显廷深感战前南开
大学经济研究所编制出版的各种价格指数和所作工业与农村调查的价值，这些资
料为战略的制定，提供了基本的数据和背景。

1944 年 1 月国民政府重新启用何廉，任命他为经济部次长和中央设计局副
秘书长。

何廉上任后，立即致电在美国华盛顿的方显廷，邀他尽速回国，担任中央设计局研究处的处长，同时兼管南开大学经济研究所的日常工作。该处的其他研究人员也全部是从南开大学经济研究所的人员中聘任的，如汪祥春、宋侠、滕维藻、杨叔进、安希吉等。

方显廷当时任职的美国外国经济管理局月薪为 600 美元，而回国后中央设计局的薪金尚不足这个数目的十分之一。但方显廷历来尊重何廉的意见，所以立即辞去在美国的工作，搭乘一架为中国政府运送军事物资的飞机，途经南美、非洲和印度回国。

何廉主持的中央设计局的工作主要是制定战后经济建设的规划，在方显廷具体负责下从 1944 年 10 月开始编制战后《第一个复兴期间经济事业总原则草案》（以下简称《草案》）。经过讨论，这个《草案》确定的战后经济发展目标为：（1）满足最低限度的国防需要；（2）奠定工业化的基础；（3）提高全国健康和教育水平。何廉和方显廷认为：根据中国当时的实际情况，无论是国民党人所主张的一概搞国营企业，还是民族资产阶级所主张的百分之百的企业私营都是行不通的。战后的经济应是一种混合经济。计划是必要的，但政府的控制应减小到最低限度。因此，在《草案》规定了"在混合经济中有计划的发展"的方针，划分了国家和私人企业各自经营的范围。

战后《第一个复兴期间经济事业总原则草案》于 1945 年底编制完成，1946年 1 月由经济部印行 1000 册，发给国民政府各有关部门。这个《草案》预计在战后第一个五年中投资 220 亿元（法币，战前币值，约合 73 亿美元）。其分配比例为交通与通信占 38.6%、电力占 10.5%、矿冶占 10.5%、制造业占 26.5%、农业占 4.6%、水利占 9.3%。由资金的分配不难看出：发展的重点是基本建设，然后是制造业和矿业，最后才是农业，说明当时对农业的忽视。

依据自然环境、交通设施、农业和工业状况、人口及资源条件的不同，《草案》将全国划分为九个经济区域，各区发展的先后次序、资金分配的数额、发展的侧重点各不相同。220 亿元的资金，分配给华中区（包括湖南、湖北、江西、浙江及江苏和安徽的中部和南部）最多，占 29.8%，接下来为华北区（包括河北、山东、河南、山西、江苏和安徽的北部、热河、察哈尔及绥远等省的南部），占18.3%，而新疆、青海西康和西藏、内蒙古等三个经济区的投资总共只占 3.3%。

这个《草案》制定后，何廉虽然一再努力敦促政府付诸实施，但政府却始终没有向国内外正式公布该方案。作为方案制定者之一的方显廷，后来在他的回忆录中认为：经济发展问题只是战后才在非社会主义国家成为共同关注的问题。战前所谓的计划，只是一个大略的生产目标和为实现这个目标所需要的政策。对于一个非社会主义国家来说，所谓计划经济不过是许多个别计划的汇编，它们之间并没有什么内在的联系，也不可能付诸实现。它不过是对计划编写人员的一种训练罢了。后来的事实果然证明了国民党政府中央设计局所编制的这一部所谓"战后五年经济计划"不过是一纸空文，在它完成之日就被束之高阁了。

虽然何廉、方显廷以及其他一些南开大学经济研究所的研究人员在中央设计局的工作并无实效，但确如方显廷所说，对这个《草案》的制定者来说倒是一种难得的训练机会。南开大学经济研究所利用这个机会，让研究生在实习期间到中央设计局参加《草案》的编制工作，并以之作为毕业论文的选题内容，从而使他们的研究成果对实际政策的制定有了参考的价值。这种做法较之当时其他高等学校的经济学教学和研究应当说有前进一步之胜。

何廉在负责中央设计局工作的同时，从1944年10月起还担任经济部的副部长，但他的意见很少能被当时的国民政府所采纳。1945年8月抗日战争胜利后，他提出政府应将接收的敌占区的轻工业，尤其是纺织工业交给私人经营，但后来这些企业都落入官僚资本手中。又如收复区与自由中国通货的官定兑换率问题，何廉反对高估法币币值的做法，但1945年9月国民政府还是公布了以1元法币兑换200元"中储券"的决定，结果几天后法币充斥上海市场，造成物价飞涨。

1946年中央设计局任务完成，机构解散，经济部也实行改组，蒋介石要何廉担任其经济建设特别助理，但何廉没有接受。他认为蒋介石是一个具有中世纪思想意识的人，对经济建设的认识，和19世纪后期洋务派的李鸿章、张之洞等人没有多大不同。蒋介石领导经济建设的方法和领导其他工作一样，是人治胜于法治，要求部下的首先是忠心和驯服，而不是才干和正直。蒋经常以一己的意志，随意变动指导经济建设的政策和机构，这样怎能有效地建设好国家的经济呢？

1946年，离开了中央设计局的何廉和方显廷本来都有回南开大学经济研究所工作的打算。但看到南开复校所面临的重重困难，尤其是该年4月教育部决定将南开大学改为国立后，对他们的工作也没有作出明确的安排，更多的可能还是在战后物价飞涨的情况下，从维持家庭生计的角度考虑，他们二人都没有回到在天津复校的南开大学工作。

何廉于1946年春进入上海金城银行工作，担任常务理事，同时兼任一些实业公司的董事，他的收入比在政府供职时宽裕多了。

早在重庆时期，何廉就曾有过在中国的金融经济中心——上海建立一个经济研究机构、发行一种刊物的设想，这个研究机构可以作为南开大学经济研究所的上海分所。但由于南开大学改为国立，所以这种构想已不可能实现。何廉的目标是要建立一家私人的研究机构，他认为上海的私人企业应当有能力支持这样一个私立的研究机构，其所培养的研究生亦有广泛的出路。

何廉得到金城银行的资助，出版刊物的计划首先得以实现。1947年1月，《世纪评论》在南京出版。该刊对当时政府的经济政策基本上是持批评的态度。其内容涉及社会、政治、文化及其他各个方面。

经由何廉的动员，包括方显廷在内的重庆南开大学经济研究所的一部分研究人员来到上海，研究所的图书也运到上海。在教育部注册立案后，由何廉策划的名为"中国经济研究所"的一个新的研究机构成立，方显廷出任所长。一些重庆时期由南开大学经济研究所获得学位后去英国或美国深造的年轻人，回国后也陆续加入其中。到1947年9月30日，中国经济研究所共有工作人员19人，其中研究员7人，副研究员4人，讲师4人，助教4人。研究所主办的刊物《经济评论》也于1947年4月出版，由方显廷兼任主编。该刊参照英国《经济学家》的模式，每一期的内容包括：当前经济发展简评专稿，各方投来的专论，中国经济研究所的考察研究成果、翻译、书评，当前经济和金融发展概述。稿件都是来自当时著名的经济学者，许多文章都是专门研究性质的，但是也有结合当时实际经济状况和形势的论题。这期间，中国经济研究所和《经济评论》的办刊经费主要来源于金城银行、洛克菲勒基金会和一些私人的资助。

中国经济研究所的研究课题包括：中国战后的经济发展、中国对内对外的经济政策、中国在世界经济中的地位、1935年以来通货管理的经验、上海货币市场的每周调查以及上海每周批发物价指数的编制等。

战后的上海，通货膨胀，物价飞涨，按1945—1948年物价指数的统计，大约每月平均物价上涨率为33%。因此，公职人员不得不身兼数职以求维持最低生活水平。虽然当时中国经济研究所的工资与其他教学研究机构相比，还算是比较高的，但像方显廷这样担任所长的人尚难以满足家用。为维持八口之家的开支，他最多时甚至同时身兼八个职务，即：（1）上海联合制造公司审计员；（2）上海交通大学经济学教授；（3）英文刊物《上海通讯》编辑；（4）《大公报》顾问；（5）中华工商专科学校教授；（6）维大商行顾问；（7）复旦大学商学院教授；（8）联合国亚洲及远东经济委员会咨议。

在安排好中国经济研究所的工作以后，何廉于1947年7月赴美国访问。在作为中国代表参加了联合国的一些会议后，他访问了美国多所重要大学。通过访问他深感自己这些年来由于忙于行政事务，经济学的知识已经非常陈旧，所做的研究工作也远远落后于世界经济学的发展水平。他希望能在美国停留一个较长的时间，以更新自己的知识。他的这种愿望得到洛克菲勒基金会社会科学部的支持，基金会安排他 1948—1949 年度在普林斯顿高级研究所做访问学者，这时世界著名的经济学家罗伯特·奥本海默（Robert Oppenheimer）正在该所任所长。

正当何廉安排他在美国访问的细节时，他突然收到张伯苓给他发来的电报，要他急速回国，担任南开大学的校长。何廉接电报后，犹豫不决。他的很多美国朋友劝他不要回国，因为当时中国的局势已很严重。但何廉毕竟对南开大学怀有很深的感情，所以最后还是决定放弃在普林斯顿高级研究所做访问学者的这个难得的机会，回国赴任。

1948 年 8 月底，何廉从美国回到中国，9 月 18 日飞抵天津。10 月 14 日就职担任南开大学的代理校长。这时天津已处于人民解放军的包围之中。国民党政府的反动政策，造成通货恶性膨胀，南开大学的教职工和学生生活极度困苦。教授们微薄的工资已不能满足起码的生活需要。学校的教学和研究工作已经无法正常地进行。何廉在天津待了两个多月，借天津建业银行经理之助为南开准备了一些应变所需的粮食和煤炭，后于 11 月底离开天津赴上海，这时上海的中国经济研究所也已处于风雨飘摇之中。方显廷于该年 11 月到驻上海的联合国亚洲及远东经济委员会工作，研究所其他一些研究人员也有加入国际组织的。何廉于 12 月取道香港乘船前往美国。1948 年底，联合国亚洲及远东经济委员会鉴于中国形势的变化，决定由上海迁往新加坡，后来又迁往曼谷。方显廷随该组织从此离开中国大陆。

六、在国外的工作和生活

1949 年初，何廉乘船到达美国，从该年秋季起接受美国哥伦比亚大学的邀请担任经济系的客座教授。1950 年，周恩来总理曾嘱人致函何廉欢迎他回国工作。他复函称，已接受哥伦比亚大学的聘任，暂难回国。在哥伦比亚大学任教期间，他为学生开设了"中国经济结构"的课程，以后又讲授"共产党中国的经济发展""中国土地制度""日本的经济结构"等课程。从 1956 年秋季开始，何廉担任"中国近代口述史"丛书的联合主编人，这个项目为中华民国成立以来的历史留下了大量珍贵的第一手回忆资料。因高血压症越来越严重，1961 年何廉从哥伦比亚大学退休，但他继续指导学生学位论文的工作，直到 1966 年春所有学生的论文成功地通过答辩。其间和其后一段时间他与"中国近代口述史"计划仍保持密切的联系。1975 年，何廉病逝于纽约。

方显廷于 1949 年随联合国亚洲及远东经济委员会迁往曼谷，负责调查统计室的工作。1956 年，这个室改名为调查计划室，方显廷担任主任，直到 1964 年退休。这十多年间方显廷所负责的工作内容，主要是对亚洲和远东地区国家经济状况进行调查和分析，并为其制定发展计划、提供技术咨询和帮助。

1964 年，方显廷转入联合国亚洲及远东经济委员会所属的亚洲经济发展与计划研究所工作，担任代理主任。1965 年，他辞去研究所的职务，先赴香港，后去台湾，1968 年 1 月回到曼谷，担任联合国开发计划的地区工业经济顾问。在这个工作岗位上使方显廷感到高兴的是，他又能回到学术研究的领域，做些切实的调查研究工作。

1968 年 7 月，方显廷接受新加坡南洋大学的邀请，担任客席教授，为学生开设"经济史"和"经济开发"两门课程。后来他又兼任《南洋大学学报（英文版）》的主编，直至 1971 年退休。

方显廷由南洋大学退休后，先移居英国的布里斯托尔（Bristol），1971 年 9 月又移居美国加利福尼亚的森尼韦尔市（Sunnyvale），1985 年 3 月因心脏病突然发作，殁于瑞士日内瓦寓所。

主要参考文献：

1. 何廉：《何廉回忆录》，中国文史出版社 1988 年版。

2. H.D.Fong, Reminiscences of a Chinese Economist at 70, Singapore: South Seas Press Ltd., 1975.

3. 方露茜：《我的父亲方显廷——一个勤奋工作的学者》，1983，南开大学档案馆存。

4. 林惠华：《一代经济学大师何廉》，南开大学出版社 1994 年版。

5. 王淑贵：《经济学家方显廷》，南开大学出版社 1994 年版。

6. 黄肇兴、王文钧：《回忆何廉先生》，《南开校友通讯》第 4 期，1983 年 10 月。

7. 王玉茹：《南开经济研究所学者集团对旧中国经济研究的贡献》，《南开经济研究所季刊》，1987 年第 1 期。

8. J.B.Candlife, The Nankai Institute of Economics, There is Another China: Essays and Articles for Chang Poling of Nankai. New York: King's Crown Press, 1948.

9. 胡寄窗：《中国近代经济思想史大纲》，中国社会科学出版社 1984 年版。

10. 鲍觉民：《解放前的南开大学经济研究所》，南开大学经济研究所 1982 年刊印。

11. 何廉：《中国今日之经济根本问题》，《大公报·经济周刊》1—3 期。

12. 何廉：《我国今日之经济地位》，《大公报·经济周刊》97 期。

13. 何廉：《中国进出口贸易物量指数物价指数与物物交易指数编制之说明（1867—1930）》，《经济统计季刊》第 1 卷第 1 期。

14. 何廉、李锐：《财政学》，商务印书馆 1931 年版。

15. 方显廷：《中国工业化之统计的分析》，《经济统计季刊》第 1 卷第 1 期。

16. 方显廷、吴知：《中国之乡村工业》，《经济统计季刊》第 2 卷第 2 期。

17. 方显廷主编：《中国经济之研究》，商务印书馆 1938 年版。

18. 方显廷主编：《中国战时经济问题之研究》，商务印书馆 1945 年版。

19. 《南开大学经济研究所一览》，1949。

（原载中国人民政治协商会议天津市委员会文史资料委员会编《近代天津十二大学人》，天津人民出版社 2011 年版）

傅筑夫先生对中国近代经济史研究和人才培养的贡献

近些年来，傅老专注于中国封建社会经济史的论著和资料编辑，后学者或不知晓他还是中国近代经济史研究和人才培养的先行者和主要奠基人之一。早在20世纪50年代中期，傅老作为南开大学教授，应中国人民大学聘请，主持中国近代经济史研究班的教学，率先应用马克思主义原理，付出辛勤劳动，编写出八十万字的教材。这个研究班的学员，如今大多已成为各重点高等院校中国近代经济史教学和研究工作的骨干力量。60年代以降，特别是近几年来，国内出版的中国近代经济史教科书，不少是在傅老当年讲述基础上补充写成。以迄今日，说这个学科领域的教学仍是在傅老三十年前开创的道路上进行，恐不为过。

1984年暑假，为青年教师培养和敦请他及早招收博士学位研究生事，我曾同熊性美同志赴京拜访。傅老虽已八十高龄，仍不舍昼夜带病著书，且对培养青年一代的热忱不减当年。他慨然应允了我们所提出的培养青年教师的请求，并表示如果招收博士生，其攻读范围将不限于古代，而是包括近代在内的全部中国经济史。获悉傅老的这一心迹，我们很是兴奋。按照他的学术观点和现有的资料，并考虑到年龄和健康状况，他计划中国封建社会经济史的写作即以第五卷告终。杀青之后，所遗时间，将以其近年来萦绕于脑海的若干有关中国近代经济史重大问题的思虑授之后学，十分可惜的是他这一愿望未能实现。

在谈到国内已经出版的一些中国近代经济史教科书时，傅老认为其中很多具体章节虽然能反映他的看法，但在时期划分和其他一些重大问题上——我想或许是由于摆脱了50年代历史条件的限制——他说出了某些以前不曾公开发表过的观点。譬如他认为按照马克思有关中国问题的一系列论述，并证诸大量的历史资料，19世纪中期亦即鸦片战争后的数十年间，中国社会经济结构并没有什么本质的变化，仍然是以地主所有制为基础的、小农业与家庭手工业紧密结合的封建社会。如果说变成了半殖民地，那起码是甲午战争之后的事了。联想起1981年底出版的《中国古代经济史概论》一书，他虽然在序言中说，"划分古代与近代的标准，采用了通史的分法，把 1840 年的中英鸦片战争作为一个分界线"①，但在结束语中他讲道：长期以来，我国商品经济发展所取得的总成果，成绩不大，仅仅是一些量的增加，"不但鸦片战争以前没有发展到质变的阶段，就是到了鸦片战争以后很长的一段时间，仍然没有改变。长期延续下来的历史进程，不但没有给自己的资本主义提供任何进一步发展的条件，而且连早已成熟了的并具有强大冲击力量的外国资本主义，对之也无可奈何，以致连当时人马克思也认为外国资本主义侵略者要想改变这种状况是不可能的"②。鸦片战争以后，中国虽然被动地引进了外国资本主义，并在这样的刺激和示范下使民族资本主义工业也有了微弱的发展，但是并"没有改变了社会结构的封建性质"③。可见傅老对鸦片战争后一段时期内中国社会经济性质的看法早已有之，这一次只不过是讲得更加明确。

还是在 1981 年 10 月，南开大学经济研究所经济史研究室曾派人专程去北京听取傅老对中国近代经济史研究方向和方法的意见。他在那次谈话中强调：经济史研究的对象应该是整个社会的经济结构和发展变化的规律，因此它属于宏观经济学的范畴。如果对全部中国近代经济史没有一个完整的概念，只是钻到一个企业里，盲目地去搜集、整理材料，那么搞出的成绩和投入的劳动是不能成比例的，而且也不能算是经济史的研究。典型企业调查应从微观的角度切入，不是不可以搞，但不能作为目的。旧南开经济研究所分行业作工业调查，如吴知就写了《乡村织布工业的一个研究》，那是有价值的，因为它以一个县作为典型，反映资本主义在中国农村的发生过程，同英国的情况一样。现在外国学者对这本书仍然很重视。他说南开大学有全套的海关册，国内没有几个单位有这样完整的资料。从海关册的详尽记录当中，可以看出我国对外贸易的兴衰，以及物价、外汇汇率的变动，如果深入进去，可以写一本中国对外贸易史，那就很有价值。此外，他认为中国近代金银比价变化对经济发展的影响，盐专卖和运销制度的变迁等问题也都很值得研究。在研究方法方面，他着重讲了经济史是一门经济学科，必须以马克思的经济理论为指导，同时也要注意西方经济学的研究和学习；应全面掌握历史资料，注意中外古今经济史的比较研究和数量分析等问题。这些在他后来发表的《进一步加强经济史研究》一文（载《天津社会科学》1982 年第 6 期），及为于素云、张俊华、周品威编著的《中国近代经济史》一书所写的序言中已有更全

---

① 傅筑夫：《中国古代经济史概论》，中国社会科学出版社 1981 年版，第 301 页。
② 傅筑夫：《中国古代经济史概论》，中国社会科学出版社 1981 年版，第 301 页。
③ 傅筑夫：《中国古代经济史概论》，中国社会科学出版社 1981 年版，第 301 页。

面的论证，故不再赘述。总之，在这次谈话中，他认为一个学术研究机构选定正确的研究方向和掌握科学的研究方法是十分重要的，只有这样才能出成果、出人才，否则将一事无成，研究队伍最后也会散掉。

二十余年来，我虽然就教于傅老的机会不多，但每次交谈均有启迪。议论所及，似乎都是在指方向、出题目。席间或不领悟，退而静思，方得开塞，循着所示途径深入下去，乃柳暗花明，有所发现。以上所述，后学凡就教过傅老者，想均有同感。作为经济史学界的一位引路人，他是当之无愧的。

傅老和我们永别了，但他作为学者所走过的一生，却如同一颗灿烂的明星所留下的轨迹一样，永远不会磨灭。他盈尺的著作，提出了一系列与传统观念迥异的独特见解，为海内外学人所瞩目。即使是对他的学术观点持不同意见的学者，也公认他的著作言之有据，通中外古今之变，成一家之言。连同他累案的积稿，为我们留下一笔十分宝贵的财富。

悼念学人，当以学术。故志追忆所及，以奠吾师。

（原载《南开经济研究所季刊》1985 年第 1 期）

附　录

刘佛丁学术年表

刘佛丁，笔名何立、思毅。福建闽侯人，1937年（农历）11月5日生于北京。

1951—1957年，就读于北京师范大学附属中学，其间于1953年加入中国共产主义青年团。

1957—1963年，就读于南开大学历史系古代史专业，其间曾于1959年夏至1960年夏因病休学，在北京亚非学生疗养院疗养一年。

1963年8月，加入南开大学经济研究所经济史研究室，任助教。

1979年，晋升为讲师，1981年起任经济史研究室主任。

1983年，晋升为副教授、硕士研究生导师，开始指导中国经济史专业硕士学位研究生，任经济研究所学术委员会副主任。

1986年参加中国经济史学会；1991年起任中国经济史学会理事，1993年起任中国经济史学会近代经济史专业委员会副主任。

1987年5—8月，赴美国宾夕法尼亚州立大学做访问学者，应邀在匹斯堡大学等学校作学术报告。

1988年，晋升为教授。

1989年，被评为南开大学优秀教师。

1985—1988年任《南开经济研究所季刊》主编；1988年起任《南开经济研究所年刊》主编；1990年起任《南开经济研究》主编。

1990年，经国务院学位委员会审批为中国经济史专业博士生导师。

1996年开始享受国务院颁发的政府特殊津贴。

1996年1月，应日本一桥大学邀请，赴日本参加日本文部省重点研究项目"亚洲历史统计"国际学术研讨会并作大会主题报告。

2000年4月27日，在天津病逝。

主要著作目录：

《中国近代盐务史资料选辑》，南开大学出版社 1985 年版。

《民国盐务史稿》，人民出版社 1990 年版。

《中国盐业史》，人民出版社 1997 年版。

《中国资本主义发展史》第三卷，人民出版社 1993 年版。

《旧中国开滦煤矿的工资制度和包工制度》，天津人民出版社 1983 年版。

《旧中国开滦工人状况》，人民出版社 1985 年版。

《中国近代的市场发育与经济增长》，高等教育出版社 1996 年版。

《近代中国的经济发展》，山东人民出版社 1997 年版。

《工商制度志》，上海人民出版社 1998 年版。

《中国近代经济发展史》，高等教育出版社 1999 年版。

《制度变迁与中国近代的工业化——以政府的行为分析为中心》，陕西人民出版社 2000 年版。

译著目录：

《中国经济和社会中的煤矿业》，东方出版社 1991 年版。

《变动时期的近代中国经济史学》，《近代中国》第 3 辑，1993 年。

经济史学家——刘佛丁

刘佛丁（1937—2000），笔名何立、思毅。福建闽侯人，1937 年 11 月 5 日生于北京。1963 年毕业于南开大学历史系，留任南开大学经济研究所经济史研究室。历任讲师、副教授、教授，1981 年起任经济史研究室主任，1983 年起指导中国经济史专业硕士学位研究生。1990 年经国务院学位委员会审批为中国经济史专业博士生导师。1991 年起任中国经济史学会理事，1993 年起任中国经济史学会近代经济史专业委员会副主任。1985—1988 年任《南开经济研究所季刊》主编，1988 年起任《南开经济研究所年刊》主编，1990 年起任《南开经济研究》主编。他还先后担任南开大学经济史学科学术带头人、南开大学经济研究所学位委员会主席。

刘佛丁毕生致力于中国近代经济史的研究和教学工作，是国内外知名的经济史学家，为中国近代经济史的繁荣与发展做出了卓越的贡献。他治学严谨、扎实，虽然他天赋聪颖，但依然勤奋好学，从默默无闻地搜集资料做起。他的学术生涯大体上循着由典型企业、村镇到行业、部门，再到对近代中国经济作宏观分析的轨迹。20 世纪 60 年代中期和 70 年代中期刘佛丁参加了南开大学与开滦煤矿合作进行的开滦煤矿矿权、工资及工人生活水平的调查和有关资料的整理工作，参与编写了《旧中国开滦煤矿的工资制度和包工制度》《旧中国开滦煤矿工人状况》等著作。1978 年，刘佛丁参加了由许涤新和吴承明主编的《中国资本主义发展史》的研究，承担新民主主义时期民族资本主义经济发展部分的编写工作。在此期间，他还主持修订了《中国近代盐务史资料选辑》（四卷）。在他参加和主持的上述课题研究中，对近代中国工人阶级贫困化和劳动力市场的形成、民族资本的积累和集中问题，以及近代中国的盐政等问题的研究上取得了具有影响力的成果。

刘佛丁对中国近代经济史学的最大贡献是：他集中十余年的时间，倾注全部心血和精力，以全新的方法构建了用经济学理论研究中国近代经济史的理论框架。刘佛丁性格沉稳、待人谦和，学术视野开阔，有着独特的学术个性和豁达的胸襟，对新的思想、新的研究方法所持的开放精神就像一面旗帜，在国内外都产生了一定的影响。他在从事中国近代经济史研究之初就深感对研究领域的宏观了解和理论准备的重要，虽然他是历史学出身，但自进入经济研究所工作以后就注重经济学理论的学习和提高。1987 年 5—8 月，他应邀赴美国宾州大学讲学，更感到中国经济史学研究在方法论上与国际同行的差距。他对新的理论和研究方法孜孜以求，注意跟踪经济学和其他社会科学理论的进展，大胆借鉴吸收西方最新的理论成果。他认为：“经济史研究的创新，发掘和整理资料的作用固然不可忽视，但更重要的还是理论和方法的引进、应用。因为无论是资料的选择和编辑，还是数据的归纳和重组都是要在某种理论和方法的指导下进行的。”“在熟练掌握和运用马克思主义的历史唯物论和经济学理论的同时，不断引进世界各国经济学和其他学科的理论和方法，用于分析我国的经济史也是十分重要的，因为只有借助于不断发展的理论和手段，才能打开眼界，开辟研究的新领域，找到解决问题的新途径，提高经济史研究的水平，使认识得以深入，赋予这一学科以活力和生气。”他还认为，“呼唤新的理论和方法固然需要，但不能止于介绍和引进，更应着力于应用，以求有所发现”（《经济史学创新的关键在于新理论和方法的引用》）。他不仅是新理论和新方法倡导者，更是一个身体力行的实践者，为开拓中国经济史学的新境界立下了筚路蓝缕之功。他在生命的最后时刻还完成了长达 14,000 字的论文《齐波拉经济史学思想评述》。他主持完成了多项国家社会科学基金和国家教委博士点基金项目，主持编写了《中华文化通志·工商制度志》。他对中国近代经济发展与周期波动、市场的发育及制度变迁等方面的研究都取得了突出的成就。他一直关心并在着手进行中国近代经济史统计资料的推算和编制工作，他在《近代中国的经济发展》中对 1850 年、1887 年、1914 年中国国民收入的估算和构建的新经济史框架，填补了这一研究领域的空白，被国内外同行广泛引用。因此，1996 年 11 月他应邀赴日为日本一桥大学经济研究所主持承担的日本文部省重点课题“亚洲历史统计”作了《关于中国近代国民收入研究的现状和展望》的专题学术报告。他的著作《近代中国的市场发育与经济增长》《近代中国的经济发展》等被国际同行称为“无可类比的名著，可以称作是展示了中国近代经济史研究新方向的开拓性研究"。

刘佛丁教授为人诚实、耿直，从不媚俗趋炎附势，对学生和后进，则是诲人不倦，尽力提携。他淡泊名利，与世无争，对事业则是孜孜以求，追求学术真谛执着而热忱，对各种困难和窘境都能以达观的态度坦然面对。他广交国内外学术朋友，应邀赴美国和日本讲学，赴香港参加国际学术会议，他的学术思想与人格风范赢得了国内外学术界的高度赞誉。（王玉茹）

（原载《光明日报》2000 年 5 月 31 日 B3 版〔学术〕）

筚路蓝缕著书留青史　仁德聪慧杏坛育英才

——悼念刘佛丁教授

编者按　《南开经济研究》现任主编、南开大学经济研究所教授、博士生导师刘佛丁先生于 2000 年 4 月 27 日 10 时 30 分，因心脏病突发经抢救无效去世，享年 63 岁。

刘佛丁教授于 1990 年起任《南开经济研究》主编。他宽厚的性格、对新的思想和研究方法所持的开放态度，为《南开经济研究》的发展和建设作出了卓越的贡献。他在任期间，《南开经济研究》在历届全国核心期刊的评定中均被列为重要核心期刊，在经济类核心期刊中排名居前；《南开经济研究》在天津市第三届优秀期刊评选活动中获优秀期刊奖；《南开经济研究》作为南开大学经济学院的院刊，为南开大学经济学科的建设和发展起了重要的作用。为表达我们对刘佛丁教授的怀念之情，特刊发此文。

刘佛丁教授生于 1937 年 11 月 5 日，1963 年毕业于南开大学历史系，即在南开大学经济研究所任教，1990 年经国务院学位委员会审批为中国经济史专业博士生导师。他历任助教、讲师、副教授、教授、博士生导师，中国经济史学会近代经济史专业委员会副主任、《南开经济研究》主编、经济研究所学位委员会主席、经济研究所经济史研究室主任，为南开大学经济史学科学术带头人。

刘佛丁教授毕生致力于中国近代经济史的研究和教学工作，是我国经济史学界的著名学者，为中国近代经济史的繁荣与发展作出了卓越的贡献。他治学严谨、扎实，虽然他天赋聪颖，但是依然勤奋好学，从默默无闻地搜集资料做起，先后参加了开滦煤矿的企业史调查、《中国资本主义发展史》的写作，主持编写《近代中国盐务史资料选辑》等工作，在分析旧中国工人阶级贫困化和劳动力市场的形成、中国民族资本的积累及近代中国的盐政等问题的研究上取得了有影响的成果。

他性格沉稳、待人谦和，学术视野开阔，对新的思想、新的研究方法所持的开放精神，在国内外都产生了一定的影响。他对新的理论和研究方法孜孜以求，注意跟踪经济学和其他社会科学理论的进展，大胆借鉴吸收西方最新的理论成果。自80年代以来，他以全新的方法重新构建了中国近代经济史的理论框架，他主持完成了多项国家社会科学基金和国家教委博士点基金项目，他一直关心并在着手进行中国近代经济史统计资料的推算和编制工作。他对中国近代经济发展与周期波动、市场的发育及制度变迁等方面的研究都取得了突出的成就。他的著作《近代中国的市场发育与经济增长》《近代中国的经济发展》《工商制度志》等被国际同行称为"无可类比的名著，可以称作是展示了中国近代经济史研究新方向的开拓性研究"。他主编的《中国近代经济发展史》被教育部列为经济学专业主要课程教材。他不仅是一位良师，更是学生们的益友，他培养了博士和硕士研究生10余人，在给研究生讲课和指导学位论文时，注重因材施教，总有一种根据每个人的素质和条件帮助他们选择好研究方向的义务感，毫不吝啬地把他的思路和未发表的见解提供给学生。经过10余年的努力，他与他指导的硕士、博士研究生运用经济学理论从宏观和微观，全方位、多角度地研究中国近代经济的发展，取得了一系列高水平的研究成果，使南开大学经济史学研究在国内外经济史学界独树一帜。他作为学科的主要领导者之一，使南开大学成为我国近代经济史研究的重要基地，1993年被列为天津市高等学校重点学科。

刘佛丁教授为人诚实、耿直，从不媚俗趋炎附势，对学生和后进，则是诲人不倦，尽力提携。他淡泊名利，与世无争，对事业则是孜孜以求，追求学术真谛执着而热忱，有着独特的学术个性和豁达的胸襟，对各种困难和窘境都能以达观的态度坦然面对。他广交国内外学术朋友，应邀赴美国和日本讲学，赴香港参加国际学术会议，他的学术思想与人格风范赢得了国内外学术界的高度赞誉。正当国内外学术界期待着他有更多优秀的著作问世，年轻一代的学者和学生盼望着向他求教时，刘佛丁教授却溘然长逝。他的逝世是南开大学经济史学科的一大损失，是中国和国际经济史学界的一大损失，使国际和国内的学术同仁、亲友、同事和学生痛失一位可敬的师长和益友。我们在沉痛悼念刘佛丁教授的同时，将把他未竟的事业继续进行下去。

南开大学经济研究所

南开大学经济学院

（原载《南开经济研究》2000年第3期）

后　记

恩师刘佛丁先生离开我们 20 年了，作为曾经先生耳提面命的弟子，可以告慰先生的是：先生领导的南开经济史学科在他去世一年后成为全国经济史学科唯一的国家重点学科，至今仍然是中国经济史研究的重镇；先生集毕生精力构建的运用经济学理论研究中国经济史的框架已经开枝散叶日臻成熟，在此研究框架基础上，集国内十余所高校之力编写的国家"十一五"规划教材《中国经济史》，将先生研究框架推广至中国经济通史，2008 年问世后已经为国内多数高校作为经济史课程教材；2019 年初出版的教育部"马工程"教材《中国经济史》，将先生的研究框架更臻完善。

佛丁恩师去世后，将先生的论文结集出版一直是弟子们的夙愿，刘佛丁先生的同窗好友刘泽华先生为文集作序，恰逢南开大学百年校庆，文集得以列入"南开百年经济学名家文库"出版。经过全体弟子、后学以及南开经济史学科在校博士研究生等的共同努力，先生生前在各种期刊上发表的论文、书评等共计 42 篇文章得以搜集整理成册，并形成电子文档。弟子王玉茹、张东刚、白丽健、刘巍等对文稿进行了编辑。

需要说明的是，收录于本文集的文章都是先生在不同时期撰写，并在不同刊物上发表的，有些文章在用词用语、标点使用、行文体例、引文标注、度量衡单位使用等方面有不符合现行规范要求的地方，为保持作品原貌，我们除对个别问题做了技术处理外，一律遵从原文，不予更改，特此说明。

参与文集编辑的刘佛丁先生的弟子与后学向南开大学、南开大学出版社，以及为文集出版提供帮助和支持的南开大学人文社会科学研究部、经济学院的有关领导和同仁致以衷心的感谢！

2020 年春